当代中国史学家文库

于沛 卷

史学思潮和社会思潮

关于史学社会价值的理论思考

北京师范大学出版社
2007 · 北京

图书在版编目（CIP）数据

史学思潮和社会思潮：关于史学社会价值的理论思考/于沛著．—北京：北京师范大学出版社，2007.8

（当代中国史学家文库）

ISBN 978-7-303-08673-3

Ⅰ．史…　Ⅱ．于…　Ⅲ．史学流派—研究—世界　Ⅳ．K091

中国版本图书馆 CIP 数据核字（2007）第 087472 号

出版发行：北京师范大学出版社　www.bnup.com.cn
北京新街口外大街 19 号
邮政编码：100875

印　　刷：北京新丰印刷厂
经　　销：全国新华书店
开　　本：155 mm×235 mm
印　　张：26.5
字　　数：402 千字
印　　数：1～3 000 册
版　　次：2007 年 8 月第 1 版
印　　次：2007 年 8 月第 1 次印刷
定　　价：45.00 元

责任编辑：连　铁　肖　理　　　装帧设计：李　强
责任校对：李　菡　　　　　　　责任印制：董本刚

自序

1976年深秋，随着“四人帮”垮台，“文革”结束，中国社会发展揭开了崭新的一页。在新的历史时期，中国历史科学重新贯彻解放思想、实事求是的马克思主义思想路线，医治十年动乱的创伤，在不长的时间完成了拨乱反正的历史任务，再次迎来了中国史学发展的春天，这是中国史学发展史上光辉的一页。中国史学能取得这样骄人成绩的重要原因之一，是广大史学工作者发扬理论联系实际的良好学风，在科学研究中坚持马克思主义的理论指导，以高度的责任感和使命感进行着艰苦的理论探索。

痛定思痛，没有正确的理论就没有历史科学的发展，成为广大史学工作者的共识。“正确的理论”，既包括马克思主义唯物史观，马克思主义中国化的一系列重大成果，也包括以马克思主义唯物史观为理论基础的历史学自身的理论和方法论。“文革”后中国历史学的复兴，首先是从历史科学的理论建设开始的。从某种意义上可以说，史学理论研究的深度和广度，史学理论研究成果的导向，不仅关系到能否真正做到“拨乱反正”，而且直接影响着、决定着中国历史科学的未来。

新时期中国历史科学的发展以史学理论研究为先导，当今天回顾这不平凡的30年时，就更加明显地感觉到这一点。我有幸作为这一历史过程的亲历者、参加者，感触尤深。1983年，我出席了在长沙召开的全国哲学社会科学规划会议，正是在这次会上，明确提出在唯物史观指导下，加强中外史学理论研究的问题。在以后难忘的岁月中，我参与了第一次全国史学理论研讨会的筹备、组织工作；参加了我国第一份史学理论研究专业刊物《史学理论》的筹备、编辑出版工作；参加了我国第一批史学理论研究译丛的编选、出版工作；参加了我国唯一全国性的“中国史学会史学理论研究分会”的筹备和组织工作；参加了我国第一批史学理论专业博士后研究人员的遴选和培养工作……人是历史的产物，任何人也不能超越历史。感谢时代的恩赐，20世纪80年代，正是在中国历史科学复兴这一特定的历史时期，历史的机遇使史学理论研究成为我生命中的一部分，从此和史学理论研究有了不解之缘。

在史学理论学习和研究的过程中多有喜悦和激情，然而也时有困惑和茫然。这些主要来自两个方面，其一，关于史学和社会生活的关系问题，在新的历史时期如何继承发展中国史学“经世”的传统？其二，关于中国史学和外国史学，首先是与西方史学的关系问题，在全球化的背景下，如何使中国史学自立于世界史坛，在中外史学交流中能真正做到取其精华，弃其糟粕？这些困惑与其说来自理论认识上，不如说来自历史研究的实践中。我想，可能有不少人和我一样，都有类似的感觉。

历史学家的工作就是从实际出发，不断地提出问题和不断地回答问题。30年来，我的研究就是围绕着上述两个问题展开的。如果将这些问题放在更广阔的背景下去思考，可将其归纳为 探究“史学思潮和社会思潮”的联系，正确地认识它们之间的辩证关系，不仅对史学自身的发展，而且对社会发展也有重要的意义。

历史学自萌生时起，就与社会生活有密切的联系，古今中外都是这样。史学属于一定的历史范畴，是社会现实的折射，是生活呼唤的产物。但是，却有人鼓吹史学要远离生活，要淡化意识形态，认为只有这样才能保持“科学”的“纯洁”和“神圣”；历史研究才能有“世界眼光”，与“国际接轨”。尽管这是置事实于不顾的无稽之谈，但在我国史学界，特别是在青年学者中却大有市场。为什么会是这样呢？我想，除了史学与社会的内在联系被割裂，不承认两者之间的联系外，还在于一些人即使承认它们之间有联系，却对它们之间联系的本质内容有误解，不清楚他们之间的联系究竟是一种怎样的联系。或理论上的倒退，或思想认识上的混乱，或人云亦云，以讹传讹；五花八门的学说、论文、著作，误导天真的青年将谬误当成真理，明明是腐朽，却当作神奇。

司马迁是我国汉代著名历史学家。他在论及自己撰写《史记》的目的时，强调要“述往事，思来者”，通过历史来认识现实和未来；他还“欲以究天人之际，通古今之变，成一家之言”[①]，总结历史经验。这种明确的目的贯穿于这部世界名著的始终。中国历代史家继承了“经世史学”的传统。唐杜佑撰《通典》，意在“征诸人事，将施有政”；宋司马光修《资治通鉴》，在于“鉴前世之兴衰，考当今之得失”。唐刘知幾说：“史之为用，其利甚博，乃生民之急务，为国家之要道”。[②] 20世纪初，梁启超以进化史观为理论基础，发起“史界革命”，揭开了中国近代新史学的序幕。他认为“史界革命”关系到国家和民族的前途，中国史学的陈腐和落后，是中国社会发展落后的重要原因之一。因此，“史界革命不起，则吾国遂不可救”，不能立于世界之林。梁启超从另一侧面，同样也在强调史学和社会的联系。

中国马克思主义史学在中国社会革命和民族解放斗争中，发挥了不可替代的战斗作用。它自诞生之日起，即自觉地回答中国社会发展中提出的一系列尖锐的问题，20世纪20年代末，积极开展关系到中国命运的中国社会史论战。李大钊、郭沫若、吕振羽、翦伯赞、范文澜、侯外庐等将马克思主义唯物史观与中外历史研究实践相结合，重新改写中外历史，在社会实践中，为扩大唯物史观的社会影响，丰富中国马克思主义史学的理论，做出了重要的贡献。

外国史学，包括西方史学在内，从远古至今也是“经世史学”。关于这个问题，外国历史学家大多不否认这个事实，但在我国史学界，特别是在一些年轻学者中却不承认这一点，似乎一说“经世”，就再也没

① 司马迁：《报任安书》。

② 刘知幾：《史通·史官建置》，上海，上海古籍出版社，1978。

有“科学”。西方史学所以“崇高”、“神圣”，就在于没有意识形态的影响，是“纯而又纯”的学术。他们将史学的社会性、社会意义、社会价值，同它的科学性、科学意义、科学价值对立起来；否认社会性是历史学的基本属性之一。这种认识的误区，在我国史学界至今仍然有不小的市场。澄清这种错误的认识，还有许多的事情要做。

以西方史学为例，“经世”在其源头古代希腊的史学中，就已明确表现出这个特点。无论希罗多德，还是修昔底德，他们修史的目的都是为了述古喻今，垂训后世，如修昔底德所言，“擎起历史的火炬，引导人类在摸索中的脚步”。古希腊史家戴奥尼西也认为，“历史是一种以事实为训的哲学”。

在国内谈到历史研究所谓的“客观性”时，不少人都把目光投向19世纪德国历史学家兰克和以他为中心的“兰克学派”，赞誉兰克是“客观主义”史学的集大成者。兰克和兰克学派主张超然的、不偏不倚的“客观主义”；强调撰写历史时应做到“如其实在所发生的情形一样”。而实际上这是办不到的。首先看一个最基本的事实：德国近代史学所表现出强烈的民族主义色彩，正是经过兰克及其弟子们的系统阐发和传播的结果。兰克所代表的近代德国史学中的民族主义倾向，和19世纪德国资本主义的发展，和德国等欧洲民族国家的建构有着直接的联系，不可能脱离政治环境、社会氛围和宗教观念的影响，不存在所谓的“客观”。不仅是兰克，同时代德国其他的历史学家也是如此，特别是“普鲁士学派”的表现就更为突出。美国历史学家伊格尔斯曾言：“在1830年到1871年德国走向统一的过程中，历史学家在这些关键时期所扮演的重要角色是前所未见的。如果我们对历史学家们的角色不加重视，我们就无法写出德国的历史和德国自由主义的历史”。[①] 德国的情况具有普遍的意义，资本主义时期欧洲其他国家史学的发展，都具有鲜明的时代精神和社会意义。

美国史学和美国的社会发展息息相关，同样也不存在着“纯粹的客观”。19世纪末20世纪初，美国资本主义发展到帝国主义阶段。20世

① 王晴佳：《论民族主义史学的兴起与缺失》（上），《河北学刊》，2004（4）。

纪上半叶，1910年出任美国历史协会主席特纳代表的“特纳学派”风靡一时。他提出的“边疆学说”的要旨是：美国历史发展的基本因素是边疆，美国历史在很大程度上可以说成是对大西部的拓殖史。美国边疆的扩张是“文明”的扩张，是“文明”对野蛮的讨伐。这种扩张乃是美国的特性，它不会因“西部边疆”的消失而消失，反而会在更广阔的外部世界进行。特纳的边疆学说，对美国历史进行了重新解释，反映了美国垄断资产阶级的政治经济要求，公开维护垄断资产阶级的根本利益。1949年出任美国历史协会主席的里德则更明确地提出：历史学家的社会责任在于为当前而解释过去。

至于意大利学者克罗齐说“一切真历史都是当代史”，更是众所周知，广为流传。与他在1917年提出这个著名命题相联系的，是他将“历史”和“编年史”进行了严格的区分。他说：“历史是活的历史，编年史是死的历史；历史是当代史，编年史是过去史；历史主要是思想行动，编年史主要是意志行动。一切历史当它不再被思考，而只是用抽象词语记录，就变成了编年史，尽管那些词语曾经是具体的和富有表现力的”。他还认为，“当生活的发展逐渐需要时，死历史就会复活，过去史就变成现在的。罗马人和希腊人躺在墓穴中，直到文艺复兴欧洲精神重新成熟时，才把他们唤醒”；“因此，现在被我们视为编年史的大部分历史，现在对我们沉默不语的文献，将依次被新生活的光辉照耀，将重新开口说话”。[①]

在克罗齐看来，唯有当前的兴趣和要求才促使我们去研究过去，激活过去，将编年史转变为历史，这种活的历史、真历史恰恰是因为活在当下而可以称之为当代史。在《历史即自由史》中，克罗齐写道：每一个历史判断的基础都是实践的需要，它赋予一切历史以当代史的性质，因为无论与实践需要有关的那些事实如何年深日久，历史实际上总面向着当代的需要和实际。在大量西方历史学著作中，都不难看到克罗齐这些理论是如何渗透在他们的作品中的。在这些事实面前，一些人仍坚持说西方史学是与社会现实无关，超然于意识形态的“科学”，显然是在

① ［意］克罗齐：《历史学的理论和历史》，6、11、15页，北京，中国社会科学出版社，2005。

自欺欺人。

世纪之交，世界历史进程发生了重大的变化，西方一些理论家认为"冷战"的斗争，主要是意识形态领域里的斗争。随着苏联解体、东欧剧变和冷战的结束，国际领域里的意识形态斗争也将消失。他们还不无得意地宣称，是"上帝"选择了美国作为"世界的领袖"，担当起"世界的领导"，来履行在全世界"保护自由"的使命。这和美国垄断资产阶级关于"美利坚民族是上帝选中来拯救人类的"的说教，一脉相承。这些在我国令人感到可笑之余，也无不让人感到担忧，因为确实有人居然就相信了这些谎言，似乎在国际政治生活中，意识形态真的正在消失或已经消失了。然而，事实并非如此。意识形态不仅没有消失，而且在不少方面还有所加强。例如弗兰西斯·福山的"历史终结论"，萨缪尔·亨廷顿的"文明冲突论"，还有"国家主权终结论"，"国家主权让渡论"，"人权高于主权"；以及"虚体国家"（Virtual State），"非领土化的国家"理论；还有超越民族国家的"全球治理"，"没有政府的治理"，鼓吹用所谓"全球的共同利益"代替"民族国家的利益"；民族国家已经"过时"，向"全球化的社会"转化等等，无一不是在强烈地宣扬美国欲称霸世界的意识形态。

这一切在美国的史学中，也都有具体的表现。1999 年，斯特恩著有《世界文明：全球的体验》，这是在美国广泛流行的一本世界史教科书，作者在回答为什么要学习世界史时说：原因显而易见，美国的人口构成在不断地改变，这增加了对国际状况理解的需求。……美国对国际事务的参与不断增长，它在太平洋沿岸、加勒比海岸和大西洋长久以来就是一大势力，但是美国将它的利益划定在欧洲。在 20 世纪后半叶，参与了三场亚洲战争后，再加上全球范围大规模的经济文化往来，美国及其公民已经拥有了全球观念。这一观点强调当前国际事务和所有文明的重要性。不难看出，美国世界历史教学的目的，完全是从美国社会发展的现实需要出发。

从以上客观存在的事实，和对这些事实的认识及思考，使我开始着意探讨史学思潮和社会思潮的关系。学习和研究中每有一得之见，便作文记下，近 30 年也有一些著述公开发表，现归纳起来，大体包括以下三个方面的内容：

其一，通过对中国史学优秀传统的研究，分析史学和社会的内在联系。有关这方面的内容，国内历年已经有不少成果问世，笔者就不再重复；我所做的工作，则是在已经发表的著作中没有涉及或较少涉及的问题，如中国世界历史研究萌生、发展的社会历史背景及其社会动因；中国世界历史研究的民族精神，以及在不同的历史时期如何弘扬这一民族精神；中国马克思主义史学的理论成就，其历史功绩和历史经验；在中西文化交流的广阔背景下，中西史学的碰撞、交融，以及在中国的社会反响等。我想，时间是最公正的裁判，事实最无情，也最有说服力。以上问题的研究大多已经成为中国史学发展史上的“昨天”，如果没有偏见，特别是没有政治上的偏见，那从“昨天”的事实中，应该清楚地看到史学思潮和社会思潮之间天然的内在联系，以及这些联系无论对中国社会发展，还是对中国史学发展都有不可或缺的重要意义。

其二，要真正做到理解史学思潮和社会思潮的关系，那这种“理解”须建立在理性的、科学理论的认识上，而不能仅仅停留在对具体事实的感性认识上。因此，我将“历史认识理论”纳入自己的研究视野。“历史认识理论”是我国和原苏联及东欧国家经常使用的科学概念，而在西欧和北美诸国，与这个概念相同或相近的研究内容，则多用“批判的或分析的历史哲学”这个概念来概括。这就是说，历史认识埋论是关于“历史学自身”的哲学思考，而非是对“人类历史进程”中的重大理论问题的哲学思考，或者说，历史认识理论是关于历史学的哲学。历史认识理论涉及的问题很多，而我则将研究重点放在什么是“历史事实”；历史事实的“主观性”和“客观性”；历史过程的客体和历史认识的客体；历史认识主体，主体意识和主体的创造性等。通过对这些问题的研究，进一步明确“历史学家是历史和社会的产物”。历史思维是历史认识的重要内容之一，而历史思维首先是时代的历史思维，对这个问题的研究自然是探讨史学思潮和社会思潮的题中之义。在科学技术迅猛发展的今天，科学革命影响下的历史思维；现代历史思维和历史学的跨学科研究，已经成为一个不容回避的话题。

其三，探讨史学思潮和社会思潮的关系，不能永远停留在往事的回顾上，而应有时代的特点，突出问题意识，表现出某种程度的前瞻性。自 20 世纪 80 年代中期以来，特别是在 21 世纪初的今天，“全球化”是哲学社会科学研究每一学科都要面对的问题。各个学科都从自己的学术领域出发，深入探究全球化的真谛，回应全球化对哲学社会科学研究已经产生、正在产生和可能会产生的影响，历史学自然也不例外。这些问题在历史学科似乎表现得更直接、更充分，例如“全球史”已经成为国际史坛广为关注的热点问题之一，在我国，以“全球化和全球史”为主题的学术文集、学术译文集、学术集刊等相继问世；西方体现“全球史观”的名著，如英国历史学家 G. 巴勒克拉夫的《当代史导论》，美国历史学家 L. S. 斯塔夫里阿诺斯的两卷本《全球通史》，I. 沃勒斯坦的多卷本著作《现代世界体系》等都有中文本问世。美国学者 J. 科特金著《全球城市史》（2005 年兰登书屋）问世后不到一年，该书的中文本在 2006 年 3 月，即由社会科学文献出版社出版。这表明国际学术交流的深度、广度和速度同以往相比，都已经发生了重大的变化。在全球化的背景下，我们可以从人类历史进程这个更为广阔的视野下，去认识史学思潮和社会思潮的联系，这可能会对这个问题有更深入、更新的认识。

以上三个方面的内容，大体勾勒了笔者的研究思路和具体的研究路径。这些研究结果构成了本书的主要内容。它是对近 30 年中国史学史某一方面的点滴记录。认清史学思潮和社会思潮的内在联系，归根结底是为了彻底克服历史研究的“书斋化”倾向，充分实现历史学的社会功能。历史学家的学术生命，只有在时代的烈火中燃烧、锻造，才能实现其价值，放出光彩。然而，真正做到“认清”并非是一件易事，关键是要有科学的世界观、历史观和价值观的理论指导；否则，非但不能“认清”，甚至会搞到颠倒黑白的程度。

当前，以马克思主义中国化的最新成果为指导，在新的历史条件下构建马克思主义史学理论的新形态，阐释马克思主义史学原理的新体系、新发展，是我们面临的迫切任务。坚持马克思主义在历史研究中的指导地位，决不是将马克思主义经典作家的个别结论当作现成的“公式”，不分时间和地点机械地套用，去“剪裁”历史，而是自觉地坚持马克思主义的立场、观点和方法，去认识和分析历史。我们应把马克思主义史学的革命精神、中国传统史学的优良传统同外国史学的有益内容有机地结合在一起。只有这样，才有可能建设具有中国特色、中国风格、中国气派的马克思主义史学理论的新形态。我想，这是我今后努力的方向，只要一息尚存，则耕耘不止。

衷心感谢北京师范大学出版社，特别是出版社总编辑杨耕先生和李春梅女士。没有他们的关心和鼓励，本学术文集不可能问世。对于书中不妥之处，诚恳地欢迎学界同仁和各界读者批评指正。

于　沛

2006—09—05

目 录

关于构建马克思主义史学理论新形态的思考

“史学理论”是历史的产物，属于一定的历史范畴，在不同的历史时期，表现出不同的内容。例如，卢绍稷著《史学概要》，1930 年由商务印书馆出版。20 世纪 30 年代，当时中国史学理论建设正处于以“译介”为主的时期，因此，该书的主旨是“灌输读者以史学之常识，并指示研究历史之门径”，“使读者得知世界史学之趋势”。1983 年，葛懋春等主编《历史科学概论》，作为“文革”结束后高校第一部史学概论教材，它的主要任务是拨乱反正，澄清“四人帮”在历史研究领域所造成的思想混乱，使学生逐步掌握运用唯物史观研究历史的基本理论和方法。

20 多年过去了，当代中国社会发展已经发生了翻天覆地的变化。新时期的马克思主义的史学理论应与时俱进，构建马克思主义史学理论的新形态。它和建设有中国特色社会主义、实现中华民族伟大复兴的宏伟事业联系在一起，其主要内容是高扬马克思主义理论伟大旗帜，以马克思主义中国化的最新成果邓小平理论和“三个代表”重要思想为指导，在改革、开放和发展的新的历史条件下，阐释马克思主义史学原理的新体系、新发展。

一、坚持马克思主义的理论指导

2004年5月28日，中共中央政治局进行第十三次集体学习，内容是繁荣和发展我国的哲学社会科学。胡锦涛在会上强调，马克思主义是我国哲学社会科学的根本指导思想，必须坚持用马克思列宁主义、毛泽东思想、邓小平理论和“三个代表”重要思想统领我国哲学社会科学工作，同时他还指出，紧密结合新的实践不断创新，是我国哲学社会科学繁荣发展的必由之路。哲学社会科学界要切实担负起自己的历史责任，瞄准学术发展前沿，打开认识视野，拓展思维空间，既立足当代又继承传统，既立足本国又学习外国，大力推进学术观点创新、学科体系创新和科研方法创新，努力建设具有中国特色、中国风格、中国气派的哲学社会科学。这不仅是繁荣我国哲学社会科学工作的纲领，而且也是构建马克思主义史学理论的新形态的重要指导思想。

构建马克思主义史学理论的新形态，首先应旗帜鲜明地以马克思列宁主义、毛泽东思想、邓小平理论和“三个代表”重要思想为理论指导，在坚持马克思主义史学理论的前提下，在不断通过实践发展马克思主义史学理论的基础上，去构建马克思主义史学理论的新形态。

改革开放以来，人们对马克思主义的信仰，以及对建设有中国特色社会主义的信心不断增强，但在这场深刻的社会变革中，确实有个别人以“解放思想”、“理论创新”为名，极力宣扬资产阶级的哲学社会科学意识形态，鼓吹全盘西化。此外，在我国对外开放的过程中，西方资产阶级的价值观念、生活方式和行为方式也趁机渗透。这一切对人们世界观、价值观、历史观的影响不可低估，在历史研究领域也有所表现。就唯物史观自身发展来看，第二次世界大战以后，特别是20世纪80年代以来，国际社会的发展和科学技术的革命都发生了许多深刻的变化，也提出了许多新的重大的理论问题需要回答。总之，在历史研究领域，这一切使以唯物史观为理论基础的马克思主义史学理论面临着严峻的挑战。构建马克思主义史学理论的新形态，必须自觉地应对这种挑战，坚持用马克思列宁主义、毛泽东思想、邓小平理论和“三个代表”重要思想统领我国的历史研究。在学习、研究或教学实践中，要自觉地坚持历史研究的正确方向，保证马克思主义的指导地位在任何时候、任何情况下都不动摇，决不能搞指导思想多元化，反对以“国际接轨”和“国际合作”为名，鼓吹“淡化意识形态”、“非意识形态化”等错误思想。

改革开放以来，西方一些重要的史学理论、史学方法、史学流派、史学思潮、热点问题、前沿问题和各学派的重要代表人物，大量介绍到国内来，数量之多和范围之广前所未有，出现了20世纪初叶以来，外国史学理论方法论传入中国的又一个新的高潮。在这股潮流面前，我们要保持清醒的头脑，对西方史学理论应在深入研究的基础上，对其蕴涵和阐释的本质性内容做出马克思主义的回答。对西方史学理论从整体上看，一方面，不能不加分析地全盘否定，应该看到这其中有可借鉴和汲取、学习的积极内容，特别是二战后西方马克思主义史学的深刻变化和所产生的影响；另一方面，也不能不加分析地全盘肯定。有些人不加分析地将西方史学理论奉为经典，盲目崇拜，甚至视为指导思想，可以代替唯物史观的指导地位。他们强调的只是所谓的“新”，而新又等于“优秀”。似乎中国史学一无是处，它的出路在于全盘接受西方的“新史学”的理论与方法，这种认识是十分有害的。

构建马克思主义史学理论的新形态，应自觉地抵制非马克思主义、反马克思主义史学思想的侵袭，对西方史学思潮的社会属性和本质内容应有清醒的认识。西方史学的“新理论”，和构建中的马克思主义史学理论新形态，和当代中国历史科学的理论基础和指导思想，属于不同的意识形态体系，在本质上有原则的区别。如果认为西方史学的“新理论”，唯其所谓的“新”，就不加分析地认为是新时期中国史学理论的主流形态，或新形态，那是完全错误的。在学术研究中，特别是史学理论的研究中，不存在超然于意识形态之外、没有任何社会内容的“纯学术”。在源源不断涌入国门的西方史学理论面前，放弃了批判的武器就是解除了思想上的武装，不仅无助于构建马克思主义史学理论的新形态，甚至还会因思想混乱搞到颠倒是非、混淆黑白的地步。

例如，英国哲学家卡尔·波普尔在《历史主义的贫困》一书的题词中写道：本书“纪念各种信仰的或各个国家或各种族的无数男女，他们在历史定命的无情规律之下沦为法西斯主义和共产主义的受难者”。[1]他在《历史决定论的贫困》、《开放社会及其敌人》等著作中，攻击马克思主义关于历史规律性的论述是“形而上学的教条或宗教式的信念”，是“难以置信的智力狂妄”。历史决定论是一种“古老迷信的残余”，而不是一种新颖、进步、革命和科学的理论。没有一种科学的历史发展理论能作为预测历史的根据。攻击马克思主义是构成“现代极权主义”的思想来源之一。近年尽管对波普尔的历史哲学思想进行评析，但并非一劳永逸。

2004年，波普尔访谈演讲录《二十世纪的教训》由广西师范大学出版社出版。中译本导言写道：“卡尔·波普尔是一位极为卓越而独特的思想家”、“卓越的哲学家”。“从对绝对真理（以及各种决定论）的普遍至信，到对其根本性的质疑和警惕，这是20世纪人类思想史上一个最为重大的事件。而波普尔的学说，特别是他在《开放社会及其敌人》等著作中阐发的观点，对这一历史性的转折作出了无可替代的重要贡献”。“《开放社会》一书是从批判理性主义的角度，对马克思主义的理论与实践做出的分析性批判”。“但他所倡导的‘渐进社会工程理念’，主张一种在不断尝试中修正错误的社会演进模式，对今天的社会主义实践并不是没有启迪意义的”。但正是在《二十世纪的教训》这部访谈演讲录中，波普尔继续攻击马克思主义。他说：“共产革命一定会发生，革命成功之后，我们就会享受完美的生活，拥有崭新的社会：人人互信互爱，世上永远没有战争。这就是共产主义的主要诉求。所以，我把这种主义称作是“陷阱”、“捕鼠器”，而我就是那只老鼠”。“马克思书中的资本主义，根本是不存在的，这是想象的产物和噩梦”。“马克思主义需要一种反马克思主义的意识形态，所以我们看到两种意识形态的激烈斗争，两边都是疯子”。“马克思主义一开头就错了，因为马克思主义一直在找敌人，不是在找朋友。……找出必须清除的敌人，结果找上了资本主义。……从马克思到赫鲁晓夫，一路下来，大错特错”。[2] 如此等

① ［英］波普尔：《历史主义的贫困》，39页，北京，社会科学文献出版社，1987。

② ［英］波普尔：《二十世纪的教训》，9、15、42、59页，桂林，广西师范大学出版社，2004。

等，还可以举出不少实例。在一些人的心目中，波普尔至今仍被认为是“卓越而独特的思想家”、“卓越的哲学家”，由此不难看到客观存在的思想混乱。事实表明，破除对西方史学理论的迷信，对其进行深入的研究和批判，应是一件长期的工作。

在新的历史条件下，如何坚持唯物史观的理论指导，构建马克思主义史学理论的新形态，是摆在广大史学工作者面前的迫切任务。在《中共中央关于进一步繁荣发展哲学社会科学的意见》中，明确提出了实施马克思主义理论研究和建设工程的任务，这其中也包含了积极开展马克思主义史学理论研究和建设的任务，即构建马克思主义史学理论的新形态的任务。

唯物史观是马克思主义哲学的重要组成部分，是关于人类社会发展一般规律的科学，是科学的历史观和认识社会改造社会的一般方法论，也是构建马克思主义史学理论新形态的理论基础。但是，构建马克思主义史学理论的新形态，决不是要墨守马克思主义经典作家论述唯物史观的个别字句，也不是要将他们的个别结论当作现成的“公式”，不分时间和地点机械地套用或简单地贴标签，而是自觉坚持马克思主义的立场、观点和方法，努力掌握马克思主义活的灵魂，特别是要分清哪些是必须长期坚持的马克思主义基本原理，哪些是需要结合新的实际加以丰富发展的理论判断，哪些是必须破除的对马克思主义的教条式的理解，哪些是必须澄清附加在马克思主义名下的错误观点。这在构建马克思主义史学理论的新形态时，尤其有十分重要的指导意义。

例如，关于历史规律性问题。马克思在《资本论》第1卷第1版《序言》中指出：“我的观点是：社会经济形态的发展是一个自然历史过程”①。关于这句话，还有如下三种译法：其一，郭大力、王亚南译：“我的观点是把社会经济形态的发展，理解为一个自然史过程”。② 其二，中央编译局根据马克思本人修订的法文版《资本论》第1卷翻译的译文：“我的观点是，社会经济形态的发展同自然的进程和自然的历史

---

①《马克思恩格斯选集》，第2卷，208页，北京，人民出版社，1972。

②《资本论》，第1卷，12页，北京，人民出版社，1963。

是相似的"。[1] 其三，中央编译局重译的《马克思恩格斯选集》第2卷："我的观点是把经济的社会形态的发展理解为一种自然史的过程"。[2] 不言而喻，这几种不同译文的含义显然是不同的。这样，就涉及到"历史规律"是否可以自发实现的问题。

长期以来，传统的观点片面认识"自然历史过程"，将着眼点放在自然运动过程和社会历史运动过程的共通性上，强调它是不以人们的意志为转移的客观规律性，而忽略了人——创造历史的主体——在历史规律中的作用。因看不到人和规律之间的特殊的辩证关系，忽略人的"自我意识过程"和"自主创造过程"，而盲目地认为历史规律可以自发地、自然地实现。这不是马克思主义的观点，而是19世纪机械唯物主义的残余。这种貌似马克思主义的观点还授西方理论家以把柄，如卡尔·波普尔等，攻击马克思主义的历史决定论是历史宿命论。马克思主义经典作家揭示人类历史规律时，是从研究具体史实入手的。人类历史发展有客观规律，是一个"自然历史过程"，但是，历史规律不是外在力量的赐予，不是先定的，而是产生和实现于人的社会实践之中。正是在这个意义上，恩格斯强调历史规律是"人们自己的社会行动的规律"。[3] 因此，这个过程同时也表现为人们自觉能动性和创造性、选择性的不断的实践过程，"全部社会生活在本质上是实践的"。[4] 我们不应割裂这种统一性。

二、继承发扬中国史学的优秀传统

构建马克思主义史学理论的新形态，要在科学研究的基础上，从中国史学的传统与现实出发，认真汲取中国史学的优秀传统，特别是中国

---

①《资本论》(根据作者修订的法文版第1卷翻译)，北京，中国社会科学出版社，1983。

②《马克思恩格斯选集》，第2卷，101～102页，人民出版社，1995。

③《马克思恩格斯选集》，第3卷，634页，北京，人民出版社，1995。

④《马克思恩格斯选集》，第1卷，56页，北京，人民出版社，1995。

马克思主义史学的优秀传统。构建马克思主义史学理论的新形态，不仅不能脱离现实，而且也不能割断历史。马克思主义史学理论的新形态不是、也不可能是人为编造出来的，它不仅是时代呼唤的产物，而且也是中国马克思主义史学理论在新的历史条件下，合乎逻辑发展的必然结果。

重温马克思主义诞生的历史以给人们以有益的启示。19世纪中期马克思主义诞生，它广泛汲取了人类优秀文化遗产，是人类思想史上的一次伟大革命。马克思、恩格斯在批判地吸收德国古典哲学、英国古典政治经济学、法国空想社会主义理论等人类精神文明成果的基础上，结合工人运动的斗争实践，创立了科学社会主义理论体系，揭开了世界历史发展的崭新一页。马克思的学说是人类在19世纪所创造的优秀成果——德国的哲学、英国的政治经济学和法国的社会主义的当然继承者。马克思主义经典作家在批判资本主义文化、论述社会主义先进文化时，始终强调文化发展的继承性。社会主义先进文化只有在利用前人已有文化成果的基础上才能产生，构建马克思主义史学理论的新形态也不例外。正确处理既"立足当代又继承传统"的关系，这对构建马克思主义史学理论的新形态有十分重要的意义。

中国传统史学，并不等于封建主义的史学。史学是文化中的文化，它作为民族文化血脉认同的一个载体，对它的理论、内容、原则和功能，要进行具体的分析，取其精华，去其糟粕，择其善者而从之，切不要将复杂的问题简单化，用某一公式或概念去否定一切。"我们共产党人是彻底的唯物主义者，只能实事求是地肯定应当肯定的东西，否定应当否定的东西"。[①] 这是坚持和发展唯物史观的重要内容之一，作为一个方法论的原则，在构建马克思主义史学理论的新形态时，具有特别重要的意义。俄国十月革命胜利后不久，列宁在论及如何巩固苏维埃政权的成就和克服面临的困难时，他认为重要的条件之一，就是"必须取得资本主义遗留下来的全部文化，并且用它来建设社会主义。必须取得全部科学、技术、知识和艺术。否则，我们就不可能建设共产主义社会的

---

①《邓小平文选（1975—1982）》，293～294页，北京，人民出版社，1983。

生活”。[1] 这同样给我们以深刻的启示。对于中国传统史学秉笔直书、实事求是，关注社会、经世致用等传统，我们要从时代的高度，给予科学的、马克思主义的总结，使其在新的历史条件下赋予新的社会内容和时代精神，完成现代的转化，焕发出新的生命和活力。

构建马克思主义史学理论的新形态，要发扬中国史学经世致用的优良传统。历史学和其他任何哲学社会科学学科一样，其生命力在于社会的需要和该学科对社会需要满足的程度。如果史学工作者在火热的生活面前袖手旁观，对中国和世界的命运漠不关心，历史学远离社会的需要，那么，历史学注定要遭到时代与社会的冷遇，以至走向衰落。那种认为历史研究应当是纯而又纯的象牙塔，应当远离现实生活，以及“当代人不能治当代史”等错误认识，对于史学社会功能的实现，以及历史学科的建设和发展都是十分有害的。当前，全国人民正在中国共产党领导下全面建设小康社会，无论在国内还是在国际上，都面临着前所未有的机遇和挑战，特别需要史学界为抓住机遇、迎接挑战而提供历史知识。最近，全党又在贯彻十六届四中全会精神，更加需要史学界为加强党的执政能力建设而提供历史经验。我们应自觉地把历史研究与党和国家的工作大局联系起来，为中华民族的伟大复兴和加强党的建设服务。历史研究的时代精神和科学性不仅不是对立的，相反是一致的。如果离开了时代精神，离开了社会内容，那么，历史研究的科学性也就无从谈起了。

又如我国的世界史研究，或中国人民最初对世界历史的认识，是从19世纪中期中国先进分子“睁眼看世界”开始的，它始终和中国人民“救亡图存”、民族复兴这一时代的主题联系在一起，表现出强烈的爱国主义感情。近代中国最早的一批世界史学者，首先是热诚的爱国主义者。19、20世纪之交，有关世界上一些国家亡国史的翻译或编译，在当时的中国世界史著述中，占有重要的地位。据不完全的统计，1900年后的10年间，至少有50种以上。这些著作，回应了极其严重的民族危机的客观要求，因为研究亡国史，向国人敲响“亡国警钟”，有助于警醒国民，使其从中汲取教训，引以为鉴。当时研读“亡国史”比研读

① 《列宁全集》，第36卷，48页，北京，人民出版社，1985。

“建国史”更有意义。一个半世纪以来，中国世界历史研究的突出优点和特点，是和时代的脉搏一起跳动，始终贯穿于中国人民争取民族解放，建立独立、自由、民主、富强的国家历史进程中，表现出鲜明的中华民族精神。今天和19世纪中期相比，中国社会发展和中国世界历史研究，已经发生了翻天覆地的变化，但是在构建马克思主义史学理论的新形态时，继承、发扬中国世界历史研究的优秀传统，弘扬和培育中国世界历史研究的民族精神，仍然具有重要的现实意义。

“五四”之后，中国马克思主义史学的产生和发展，成为20世纪上半期中国史坛最重要的内容之一。马克思主义史学是风云变幻的中国大革命时代的产物，它自诞生之日起，就同中国革命实践保持着密切的联系。马克思主义史学家积极投身于火热的现实斗争中，结合中国的历史与现实，自觉地回答当时中国社会发展中提出的一系列尖锐的问题，如积极参加20世纪30—40年代，中国思想文化界关于中国社会性质、中国社会史问题和中国农村性质的论战，这些论战涉及到亚细亚生产方式；中国历史上有没有奴隶社会阶段和所谓“商业资本主义社会”或“前资本主义社会”和“专制主义社会”等问题。这不仅是重大理论问题，而且是关系到中国的命运和前途的重要现实问题。在中国社会史大论战中，马克思主义史学家坚持以唯物史观为理论指导，明确指出中国和世界各国有共同的发展规律，中国革命是符合历史矛盾运动方向的产物。这不仅为马克思主义史学的发展奠定了坚实的理论基础，同时也为那些因大革命失败而苦闷彷徨，看不清中国革命前途的人，指明了前进的方向。继李大钊之后，郭沫若、吕振羽、范文澜、翦伯赞、侯外庐等堪称中国马克思主义史学的优秀代表。他们不仅是学识渊博、才华出众的历史学家，而且是真诚的爱国者，是自觉投入争取中华民族解放斗争的坚强战士。

无论是中国传统史学，还是中国马克思主义史学，都是中国史学的重要组成部分，是在新的历史时期构建马克思主义史学理论新形态的富饶的土壤。“马克思主义史学理论的新形态”是时代的产物，是科学发展的结果，不是从天上掉下来的，也不是冥思苦想，在人的头脑中编造出来的。它不能脱离中国史学的历史与现实，只有坚实地扎根在中国史学的土壤中，才能根深叶茂，茁壮成长。

三、汲取借鉴外国史学的优秀成果

邓小平说："社会主义要赢得与资本主义相比较的优势，就必须大胆吸收和借鉴人类社会创造的一切文明成果"。[①] 在构建马克思主义史学理论新形态时，还应该研究如何更好地做到"既立足本国又学习外国"的问题。外国的史学理论，包括西方史学理论并不完全等于资产阶级的学术理论，众所周知，不仅西方史学理论中也包括马克思主义历史学派的理论，而且马克思主义在西方史学中也有广泛的影响。英国史学家G. 巴勒克拉夫认为："马克思主义的影响之所以日益增长，原因就在于人们认为马克思主义提供了合理地排列人类历史复杂事件的使人满意的唯一基础"。他从五个方面分析了马克思主义作为哲学和总的观念，对历史学家的思想所产生的影响。然后他说："到1955年，即使在马克思主义的反对者中，也很少有历史学家会怀疑聪明睿智的马克思主义历史研究方法的积极作用及其挑战"。[②] 即使是资产阶级的史学理论，也要进行系统的研究，通过科学的评析就其某些本质的、规律性的内容做出马克思主义的回答，并从中国史学理论建设的目的出发，汲取其有益的内容为我所用。

列宁说："应当明确地认识到，只有确切地了解人类全部发展过程所创造的文化，只有对这种文化加以改造，才能建设无产阶级的文化，没有这样的认识，我们就不能完成这项任务。……无产阶级文化应当是人类在资本主义社会、地主社会和官僚社会压迫下创造出来的全部知识合乎规律的发展。"[③] 因此，在构建马克思主义史学理论新形态时，我们要学习和吸收外国史学的一切优秀成果。这种学习和吸收，要提高到对整个人类文明一切优秀成果的学习和吸收的高度去认识。新中国成立前，毛泽东主席曾说："对于外国文化，排外主义的方针是错误的，应

---

① 《邓小平文选》，第3卷，373页，北京，人民出版社，1993。

② [英] G. 巴勒克拉夫：《当代史学主要趋势》，26～27、42页，上海，上海译文出版社，1987。

③ 《列宁选集》，第4卷，285页，北京，人民出版社，1995。

当尽量吸收进步的外国文化，以为发展中国新文化的借镜”。[①] 新中国成立后，他仍持此观点，“我们的方针是，一切民族、一切国家的长处都要学，政治、经济、科学、技术、文学、艺术的一切真正好的东西都要学”。[②] 只有这样，我们才能在马克思主义史学理论新形态中，真正体现出深远的历史眼光和宽广的世界眼光。

在经济全球化和我国改革、开放和发展这样的背景下，重视构建马克思主义史学理论新形态时的“开放性”，有更重要的理论意义和现实意义。我国是一个发展中的社会主义国家，同时也是一个开放的国家。这种开放不仅表现在经济上，而且也表现在开放的精神文化上。在任何一个国家的实际生活中，不可能有高度开放的经济，和完全封闭的文化并存，在文化上同样不能“闭关自守”。然而，“精神文化”的开放，是应该应当坚持一定政治原则的开放，即是为了更好地促进经济、政治和文化的协调发展，是使“两个文明”都搞好。这样，我们在构建马克思主义史学理论新形态时，一方面吸收和借鉴人类社会创造的一切文明成果；另一方面坚决抵制外来腐朽思想的侵蚀。江泽民同志说：“中国的发展和进步，离不开世界各国的文明成果。我们的社会主义现代化建设，需要继承和发扬中华民族优秀文化传统，也需要学习和吸收世界各国人民包括在资本主义制度下创造的优秀文明成果”。“我们必须树立一个明确认识，不管是哪种社会制度下创造的文明成果，只要是进步的优秀的东西，都应积极学习和运用，对糟粕的东西则应剔除，不能学。我们在学习和借鉴资本主义国家一切好的东西时，当然不能妄自菲薄，不能对社会主义事业缺乏信心。我们并不是一切都落后，如果因为要向外国学习，就以为自己什么也不行了，变成盲目崇外，那同样是一种片面性”。[③] 就历史科学来说，在借鉴世界各国史学的有益成果，从中吸取营养时，我们完全能够做到使外国史学的精华，同中国史学的优秀传统，特别是中国马克思主义史学的革命精神有机地结合在一起，并在新

①《毛泽东选集》，第 3 卷，1083 页，北京，人民出版社，1991。

②《毛泽东著作选读》下册，740 页，北京，人民出版社，1986。

③《江泽民论有中国特色社会主义》（专题摘编），205、207 页，北京，中央文献出版社，2002。

的研究实践的基础上不断创新，构建马克思主义史学理论的新形态，以丰富和完善中国马克思主义史学的理论建设。

第二次世界大战后，世界历史进入了一个新的发展阶段，世界政治格局和人类社会生活的深刻变革，不断提出新的问题需要人们从历史与现实的结合上做出回答。在这种情况下，传统史学已经显得无能为力，不得不借助其他相关学科的理论和方法。西方史学和西方国家的社会发展一样，处在深刻、迅速的变化之中。这样，就决定了战后西方史学发展的重要特征之一，是随着史学家历史视野的开拓，研究领域迅速扩大，使传统史学同其他哲学社会科学各学科的界限，变得愈来愈模糊了，在广泛采用新的史学方法的基础上，出现了一系列历史学新的分支学科，如社会史学、文化史学、人口史学、心智史学、心理史学、新经济史学、新政治史学、家庭史学、妇女史学、城市史学、口述史学、计量史学、比较史学等。与此同时，西方史学还表现出不断加强的理论化趋势。这主要表现为重视历史认识中的理论描述，而不是将历史过程做编年式的堆砌；强调关注现实和历史研究中的问题意识，积极发挥历史认识主体的主体意识，在研究中无论是提出问题还是回答问题，都注重理论的诠释，以至一些历史学家提出“理论历史学”的概念。所有这些，都值得我们认真思考，要在唯物史观的指导下加以科学地认识、分析和总结。我们应从中国史学的传统和现实出发，有选择地或批判地汲取其中有益的内容，但要防止生吞活剥，食洋不化，更不能照抄照搬，仰人鼻息。英国史学家 E. H. 卡尔在 1961 年曾说：“我们一生下来，这个世界就开始在我们身上起作用，把我们从纯粹的生物单位转变成社会单位”。因此，“在研究历史之前，应该先研究历史学家。……在研究一个历史学家之前，应该先研究他的历史环境和社会环境。历史学家是单独的个人，同时又是历史和社会的产物”。[①] 这个重要的方法论原则在构建马克思主义史学理论新形态时，同样应给予重视。探讨西方史学理论方法论时，必须首先研究这些理论和方法所依托的社会历史背景，以及与这一背景有直接关联的学术背景，这是因“学术史是社会史的一部

① ［英］E. H. 卡尔：《历史是什么》，29、44 页，北京，商务印书馆，1981。

分”这一客观事实所决定的。

2003 年 11 月 24 日，中共中央政治局集体学习 15 世纪以来世界主要国家的发展时，胡锦涛总书记强调：浩瀚而宝贵的历史知识既是人类总结昨天的记录，又是人类把握今天、创造明天的向导。一部人类文明史就是人类不断在以往历史的基础上有所发现、有所发明、有所创造、有所前进的历史。中华民族历来就有治史、学史、用史的传统。我们党在领导革命、建设和改革的过程中，一贯重视对历史经验的借鉴和运用。在新形势下，我们要更加重视学习历史知识，更加注重用中国历史特别是中国革命史来教育党员干部和人民。不仅要学习中国历史、还要学习世界历史，不仅要有深远的历史眼光、而且要有宽广的世界眼光。要做到这些，仅仅依靠历史文献的整理、历史知识的积累或历史过程的描述显然是不够的，必须大力加强马克思主义史学理论建设，构建马克思主义史学理论新形态，使史学在建设有中国特色社会主义的伟大事业中，更充分地实现其学术功能和社会功能。

民族精神、先进文化和历史研究

在当代中国，发展先进文化，就是发展面向现代化、面向世界、面向未来的，民族的科学的大众的社会主义文化。在全面建设小康社会，实现中华民族伟大复兴的进程中，社会主义先进文化担负着振奋民族精神、铸造民族灵魂，满足人民不断增长的精神文化需求的使命。民族精神是民族文化优良传统的历史积淀，具有强大的社会凝聚力和社会整合功能，是国家统一和持续稳定发展的精神基础。我们党代表先进文化前进方向的重要任务之一，是将优秀文化传统和民族精神融入到建设有中国特色社会主义的伟大事业中去。历史科学从历史与现实的结合上，对开展中华民族悠久历史和优秀文化传统教育，培育和弘扬民族精神，将发挥不可替代的重要作用。

一、文化是综合国力的重要组成部分

文化是人类的精神活动及其产品的总称，是推动人类社会前进的精神动力，也是一个民族和国家赖以生存发展的重要根基，是其区别于其他民族和国家的重要标志。文化发展水平从本质上反映了一个民族和国家的发展程度。任何文化都与历史发展的一定阶段和具体的社会经济形态相联系，它是一定社会先进的经济和政治在观念形态上的反映，又对先进的经济和政治的发展起着巨大的促进作用。

它渗透于社会生活的各个方面，影响着人们的精神世界和行为方式。先进文化是人类文明进步的结晶，渗透于社会生活的各个方面，对于人们树立正确的世界观、人生观、价值观，追求真善美，抵制假恶丑，不断推进生产力的发展，具有极其重要的作用。先进的政党不仅代表着先进生产力的发展要求，而且代表先进文化前进的方向。只有这样，才能使物质文明和精神文明协调发展，推动社会全面进步。是否拥有先进文化，是否代表先进文化前进的方向，决定着一个政党、国家和民族的素质、能力和兴衰。

当今世界各国之间的竞争主要表现为国家综合国力之间的竞争，一个国家只有具有强势的综合国力，才能增强在世界上的竞争力，才能维护国家的安全和民族的利益。党的十六大报告指出，当今世界，文化与经济和政治相互交融，在综合国力竞争中的地位和作用越来越突出。文化的力量，深深熔铸在民族的生命力、创造力和凝聚力之中。重视文化在综合国力中的重要作用，使文化在国家和民族的发展进步中做出积极的贡献，从而真正代表先进文化的前进方向，体现先进生产力的发展要求，最终实现人民群众的根本利益，是我们义不容辞的重要职责。文化的发展直接影响制约着整个国家和民族的发展，在全面建设小康社会的历史条件下，推进文化创新就成为建设先进文化的重中之重。

文化作为综合国力的重要组成部分，是经济发展和社会进步的强大精神动力，成为衡量一个国家综合国力的重要标志之一。在当代，经济的发展，社会的进步，综合国力的增强，都有赖于科学技术的发展，有赖于文化发展水平及其影响力。文化在人类社会发展中的作用正日益突出。因此，我们应该充分认识，并高度重视文化在人类社会发展中的作用。文化在本质上属于社会意识的范畴。在阶级社会里具有鲜明的阶级性；文化又具有民族性和时代性。文化观念的核心是世界观和价值观。正因为如此，党的十六大报告才提出，“全党同志要深刻认识文化建设的战略意义，推动社会主义文化的发展繁荣”。社会主义先进文化，主要就是指建设社会主义的思想道德和科学文化教育事业。充分发挥文化在综合国力中的重要作用，主要是指充分发挥思想道德和科学文化教育在综合国力中的重要作用。在我们全面建设小康社会，实现民族振兴的伟大进程中，先进文化的建设具有振奋民族精神、铸造民族魂魄、升华民族品格、满足人民日益增长的精神文化需求的重要作用。

重视文化的力量，充分发挥文化在综合国力中的重要作用，是对我们党八十年实践的深刻总结，是对马克思主义理论的继承和发展。第二次世界大战结束以后，特别是20世纪80年代中期以后，随着人类社会的不断发展与进步，文化的作用表现得越来越重要，越来越明显。特别是在经济全球化的历史潮流面前，重视文化在综合国力中的重要作用，已经成为摆在我们面前的刻不容缓的重大课题。作为生产力的构成要求，在很大的程度上都体现了对文化的要求。就劳动者而言，用什么样的观念来指导劳动，自身的认知水平和劳动能力等都与文化有着非常重要的关系。而劳动者使用的劳动工具在多大程度上体现了新的生产力的发展要求，也是一个重要的文化问题。劳动对象的改变，从其实质的意义上来讲，反映了人类文明的发展和进步。所以，社会生产力的问题在很大程度上表现为文化问题。我们谈文化，主要就是要研究文化在什么样的程度上影响甚至决定了社会生产力的发展和进步。在一定的条件下，文化形态的先进与否决定了生产力发展与变化的方向。文化生产力作为社会生产力的一种特殊形态，既有其独立性，又作为生产力的重要构成因素，对生产力的发展有着决定性作用。

重视文化在综合国力中的重要作用，必须用“三个代表”要求统领社会主义文化建设，这就要求我们必须坚持马克思主义的理论指导地位，从中国最广大人民的根本利益出发，在建设有中国特色社会主义的实践中，积极进行文化创新，发展和繁荣我国的社会主义先进文化。党的十六大报告明确指出：“在当代中国，发展先进文化，就是发展面向现代化、面向世界、面向未来的，民族的科学的大众的社会主义文化。”这一科学论断，把文化建设放在实现中华民族伟大复兴的大局中来考虑，放到整个人类世界历史进程的大局中来考察，为中国特色社会主义先进文化的健康发展，指明了前进的方向。

社会主义文化具有鲜明的时代特征、民族特色、科学品格。发展面向现代化、面向世界、面向未来的有中国特色的社会主义文化，这是号召全国人民团结一致，从胜利走向胜利的一面旗帜。中国优秀文化传统不是孤悬于历史进程之外的，它自身也面临一个现代性的转换问题。只有与时俱进，成功地实现现代转型，中国优秀文化传统才能表现出鲜明的时代特征，才能成为我们党领导全国人民实现中华民族伟大复兴的强大精神动力，才能成为当代中国先进文化的有机组成部分。

文化创新必须以“三个代表”重要思想为指导，立足于建设有中国特色社会主义的实践，不断用改革开放和社会主义现代化建设的成果来发展先进文化。

首先，要继承和弘扬优秀传统文化。文化发展的继承性，决定了文化创新必须在已有的文化成果的基础上进行。我国的优秀传统文化是中华民族五千年精华的积淀，这种文化渊源于中华民族五千年文明史，博大精深，源远流长，是我们进行文化创新的深厚基础。结合建设有中国特色社会主义的实践，弘扬祖国传统文化精华，是文化创新的必要条件和重要任务。

同时，还要大胆吸收和借鉴世界优秀文化成果，吸收和借鉴人类社会创造的一切优秀文化成果，特别是着眼于世界科学文化发展的前沿问题。一方面学习和借鉴世界科学技术发展的最新成果；另一方面学习和借鉴世界各国的优秀文化成果。大胆吸收和借鉴世界优秀文化成果。弘扬民族精神，发展先进文化，必须克服狭隘民族主义，切忌抱残守缺。我们要有世界历史的眼光和“拿来主义”的勇气，对西方文化有选择地批判地加以吸收；也要克服民族虚无主义，自觉摒弃“全盘西化”的错误思潮；要有“以我为主，为我所用”的主体意识，要有批判继承、综合创新的理性自觉，牢牢把握社会主义文化这个主流方向。

先进文化应该是健康的、科学的、向上的，植根于中国社会主义现代化的实践，包含了当代科学和文化的最新成就，代表未来发展方向推动社会前进的文化，而不是颓废的、消极的、愚昧落后的、阻碍社会前进的文化。先进的文化包括思想道德和科学文化两个组成部分。共产党人的先进性不仅在其拥有先进的思想道德，还在其拥有先进的科学文化知识，两者相辅相成，不可分割。思想道德文化决定着整个文化的社会性质，统率整个文化发展，推动社会经济政治进步。在思想文化建设中，必须坚持以马克思主义为指导。在改革开放和社会主义现代化建设伟大实践中，发扬爱国主义、集体主义和社会主义精神，引导人们树立建设有中国特色社会主义的共同理想和正确的世界观、人生观、价值观。同时把先进性要求同广泛性要求结合起来。

面对当今世界文化发展的全球化、多样化和市场化的基本趋势，中国文化怎样才能以其独特魅力，立于世界文化之林？面对全球化，应坚持全球化与民族性的辩证统一。进入信息时代，互联网方便快捷地实现了不同民族、不同社会制度下的人们自由进行对话交流，实现对全球文化资源和文化财富的共享。面对文化发展的这种全球化走势，社会主义的先进文化建设必须坚持马克思列宁主义、毛泽东思想和邓小平理论在意识形态领域的指导地位，用“三个代表”重要思想统领社会主义文化的发展。在此基础上，密切关注域外文化，既要努力学习其优长、吸收其积极成果，又要警惕消极、颓废文化的侵袭；既要反对文化壁垒和盲目排外，又要反对崇洋媚外和全盘西化，进而弘扬民族精神，不断提升民族文化的品位，突显民族文化的特色。

就文化而言，经济全球化最终会影响到各个民族文化的发展。在参与经济全球化的过程中，不同民族的文化之间，通过交流会在某些问题上取得共识，但这种共识并不意味着民族文化的根本改变。任何一个民族，如果失去了自身文化的独立性，同时也就失去了自己民族的独立性。民族文化包括知识、信仰、艺术、道德、法规、习俗乃至各种习惯。文化的民族性，实质上就是一定民族与别的民族在文化特质方面最本质、最深刻的区别。任何一种文化的民族性，只要该民族存在，就不可能消失。经济全球化并不能消解文化的民族性。越是弘扬民族精神，越是保持民族精神的独立性，

在经济全球化和中国加入 WTO 的新的历史条件下，历史悠久，博大精深的中华文化面临着继往开来、重铸辉煌的挑战。我们必须把发展先进文化定位在建设有中国特色社会主义文化上，这是当代中国人民历史性的选择。迎接挑战，就要努力发展社会主义先进文化，强身固本可御百病，真正有效地抵御西方的文化渗透。只有将发展社会主义先进文化与继承中国优秀文化传统结合在一起，当代中国文化才能走向世界，

成为全人类的精神财富。中华民族所拥有的社会主义先进文化，是植根于深厚的中华文明沃土、面向世界和未来的现代新型文化。当前，我们必须在理论与实践的结合上，着力于中国传统文化的现代转化，创建当代中国新的文化价值系统。在这个过程中，应重视文化的民族性、时代性与世界性之间的关系。在经济全球化的世界背景下特别应该强调，坚持文化的民族性的重要内容之一，是培育和弘扬中华民族精神。

二、民族精神是民族文化的精华

我们党始终代表着中国先进文化的前进方向，发展先进文化的目的，是为了促进全民族思想道德素质和科学文化素质的不断提高，为建设有中国特色的社会主义，提供精神的和智力的支持，而这一切都离不开对民族精神的大力弘扬。民族精神是民族文化的精华，是民族文化的深层内涵，离开民族精神，民族文化就失去生存的基础。党的十六大报告中明确指出："要把培育和弘扬民族精神作为文化建设的一个极为重要的任务，使广大人民在建设有中国特色社会主义的征途上，始终保持奋发有为、昂扬向上的精神状态"。民族精神是民族文化最本质、最深刻的体现，因此"必须把弘扬和培育民族精神作为文化建设极为重要的任务，纳入国民教育全过程，纳入精神文明建设全过程"。贯彻、落实"三个代表"的要求，加强有中国特色社会主义文化建设的重要任务之一，就是培育和弘扬民族精神，在当前世界和中国具体的历史条件下强调这一点，尤其具有重要的理论和重大的现实意义。

中华民族精神是中华民族生存和发展的强大精神力量，是中国各族人民共同培育的文化结晶。我们要培育和弘扬的民族精神，主要表现为团结统一，独立自主，爱好和平，自强不息。弘扬民族精神的根本目的，是增强中华民族的创造力、凝聚力和感召力，是激发民族自豪感，提高民族自信心、自尊心，增强民族凝聚力，把全国各族人民的热情和力量聚集到实现中华民族伟大复兴的伟大事业上来，为国家统一、繁荣富强而努力奋斗。使广大人民群众培育和弘扬中华民族的民族精神，是提高全民族素质的基础和前提。民族精神和民族文化一样，是综合国力的重要内容。综合国力，主要是经济实力、科技实力，这些物质力量是基础，但也离不开民族精神。综合国力是物质力量与精神力量的统一，弘扬和培育民族精神是增强综合国力的必然要求。

人总是要有一点精神的，一个民族也要有自己的精神。一个民族无论遇到多少灾难和坎坷，但只要有振奋的民族精神和高尚的品格，始终保持奋发有为、昂扬向上的精神状态，就一定能百折不挠，成就民族伟业，为人类进步和世界文明的发展，做出自己独特的贡献。人类社会历史进程证明：没有强大的物质力量，一个民族不可能自尊自立自强；没有强大的精神力量，一个民族同样也不可能自尊自立自强。民族精神作为一种精神成果，在一定条件下可转化为强大的物质力量，而且使物质力量发挥更大的作用。因此在一定具体的历史条件下，往往后者在某种意义上说更加重要。例如，中华民族凝聚力是在一定物质基础上产生的巨大精神力量，以一种观念形态蕴藏在每一个民族成员之中，是中华民族共同的民族心理和民族精神的集中表现。民族精神是一个民族保持生命力的源泉，一个民族只要朝气蓬勃，始终保持浩然正气，奋发有为的精神状态，有强大的精神力量，就一定充满希望，有光明的未来。

中华民族在五千年历史发展中创造了灿烂文化，形成了自己的伟大民族精神，民族精神是民族优良传统的历史积淀，是民族文化的深层内涵，是一个民族在漫长的历史进程和磨难中表现出来的思想精华和坚定志向。中华民族精神作为一种不可替代的群体意识，反映了中国各民族人民共同的思想意识、价值观念和道德规范，它是向世界展示中华民族形象的重要内容。有无民族精神，有怎么样的民族精神，是一个民族能否自立于世界先进民族之林的重要条件。一个民族，如果没有振奋的民族精神和坚定的民族志向，就不可能自立于世界先进民族之林。千百年来的历史，特别是近代以来世界历史发展的无数事实，都充分证明了这一点。

民族精神是激励和凝聚全国各族人民的重要力量，是中华民族自立于世界民族之林的精神支柱。对一个民族来说，历史发展的精神动力首先是民族精神。它可以加强民族文化的血脉认同和归属意识，加快民族意识的觉醒，激发民族的进取意识和奋斗精神，凝聚起强大的精神力量，从而形成推动社会历史前进的动力。一个民族、一个国家，如果没有自己的精神支柱，就等于没有灵魂，就会失去凝聚力和生命力。中华民族在数千年发展中形成了独具魅力的民族精神。它是中华民族自立于世界民族之林的切实保证，是中华民族五千年来生生不息、发展壮大的强大精神动力，也是中国人民在未来的岁月里薪火相传的强大精神动力。中华民族精神，是中华民族的主体意识和民族灵魂，其作用和影响从不仅仅限于精神领域，而且作用于社会生活的各个方面。正是这种民族精神，使中华民族始终具有强大的凝聚力；始终激励中华儿女前赴后继，自强不息；始终使中华民族高举爱国主义旗帜，为民族振兴不懈奋斗。

民族精神是一个民族在长期的历史发展过程中锻造和培育起来的，是一个有着丰富历史内涵的与时俱进的概念，是历史与现实的有机统一。因此在弘扬和培育民族精神的过程中要处理好继承和创新的关系。民族精神，既是对民族传统的继承，同时也是不断适应时代的进步，从本质上反映时代发展的客观要求，使民族精神不仅体现出时代精神，并成为时代精神的精华。例如，爱国主义是中华民族精神的核心。今天的爱国主义，是传统爱国主义的继承和发展，已同爱社会主义、爱中华人民共和国、爱中华民族有机地统一在一起。

人类社会是不断向前发展的，民族精神也随着历史前进的步伐不断增强自己的时代品格。时代的发展不断深化着民族精神的内容，使“五四”运动以来形成的新文化传统和民族精神不断丰富。八十多年来，民族精神经过中国共产党人的丰富和发展，使继承与创新、历史与现实在新的历史条件下得到统一。中国共产党高举中国先进文化的前进旗帜，努力建设和弘扬反映革命、建设和改革要求的新文化，荡涤旧社会遗留下来的和国外渗透进来的腐朽没落的旧文化，始终坚持和发扬中华民族优秀文化传统和基本精神。中国共产党是中国工人阶级的先锋队，同时是中国人民和中华民族的先锋队。她的党性党风是和伟大的中华民族精神联系在一起的。中国共产党的奋斗目标是中华民族精神的具体体现，建设有中国特色社会主义的实践，是培育民族精神的沃土，在当代中国，爱国主义、集体主义、社会主义和热爱和平等等，是中华民族精神的具体内容，是中华民族的宝贵精神财富。

一种文化形态持续向前发展的持久动力，在于体现该文化的内在精神及其个性。同时，也正是这种内在精神及其个性，使该文化有别于其他文化形态而表现出独特的魅力。而这种“内在精神及其个性”，主要是通过民族精神体现出来的。在经济全球化背景下弘扬民族精神，已成为增强国际竞争力，维护国家利益，推动中华民族伟大复兴的一个重要内容。在全球化的背景下，弘扬和培育民族精神，对于激发民族自豪感，提高民族自尊心，增强民族凝聚力，具有重要的意义。它不仅关系文化建设的成败，也关系中华民族的存亡。人们清醒地看到，一些西方发达国家正利用经济、军事、科技的优势地位，极力推行文化霸权主义和文化帝国主义，企图建立由西方文化主宰的一统天下。民族精神作为维系一个国家和民族的精神纽带，对于捍卫民族的独立性，具有重要的作用。

三、培育和弘扬民族精神必先为史

发展社会主义先进文化，培育和弘扬民族精神的重要途径之一，是发掘丰厚的中国历史文化资源。优秀的中国史学遗产，不仅是中华民族精神发展的记录，同时也是当今为实现中华民族的伟大复兴，培育和弘扬中华民族精神取之不竭，用之不尽的宝藏。借用龚自珍“欲知大道，必先为史”这一名言，完全可以说，欲坚持先进文化，培育和弘扬中华民族精神，必先为史，首先是光辉灿烂的中华民族的历史。历史学历来被称为“文化中的文化”，以唯物史观为理论指导，通过历史研究培育和弘扬中华民族精神，坚持先进文化的方向，是当代中国广大史学工作者义不容辞的责任和使命。

在人类文明发展的历史中，中华文明是唯一没有中断的独立发展起来的文明。五千年的中华文明，始终没有中断，这和中国自古以来是一个不断发展的统一的多民族国家，有直接的关系；同时也和中华民族的历史记载不曾中断，有密切的联系。中华民族精神是在长期历史中逐渐形成的，是自远古以来中华文明精华的凝聚和沉淀。中国史学有悠久的历史传统，它在传达丰富的历史信息的同时，还深含着中国文化和中华民族精神源远流长的历史底蕴。中国史学对于开展中华民族悠久历史和优秀传统文化的教育，培育和弘扬中华民族精神，努力提高民族凝聚力，具有不可替代的重要作用。从理论与实践，历史与现实的结合上发掘中国史学资源，赋予其崭新的社会内容和时代精神，史学将会以其特有的学术功能和社会功能，发挥其孕育爱国主义精神，传承中华民族精神的作用。

中国历代十分重视本朝和前朝历史的编纂。据《吕氏春秋》记载，早在遥远的夏代，已设有史官。此后，一直延续到清代，史官在为前朝、当朝修史的工作中，做出了重要的贡献。中华民族是非常重视总结，并吸取历史经验的伟大民族。中国史学的基本原则之一，就是强调"述往事"而"思来者"，也就是中华民族在走向未来时，重视从历史中汲取治国安邦的经验教训。中国历史发展绵延不断，同样，中国史学的发展也绵延不断，无论世事多么艰难，历史矛盾运动多么曲折，但中国历史学和中国历史，都同样表现出不断进步的历史的连续性。正是这种连续性，才使中华民族在今天拥有悠久的历史文化和丰厚的史学遗产。

一部中国历史，是中华民族精神形成、发展、培育和弘扬的历史。这种民族精神，是中国各族人民为了生存和发展，在同艰苦的自然环境作斗争中，在维护民族利益和国家主权，抵御外来侵略，保卫自己的家园中培育起来的。中华民族在自己发展的历史进程中，虽然历尽艰辛，饱经磨难，但始终能够长盛不衰，这是由血脉相传的中华民族精神决定的。

中华民族精神的中心内容之一是爱国主义。丰富的中国史学遗产，为中华民族在各个历史时期继承和发扬爱国主义精神，提供了生动的范例。从史学遗产中吸取爱国主义营养，是新时期中国历史研究的重要任务之一。在中国史学著述中，歌颂统一、反对分裂，歌颂民族英雄、鄙视投降叛卖的内容比比皆是。这不仅仅是史家历史观的具体体现，同时也是中华民族凝聚力形成的具体内容，是褒扬中华民族爱国主义精神的具体实践。这些历史文化的浸润和积淀，使它的影响远远超出历史学家的作品，而深深烙印在中华民族的心灵深处，成为中华民族普遍的价值取向和共同的心理追求，是独具魅力的中华民族精神的重要组成部分。

在中华民族形成的过程中，中华儿女培养孕育了爱好和平的传统，不断丰富着民族精神的内容。在漫长的历史进程中，中国各族人民爱好和平和热爱祖国、团结统一是一致的，爱好和平也是中华民族精神的基本内容之一，并在社会实践中不断发扬光大。中华文明和世界上其他文明一样，都是人类文明的组成部分。中国人民开辟丝绸之路和“海上丝绸之路”，有力地促进了不同文明之间的相互联系，相互影响。随着时间的推移，这种联系越来越紧密，影响越来越深刻。在中华文明和其他文明的碰撞和交融中，中华民族和世界上其他民族相互尊重，相互学习，求同存异，和谐共存。通过吸取各民族优秀的文明成果，使中华民族精神不断丰富和升华，同时也为人类文明的发展做出了重要的贡献。中华民族同舟共济，在维护国家统一的同时，坚决打击外国侵略者，在漫长的历史长河中，中华民族涌现出无数舍生取义、以身许国的英雄。“民不畏死，奈何以死惧之”！他们不愧是民族的脊梁，正是这些高尚的民族品格和振奋的民族精神，才使西方列强永远无法灭亡中国，把中国变成他们的殖民地。

回顾中国史学发展的历史，可以看到这样一个重要的规律性的现象，那就是每在中国社会发展的关键时刻，培育和弘扬中华民族精神，都会成为时代的主题，与此同时，历史学将发挥独特的、重要的作用。历史研究不能脱离现实生活，历史学家要从书斋中走出，积极投身于正在发生深刻变化的现实生活中去，努力做到历史与现实的统一，使其研究回答现实生活发展中提出的问题，体现出鲜明的时代精神。例如，1840 年鸦片战争后，中国开始沦为半封建半殖民地，帝国主义列强的侵略、掠夺和政府的腐败无能，使中华民族面临着“亡国灭种”的实际危险。1895 年中日甲午战争、特别是八国联军的入侵，表明帝国主义列强加紧瓜分中国的步伐，使中华民族危机空前加剧，彻底改变中国任人宰割的悲惨命运，成为当时先进知识分子的理想和追求。19 世纪中叶到 20 世纪初，在中华民族面临生死存亡的危机时刻，林则徐、魏源、康有为、严复、孙中山等志士仁人高扬民族精神，使中国民气为之一振。这时，梁启超以进化论、进化史观为理论基础，发起了“为史界辟一新天地”的“史界革命”，揭开了中国近代史学发展的序幕。他认为“史界革命”的意义远超出学术本身，而关系到国家和民族的前途，史学是社会的折射，“史界革命不起，则吾国遂不可救”，中华民族则不能立于世界民族之林。梁启超说：“数千年之历史，进化之历史，数万里之世界，进化之世界也”，而且“天下进化之理，无有穷也，进一级更有一级”。① 因此，他强调历史学的性质是“叙述数千年来各种种族盛衰兴亡之迹”，而历史学的精神则是“叙述数千年来各种种族盛衰兴亡之故”。② 这些认识和“救亡图存”、“求强求富”，弘扬民族精神是完全一致的。

为了中国的革命和建设事业，从历史中汲取宝贵的经验教训，我们党的领导历来重视学习历史，包括学习外国的历史。毛泽东同志说：“我们是马克思主义的历史主义者，我们不应当割断历史。从孔夫子到孙中山，我们应当给以总结，承继这一份珍贵的遗产。这对于指导当前的伟大的运动，是有重要的帮助的。”③ 邓小平同志也强调：“要懂得些中国历史，这是中国发展的一个精神动力。”④ 江泽民同志给白寿彝教授的贺信中写道：“几千年来，中华民族得以不断传承和光大，一个重要原因就是我们的先人懂得从总结历史经验中不断开拓前进。我国的历史，浩淼博大，蕴含着丰富的治国安邦的历史经验，也记取了先人们在追求社会进步中遭遇的种种曲折和痛苦。对这个历史宝库，我们应该运用历史唯物主义的观点不断加以发掘，在前人研究的基础上不断做出新的总结。这对我们推进今天祖国的建设事业，更好地迈向未来，具有重要的意义。”⑤

只有坚持文化的创新，才能坚持先进文化的前进方向，同样，只有坚持史学理论与方法的创新，才能充分地实现史学的功能。将历史研究融入到建设有中国特色的社会主义伟大事业中去，将使当代中国历史科学获得强劲的发展动因，而永葆青春活力。当前，我们应通过历史研究的最新成果，使全体人民，特别是青少年一代，认同中华民族优秀的文化传统，大力弘扬中华民族的伟大精神和品格，增强民族自尊心、自信心和自豪感，加强中华民族的凝聚力，激发中国各族人民更加热爱祖国，热爱人民，为中华民族的伟大复兴而努力奋斗。

---

① 梁启超：《论学术之势力左右世界》，《饮冰室合集·文集之六十》；《自由书·成败》，《饮冰室合集·专集之二》。

② 梁启超：《新史学》，《饮冰室合集·文集之九》。

③《毛泽东选集》，第2卷，534页，北京，人民出版社，1991。

④《邓小平文选》，第3卷，358页，北京，人民出版社，1993。

⑤《史学史研究》，1999（3）。

救亡图存和中国世界史研究的萌生

中国的世界史研究，是从19世纪后期中国先进分子“睁眼看世界”开始的，它和中国人民“救亡图存”、民族复兴这一时代的主题密切地联系在一起。当然，这时还谈不到一般科学意义上的“研究”，还只是近代国人对世界历史最初的认识。尽管这种认识是肤浅的、不完整的，甚至是幼稚的，但它毕竟是和中国的世界史研究联系在一起。这一时期对世界历史的认识，可以看作是中国世界史研究的萌生时期。这一萌生时期，大体经历了鸦片战争、洋务运动和甲午战争期间三个重要的发展阶段。近代中国和世界的深刻变化，时代的呼唤，是中国世界历史研究产生和发展的动因。它的突出优点和特点，是和中国社会发展的脉搏一起跳动，始终贯穿于中国人民争取民族解放，建立独立、自由、民主、富强的国家的历史进程中。在一个半世纪以后重新回顾这段学术发展的历史，不仅有一定的学术价值，而且有重要的现实意义。

一、“睁眼看世界”——鸦片战争后新的社会思潮

1840年中英鸦片战争的失败，彻底暴露了清朝封建制度的腐败和清政府的无能，中国开始沦为半封建半殖民地。中国被迫签订丧权辱国的《南京条约》使朝野震动。举国上下在深感奇耻大辱的同时，一些人开始重视对外部世界历史与现实的了解，以寻求拯救民族危亡的道路。资本主义列强的侵略、掠夺，使中华民族面临着“亡国灭种”的实际危险。上层统治阶级中的一些人也急切地开始探索世界大势，企图从中求得“御夷之策”。一股“睁眼看世界”的新思潮由先进知识分子开始，逐渐成为一股新的社会思潮。林则徐是“睁眼看世界”的第一人，他和姚莹等为其中的杰出代表。中国近代的世界历史研究，是在鸦片战争时期酝酿发展起来的。它顺应了历史发展的潮流，表现出崭新的时代内容。

鸦片战争之后，民族危机日趋加剧，内忧外患。进化史观开始传播，救亡图存，复兴中华成为民族的要求。正是在这样的背景下，出现了第一次研究外国史地的高潮。外敌频频入侵不断加剧，民族危机日益加深，是这一时期研究外国史地的高潮强有力的直接的动因。它是和中华民族的民族意识不断觉醒联系在一起的。中国人民迫切要求了解世界的风云变幻及历史渊源，寻求富国强兵的道路。

早在鸦片战争爆发之前，深刻变化的国际局势，特别是列强意在中国的远东争霸，已经开始引起了人们的重视。例如于19世纪30年代，俞正燮（1775—1840）编撰有《俄罗斯事辑》、《俄罗斯长编稿跋》；萧令裕撰有《记英吉利》；叶钟进《英吉利国夷情记略》等，这些著作的主要内容是记叙中俄关系、中英贸易关系史。但是，真正使中国人走上了认识近代世界历史与现实道路，还是在鸦片战争期间。1839年3月至1840年11月，林则徐在广东主持禁烟期间，为了了解西方列强的历史与现实，积极组织翻译工作，在不长的时间内编译出大量的外文书籍资料，成为近代中国“睁眼看世界的第一人”。他根据英国人慕瑞所著《世界地理大全》，亲自润色、评述，编译成《四洲志》，较完整地介绍了亚洲、非洲、欧洲和美洲30多个国家历史、地理、政治、经济、文

化、民族、民俗，以及宗教等。《四洲志》是近代中国第一部系统论述外国史地的志书，被公认为是影响中国近代历史进程的名著之一。1841年6月，林则徐在发配到新疆伊犁的途中，在京口（镇江）与魏源相会。魏源接受林则徐的嘱托，在林则徐编译《四洲志》和《澳门月报》等资料的基础上，补充了大量新的文献资料，编成《海国图志》50卷本。魏源在《江口晤林少穆制府》诗中记载了此事："万感苍茫日，相逢无一语。风雷惊蠖屈，岁月笑龙屠。方术三年艾，河山两戒图。乘槎天上事，商略到鸥凫"。自注："时林公属撰《海国图志》"。

1842年底，《海国图志》50卷本刊刻于世，这是中国第一部有关世界史地的著作，揭开了近代中国世界史地研究的崭新一页，使闭塞已久的中国人开始有了全新的世界概念。《海国图志》50卷本约57万字，其中地图23幅，洋炮插图8幅。与林则徐8万多字的《四洲志》相比，内容有了明显的增加。包括世界各国的地理、历史、政治、经济、军史、科技，以及宗教、文化、教育、风土民情等。后又经过两次增订，为1847年的60卷本（60余万字），和1852年的100卷本（88万字，地图75幅，各种插图64幅）。魏源52岁中进士后，曾到过香港、澳门，给其留下深刻印象。在香港时，他购得一本国外出版的地图集，后将其补入100卷本的《海国图志》中。100卷本补充的内容，除了该地图集外，还有来自以下著作中的内容：姚莹：《康輶纪行》、徐继畬：《瀛寰志略》、葡萄牙人玛吉士的《地理备考》、美国人高理文的《美利哥合省国志》等。

近代东西方的交往，始于16世纪中期，随着世界"新航路的开辟"开始的。明朝万历年间，传教士利玛窦绘制"世界地图"《坤舆万国全图》，1601年献给朝廷，以后庞迪我、熊三拔二人又有《图说》，加以解释，第一次将"五大洲"的概念，介绍到中国。稍后，艾儒略著《职方外纪》，这是第一部系统介绍外国地理的著作。清朝初年，南怀仁撰有《坤舆图说》。但是这些并没有为当时的中国人所接受。认为这些都是荒诞不经的海外奇谈，坚持认为天圆地方，中国位于其中，并为天下最大。上层统治阶级更是以"天朝上国"自居。而将其他国家都认为是"蛮夷之邦"，"化外之民"。从明朝末年利玛窦来华到19世纪末的二百多年的时间，中国对世界的认识没有什么根本的变化。

魏源（1794—1857），字默深，湖南邵阳金潭人。近代中国著名爱国主义思想家，近代中国第一批“睁眼看世界”的代表人物之一。15岁中秀才、29岁中举。后屡试不第，直至52岁中进士。曾任江苏东台、兴化知县、两淮盐务司海州分司运判、高邮州知州等职。60岁时被劾革职，64岁时病逝于杭州。

魏源一生经过了乾、嘉、道、咸四朝，这一时期，正是中国由封建社会，转变成半殖民地半封建社会，中国社会发展处在深刻的变化之中。鸦片战争的失败，使中国社会深受震动。魏源敏锐地认识到这是中国社会“大变局”的开始，对中国社会的发展，将产生十分严重的后果。1842年《南京条约》签订后，魏源在悲愤之际完成了40余万言的《圣武记》。该书14卷，前10卷，主要是回顾鸦片战争之前清朝的历史。后4卷，主要是魏源自己对军事等问题的论述。魏源认为，“是以后圣师前圣，后王师前王”。从清王朝的历史中，寻找抵御外国侵略者的武器。落后的满族，正是向明王朝学习之后，才战胜了明朝，夺得了天下。

魏源在鸦片战争后汲取教训，认识到“同一御敌，而知其形与不知其形，利害相百焉；同一款敌，而知其情与不知其情，利害相百焉”。① 因此开始编撰《海国图志》，希望能够做到知己知彼。这也就是魏源所说的：“欲制外夷者，必先悉夷情始，欲悉夷情者，必先立译馆翻夷书始；欲造就边才者，必先用留心边事之督抚始”。② 他认识到，今日的西方国家，特别是英国，已经不是历史上远远落后于中国的“夷狄”。应该承认他们的长处，同时也承认自己的落后，然后向他们学习，使自己的实力增加，不再受西方列强的凌辱。

正是在这种认识的基础上，逐渐形成了“制夷——悉夷——师夷”的思想。向西方学习，先进的中国人开始了向西方寻求真理的过程。应该指出的是，魏源所说的“悉夷”和“师夷”，并非仅指工艺、科技等先进的科学技术，也包括西方的思想文化，所以他在《海国图志》论述自己变法图强的思想时，涉及的内容十分广泛。在这部被称作是“简明

---

① 魏源：《海国图志·原叙》。
② 魏源：《海国图志·筹海篇》。

世界史”的著作中，包括政治、经济、军事、科技、历史、地理、宗教、文化、教育，以至风土民情等等。

《海国图志》引用了100多种中外著作，30多件奏折，以及自己亲自搜集到的一些资料。主要分成以下三类：其一，历代正史20余种；其二，中国古代的有关域外的地理著作和其他的有关著述，以明代以后的为主，70余种，如引用徐继畬《瀛寰志略》33处，约占原书1/4,约4万字；其三，外国人的著作。明末清初来华的传教士的著作，以及鸦片战争前后传教士的著作，约20种。主要有利玛窦的《地图说》、意大利艾儒略的《职方外纪》、《四海总说》、比利时南怀仁的《坤舆图说》、毕方济的《灵言蠡勺》、高一志《空际格志》、傅泛际的《寰有诠》、蒋友仁的《地球全图》、汤若望的《远镜说》、英国慕瑞的《世界地理大全》、美国培瑞的《平安通书》、美国祎理哲的《地球图说》、英国马礼逊的《外国史略》、葡萄牙玛吉士的《地理备考》、美国高理文的《美理哥合省国志略》、德国郭实腊（郭士力）的《贸易通志》。另外还有《圣经》、《澳门新闻录》、《滑达尔各国律例》、《华事夷言》等。

魏源是明确提出向西方学习第一人。他激烈批判封建文化，鼓吹变法图强，重振国威以洗刷鸦片战争失败的国耻。魏源的思想核心是“悉夷”、“师夷”和“制夷”，如果说“悉夷”、“师夷”是手段，那么，“制夷”则是目的，即“师夷长技以制夷”。魏源在回答“是书何以作”时明确指出：是“以夷攻夷而作，为以夷款夷而作，为师夷长技以制夷而作”。“制夷——悉夷——师夷”的思想提出后，在中国社会产生了很大的反响，向西方社会学习，寻求救国的真理的社会思潮，由此得到迅速的发展。“制夷——悉夷——师夷”的思想，是当时爱国主义思想的具体体现。这些志书紧扣时代的脉搏，体现出鲜明的时代精神，具有划时代的启蒙意义。魏源对世界各地的历史地理作了较为详细的介绍。《海国图志》是近代中国第一部系统介绍世界史地的名著。书中提出的“师夷长技以制夷”和变法图强的思想，对邻国日本的近代化，都产生了很大的影响。日本知识分子从中了解了西方的社会、历史、地理，而且对于民族意识的觉醒，以及明治维新思想的萌生，都有积极的作用。

魏源还以俄国彼得大帝为例来阐述“师夷长技以制夷”的思想，希望中国也走俄罗斯的道路，通过深刻的社会变革，使国家走上强盛的道路。俄罗斯摆脱鞑靼蒙古人的统治，建立了统一的中央集权国家后，“始抗衡欧罗巴洲各国”，俄国“人犹雄悍，未谙西洋技艺”。到彼得大帝时，他“聪明奇杰，离其国都，微行游于岩士达览等处船厂、火器局，讲习工艺，旋国传授，所造火器、战舰，反优于他国，加以训兵练阵，纪律精严。迨至近日，底利尼王攻取波兰国十部落，又击败佛兰西国王十三万之众，其兴勃然，遂为欧罗巴最雄大国”。[①]

除了魏源《海国图志》之外，鸦片战争后研究外国史地的重要著作还有徐继畬撰《瀛寰志略》10卷，约15万字。1848年刊刻出版。徐继畬，字健男，号松龛，山西五台人，道光年间中进士，后在闽粤沿海地区任职十数年，鸦片战争后任福建巡抚。同治年间清政府兴办洋务时，徐继畬因长期关注外国问题，被调往总理衙门任职，同时主持同文馆的工作。

为撰写《瀛寰志略》，徐继畬进行了较长时间的准备，阅读了大量的西文资料，如本书《凡例》所言，使用了“泰西人杂书”，“有刻本有钞本，并月报、新闻纸之类约数十种”。这些资料，主要是徐继畬担任福建巡抚时，从传教士那里获得的，较为准确。徐继畬花费5年的时间，将所得资料融为一炉，完成了这部著作。全书14万字，地图42幅，以图为纲，较系统地介绍了亚洲、非洲、美洲和欧洲近80个国家和地区的地理、历史沿革和经济文化、风土人情简况，尤注重美国、英国、法国等国重大事件、商务关系。本书十分重视地图的作用，广泛汲取了新的科学知识，纠正了以往对世界其他国家历史、地理的错误认识，它因能够“博采前贤著述，正其舛误”，而且“考核甚精”，所以和魏源的《海国图志》一样，被认为是近代中国系统介绍西方各国史地的最早的两部书。在19世纪后半期，《瀛寰志略》成为人们了解世界的必读书。

姚莹撰写《康輶纪行》16卷，这是鸦片战争之后，介绍外国状况的著作之一，记有英国、法国、印度、俄国、尼泊尔、锡金等国的历史知识。姚莹（1785—1853），字石甫，号明叔、展和，晚号幸翁，安徽桐城人，嘉庆时中进士。先后任福建平和知县、江苏高邮知州。鸦片战

① 魏源：《海国图志·俄罗斯国总记》。

争期间，任台湾兵备道，曾率军民奋力抗击侵台英军，打退侵略军的军舰。但他的爱国行为却为投降派忌恨，受穆彰阿等人的陷害，被贬官四川。在此期间，赴西藏地区进行考察，撰有《康輶纪行》。咸丰年间，被诬陷事得到平反，先后出任广西、湖南按察使，后死于湖南任上。著有《中复堂全集》，保存有他的大部分作品。

1844—1845 年，作者在西藏进行考察，在记述西藏各方面情况的同时，还利用有利的地理位置，对印度等周边国家，以及与这些国家关系密切的英国、俄国等国的历史状况进行了研究。姚莹认为，尽管英国、俄国在中亚一带有利害冲突，但是对中国却都怀有侵略扩张的野心。姚莹从切身体验中，明确指出“闭关锁国”，乃是“误国”之路。坐井观天，无视世界之变局，实际上是愚昧无知，必将招致强敌入侵。他认为及时、准确地了解世界的形势，以及世界形势的演变，是非常重要的，所以他将艾儒略、汤若望、南怀仁等传教士以往所绘制的“世界地图”，与最新的世界地图进行比较，以求能够准确地掌握最新的外国史地知识。他对林则徐、魏源十分钦佩，在思想上，特别是在“睁眼看世界”方面有不少相通之处。

1846 年，梁廷枏撰写的《海国四说》刊行，这是这一时期，与姚莹撰写的《康輶纪行》16 卷同样重要的外国史地著作。这部著作强调每个国家都有他自己的特点，没有明确的提出向西方学习的问题，但却明显的表现出反对封建专制统治、反对殖民统治的思想倾向。梁廷枏(1796—1861)，字章冉，号藤花主人，广东顺德人，仅在道光年间得过副贡生。曾任广州越华、粤秀书院监院、学海堂学长、澄海县训导等职。早年从事辞章考据之学，撰有《金石称例》5 卷、《南汉书》18 卷、《南越五主传》等。梁廷枏属于 19 世纪中期中国先进知识分子的一员。他热爱祖国，强烈地反对西方列强的侵略。鸦片战争期间，他在广州积极参加抗英斗争，全力支持林则徐，打击入城的英国侵略者。

梁廷枏的《海国四说》1846 年刊行后，1848 年 4 卷合成。至咸丰时期，稍作修改后重新刊行。该书由《耶稣教难入中国说》；《合省国说》3 卷；《兰仑偶说》4 卷；《粤道贡国说》6 卷组成，主要文献资料来源于西方学者的著作和报刊中的文章。《合省国说》(美国史）主要是参考了传教士裨治文的《美理哥合省国志略》而写成，主要内容包括有美洲大陆的开发、美国独立战争和华盛顿的历史作用等。梁廷枏明显地受到裨治文所表现出的西方历史思想和方法的影响，主要表现为与中国传统史学突出政治史和皇室世袭更迭不同，阐释的内容十分广泛，包括有美洲大陆发现的历史沿革，以及疆域、气候、文化、宗教、习俗、物产、政治制度、经济发展等等。《海国四说》既是有关英国、美国等西方国家的历史著作，同时也是一部清王朝断代的中外关系史。

沙皇俄国是中国的周边邻国，与中国接壤长达数千公里，觊觎中国由来已久，对此，中国社会各界的有识之士早有警觉。鸦片战争之后，对俄国史的介绍和研究引人注目。早在 19 世纪中期，林则徐、魏源、姚莹、何秋涛等人，开始关注俄国问题。1878 年，署名鹭江寄迹人，根据俄国的历史学著作，译纂成《俄国志略》，通过历史的叙述，揭露俄国侵华阴谋，强调对沙皇俄国应严加防范。关于这本书的资料来源，作者说明是“译录其国史之大略”。该书的篇幅不大，但是内容较丰富，对当时的中国有重要的现实意义。其《按语》说：“其俄国所留心著意，无非侵占邻国地土为务。比现在形势而论，西边有英法德奥意各国，皆虎视眈眈，断不容他人有侵占之事，行之甚难。若南边虽小，有隙可乘，欲行侵占，英国必起而争之。此又不能如愿，行之亦不易。其稍可注意者惟东边耳。俄国之东界，乃我中国西北境，若不及早设防之，恐将来事机一露，即难收拾矣。俄之行为险诈，居心叵测，若视之兵戎，尚可预防，倘于玉帛礼貌而来，尤属可虑，不知其蓄意如何，更须严防为是”。[1] 当时的一些人认为，“俄之行为险诈，居心叵测”超过英国，因为在他们看来，英国侵略中国，主要是通过一系列不平等条约，掠夺中国的财富；而俄国却是要利用和中国接壤这一地理位置，掠夺中国的国土，扩张沙皇俄国的版图，对此，作者呼吁中国人民要“严防为是”。

二、洋务运动和对世界历史的新认识

鸦片战争之后，外国资本大量涌入中国，在中国开设工厂。自 19 世纪 60 年代起，清政府中的一些高官，为了达到“富国”的目的，开

① 鹭江寄迹人译纂：《俄国志略》，中华印务总局，1878。

始仿效西方，采用资本主义的一些生产技术，兴办“洋务”，创办自己的民族工业。这些人被称为“洋务派”，主要代表人物有奕訢、曾国藩、李鸿章、左宗棠、张之洞等。“洋务派”创办的工业首先是军事工业，如军工厂、造船厂等，较著名的还有交通运输业和工矿企业等。以后随着洋务运动的发展，在缫丝、纺织、煤炭、粮食加工和火柴等行业，也都出现了一批资本主义的企业。

洋务运动时期，中国进一步对外开放，一些中国知识分子走出国门，亲身体验、了解，进而研究世界各国的实际情况，这些宝贵的感性知识，为他们对外国史地的编撰创造了有利的条件。洋务运动的兴起促进了以实地考察为主要特征的外国史地研究。王韬等人的著作，表明中国人对世界历史和现实的认识，在原有的基础上已有了新的发展。这一时期中国知识分子对外国史地的介绍和研究，是中国走向世界进步的具体内容之一，既是当时中国走向世界的反映，同时也推动了这一进步思潮的形成和发展。

徐建寅（1845—1901）江苏无锡人，科学家，早年在江南制造局翻译西方自然科学著作，后到天津机器局、山东机器局、福州船政局等地任职。1878 年出使德国，任参赞。主要工作是考察德国、英国、法国的工业发展，采购枪支、弹药、舰船等军事装备。在德期间，将《德国合盟纪事》译成中文。王韬则是这一时期中国世界史研究的重要代表人物之一。王韬（1828—1897），江苏长洲（今吴县）人，清末改良主义思想家、历史学家。1862 年因上书太平天国事发，被清政府通缉，逃亡香港，直至 1884 年。在香港期间为英国传教士理雅各翻译经书的同时，开始关注世界史地情况，以及中外关系，并加以研究，曾在香港主编《循环日报》，主张变法图强，强调中国顺应世界之“变”，乃“势所必然”。王韬是我国 19 世纪研究世界近代历史的先驱之一。主要代表作有《法国志略》和《普法战纪》。此外还有未刊行的《西古史》、《俄罗斯志》、《美利坚志》等。

1867 年应理雅各之约，王韬赴欧洲旅居 3 年，期间除了帮助他翻译典籍之外，还曾经两次到法国，较多地了解了法国的历史、地理、民俗和社会现实，亲自体验了西方资本主义政治制度，以及西方资产阶级的精神生活和物质生活，这一切使他感触颇多。在法国，他结识了通晓汉语的法籍犹太学者儒莲，有较密切的交往，在政治思想和学术思想上，不可避免地受其影响。

在19世纪下半叶的中国，已经可以看到一些外国史地著作，但是，这些著作多是外国人自己写的，不仅内容是关于外国的历史和地理，而且所表述的思想感情自然也是属于外国的，如慕维廉的《大英国志》、禆治文的《联邦志略》、阚斐迪的《俄史辑泽》、冈千仞的《米利坚志》、《法兰西志》等等。王韬认为这些外国史地作品多有谬误，颇不以为然，于是就萌生了由自己亲自撰写法国历史的想法。1870年王韬自欧洲回到香港后，恰逢丁日昌希望将其所作的《地球图说》中的《法国图说》部分"增辑史事，裒益近闻，著为定本"。丁日昌的这部作品，按照当时流行的方法，主要是根据美国人的著作译出的，各方面的局限显而易见。王韬于是开始广泛收集史料加以补充，同时加进自己在欧洲的所见所闻，编撰成《法国志略》14卷，1890年增订为24卷，使其内容更加丰富。《法国志略》的主要内容是法国开国至拿破仑第三时期，约1600年的历史，这是中国人第一部研究法国历史的著作，也是第一次介绍了法国大革命的始末。王韬虽然是在撰写《法国志略》，但处处体现出对当时中国现实的关注，所以在当时中国社会生活的诸多领域中，愈益发挥着广泛的影响，成为近代中国有影响的学术著作之一。

王韬十分赞赏法国"君民共主"的君主立宪制度。这是他矛盾的历史观的具体反映。他在反对君主专制的同时，也强调中国封建社会的"纲常则亘古而不变"，他既反对"政出一人"的专制统治，又反对"视君如弈棋"的"民主之国"的社会改良主张。在他看来，"专制"和"民主"都不可取，只有"君民共主"才能够"上下相安"，使国家远避动乱之源，稳定发展。

《普法战纪》是我国第一部描写欧洲战史的著作，也是第一部记述巴黎公社的著作。香港《华字日报》、《中外新报》等首先报道了巴黎公社的伟大斗争。1871年普法战争之后，王韬从欧洲回到国内，与张宗良合作，编译了不少报道，交由这些报纸发表，以后将这些报道收集在一起，同时补充其他文献资料，编辑成《普法战纪》14卷，1873年8月，由中华印务总局排印发行。1886年，王韬又根据普法军队中的有关文件以及世界各国的相关评论，增补为《普法战纪》20卷，对普法交战期间两国的政治、经济、军事诸方面，都有较深入的论述。近代中国对于国际工人运动和社会主义学说的最初了解，对于法国无产阶级的惨烈斗争，正是从这里开始的。鉴于《普法战纪》还介绍了西方的史地知识，这对于当时的中国来说也是急需的，因此也受到洋务派的欢迎，在一些人看来，这本书可以和魏源的《海国图志》相提并论。

梁启超对于《普法战纪》给予了较高的评价。在他看来，这部著作是纪事本末体外国史书中值得一读的书。① 《普法战纪》、《法国志略》和黄遵宪的《日本国志》一样，在当时被不少人列为是必读书，这些著作所提倡的学习“泰西之所长”，“不得不变古以适今者”的思想，启迪人们思考当时中国社会生活中提出的一些现实问题，在戊戌变法运动中，发挥了一定的积极作用。

《普法战纪》出版后，很快在日本引起重视。1879 年，王韬应邀到日本。在日期间，见到了日本著名的历史学家冈千仞，就撰写或编译《法国史》、《美国史》、《俄国史》交换了意见。1884 年，冈千仞来华访问时，曾将他所著的《法兰西志》、《米利坚志》等带到中国。王韬在日本期间，对明治维新之后的日本有不少亲身体验，对变法维新后的日本增加了许多感性的认识。他认为，日本的可取之处，就在于“贵知所变”。日本虽然是亚洲东方的一个小国，“一旦勃然有志振兴，顿革平昔因循之弊。其国中一切制度，概法乎泰西，仿效取则，惟恐其入之不深”。日本在向西方学习时，从日本的实际出发，是有选择的，并非是全部“西化”，这给王韬留下深刻的印象。由于能够做到“师其所长而掩其所短”，所以近代日本发生了深刻的变化。王韬认为，中国应该像日本一样，通过变法维新，以适应世界在“变”的形势，使国富民强。他还充满自信地说，“不信吾言，请验诸百年之后”。②

王韬的著作，较明显地受到西方史学的影响。在 1890 年刊行的《重订法国志略》中，王韬从实际出发，就中外史学的异同进行了比较，并在自己的作品中，汲取了西方史学历史思维较为开阔，视野较为宽广的优点，从史学理论与方法方面来看，这应该被视为是一种成功的尝

① 参见《读西学书法》，《质学丛书》，1896 年第 11 册。
② 王韬：《变法自强·下》，见《弢园文录外编》，卷二。

试。他说：中国史学“原以专叙历代治乱、沿革得失、天地变异，而于国势民情，则略焉不讲，盖已包蕴于其中矣。西史则间及民间琐事，如发明一事，创造一器，必追原其始，以觇人才之进步、制作之源流焉。此亦记载之所不可废也”。[①] 这种比较虽然仅仅停留在表面上，没有从广阔的社会历史背景下探讨所以有这种差异的原因，但仍然是有积极意义的，因为这毕竟通过中西史学比较，直接地对中国封建史学的弊端进行了批评。此后不久，在世纪之交，中国史学关于“民史”、“君史”的讨论，则对中国封建史学有了更深入的批判。

黄遵宪的《日本国志》，是19世纪另一部外国史学名著。“在近代中国，第一个对日本有真正了解，其关于日本的研究在国内产生大影响的人，应该算是黄遵宪”。[②] 黄遵宪（1848—1905），字公度，号人境庐主人，近代中国启蒙思想家，诗人，广东梅县人。光绪年间考取举人。1877年为中国驻日使馆参赞，在日本生活、工作4年多，广泛地收集、阅读有关日本的历史文献资料。这时正是日本明治维新后，日本社会处在深刻的变化过程中。黄遵宪通过研究日本的历史，特别是明治维新以来的历史，以其作为中国变法自强的借鉴，他同样是世界近代史研究的先驱者之一。黄遵宪还是热烈的爱国主义者，晚年他在给梁启超的一封信中，总结自己的一生时说：“自吾少时，绝无求富贵之心，……盖其志在变法，在民权……既而游欧洲，历南洋，又四五年，归见当道者之顽固如此，吾民之聋聩如此，又欲以先知先觉为己任，借报纸以启发之以拯救之。……及戊戌新政，新机大动，吾又膺非常之知，遂欲捐其躯以报国矣。自是以来，愈益挫折，愈益艰危，而吾志乃益坚”。[③]

1882年，黄遵宪出任清政府驻美国旧金山总领事，1885年离任回国，开始撰写《日本国志》，正如黄遵宪自己所说，“乙酉之秋，由美返华……家居有暇，乃闭门发箧，重事编纂，又几阅览两载而后书成”，[④] 即1887年完成了该书的编撰工作。这是中国人所写的第一部日本通志，

① 王韬：《法国志略·凡例》。

② 钟叔河：《从东方到西方》，204、206页，长沙，岳麓书社，2002。

③ 钟叔河：《从东方到西方》，206页，长沙，岳麓书社，2002。

④ 黄遵宪：《日本国志·自叙》，上海，上海图书集成印书局，1898。

40卷，200余万言。为撰写《日本国志》，作者参考了200余种图书，历时八九年。该书介绍了日本自建国至明治时期的数千年的历史进程，特别是明治维新时期以来的历史，详细介绍了明治维新以来在政治、经济、学术、教育、文化、民情、工业、商业、军事、外交等各个方面的深刻变化，从某种意义上可以说，这是一部日本明治维新的历史。由于这部著作编撰的原则，是从借鉴的目的出发，能够通今致用，效法自强，所以有意识地做到厚今薄古，详近略远，对日本学习西方，实行社会变革的内容的介绍，尤其详尽，突出宣传维新观点，所以在戊戌变法时期能够广泛流传，对变法维新的社会思潮有一定的推动作用。

在《日本国志》中，列为首位的是《国统志》，即有关国家政治制度的沿革，特别是有关明治维新，和明治维新以后的政治制度、法律制度改革的内容。这样，日本政治制度史和日本法制史，在《日本国志》中占有重要的地位不是偶然的，而是由黄遵宪主张在中国实行维新变法的思想所决定的。黄遵宪将中国、日本和西方的法律制度进行了比较，指出中国政治、法律制度的弊端，进一步阐释向西方、日本学习，以改变中国现状的必要性。黄遵宪指出，“中国士夫，好谈古治”，“重在道德”，“以刑法为卑卑无足道”；“而泰西论者专重刑法”，“其崇尚刑法以为治国保家之具，尊之乃若圣经贤传”。究其原因，黄遵宪同意西方人所说“民智益开，则国法益详”。经过比较，黄遵宪对于“以法治国”甚为推崇，由于日本和西方国家法律严密，所以“天下无冤民，朝廷无滥狱”，[①] 而这恰恰是中国迫切需要解决的。

《日本国志》中还包括《学术志》、《工艺志》。在这部分，黄遵宪联系到中国的实际，探讨了近代以来，中国科学技术落后的主要原因。他认为科学技术的发展程度，不是一个单纯的、孤立的科技问题，而是与整个国家的实力，与能否“富国强兵”有密切的关系。一个落后的国家，不可能有先进的科学技术，同样，一个国家没有先进的科学技术，这个国家也不可能强大。对于落后国家来说，发展科学技术是当务之急，而要做到这一点，就需要学习、借鉴外国的先进经验，“万国工艺，

① 黄遵宪：《日本国志》卷27，《刑法志》。

以互相师法，日新月异，变而愈上”。[①] 日本在明治维新后，“发愤图强”，善于学习西方先进的科学技术，所以使国家实力得到迅速发展，走上“富国强兵”的道路。中国的科学技术在古代曾经辉煌，在世界居领先地位，但是在近代却明显地落后了，落后的主要原因有两点：其一：“后世士夫喜言空理，视一切工艺为卑卑无足道，于是制器利用之事，第归于细民末匠之手，士夫不复身亲，而古人之实学荒矣”。其二，故步自封，墨守成规，不加分析的盲目排斥外国先进的科学技术，“不考夫所由来，恶其异类而并弃之，反以通其艺为辱，效其法为可耻”。[②] 这样，随着近代以来世界科学技术愈加发展，中国就愈加显得落后，与先进国家的差距变得愈来愈大。

黄遵宪的《日本国志》问世后，最初并没有引起人们的重视。清政府在甲午战争遭到惨败之后，人们才逐渐认识到这部著作的价值。黄遵宪虽然是在撰写日本的国志，但是处处却呼应着当时中国的社会现实，似乎是要通过对近代日本历史演变的研究，来寻求解决当时中国社会现实问题的答案。黄遵宪研究日本历史时，从来没有忘记中国，他曾经不无忧虑地说过：“日本维新之效成则且霸，而首先受其冲者为吾中国”。[③] 甲午战争表明，这一预言已经成为事实，使人们对《日本国志》更加重视。1898 年 2—5 月，在资产阶级改良派主办的《湘学报》上，《日本国志》受到推荐，强调“欲变自强者，读此可以鉴矣”，[④] 与此同时，该报还连载了其中的一些内容，以期引起人们进一步的关注。1898 年 2 月戊戌变法前夜，光绪皇帝要求阅读黄遵宪的《日本国志》不是偶然的，这本著作努力做到“求真求实”，在此基础上所表现出的“经世”的目的十分清楚，这对于光绪支持维新变法，显然有直接的影响。

19 世纪末，对外国历史知识的学习，已经成为历史学教育不可缺少的内容之一。戊戌变法之前，康有为、梁启超在学堂、书院推行资产阶级维新教育，历史学是一门重要的课程。在万木草堂，康有为开设“万国政治沿革得失”、“中国政治沿革得失”，以及“万国史学”等课

① 黄遵宪：《日本国志》卷 40，《工艺志》。

② 黄遵宪：《日本国志》卷 40，《工艺志》；卷 32，《学术志》。

③ 梁启超：《嘉应黄先生墓志铭》。

④《湘学报》，1898 年 2 月 28 日。

程。梁启超任总教习的湖南时务学堂，《日本国志》、《万国史记》、《泰西新史揽要》被列为课程的学习内容；张之洞在奏请变通科举章程时，强调各级学校“新旧兼学”，学习中国史的同时，还要学习外国史，在书院普遍增设包括外国历史内容的历史课。1898 年戊戌变法时，光绪皇帝颁布科举新章，明确规定乡会试首场，考试中国史事和国朝政治，而第二场考试时务策论，主要内容则为五洲各国之政，专门之艺，外国历史则包括其中。

三、民族危机加剧和中国世界史研究的新视野

中日甲午战争失败之后，中华民族面临着严重的危机，帝国主义列强急欲瓜分中国。资产阶级改良派为了救亡图存，主张变法维新。他们把史学作为实现这一政治目的的重要工具之一，十分重视发挥史学的作用。19 世纪末，随着西学的进一步输入，和中国传统史学相比，西方史学所表现出的特征，引起国内学者的广泛关注。中国学者从当时中国社会发展的实际，从中国史学发展的实际出发，开始汲取、借鉴外国史学的有益内容，为中国呼之欲出的新史学的建设服务，与此同时，为解决当时中国社会发展中所面临的“救亡图存”这一尖锐的问题服务，所有这一切，自中日甲午战争后开始，到 20 世纪初辛亥革命前后，进入到一个新的发展时期，对中国的世界历史学科建设来说，这是一个承上启下的阶段，表现出不少新的内容和新的特点，首先是中国思想界世界历史观念的变化。

19 世纪末，中国国门打开，西学以前所未有的规模和速度涌入中国，使人们对“中国是世界中心”这一传统观念有了深刻反思，甲午战争之后，一改“天朝上国”的传统观念，使中国人对世界的认识，对世界各个国家的历史认识，开始具有世界性的眼光，这使中国对世界历史的认识、介绍或研究，无疑具有重大的意义。

无视世界各国的客观存在，以及这些国家在漫长的世界历史长河中，对人类文明发展所做出的贡献，盲目认为“中国是世界中心”的认识由来已久，《皇朝文献通考》记载，“中土居大地之中，瀛海四环，其

缘边滨海而居者，是谓之裔。海外之国亦谓之裔。裔之为言边也”。[①]这种认识长期以来似乎是一种无需怀疑的定论。这种认识根深蒂固，甚至反映在魏源《海国图志》、徐继畲《瀛寰志略》等人的著作中。例如，魏源将世界上其他国家称之为“海国”，将西方国家称之为“西夷”，认为“万里一朔，莫如中华”。[②] 徐继畲则认为“坤舆大地，以中国为主”；中国乃是“万方仰之如辰极”。[③]

对上述观点最早提出异议的是王韬。他指出，传统的观点认为，“自世有内华外夷之说，人遂谓中国为华，而中国以外谓之夷”。这种观点是不可取的。因为它表现出“沾沾自大，厚己以薄人”。在他看来，这种认识的陈腐落后，已经为中国和世界形势的发展所证实。[④] 黄遵宪和王韬的观点相同。他说：过去“史臣以内辞尊本国，谓北称索虏，南号岛夷，所以崇国体，是狭陋之见”。[⑤] 正是这种狭隘的认识，妨碍了中国向外国学习，固步自封，长期处于落后状态。康有为在批评中国旧史学的弊端时，也涉及到了这个问题。中国的史书从来以中国为中心，这种认识已经不适宜时代的发展。1897 年，康有为在《日本书目志》介绍日本学者的世界史著作时说：以前由于世界各国之间闭塞、隔绝，彼此不通，没有交往，所以导致“史学者只识本国而已，其四裔记载，仅为附庸”。现在情况已经大变，“环球通达”使世界各国之间的联系发生了根本的变化，完全可以自由交往，中国和世界连为一体，完全可以通过世界历史背景，来认识中国的历史。在他看来，“地球之国，启自泰西”，“百余年来，为地球今古万岁转轴之枢”的是培根的“创新说”，哥伦布的“辟新地”，以及西方国家的议会制度，“倡民权而君民共治，拨乱世而升平”。对于这一切，他认为应该给予充分的重视。至于近代以来的外国史学，他认为更应该给予充分的重视。“万国史学”，为中国旧史学所不能比。[⑥] 梁启超对于中国旧史学中以“中国为中心”的观

① 《皇朝文献通考》，第 293 卷。
② 魏源：《海国图志·叙》。
③ 徐继畲：《瀛寰志略》，第 1 卷。
④ 王韬：《华夷辨》，见《弢园文录外编》，第 10 卷。
⑤ 黄遵宪：《日本国志·凡例》。
⑥ 康有为：《日本书目志》，第 4 卷，大同书局，1897。

点，同样持否定的态度，他认为这是“犁千年之谬论，抉大同之微言”，[1] 这种已经过时的观点应该彻底放弃。19 世纪、20 世纪之交，一种新的世界历史观念开始在中国形成，这对萌生中的中国世界史研究的发展，有划时代的意义。

这种意义主要表现为，人们可以以一种平等的心态和更加接近客观实际的理念，来认识世界的历史和现实；从而也将中国纳入其中，通过世界历史的回顾来思考中国的历史与现实。这一切在 19 世纪末开始充分地表现出来。

甲午战争结束后不久，出现了一些有关这次战争的著作，如王炳耀辑《中日战辑》，自 1895 年开始辑录，并写有《自序》，其弟王炳堃写有《中日战辑·序》，1896 年上海书局石印本。1941 年，阿英编校出版的《近代外祸史》，收有此书，标题为《甲午中日战辑》。“前事不忘，后事之师”。作者在悲愤之际，认为“当思倭之所以胜，吾之所以败”，于是将外国报刊的有关资料汇编为《中日战辑》，使人们牢记国耻，奋发图强。1897 年，姚锡光编撰《东方兵事记略》，史料更加充实，较详细地记述了中日甲午战争的过程。当时，也出现了少量的国别史著作，例如，薛福成的《续瀛寰志略》。薛福成（1838—1894），江苏无锡人，改良主义政论家、外交官，曾出使英国、法国、意大利、比利时。期间广泛收集这些国家和亚洲国家有关资料、文献，并写有出使四国日记。几年下来，积累有译稿数十册，编作《续瀛寰志略》。其子薛莹中将其中一部分材料编成《英法意比志译略》，1899 年刊行。有关亚洲国家的志略，后也刻印出版。

和上述著作相比，更重要的是大量译著的问世。19 世纪末，外国历史著作在中国大量翻译出版，成为当时十分引人注目的社会现象，之所以如此，是因为联系到中华民族危机日益加剧的社会现实，这些著作的翻译出版所产生的影响，已经超出了学术的或仅仅是历史学的范畴，而具有更深刻的社会内容。在这个过程中，1897 年，维新派在上海创办的大同译书局发挥了重要的作用，在各国变法、宪法、商务，以至教科书等方面，都有译著出版。梁启超作为译书局的集股创办人曾说：该

① 梁启超：《春秋中国夷辨·叙》。

译书局成立的主要任务，是“首译各国变法之事，及将变未变之际一切情形之书，以备今日取法”。[①] 该书局建立后不久，便出版了《俄土战纪》、《意大利侠士传》、《地球十五大战役》、《瑞士变政记》等译著。

《万国史记》是明治维新初期，日本学者冈本监辅依据日本、中国数十种历史文献资料，以西方史学的理论和方法为指导，用汉语编写的世界通史性质的教科书。1897年在中国翻印出版，曾产生较大的影响。梁启超对其评价甚高，认为此书可以使人认识到“大率研求新政新学者胜，拥虚名而无实际者败”，这可认为是“古今不易之理”。梁启超在他自己所编的《史学书目提要》中，把它列为首条。[②]

《日本新史揽要》，原名《国史略》，日本史学家石村贞一的代表作之一，1877年用汉文编成，1899年在中国刊印发行。该书是明治维新之后问世的日本通史类著作，主要内容为神武天皇至明治时代的日本历史。因该著作被认为有鉴古知今的作用，所以在当时有较大的影响。

《东洋史要》，原名《东洋史》，编写者为日本历史学家桑原骘藏，1899年由东文学社刊印，在中国出版。该书的书名虽然是《东洋史要》，但其内容却是以中国史为主，从上古直至中日甲午战争。书中有些内容是在为日本侵略中国辩护。王国维为该著作写序，就历史的科学性问题有所论述，这些观点，和20世纪初的中国“新史学”思潮的产生和发展，有一定的联系。王国维说：“自近世历史为一科学，故事实之间，不可无系统。抑无论何学，苟无系统之知识者，不可谓之科学。中国之所谓历史，殆无有系统者，不过集合社会上散见之事实，单可称为史料而已，不得云历史”。他强调，“就历史上诸般之关系，以解释东方诸国现实之社会状态”，才算得上是“科学之研究”。[③] 王国维对于史料和历史学，特别是将历史学作为一门“科学”和史料之间的差异，以及历史与现实之间的关系的阐释，有重要的意义，由此可以看到，外国史学的一些理论与方法，在此时的中国已经产生了反响。

《俄土战纪》，汤睿译，大同译书局1897年出版。该书的主要内容，

---

① 《时务报》，1897—04—22。

② 梁启超：《史学书目提要》。

③ （日）桑原骘藏：《东洋史要》。王国维《序》，东文学社，1899。

是18世纪70年代末俄土战争之后，土耳其沦为资本主义列强殖民地的经过。梁启超为此书作《俄土战纪序》，1898年2月11日，在《时务报》发表。梁启超在序中分析了土耳其衰亡的主要原因有以下两点："内治不修"和"外交不慎"。他认为，这和19世纪末的中国十分相似。沙皇俄国不仅要侵占土耳其，而且"欲得志于东方者数百年"，其野心始终没有改变。现在西方列强为了争霸。"并心注力于中国"。在民族危机面前，清政府却为了小朝廷的私利，"倚强盗以作腹心，引饿虎以同寝食"在国难当头之际，让中国人民将"俄土之事，悬诸国门"，时时警觉，这是十分有必要的。

1898年"戊戌变法"是一场资产阶级改良主义政治运动。康有为、梁启超、谭嗣同、严复等号召"变法图强"、"变法维新"，在全国产生广泛反响，同时也不可避免地影响到这一时期的外国史学研究。人们可以清楚地看到，戊戌变法前后，资产阶级改良派为了宣传资产阶级改良主义思想，积极提倡研读外国历史，特别是世界近代历史，借以了解世界的历史与现实，以及世界发展的趋势。

1897年，维新派唐才常与谭嗣同创办"时务学堂"，先后编辑《湘学报》、《湘报》，他撰有《最古各国政学兴衰考》、《各国交涉源流考》、《各国政教公理总论》、《各国种类考》等，通过对不同国家的历史发展进行比较，论述只有通过变法维新才可以使国家强盛，反之则使国家走向衰亡，他以外国历史发展中的具体史实为例，宣传维新派的政治主张。

《最古各国政学兴衰考》，原名《论最古各国政学兴衰之理》，最初发表在《湘学报》1897年5月2日至5月22日。1898年编入《觉颠冥斋内言》时，改为《最古各国政学兴衰考》。该文涉及到印度、希腊、罗马、埃及、波斯等文明古国。通过对这些国家历史兴衰进行总结，指出任何一个国家，特别是历史悠久的古老国家，都应该顺势而"变"，随着时代的发展而发展，只有这样，才能繁荣发达；否则就将走向衰败。联系到中国的具体情况，他认为在外国帝国主义列强侵略中国，急欲将中国瓜分之时，中国应该提倡"新学"、"实学"，通过"变法"一改陈腐衰落的面貌，使国家振兴发展，繁荣富强。

《各国种类考》，发表在1897年9月7日至1898年2月11日的

《湘学报》。本文的主要内容是考察世界各个国家的“强种之术”。这时，唐才常对中国面临“亡国亡种”的实际危险已经深有体验。他依据达尔文的进化论，来阐释中国富国强兵之道。他强调“变则通、通则存、存则强”。中国只有随着世界历史的潮流发展而发展，而不是逆历史潮流而动，只有这样，才有光明的前途。

1894 年，唐才常参照一些日本学者的历史著作，写成《日本安政以来大事略述》，1897 年 8 月 8 日—9 月 7 日在《湘学新报》（《湘学报》）上连载。1898 年编入《觉颠冥斋内言》时，改题名为《日本宽永以来大事略述》。他在说明编写《日本安政以来大事略述》的目的时，强调要把它作为在中国实行维新变法的“法戒”，主张在中国实行彻底的变法。对于日本明治维新期间提出的“五誓”，即改革的五条基本方针（“万机决于公论”；“上下一心”；“朝暮一途”；“洗旧习，从公道”；“求知识于寰宇”），十分赞赏，认为“有此五誓，足以兴邦”。唐才常认为，近代日本所以能够得到迅速发展，主要在于明治维新之后，从日本的实际出发，虚心地学习外国先进的政治制度和科学知识。

康有为（1858—1927），近代中国资产阶级改良主义运动的领袖。对外国历史的介绍和研究，成为宣传他的政治思想的重要工具之一。他提出“能变则存，不变则亡；全变则强，小变则亡”。然而，他所强调的“变”，并不是翻天覆地、改朝换代的革命性变化，而只是“一姓能顺天时时自变，则一姓虽万世存可也”。所有这一切，都突出地反映在他对外国历史的认识和研究上。

据《康南海自编年谱》，康有为曾编有俄、日、德、英多种变政考，现在见到的有《俄彼得变政记》和《日本变政考》两种，而《俄彼得变政记》则是康有为多种变政考中，唯一公开发表的一种。文章的主要内容，是俄国彼得大帝为改变俄国落后面貌，融入先进的欧洲文明，微服出访瑞典、荷兰、英国、德国和法国，学习西欧国家先进的科学技术、文化教育和资本主义的政治、法律制度，回国后排除各种阻力，断然通过一系列的改革使国家革除陋弊，走向富强。1898 年 3 月，康有为以《俄彼得变政记》进呈光绪帝，同年 4 月收入上海大同译书局出版的《南海先生七上书记》。

《日本变政考》12 卷，康有为收集了大量日本学者的著作加以编纂，以编年的形式记载了日本明治元年（1868）至明治二十三年的日本历史，特别是明治政府的各项变法维新措施，并对这些措施的利弊得失加以分析。在此基础上，康有为结合中国当时的实际，阐述在中国进行变法维新的必要性。本书在1898年夏进呈给光绪帝。康有为强烈主张变法维新的思想，对光绪产生了深远的影响，对光绪在戊戌变法中的表现，有直接的作用。光绪曾表示，“以皆日本施行有效者，阅之甚喜”。光绪的一些变法谕旨，相当一部分来源于康有为《日本变政考》的“案语”；另外一些则来自黄遵宪的《日本国志》。

康有为还撰写有《法国革命记》《波兰分灭记》《突厥削弱记》等外国史学著作。这些著作从另一个角度表述实行变法维新的重要性，希望清王朝不要忘记这些国家由盛而衰的惨痛的历史教训。如果说俄国的彼得大帝、日本的明治天皇通过变法维新，使国家富强，而波兰、突厥、法国，则是故步自封，最后走向衰亡。

《法国革命记》，1898年进呈光绪，康有为以路易十六被送上断头台为例，意在说明不肯实行变法维新的严重后果。他认为路易十六是一位好皇帝，只是因不能顺乎民情进行改革维新，所以才被处死。康有为通过法国大革命宣扬资产阶级革命的残酷和恐怖，希望光绪皇帝以此为鉴。他认为与其爆发革命，推翻皇权，不如“立行乾断，不待民之请求迫胁，而与民共之”。这样，就可以采取主动，通过实现君主立宪以“明定立法，君民各得其分”。

《波兰分灭记》1898年夏进呈光绪皇帝本，未曾刊印。主要内容是波兰虽然是欧洲的一个大国，但是因为政治腐败，致使国势渐衰，不堪一击，最后被俄国等强国瓜分灭亡。康有为撰写此书的目的，希望光绪从波兰的灭亡中汲取历史教训，决心实行变法维新，避免波兰的悲剧在中国重演。他说：“波兰所以分灭之由，一由其君忍受耻辱，不早英武自强”，“一在其宰相大臣，守旧保禄，苟延旦夕，而甘心卖国”。光绪皇帝阅读此书时，竟“为之唏嘘感动”。

《突厥削弱记》，指近代土耳其衰亡的历史。土耳其曾在世界上建立过庞大的帝国，只是近代以来封闭、保守、停滞，日趋落后，使国家贫困衰落，人民的生活不断恶化。这样发展下去，土耳其不是被列强灭亡，就是爆发人民革命，即“人人思易朝逐君矣”。康有为认为《突厥削弱记》对中国尤其有现实意义，在他看来，“横览万国与中国至近形似，比拟同类，鉴借最切者，莫如突厥矣”。

19、20世纪之交，有关世界一些国家亡国史的翻译或编译，在当时的中国的世界史著述中，占有重要的地位。因为研究亡国史，有向国人敲响“警钟”的作用，明确这些国家所以亡国的主要原因，在于因循守旧，“不图自强”，希望能警醒国民，从中汲取教训，引以为鉴。这对于激发中国人民自强自立，反对帝国主义侵略的爱国情感，挽救民族危亡无疑有积极的作用。在某种意义上，当时研读“亡国史”比研读“建国史”更有意义。因为“读建国之史，使人感，使人兴，使人发扬蹈厉。读亡国之史，使人痛，使人惧，使人怵然自戒。虽然，处将亡之势，而不自知其所以亡者，则与其读建国史，不如读亡国史”。[①]

甲午战争之后，帝国主义列强加紧瓜分中国，中华民族危机加剧。为了避免中国重蹈埃及的覆辙，一些学者译出了日本学者柴四郎的《埃及近世史》作为警戒。该书有多种中文译本：玉瑟斋主人译《埃及近世史》，1900年5月，发表在《清议报》第45期；章起渭翻译《埃及近世史》，商务印书馆，1903年，“历史丛书”之一；麦鼎华翻译《埃及近世史》，上海广智书局出版，1902年。此外还有出洋学生编辑所编《埃及近世史》，商务印书馆，1902年，为“帝国丛书”之一。著者认为，埃及原为独立国家，18世纪中叶沦为英国的半殖民地，“溘然崩溃”，究其原因，“实由借外债而任外人”，结果“一切内权皆归其手”，“坐招外人之干预，反复相寻，遂藩其邦而奴其族”。麦鼎华认为中国和埃及同为世界文明古国，在不少方面十分类似，欲想研究中国的未来，不可不读埃及的历史。中国的发展前途，完全可以以埃及为借鉴。麦鼎华在其译本的《自序》中，分析埃及亡国的主要原因之一，就是大量向外借债，大量雇佣外国人，让外国人治理自己国家的事情，进而国家主权丧失，为异族所奴役。麦鼎华因感叹祖国“时事之艰危，悲国权之屈辱，用译是书以助戒惧”。[②] 希望以埃及亡国的历史作为一剂良药，使

① 参见1902年《新民丛报》第6号，关于《埃及近世史》的介绍。

② 参见1902年《新民丛报》第6号，关于《埃及近世史》的介绍。

中华民族警醒。

《埃及近世史》中文本面世后，在中国思想界引起广泛反响。一些人总结埃及亡国的历史教训，提出，“国之立也，必人人心中有爱国之思想，人人目中有爱国之观念，然后扑者起，废者兴，死者生，亡者存，而埃及人民何如哉”?① 中国不仅应从中汲取教训，同时还要学习埃及人民的反抗精神，与外国侵略者展开坚决的斗争。20 世纪初能有这种认识是难能可贵的。

对于《埃及近世史》，《东方杂志》、《新民丛报》等有较大影响的报刊多有介绍。一些文章指出，埃及虽然是历史最为悠久的文明古国，但“今几不国矣”。这一惨痛事实，应该使国民“猛醒”，当人手一册，“以作前车之鉴”。当论及埃及亡国的原因时，大多数人认为埃及所以亡国，并非偶然，“其弊在国是不定，舍己从人，一切变法，皆为取悦外人之具。故其事有损而无益，终不免于亡国之惨，诚吾国之殷鉴”。

除上述《埃及近世史》外，有关埃及亡国历史的著述还有一些。例如，日本学者北村三郎著，赵必振翻译的《埃及史》，上海广智书局 1903 年出版，“史学小丛书”之一。译者在述及翻译此书的目的时，主要是强调埃及亡国的历史教训。认为“其历史可为隆替兴亡之鉴”，“我国人者，唯鉴埃及之衰亡，以大奋起，一变外交之局面，则诚国家之幸”。文明书局译刊《埃及惨状》，文明书局 1903 年出版。该书局译刊此书的目的是“厥以借镜，庶吾民之早为警觉”。② 此外，还有《埃及百年兴衰记》，《经济丛编》，1902—1904 年连载；《埃及亡国惨状记》，《游学译编》，1903 年连载，等等。

印度是中国周边大国之一。16 世纪初，先后遭到葡萄牙、荷兰、英、法等国的侵略，1757 年之后，逐渐沦为英国的殖民地，至 19 世纪中叶彻底亡国。因此，在 20 世纪初的中国，有不少著述探讨印度亡国的历史教训。例如，夏清馥编译《印度灭亡战史》，上海群谊译社，1903 年 1 月出版。该书的主要内容，是希望国人将印度的灭亡作为前车之鉴，使国人在惨痛的历史事实面前猛醒。此外还有日本北村三郎

① 陈怀：《读〈埃及近世史〉跋尾》，《新世界学报》，1903 (3)。

② 《文明书局新书广告》，《中外日报》，1902—07—24。

著、程树德译《印度史》，闽学会1903年出版；日本涩江保著、汪郁年翻译《印度蚕食战史》，载《励学译编》1901年第1—10期、1902年第11—12期；钱瑞香撰《印度灭亡史》，载《童子世界》1903年第4、8、9、12、20、22、24、28、32期；陈君衍撰《印度灭亡的原因》，载《童子世界》1903年第29、33期。《浙江潮》1903年第1、5期，载有《印度亡国史》，没有署名。文章较具体地分析了印度灭亡的原因，主要是因其"种姓混乱，其语言庞杂，其宗教分立，用使全国之民无统一精神，无爱国思想，在上者沉湎于歌舞而不知有大义，在下者热情于声色而不知有国仇，投国家于半生半死之中，而尚不自知其已亡"。1902年，丁文江译有《亚西亚西南部衰亡史》，主要内容是自上古直至近代，印度、安南、缅甸等国衰亡的历史。作者从多方面记载衰亡的经过的同时，而且还阐释了衰亡的原因。1902年第10期《译书汇编》，对此书有所介绍。

关于朝鲜亡国的著作，也有多种。1910年，梁启超在《朝鲜灭亡之原因》中认为，朝鲜灭亡的主要原因，在于朝鲜是一个封建专制的国家。国家的命运，全系一家一人之身，这尤其值得国人认真思考。李芝圃《朝鲜亡国史》，直隶教育图书局，1911年出版。作者从历史、政治、民俗等方面分析了朝鲜灭亡的原因，认为朝鲜灭亡的主要原因有二点：其一，实行君主专制，没有民主政治，人民不享有自由；其二，缺乏独立自主的精神，对日本侵略者抱有不切合实际的幻想，认为日本会"保护其独立"，"保护其领土完整"。作者强调，所以要编撰《朝鲜亡国史》的目的，是希望中国从朝鲜亡国汲取教训，牢记"国际只有强权，而无所谓公法；和平但凭铁血，而不可恃条文"。此外，还有梁启超《朝鲜亡国史略》，1904年；毛乃庸译《朝鲜近世史》，上海教育世界出版社，1903年；作新社译刊《朝鲜史略》，作新社，1904年；日本吉备西村著、独头山熊译《朝鲜史》，上海点石斋，1903年；大同编译局译刊《韩国痛史》即《朝鲜亡国史》，大同编译局，1915年。

关于越南亡国的历史著作，同样有多种值得介绍，例如梁启超的《越南亡国史》。梁启超根据越南民族解放运动领袖潘承珠的口述，撰写而成，上海广智书局，1905年10月出版。书中阐述了越南灭亡的经过和原因，以及灭亡后国家的惨状。作者以越南为例，警醒中国人民，提高警惕，保家卫国，而不是束手待毙。梁启超在该书后附有《越南小志》。其内容除了自然地理之外，还有越南的历史发展概况，中国与越南的关系；法国与越南的关系。梁启超在文中强调，法国侵略越南，同时觊觎中国由来已久，越南亡国，则给中国人民敲响了警钟。赵伸（直斋）著有《腥风血雨录》，在《云南》杂志，1907 年第 4、5、6 号连载。文章的内容之一，为越南爱国者潘承珠的《海外血泪书》，潘承珠在文中分析了越南亡国的原因，以及争取民族独立的愿望。赵伸认为，这对当前的中国人民来说，有重要的现实意义。越南亡国的惨状，以及越南亡国的屈辱历史，有助于治疗“东亚病夫三百年来之大病”，加快中华民族的觉醒。此外还有日本引田利章著、毛乃庸译《安南史》，上海教育世界社 1903 年出版；痴庵著《越南亡国惨话》，载《第一晋话报》，1905 年第 6 期；《安南亡国后之痛史》，载《东方杂志》，1910 年第 8 期。

19 世纪，经过三次英缅战争后，缅甸成为英属印度的一省，被英国占领而亡国。张成清的《缅甸史》，主要内容是英国殖民统治，给缅甸人民所带来的无穷无尽的灾难，载《云南》，1908 年第 13、14、16 号。张成清，号石泉，云南腾越人，精通英语、缅语。他积极参加反帝反封建运动，虽多次被捕入狱，但革命志向不变，继续和英国侵略者及土豪劣绅作斗争。他译编缅甸亡国的历史，目的是鼓吹爱国主义精神，希望云南和中国人民免蹈缅甸之后尘，振作精神，反帝救亡，拯救国家于危难之中。除张成清的《缅甸史》外，还有秦力山的《缅甸史序》，载《云南》，1908 年第 13 号；高黎贡（李根源）的《缅甸灭亡小史》，载《云南》，1908 年第 15 号。

1903 年，《湖北学生界》，第 5 期，第 7—8 期合刊发表了《菲立宾（菲律宾）亡国惨状记略》。该文发表后不久，1904 年浙江金华《萃新报》创刊号全文转载。该文的主要内容是，菲律宾先后沦亡于西班牙、美国的悲惨历史，以及菲律宾人民为争取独立自由所进行的不屈不挠的英勇斗争。作者还对“们洛主义（门罗主义）”的帝国主义侵略、掠夺本质进行了揭露。此文对当时的中国具有重要的现实意义，要求“与阅者诸君，沉观静思，以数其覆车之轨迹”，作为历史的借鉴。

关于外国亡国史的介绍，不仅仅是中国周边国家或亚非国家，也包括远离中国的欧洲国家，例如波兰。除了前面已经提及的康有为1898年夏进呈光绪皇帝的《波兰分灭记》之外，梁启超还撰有《波兰灭亡记》发表在《时务报》1896年8月29日。文章介绍了波兰被列强，特别是被俄国多次瓜分的惨痛经历，强调国家只有自立自强才能够生存、发展，将国家的命运寄希望于他人，将会付出惨痛的代价。“不图自强，而欲庇大国之宇下，借他人之保护”，只能加速自己的灭亡。

日本涩江保（羽化生）著《波兰衰亡战史》，在中国至少有三种译本：其一，译书汇编社译刊，《波兰衰亡战史》，《译书汇编》，1901年第1期。作者主要是从三个方面，总结了波兰灭亡的原因。首先是政党纷争，相互倾轧，社会思想混乱，使外国入侵有可乘之机；其次，以俄国为首的外国侵略者时时进行武装干涉急欲瓜分波兰；再次，封建贵族专横跋扈，人民处于无权地位，无权参加国家政治、经济生活。其次，薛蛰龙（公侠）译本，书名为《波兰衰亡史》，上海镜今书局1904年5月版。爱国青年柳亚子为该书作《序》。署名为“中国少年之少年柳人权”。这可能是因为柳亚子当年只有18岁，同时也表明他对专制独裁的痛恶，以及对自由、独立和人权的推崇和追求。该《序》意气风发，慷慨激昂，紧密联系当时中国面临国家沦亡的实际，号召中国人民团结起来，以波兰民族英雄哥修士孤（科希秋什科）为榜样，不惜流血牺牲，誓死保卫自己的家园。他希望这本《波兰衰亡史》，能够使“我民族其猛省，我民族其借鉴，我民族其毋自馁”。除上述两种外，还有《波兰衰亡战史》，开明书店1902年版。

在介绍、研究外国一些国家亡国历史的同时，不可避免地会使介绍、研究帝国主义列强的侵略史凸现出来，因为导致一些国家亡国的重要原因，就是帝国主义的侵略和掠夺，而帝国主义的所谓“强大”和“富有”，也离不开对落后国家、落后民族肆无忌惮的压榨。了解帝国主义的侵略历史，在20世纪初的中国社会生活中，占有重要的地位。

日本斋藤奥治著《西力东侵史》是一部有较大影响的著作。该书有两种中文版本。一是上海文明书局1903年版，由秦元弼译；另一种译本为林长民翻译，1903年作为福建留日学生“闽学会丛书”出版。

在当时中国的思想界，对此书评价甚高，认为它是“时下最急需之奇书”，认为它是“最新最完备之东西交涉史”，“其中如西人东渡考、古代东西关系考、支那开港考、俄罗斯东侵考、耶教流行支那考等，尤与我国有密切之关系”。据《周作人日记》1903年4月9日记载，鲁迅在日本留学时，曾经购得此书，并将它和《译书汇编》等书刊，托人带回绍兴，介绍到国内。

基于对近代以来对世界历史的概括，出版者指出近代以来，“西力东侵，如电如潮，亚洲诸国，俱蒙影响”，而“受影响尤烈者有三”，即日本因能够因势利导，所以“转弱为强”，而印度却顽固守旧，执迷不悟，所以只能“坐以待毙”。中国“有十倍于日本之潜势力，而自暴自弃，恐渐为印度之续”。“同此国同此民也，何为东不如西”？“同此东方之国，同此东方之人也，何为中国不如日本”？译者希望读者能够通过阅读此书，能够认真思考这些问题。[①]

《西力东侵史》的某些观点，明显地是在篡改历史，为帝国主义侵略中国进行辩护。作者宣称，近代以来，是由于中国“数与外国寻衅”，或“屡与列强启衅”，才导致资本主义列强对中国的侵略。这是赤裸裸的强盗逻辑，但作者译编此书的目的，并不是为帝国主义张目，而是为了使中国人民更加警醒，认清帝国主义的嘴脸。

贺良朴纂著《五洲三十年战史》，1903年由上海作新社印行。书中所述时间始自1873年，终至1902年。贺良朴编译该书的主要目的是，反对帝国主义列强的侵略，唤醒民众救国的意识。他认为近三十年来，“世变日深，中国之危，不可终日”。在译编者看来，20世纪初，中国已经成为帝国主义列强侵略、掠夺的焦点，中华民族面临着严重的危机。因此中国人民不要再“寝处酣嬉，于万国战场之中而不知警”。译编该书，“既以自危，且为同舟者警”。编译者对俄国对华侵略尤其关注。因为“俄罗斯尤为切肤之痛”，所以此书“始于俄人之侵回部，而终于俄人之据‘满洲’”。[②] 学者张通谟对《五洲三十年战史》给予高度评价：“夫中国者，固中国人之中国也。果能以国事为己事，以国耻为己耻，独立之气塞乎天地，合群之义耀乎日星”。只要“知彼知己，求所恃于公法之外，以耿耿忠义，百折不回之志气，激励我国民，庶几万

---

① 上海文明书局：“新书出版广告”，《江苏》，1903（1）。

②《五洲三十年战史·凡例》；《五洲三十年战史·自序》。

众一心，且哀且痛且愤，日讲求所以相攻相守之道，扶国民之危于累卵，而不忍自即于沦胥”。[①]

陈崎编译的《外患史》，是《国耻丛言》之一，上海时中书局1903年出版。陈崎编《国耻丛言》的目的，是专门记述中国的国耻，叙述帝国主义是如何侵略中国的，使人们能够从娱乐升平、如醉如梦中醒悟过来，彻底抛弃享乐主义情绪，关注国家和民族的前途。

这是一部简明的帝国主义侵略中国的历史。包括政治、经济、军事和宗教等方面的内容。具体事实绝大部分取材于日本的史书，但是通过“译者曰”发表议论。例如，就“鸦片战争”，作者写道：“鸦片战争，我理也直，我时代也尚壮盛，然而卒至于战而败，败而和，和而失权利，失权利而鸦片之输入不唯不稍减，且复大增盛者何也，和战之谋交换，执策不定，而见事未明也。见事未明，故偶有所利，即以为外人大可侮，于是虚骄之气大张，而主战派大战胜于朝；偶有所不利，即以为外人大可畏，于是矜皇之说大起，而主和派又大战胜于朝。见事未明，故易信于蒙语。至于今日，蒙语尚盈我朝野焉。呜呼！我不知我国之祸将何日已”。

在《日本外患史》的“译者曰”写道：“日本之未开国也，无异于我国。日本之开国也，亦无异于我国。其政府之昏庸如我，其人民之顽固如我，其外人之欺侮之也亦如我。然而，其能至今日而反大异于我者，何也，蒙昧于前而开明于后也”。《外患史》主要内容包括七篇：五篇为正篇，另有两篇为附篇。正篇内容有贸易、战争、交通和俄国、基督教等；附篇的内容为印度、日本。印度，“怵忘象也”；而日本，“策兴机也”。

陈崎在《外患史》的前言中说：“天下无外患，不足以兴国，竞争不力者，进步不速。天下无不知外患者，不足以亡国。今日外患亟矣，不知外患者，何蚩蚩蚩也”。深切地表达了忧国忧民，希望中华民族自立自强，屹立于世界民族之林的感情。

沙皇俄国是一个极富侵略扩张的国家，沙皇俄国的历史是一部掠夺各民族土地的历史。早在17世纪中叶，沙皇政府就开始侵入中国黑龙

---

① 《五洲三十年战史·序》。

江流域，自19世纪中叶鸦片战争后，进一步加快了对中国的侵略扩张，通过一系列不平等条约，掠夺了150多万平方公里的中国领土。所以中国人民对沙皇俄国的侵略尤加关注。1896年8月，维新派的重要刊物之一《时务报》在上海创刊。梁启超任撰述，汪康年任经理。该报1897年9月17日、27日，连载英国人文章《俄人蚕食太平洋迤北边地考》。译者为陈贻范，未署原作者名。《时务报》连载此文的用意，在于提醒中国人民不要忘记与中国接壤的虎视眈眈的俄国。文章概述了沙皇俄国侵略中国的历史，包括侵略中国的狡诈手段，和烧杀淫掠所犯下的罪行。文章强调，俄国同中国的交往，以不断地“拓土”，无止境地扩张俄国的版图为目的。每当中国内政外交出现危机时，俄国便“乘隙而入，肆意要求，侵割土地”。

1898年12月，梁启超等任主编的《清议报》在日本横滨创刊。“新书译丛”、“外论汇译”是该报的两个重要栏目。《清议报》为旬刊，1900年第42、43册发表有《俄国侵略中国志略》。19世纪末，沙皇俄国为达到扩张领土的目的，对中国的侵略日趋加深，中国的领土完整和国家安全面临着严重的威胁。但是对于日益严重的形势，清政府却没有足够的认识。梁启超从日本学者的著作中，将俄国侵略中国的有关章节一一汇编，用事实揭露俄国觊觎中国的野心，并公开发表，“以供我国人之省览”。

《哥萨克东方侵略史》，1902年由上海作新社译刊，原书名为《阿穆尔与乌苏里边区》，1885年莫斯科出版。20世纪初，在日本出版日文本。中国留日学生将《哥萨克东方侵略史》转译成中文出版。译书出版后，《政艺通报》将日译本的《序》，分三期全文连载发表。中文本1902年10月14日初版，不到两个月，同年12月6日再版。俄国人编撰此书的目的，是为了炫耀沙皇政府的侵略扩张，为俄国侵华急先锋、东西伯利亚总督穆拉维约夫伯爵歌功颂德。书中还介绍了被俄国侵占的大片领土的自然资源、地理情况，以及风土人情等等。

日本人将其翻译成日文出版的目的，目的是为了学习俄国人的侵略扩张经验，同时也表明了日本也企图染指中国，和俄国争夺在华利益。日文本《序》中写道：“夫万国并峙，交通往来彼己利害互异以相凌跞之时，最可恃者，不在兵，亦不在富而在民心之统一，而民心之所以统一，莫过于宗教者”。“今我邦人士，抱移居殖民之计划，以企伸其志于海外者，虽不乏人，恨无宗教与之并行，以故事业皆无成功。彼得大帝有言，蚕食敌国，先以耶苏教夺民心，然后乘其虚而捣之”。“窃愿我桑门诸子之闻而奋起也”。中国留日学生将《哥萨克东方侵略史》转译成中文出版，是为了唤起中国人民的警觉，认清沙皇俄国和日本的侵略本质。

养浩斋主人译辑《俄国蚕食亚洲史略》，1902 年上海广智书局出版，系“史学小丛书”之一。该书上篇为日本佐藤弘著；下篇为英国克乐诗著。主要内容是记述俄国蚕食亚洲的历史和现实。译者通过此书，希望中国“朝野忧国者鉴”。译者在《前言》中指出：“今之稍识时务者，必曰俄虎狼也”。“闭门避虎，不如退而张弓”。译者还写道：“必先知虎之可畏焉，然后能忧之，然后能防之，则谈虎之学，其亦不可以已矣”。

日本蕨山生著《俄国经营东方策》，上海通社 1903 年译自日文出版，系“通社丛书”之一。主要内容为揭露近代以来，俄国在远东，包括在中国的侵略扩张，在一定程度上反映了 20 世纪初日俄战争前，日益尖锐的日俄矛盾。译者翻译此书的目的，是为了使中国人民通过重温这段历史，提高警惕，不要对俄国的扩张政策抱有不切合实际的幻想。他认为世人都知道俄国野心勃勃，在 20 世纪急欲称霸世界，首先要把矛头指向中国，而对这一点，我国同胞所知却甚少，特别是清政府中的一些高官，极力主张“联俄”，他们在俄国东侵的历史事实面前，应该猛醒了。日本山本利喜雄著、麦鼎华译《俄罗斯史》，1903 年，上海广智书局出版。

出版社在述及为什么要出版此书时写道：“彼俄罗斯向为专制政体之国，与我政体相类似，其成败得失，皆可借鉴。且西北利亚（西伯利亚）铁道既成，势力骎骎南下，我国实首当其冲。若懵于其国势民情，日言抵御，曷当于事”。因此，出版这部著作是有现实意义的，为了抵抗沙皇俄国的侵略扩张，

Y. X. C. 生的《东亚十年外交史》，刊载在《江苏》1904 年第 9－10 期。主要内容是中日甲午战争至日俄战争期间，10 余年来，帝国主义列强侵略中国的历史，特别是沙皇俄国为谋求在远东和在华利益所采

取狡诈阴险的外交策略。作者撰写本文的目的，是使中国人民了解国耻，“前事不忘，后事之师”，以此为借鉴，从而奋起斗争，保家卫国。

近代民主革命家宋教仁撰写的《二百年来之俄患篇》，发表在1911年2月20日—3月4日的《民立报》。为了对付沙皇俄国加紧入侵中国蒙古和新疆地区，宋教仁依据俄国200年来侵略中国的历史，写成此文。文章揭露了俄国侵略中国的种种事实和伎俩，“以警告国人”不要忘记惨痛的历史。

20世纪初，有关“彼得遗嘱”的先后公布，反映了中国人民对沙皇俄国侵略扩张的本质，有了进一步的认识。彼得大帝的遗嘱的内容，是关于沙皇俄国不仅要成为欧洲大国，而且要在全球扩张，实现称霸世界的计划。“遗嘱”表明，“俄罗斯虎狼的志愿，是要吞并全球，振翼一鸣，先据亚陆，窥伺中国，下手为强”。自彼得以后俄国的历代沙皇，都是按照彼得遗嘱来制订其对外政策，以完成彼得所没有完成的计划。沙皇俄国掠夺东北三省大片领土，被视为是执行彼得遗嘱的实际行动。“彼得遗嘱”的公布，使中国人民警醒，更加自觉地捍卫国家主权，反对沙皇俄国的侵略扩张。至于“彼得大帝”遗嘱的真伪，至今还是一个有待讨论的问题，但是，彼得大帝确实是向自己的继承者指示种种侵略方针的帝王，他的继承者们确实也忠实地执行了他的世界性的侵略方针。有关“彼得大帝”遗嘱，当时多处发表。主要有：《俄皇大彼得遗训十条》，1901年9月17日、9月27日，《杭州白话报》；《俄皇大彼得遗诏十四则》，《政艺通报》，1902年第20期；《俄皇大彼得遗训》，《俄事警闻》，1903年第3—4期；《俄皇大彼得遗嘱》，《扬子江》，1904年第3期。

从19世纪中期到19世纪末，或者说从中英鸦片战争到中日甲午战争，中国的世界史研究在半个世纪中，走了一条给后人以深刻启迪的发展道路。时代的风云，中国和世界所发生的深刻变化，尽收眼底，在中国世界史学发展的历史上留下了不可磨灭的印记。尽管是在萌生时期，但中国世界史研究已表现出关注现实、求真致用的精神，这一宝贵的学术遗产在新的历史条件下，定将不断发扬光大。

弘扬中国世界史研究的民族精神

中国的世界史研究，或中国人民最初对世界历史的认识，是从 19 世纪中期中国先进分子“睁眼看世界”开始的，它始终和中国人民“救亡图存”、民族复兴这一时代的主题联系在一起，表现出强烈的爱国主义感情。近代中国最早的一批世界史学者，无论是介绍还是研究，他们首先是热诚的爱国主义者。爱国主义是民族精神的核心和精髓，属于一定的历史范畴，它的时代性决定了它在不同的历史条件下，具有不同的内涵。中国世界历史研究的突出优点和特点，是和时代的脉搏一起跳动，始终贯穿于中国人民争取民族解放，建立独立、自由、民主、富强的国家历史进程中，表现出鲜明的民族精神。和 19 世纪中期相比，当代中国社会发展和中国世界历史研究，已经发生了翻天覆地的变化，但是，继承、发扬中国世界历史研究的爱国主义传统，培育和弘扬中国世界历史研究的民族精神，仍然具有重要的现实意义。

一、中国世界史研究和时代的脉搏一起跳动

1840年中英鸦片战争的失败，中国开始沦为半封建半殖民地。中国被迫签订丧权辱国的《南京条约》使朝野震动，一些人开始重视对外部世界历史与现实的了解，以寻求拯救民族危亡的道路。一股“睁眼看世界”的新思潮由知识界开始，逐渐成为一股新的社会思潮和研究外国史地的高潮。林则徐是“睁眼看世界”的第一人。

1839年3月至1840年11月，林则徐在广东主持禁烟期间，积极组织翻译工作。他根据英国人慕瑞所著《世界地理大全》，编译成《四洲志》，较完整地介绍了亚洲、非洲、欧洲和美洲30多个国家历史、地理、文化以及宗教等。1841年6月，林则徐在发配到新疆伊犁的途中，在京口（镇江）与魏源相会。魏源接受林则徐的嘱托，在林则徐编译《四洲志》和《澳门月报》等资料的基础上，编成《海国图志》50卷本。这是中国第一部有关世界史地的专门著作，使闭塞已久的中国人开始有了全新的世界概念。魏源以俄国彼得大帝为例，希望中国通过深刻、全面的社会变革，使国家走上强盛的道路。彼得大帝“聪明奇杰，离其国都，微行游于岩士达览等处船厂、火器局，讲习工艺，旋国传授，所造火器、战舰，反优于他国，加以训兵练阵，纪律精严。迨至近日，底利尼王攻取波兰国十部落，又击败佛兰西国王十三万之众，其兴勃然，遂为欧罗巴最雄大国”。①

中日甲午战争失败之后，中华民族面临严重危机，帝国主义列强急欲瓜分中国。1896年王炳耀辑《中日战辑》，上海书局出版。作者在悲愤之际，认为“当思倭之所以胜，吾之所以败”，于是将外国报刊的有关资料汇编为《中日战辑》，使人们牢记国耻，奋发图强。1897年，姚锡光编撰《东方兵事记略》，史料更加充实，较详细地记述了中日甲午战争的过程。当时，也出现了少量的国别史著作，例如，薛福成的《续瀛寰志略》等。

和上述著作相比，更重要的是大量译著的问世。19世纪末，外国

① 魏源：《海国图志·俄罗斯国总记》。

历史著作在中国大量翻译出版，成为当时十分引人注目的社会现象。这些著作的翻译出版所产生的影响，已经超出了学术的或仅仅是历史学的范畴，而具有更深刻的社会内容。

《万国史记》是明治维新初期，日本学者冈本监辅用汉语编写的世界通史性质的教科书。1897年在中国出版，世纪之交在中国学术界广为流行。梁启超对其评价甚高，认为此书可以使人认识到“大率研求新政新学者胜，拥虚名而无实际者败”，这可认为是“古今不易之理”。梁启超在他自己所编的《史学书目提要》中，把它列为首条。《俄土战纪》，汤睿译，大同译书局1897年出版。梁启超为此书作《俄土战纪序》，于1898年2月11日在《时务报》发表。梁启超在序中分析了土耳其衰亡的主要原因有以下两点：“内治不修”和“外交不慎”。他认为这和19世纪末的中国十分相似。沙皇俄国不仅要侵占土耳其，而且“欲得志于东方者数百年”，其野心始终没变。现在西方列强为了争霸，“并心注力于中国”。在民族危机面前，清政府却为了小朝廷的私利，“倚强盗以作腹心，引饿虎以同寝食”。国难当头之际，让中国人民将“俄土之事，悬诸国门”，时时警觉，这是十分有必要的。

1898年“戊戌变法”是一场资产阶级改良主义政治运动。康有为、梁启超、谭嗣同、严复等号召“变法图强”、“变法维新”。1897年，维新派唐才常撰有《最古各国政学兴衰考》、《各国交涉源流考》、《各国政教公理总论》、《各国种类考》等，通过对不同国家的历史发展进行比较，论述只有通过变法维新才可以使国家强盛，反之则使国家走向衰亡。《最古各国政学兴衰考》涉及到印度、希腊、罗马、埃及、波斯等文明古国，通过对这些国家历史兴衰进行总结，指出任何一个国家，特别是历史悠久的古老国家，都应该顺势而“变”，走向繁荣；否则就将走向衰败。联系到中国的具体情况，他认为在外国帝国主义列强侵略中国，急欲将中国瓜分之时，中国应该提倡“新学”、“实学”，通过“变法”一改陈腐衰落的面貌，使国家振兴发展，繁荣富强。

康有为是近代中国资产阶级改良主义运动的领袖。19世纪末，他提出“能变则存，不变则亡；全变则强，小变则亡”。康有为曾编有俄、日、德、英多种变政考。在《俄彼得变政记》中，赞扬俄国彼得大帝为改变俄国落后面貌，学习西欧国家先进的科学技术和政治、法律制度，回国后排除各种阻力，断然通过一系列的改革使俄国融入欧洲文明。1898 年 3 月，康有为以《俄彼得变政记》进呈光绪帝。康有为还撰写有《法国革命记》《波兰分灭记》《突厥削弱记》等外国史学著作。这些著作从另一个角度表述实行变法维新的重要性，希望清王朝不要忘记这些国家由盛而衰的惨痛历史教训。如果说俄国的彼得大帝、日本的明治天皇通过变法维新，使国家富强，而波兰、突厥、法国，则是故步自封，最后走向衰亡。

二、拯救民族危亡和外国亡国史研究

19、20 世纪之交，有关世界一些国家亡国史的翻译或编译，在当时的中国世界史著述中，占有重要的地位。据不完全的统计，1900 年后的 10 年间，至少有 50 种以上。这些著作，回应了极其严重的民族危机的客观要求，因为研究亡国史，向国人敲响“亡国警钟”，有助于警醒国民，使其从中汲取教训，引以为鉴。当时研读“亡国史”比研读“建国史”更有意义。因为“读建国之史，使人感，使人兴，使人发扬蹈厉。读亡国之史，使人痛，使人惧，使人怵然自戒。虽然，处将亡之势，而不自知其所以亡者，则与其读建国史，不如读亡国史”。例如，一些学者译出了日本学者柴四郎的《埃及近世史》作为警戒。该书有多种中文译本[①]，麦鼎华认为中国和埃及同为世界文明古国，在不少方面十分类似，欲想研究中国的未来，不可不读埃及的历史。麦鼎华所以翻译此书，是因为感叹自己国家“时事之艰危，悲国权之屈辱，用译是书以助戒惧”。希望以埃及亡国的历史作为一剂良药，使中华民族警醒。

《埃及近世史》中文本面世后，在中国思想界引起广泛反响。一些人总结埃及亡国的历史教训，已经敏锐地看到，拯救国家于危难中，紧紧依靠少数的志士仁人是不够的，关键是要全国人民都要有爱国之心。

① 这些著作主要有：玉瑟斋主人译《埃及近世史》，1900 年 5 月，发表在《清议报》第 45 期；章起渭翻译《埃及近世史》，商务印书馆，1903 年，“历史丛书”之一；麦鼎华翻译《埃及近世史》，上海广智书局出版，1902 年。此外还有出洋学生编辑所编《埃及近世史》，商务印书馆 1902 年，为“帝国丛书”之一。

他们提出，“国之立也，必人人心中有爱国之思想，人人目中有爱国之观念，然后扑者起，废者兴，死者生，亡者存，而埃及人民何如哉”？20世纪初的这种认识难能可贵，对当时救亡图存、自强自立的中国，无疑有重要的现实意义。除上述《埃及近世史》外，有关埃及亡国历史的著述还有一些。①

印度是中国周边大国之一。16世纪初，先后遭到葡萄牙、荷兰、英、法等国的侵略，1757年之后，逐渐沦为英国的殖民地，至19世纪中叶彻底亡国。因此，在20世纪初的中国，有不少著述探讨印度亡国的历史教训。例如，夏清馥编译《印度灭亡战史》，上海群谊译社，1903年1月出版。该书的主要内容，是希望国人将印度的灭亡作为前车之鉴，使国人在惨痛的历史事实面前猛醒。关于朝鲜亡国的著作，也有多种。1910年，梁启超在《朝鲜灭亡之原因》中，分析了朝鲜灭亡的主要原因，在于朝鲜是一个封建专制的国家。国家的命运，全系一家一人之身，这尤其值得国人认真思考。李芝圃在直隶教育图书局1911年出版《朝鲜亡国史》中，从历史、政治等方面分析了朝鲜灭亡的原因，认为朝鲜灭亡的主要原因有两点：其一，实行君主专制，没有民主政治，人民不享有自由；其二，缺乏独立自主的精神，对日本侵略者抱有不切合实际的幻想，认为日本会“保护其独立”，“保护其领土完整”。作者强调中国要通过朝鲜亡国汲取教训，牢记“国际只有强权，而无所谓公法；和平但凭铁血，而不可恃条文”。

关于越南亡国的历史著作，同样有多种问世，例如梁启超的《越南亡国史》，系根据越南民族解放运动领袖潘承珠的口述，撰写而成，上海广智书局，1905年10月出版。书中阐述了越南灭亡的经过和原因，以及灭亡后国家的惨状。梁启超强调，法国侵略越南，同时觊觎中国由来已久，越南亡国，则给中国人民敲响了警钟。赵伸（直斋）著有《腥风血雨录》，在《云南》杂志，1907年第4—6号连载。赵伸认为，越

① 例如，日本学者北村三郎著，赵必振翻译的《埃及史》，上海广智书局1903年出版，“史学小丛书”之一；文明书局译刊《埃及惨状》，文明书局1903年；还有《埃及百年兴衰记》，《经济丛编》，1902—1904年连载；《埃及亡国惨状记》，《游学译编》，1903年连载，等等。

南亡国的惨状，以及越南亡国的屈辱历史，有助于治疗“东亚病夫三百年来之大病”，加快中华民族的觉醒。19世纪，经过三次英缅战争后，缅甸成为英属印度的一省，被英国占领而亡国。张成清著《缅甸史》，载《云南》1908年第13—14和16号。他译编缅甸亡国的历史，目的是鼓吹爱国主义精神，希望中国人民免蹈缅甸之后尘，振作精神，反帝救亡，拯救国家于危难之中。1903年，《湖北学生界》，第5期，第7—8期合刊发表了《菲立宾（菲律宾）亡国惨状记略》。该文发表后不久，1904年浙江金华《萃新报》创刊号全文转载。该文的主要内容是，菲律宾先后沦亡西班牙、美国的悲惨历史。著者认为，这对当时的中国具有重要的现实意义，要求“与阅者诸君，沉观静思，以数其覆车之轨迹”，作为历史的借鉴。

在介绍、研究外国一些国家亡国历史的同时，不可避免地会使介绍、研究帝国主义列强的侵略史凸现出来，因为导致这些国家亡国的重要原因，就是帝国主义的侵略和掠夺。介绍和研究帝国主义的侵略历史，在20世纪初的中国世界历史中，占有重要的地位。

日本斋藤奥治著《西力东侵史》是一部有较大影响的著作。该书有两种中文版本。一是上海文明书局1903年版，由秦元弼译；另一种为林长民翻译，1903年作为福建留日学生“闽学会丛书”出版。在当时中国的思想界，对此书评价甚高，认为它是“时下最急需之奇书”。据《周作人日记》1903年4月9日记载，鲁迅在日本留学时，曾经购得此书，并将它和《译书汇编》等书刊，托人带回绍兴，介绍到国内。基于对近代以来对世界历史的概括，出版者指出近代以来，“西力东侵，如电如潮，亚洲诸国，俱蒙影响”，而“受影响尤烈者有三”，即日本因能够因势利导，所以“转弱为强”，而印度却顽固守旧，执迷不悟，所以只能“坐以待毙”。中国“有十倍于日本之潜势力，而自暴自弃，恐渐为印度之续”。“同此国同此民也，何为东不如西”？“同此东方之国，同此东方之人也，何为中国不如日本”？译者希望读者能够通过阅读此书，认真思考这些问题。[①]《西力东侵史》的某些观点，明显地是为帝国主义侵略中国进行辩护。但译编此书的目的，并不是为帝国主义张目，而

① 上海文明书局：“新书出版广告”，《江苏》，1903（1）。

是为了使中国人民更加警醒，认清帝国主义的嘴脸。

陈崎编译的《外患史》，是《国耻丛言》之一，上海时中书局1903年出版。陈崎编《国耻丛言》的目的，是专门记述中国的国耻，叙述帝国主义是如何侵略中国的，使人们能够从娱乐升平、如醉如梦中醒悟过来，彻底抛弃享乐主义情绪，关注国家和民族的前途。这是一部简明的帝国主义侵略中国的历史。陈崎在《外患史》的前言中说："天下无外患，不足以兴国，竞争不力者，进步不速。天下无不知外患者，不足以亡国。今日外患亟矣，不知外患者，何蚩蚩蚩也"。深切地表达了忧国忧民，希望中华民族自立自强，屹立于世界民族之林的感情。

沙皇俄国是一个极富侵略扩张的国家，沙皇俄国的历史是一部掠夺各民族土地的历史。《时务报》在1897年9月17日、27日，连载《俄人蚕食太平洋迤北边地考》。译者为陈贻范，未署原作者名。《时务报》连载此文的用意，在于提醒中国人民不要忘记与中国接壤的虎视眈眈的俄国。文章概述了沙皇俄国侵略中国的历史，包括侵略中国的狡诈手段，和烧杀淫掠所犯下的罪行。文章强调，俄国同中国的交往，以不断地"拓土"，无止境地扩张俄国的版图为目的。每当中国内政外交出现危机时，俄国便"乘隙而入，肆意要求，侵割土地"。

养浩斋主人译辑《俄国蚕食亚洲史略》，1902年上海广智书局出版，系"史学小丛书"之一。译者通过此书，希望中国"朝野忧国者鉴"。日本蕨山生著《俄国经营东方策》，上海通社1903年译自日文出版，系"通社丛书"之一。译者认为，俄国野心勃勃，在20世纪急欲称霸世界，首先要把矛头指向中国，而对这一点，我国同胞所知却甚少，特别是清政府中的一些高官，极力主张"联俄"，他们在俄国东侵的历史事实面前，应该猛醒了。

日本山本利喜雄著、麦鼎华译《俄罗斯史》，1903年，上海广智书局出版。当时"西北利亚（西伯利亚）铁道既成，势力骎骎南下，我国实首当其冲。若懵于其国势民情，日言抵御，曷当于事"。因此，出版这部著作是有现实意义的，为了抵抗沙皇俄国的侵略扩张，Y. X. C. 生的《东亚十年外交史》，刊载在《江苏》1904年，第9—10期。主要内容是中日甲午战争至日俄战争期间，帝国主义列强侵略中国的历史，作者撰写本文的目的，是使中国人民牢记国耻，从而奋起斗争，保家卫国。近代民主革命家宋教仁撰写的《二百年来之俄患篇》，发表在1911年2月20日—3月4日的《民立报》。宋教仁依据俄国200年来侵略中国的历史事实，揭露了俄国侵略中国的种种事实和伎俩，“以警告国人”不要忘记惨痛的历史。彼得大帝的遗嘱的内容，是关于沙皇俄国不仅要成为欧洲大国，而且要在全球扩张，实现称霸世界的计划。20世纪初，有关“彼得遗嘱”的先后公布，[①] 反映了中国人民对沙皇俄国侵略扩张的本质，有了进一步的认识。至于“彼得大帝”遗嘱的真伪，至今还是一个有待讨论的问题，但是，彼得大帝确实是向自己的继承者指示种种侵略方针的帝王，他的继承者们确实也忠实地执行了他的世界性的侵略方针。

三、为推翻封建统治研究外国革命史

中国近代的世界史介绍和研究发端于鸦片战争时期。从洋务运动时期到20世纪初这些介绍和研究有了新的发展，对亚洲、欧洲、北美一些国家历史与现实的认识有所深化。20世纪初，中国和世界的联系日益密切，近代中国对世界历史的认识在辛亥革命期间进一步深化。

20世纪初，对世界历史的介绍和研究已有长足发展，使其在中国史学界的影响不断增加，在中国史学界，出现了对中国传统史学盲目地否定一切，而对西方资产阶级史学，包括他们撰写的中国史著作不加分析地肯定一切的错误倾向，一些学者对此提出批评。梁启超说：“本国人于本国历史，则所以养国民精神，发扬其爱国心，皆在于是”，不能“望诸他山”。[②] 马叙伦的批评更为激烈，他说：“一国必有一国之特性，而后可言特立。”“政治、学术、技艺三者皆备”，都适合本国的特点，这样，国家才会强大，言必称外国则是奴性十足，中国人要继承发扬中国传统史学的优秀传统，尽快“改其奴性”。[③] 这种态度，至今对我们

① 主要有：《俄皇大彼得遗训十条》，1901年9月17日、9月27日，《杭州白话报》；《俄皇大彼得遗诏十四则》，《政艺通报》，1902年第20期；《俄皇大彼得遗训》，《俄事警闻》，1903年第3—4期；《俄皇大彼得遗嘱》，《扬子江》，1904年第3期。

② 梁启超：《东籍月旦》，《新民丛报》，1902（11）。

③ 马叙伦：《无史辨》，《新世界学报》，1902（9）。

仍有重要的启迪意义。

辛亥革命时期的外国史编译和介绍，主要集中在世界各国的“革命史”方面，这不是偶然的。一些知识分子鼓吹以美国以及西欧国家的资产阶级革命为榜样，使这一时期有关外国革命史的介绍和研究，带有十分明显的时代特征。它主要表现为由一般性的介绍和了解，逐渐深入到中国社会发展迫切需要解决的问题中去。中国资产阶级革命派在救亡图存，拯救中华民族于危难之中的过程中，已经逐渐将实现民主共和，推翻清王朝统治的革命提上日程。彻底结束在中国沿袭数千年的封建专制统治，已经成为不可遏止的社会历史潮流。

18 世纪末法国资产阶级革命，彻底结束了 1000 多年的封建统治，揭开了法国历史上的崭新一页，由此法国进入了资本主义确立和发展的新时期。辛亥革命前夜，中国对世界各国“革命史”的介绍中，法国大革命占有重要的地位，而且围绕着对法国大革命的认识和评价，不同的政治派别展开了尖锐的思想斗争。

日本奥田竹松著、留日爱国学生组织青年会编辑部编译的《佛兰西革命史》，1903 年由上海明权社发行。该书是当时诸多中文本法国革命史中，影响较大的一种。作者高度评价了法国资产阶级革命的历史意义，欢呼这场革命给法国、欧洲，以至整个世界所带来的深刻变化。1903 年第 7 期《浙江潮》介绍此书时，明确指出编译此书的目的，是为了从中寻找“救吾国之妙药”。此书“欲鼓吹民族主义，以棒喝我国民。改订再三，始行出版。其中叙法国革命流血之事，慷慨激昂，奕奕欲生，正可为吾国前途之龟鉴云云。购而读之，不觉起舞，真救吾国之妙药，兴吾国之主动机关也。爱国志士不可不各手一编，以自策励”。上海明权社谈到为什么要把这本书译成中文时，强调这本书是“国民奇书”，“凡吾国青年志士有不愿为奴隶而愿为国民者，当各手一册，以朝夕自励”。[①] 1903 年，上海至少有三种关于法国革命史的译本问世：其一，赵天骥译《法国革命战史》，1903 年 1 月，上海广智书局出版。其二，中国国民丛书社译自日文《法国革命战史》，1903 年 4 月，上海商务印书馆出版，1911 年辛亥革命时，1912 年、1913 年先后再版。在辛

① 上海明权社出书广告，《江苏》，1903 (3)。

亥革命中，发挥了积极的作用。其三，人演社社员译《佛国革命战史》，1903年5月，上海文明书局出版。书中较多地介绍了法国启蒙思想家，以及启蒙思想在法国大革命中的作用。作者强调，孟德斯鸠等启蒙思想家宣传资产阶级民主思想，为革命爆发做了必要的舆论准备，正是由于资产阶级民主思想不断深入人心，才使民智大开，民气大变，激发爱国之心，鼓舞革命斗志，取得了革命的胜利。20世纪的中国，犹如18世纪的法国，只有通过革命鼓动，使国民从蒙昧中猛醒，自觉地追求独立、自由、平等的思想，中国才有希望。

1886年，日本中江笃介（中江兆民）著《革命前法朗西二世纪事》，中国出洋学生编辑所1901年译刊。1903年7月4日，上海《大陆报》曾经介绍此书，认为革命前的法国专制独裁，社会黑暗腐败，“今取支那现象一一比较之，殆其返影。同人夙抱杞忧，不忍默缄，特译此书，以为前车之鉴”。寄生（汪东）著《法国革命史论》，长文约3万余字，连载在《民报》1907年，第13、15、16、18号，1908年，第19号。该文被一些研究者认为是“20世纪初，在介绍法国大革命史的专文中，史论性最强，联系中国实际最密切，反清革命旗帜最鲜明”的文章。该文章的主要特点在于有意识地将中国和法国的封建专制统治进行比较。作者写道：“述法国革命之旨，在与中国一一相较，否则何取乎以异国往事为谈资”。作者认为中国人对法国的封建专制统治，当有更深刻的认识和体会。清王朝封建统治的“虐史”，与法国的封建统治者十分类似。“法国当十八世纪，在上者之专制，与夫文士党锢之狱，民以困，议论之沸腾，无一不与中国类”。法国大革命不仅仅只影响到欧洲国家的革命，清王朝的“政治无一善而有百弊，君相百僚，相与游魂于釜底，安处于风幕而不自救，改弦更张，非可属望，张皇微眇，又无所补于今之世”，只有革命才是唯一的出路。从某种意义上说，本文通过充分肯定法国大革命，鼓吹中国进行反清斗争，这实际上是在为推翻清王朝制造革命舆论。

20世纪初，中国知识分子，特别是青年知识分子对西方资产阶级革命的历史，已经有了较多的了解。法国大革命给他们留下的印象尤其深刻，被称之为“全欧革命之先声”，“近代文明之春雷”，“惊天动地之伟业”。争取“自由、平等、博爱”，使他们深受鼓舞，进一步激发了他们推翻清王朝封建专制统治的决心和信心，憧憬着在中国实现像法国大革命一样惊天动地的伟业。1906 年，革命青年柳亚子著文热情歌颂法国大革命的同时，将中国太平天国革命与之相提并论。文章说："欧洲法兰西大革命，既开十九世纪之新幕，由是而伊大利事件，而匈牙利事件，而奥大利事件，全欧大势为之一变。潮流东渐，遂开巴尔干半岛之风云。而洪氏适以时起，甸南服，欧人大注目于其举动，称之为中国革命军"。①

除法国大革命之外，当时还编译有意大利、苏格兰、荷兰、希腊、葡萄牙、俄国、菲律宾等国的革命史著作。这些著作同样是通过各个国家革命历史的记叙，阐述反对封建专制统治，发动革命的重要性和必要性。② 然而，在众多的革命史的介绍中，内容最多、影响最大的，还是有关美国独立史的介绍。这些介绍，始于 19 世纪中期鸦片战争期间，而后一直不曾中断，只是到 20 世纪初，美国独立史的介绍、研究结合中国社会发展的实际，有了新的内容、新的特点。

20 世纪初，美国独立史的研究，在中国得到进一步的发展。美国姜宁著、章宗元译《美国独立史》，1902 年由译书汇编社出版，该书原书名为《美国史》，共 14 卷，其中前 6 卷的主要内容为美国独立之前的历史，故译出后称之为《美国独立史》。该书出版后受到热烈欢迎，出版三个月后即有再版；后 8 卷的主要内容为美国独立之后的历史，概述 100 年来美国历史发展的概貌。1903 年也由章宗元翻译成书，书名为《美史记事本末》。除以上外，章宗元还译刊有《美国宪法》、《美国民政考》。由以上可以看出，章宗元在美国留学期间，对美国历史，特别是美国独立战争的历史，以及美国政治制度的历史，给予了充分的重视，

---

① 柳亚子：《中国灭亡小史》，《复报》，1906 (6)。

② 这些著作主要有张仁普译《意大利独立史》，上海广智书局，1903 年；东京留学生译述《义（意）大利独立战史》，商务印书馆，1902 年；《意大利建国史》，上海一新书局 1903 年；穆湘瑶译《苏格兰独立志》，通社，1903 年；《苏格兰独立史》，商务印书馆，1903 年，"历史从书"之一；《荷兰独立史》，1903 年《江苏》；秦嗣宗译《希腊独立史》，上海广智书局，1902 年；《葡萄牙革命史》，商务印书馆，1911 年；《俄国革命战史》，上海人演社，1903 年；中国同时伤心人译《飞腊滨独立战史》、《非律宾民党起义记》，《杭州白话报》，1901 年；《泰西革命史鉴》，译书汇编社本，1903 年。

并介绍到国内，使国内更多的人对美国独立战争，以及美国资产阶级民主制度有所了解。

日本羽化生（涩江保）著、中国东京留学生译《美国独立战史》，商务印书馆1903年出版。1911年辛亥革命时，商务印书馆《美国独立战史》重新修订再版，使该书的再版具有鲜明的时代意义。译者强调世界上每个国家争取独立、自由，都要付出流血的代价，强调这本书可以“作吾爱国青年的先导”。1912年（民国元年）、1913年（民国二年），先后出版了第三版和第四版。该书对美国独立战争给予高度评价，认为美国独立战争和英国资产阶级革命一样，都具有世界历史性的意义。译者将美国独立战争和当时中国的实际相结合，强调独立战争的胜利，是“掷头颅，流颈血所搏而来”，认为它是中国有志之士的必读书。

对美国重要历史文献《独立宣言》的介绍，在辛亥革命时期外国史的介绍和研究中，占有重要的地位。期间，《独立宣言》曾五次全文发表，在国内广为流传。1901年5月10号，中国留日学生创办《国民报》创刊号，刊发《美国独立檄文》。这是在中国最早全文介绍美国《独立宣言》。发表此文的目的，在于宣传反清革命思想，唤起国民精神，“明我国民当任之责，振我同胞爱国之心”。该报在创刊之时即发表美国《独立宣言》，是借该宣言，表达中国先进知识分子追求自由、独立、民主的崇高革命理想。希望能够像美国人民一样，推翻专制政体，建立自由国家。1911年11月21日，由上海一些革命派学者创办的《民国报》创刊号，刊发了《美利坚民主国独立文》，此文根据美国《独立宣言》全文译出。此系辛亥革命武昌起义后40天，全国不少省份纷纷要求独立。1912年1月11日，《民国报》又刊出《北美合众国宣告独立檄文》。此时系1912年1月1日孙中山在南京就任中华民国临时大总统，中华民国宣告成立。在短短不到两个月的时间内，先后两次发表美国独立宣言，不是偶然的。孙中山早在1904年著有《中国问题的真解决——向美国人民的呼吁》，该文被认为是中国资产阶级民族民主革命的宣言书，其思想内容和政治倾向，明显地受到《独立宣言》的影响。孙中山说：为了保证人民的生命权、自由权和追求幸福的权利，就必须建立一个新的、进步的、开明的政府，“把过时的满清君主政体改变为‘中华民国’的计划，经过慎重考虑之后，早就制定出来了。广大的人民群众也都甘愿接受新秩序，渴望着情况改善，把他们从现在悲惨的生活境遇中解救出来”。孙中山最后对美国人民说：“我们要仿照你们的政府而缔造我们的新政府，尤其因为你们是自由与民主的战士”，[1]由此不难看出，《独立宣言》所体现出的民族民主革命思想，在当时中国政治生活中所产生的重要影响。

* * * * * * * * *

在五千多年漫长的发展中，中华民族形成了以爱国主义为核心的团结统一、爱好和平、勤劳勇敢、自强不息的伟大民族精神。中华民族精神是中华民族生存和发展的强大精神力量，对一个民族来说，历史发展的精神动力首先来自民族精神。爱国主义作为民族精神的核心和精髓，不仅表现为它是千百年来巩固起来对自己祖国的一种最深厚的感情，而且也显示出它在我国有悠久的历史传统和深厚的土壤。从屈原的“长太息以掩涕兮，哀民生之多艰”，到鲁迅的“我以我血荐轩辕”，他们崇高的爱国主义情操，成为中华民族宝贵的精神财富。

通过简要地回顾中国世界历史研究早期的发展历程，可以使我们更清楚地认识到，弘扬中国世界史研究的优秀传统和民族精神，对于世界历史学科的建设和发展，具有十分重要的意义。爱国主义属于一定的历史范畴，它的时代性决定了它在不同的历史条件下，具有不同的内涵。中国世界历史研究自萌生时期，就表现出由那个时代所决定的鲜明的爱国主义精神。从鸦片战争到辛亥革命，中国世界史在特定的历史时期对世界上一些国家“亡国史”、“革命史”的介绍和研究，就清楚地说明了这一点。今天虽然时代变了，但爱国主义仍然是中国世界史研究的灵魂。

史学发展不能脱离社会的现实发展。历史研究若想充分地实现其学术的和社会的功能，不能不关注现实生活。我们今天继承和发扬中国世界史研究的优秀传统，就要以邓小平理论和“三个代表”重要思想为指导，自觉地将世界史研究同建设有中国特色的社会主义事业联系在一起，积极投身于正在发生深刻变化的现实生活中去，使中国世界史研究在新时期做出更加辉煌的贡献。

---

[1]《孙中山选集》，69页，北京，人民出版社，1981。

没有理论就没有历史科学的发展

——20世纪我国史学理论研究的回顾和思考

在漫长的中国史学发展史上，20世纪的中国史学占有极其重要的地位。这是因为，中国传统史学出现了从不曾有过的深刻变化：封建主义史学衰败，并被资产阶级的、马克思主义的史学所代替；在激烈的社会革命、社会变革，以及科学进步和学科发展中，马克思主义史学经受了锻炼和考验，历经艰难曲折，不断成长壮大，得到迅速的发展。在中国史学发展史上，20世纪的中国史学不仅结束了一个时代，开辟了一个时代，而且还以其丰硕的成果作为珍贵的学术遗产，直接影响到新世纪中国史学的走向。回顾20世纪中国史学发展的历程，可清楚地看到史学理论的研究和建设，是中国史学发展不可替代的前提；而史学的发展，又不断提出新的理论问题，有力地促进了对历史进程或历史学自身一系列理论问题的研究和探讨。总之，回顾和思考20世纪我国史学理论研究的重要结论之一，就是没有史学理论的不断进步，就没有历史科学的发展。明确，并认真研究这个问题，对新世纪中国史学的建设，无疑有重要的现实意义。

一、进化史观和 20 世纪初中国新史学

19 世纪末、20 世纪初，中国封建社会发展处在剧变的前夜。中国封建主义史学，同样孕育着一场革命性的变革。无论是社会的巨变，还是史学的变革，从本质上说，都是社会历史发展的客观要求，都是时代的呼唤。然而，这一切又都不是自发进行的，首先需要理论的支持和指导。20 世纪初中国新史学的出现，是这一时期以进化史观为核心的史学发展的直接成果。正是进化论、进化史观的广泛传播，才为 20 世纪初中国新史学的问世开辟了现实道路。

20 世纪初，进化论和进化历史观猛烈地冲击着中国封建史学的基础，成为先进知识分子在史学领域思想解放、破旧立新的锐利武器。而它们的出现，首先是和包括史学在内的外国学术思潮在国内的广泛传播有着密切的关系。20 世纪初，严复的《群学肄言》、《天演进化论》系统阐释了斯宾塞的普遍进化论原理，大力宣扬赫胥黎的“物竞天择，适者生存”的原则。此后，不少欧美和日本学者的社会进化论著作，陆续译成中文出版，如马君武译《斯宾塞社会学原理》（1903 年）、赵兰生译《斯宾塞十涉论》（1903 年）、吴建常从日文转译美国吉丁斯著《社会学提纲》（即《社会学原理》）、章太炎译岸本能武太的《社会学》（1902 年）、麦仲华译有贺长雄的《社会进化论》，以及欧阳钧译远藤隆吉《社会学》（1911 年）等。

社会进化理论向“天不变，道亦不变”等封建传统思想，以及中国封建史学的复古观及“一治一乱”的循环史观提出了强有力的挑战。20 世纪初，梁启超以进化论、进化史观为理论基础，发起了“为史界辟一新天地”的“史界革命”。他认为“史界革命”关系到国家的命运和前途，中国史学的陈腐和落后，是中国社会发展落后的重要原因之一。因此，“史界革命不起，则吾国遂不可救”，不能立于世界之林。[1]

在《中国史叙论》、《新史学》，以及后来撰写的《中国历史研究法》及其补编等著作中，梁启超尖锐地批判封建史学，揭开了中国近代史学

① 梁启超：《新史学》，见《饮冰室合集》文集之九。

发展的序幕，具有划时代的意义，使中国史学开始脱离两千余年的封建传统。

梁启超认为中国传统史学从来没有“良史”，针对中国封建史学的弊病，他强调指出：“吾中国所以数千年无良史者，以其于进化之现象，见之未明也”。① 梁启超多次阐释他的历史进化思想和进化史观，他说：“数千年之历史，进化之历史，数万里之世界，进化之世界也”，② 而且“天下进化之理，无有穷也，进一级更有一级”。③ 梁启超力主历史研究要充分发挥其社会功能。在他看来，撰写历史的目的是“使国民察知现代之生活与过去未来之生活息息相关”，从而“能将历史纳入现代生活界使生密切之联锁”。④

五四运动之后，大批在欧美和日本读书的留学生陆续回国，一些人先后将日本史学家坪井九马三、九米邦武、浮田和民，英国史学家巴克尔，美国史学家鲁滨孙、班兹、塞格利曼，法国史学家朗哥诺瓦、瑟诺博斯等人的代表作译成中文出版。20 世纪 20 年代中期到 30 年代中期，一些中国学者明确提出向西方史学学习，并用西方史学改造中国史学的问题。北京大学教授朱希祖明确指出：“我国现在的史学界实在是陈腐极了，没有一种破坏，断不能建设”。⑤

在“破坏”中国旧史学，“建设”新史学的过程中，以鲁滨孙为代表的美国“新史学派”理论，发挥了重要的作用。何炳松在北京大学历史系讲授“西方史学原理”时，即以鲁滨孙的《新史学》为课本。美国新史学派的主要代表作，在当时几乎全部译成中文出版。除《新史学》(1924 年）之外，还有约翰生的《历史教学法》(1926 年)，绍特威尔的《西洋史学史》(1929 年)，桑戴克的《世界文化史》(1930 年)、班兹的《史学史》(1930 年)、《西洋史进化概论》(1932 年)、《新史学与社会科

---

① 梁启超：《新史学》，见《饮冰室合集》文集之九。

② 梁启超：《论学术之势力左右世界》，见《饮冰室合集》文集之六十。

③ 梁启超：《自由书·成败》，见《饮冰室合集》专集之二。

④ 梁启超：《中国历史研究法》，见《饮冰室合集》专集之七十三

⑤ 朱希祖：《新史学·序》，见鲁滨孙《新史学》，商务印书馆，1924。

学》(1933年)等。

五四之后,“建设中国新史学”成为一个令人鼓舞的口号。一些史学家在积极介绍西方史学理论方法论有益内容的同时,结合中国史学的历史与现实,开始了史学理论方法论的研究,有不少重要的成果问世。除梁启超的《中国历史研究法》(1922年)、《中国历史研究法·补编》(1926年)、《历史统计法》(1922年)外,还有李泰棻《史学研究法大纲》(1926年)、朱谦之《历史哲学》(1926年)、杨鸿烈《史地新论》(1924年)、何炳松《通史新义》和《历史研究法》(1927年)、卢绍稷《史学要论》(1930年)等。这些著述的问世,标志着近代以来的中国史学理论研究进入了一个新的发展阶段,从而推动历史研究的实践不断向前发展。在中国史坛上,出现了一些有影响的历史学派。

五四时期,疑古史学思潮的出现和疑古史学的兴起,是中国古典学术“疑古惑经”传统继承和发展的产物,1923年5月,顾颉刚在《与钱玄同先生论古史书》一文中提出“层累地造成的中国古史”的观点。[①]他的观点得到钱玄同、胡适、傅斯年、周予同、罗根泽等知名学者的支持,并以他们为中心形成了中国史学的疑古派或古史辨派。20年代末,30年代初形成了以傅斯年为代表的“史料学派”,傅斯年认为,中国的历史研究,“如不问西洋人的研究学问法,仍然是一无是处”。[②]该学派在理论上主张“史学本是史料学”。他在《历史语言研究所工作的旨趣》中提出了以下著名的命题:“历史学不是著史”,“近代的历史学只是史料学,利用自然科学供给我们的一切工具,整理一切可逢着的史料”。[③]

1937年抗日战争爆发后,在中国史坛出现了以西方“文化形态史观”为理论基础的“战国策派”,主要代表人物有陈铨、何永佶、林同济、雷海宗等。一些论者认为,战国策派是一个在史学革命尝试与文化

① 顾颉刚:《与钱玄同先生论古史书》,《努力》增刊《读书杂志》,1923(9)。

② 傅斯年:《清代学问的门径书几种》,见《傅斯年全集》第4册,415页,台北,台北联经出版社,1980。

③ 傅斯年:《历史语言研究所工作的旨趣》,第1本第1分册,1928。

重建构想中极富理论个性的学派，在文化构想层面上有独到的思路。[①]它在中国史学发展史上存在的时间虽短，但直至半个世纪之后，学界对其评价仍褒贬不一，甚至大相径庭。[②]

20世纪上半期，除了上述论及的“新史学”、“疑古派或古史辨派”、“史料学派”、“战国策派”史学的理论外，还有一些学者在历史研究的实践中，提出了有较广泛影响或较大反响的史学理论与方法。

王国维在《古史新证》中提出“二重证据法”。所谓“二重证据法”，就是将地上、地下的文献资料相结合，尽可能地运用更多更新的资料相互印证，去进行历史研究，以求更符合历史的真实。陈寅恪曾概括指出王国维的史学方法是以下3条：(1) 取地下之实物与纸上遗文互相释证；(2) 取异族之故书与吾国之旧籍互相补证；(3) 取外来之观念与固有之材料互相参证。[③] 王国维的史学方法是新史学理论的具体运用，是20世纪初中西史学交融的产物。

陈寅恪提出“诗史互证，以诗证史”的史学方法；主张扩大历史认识的视野，将其放在广泛的历史背景中去认识和分析。因为“吾人今日可依据之材料，仅为当时所遗存最小之一部，欲藉此残余断片，以窥测其全部结构，必须备艺术家欣赏古代绘画雕刻之眼光及精神，然后古人立说之用意与对象，始可以真了解。所谓真了解者，必神游冥想，与立说之古人处于同一境界，而对于其持论所以不得不如是之苦心孤诣，表一种之同情，始能批评其学说之是非得失，而无隔阂肤廓之论”。[④] 他

---

① 温儒敏、丁晓萍编：《时代之波——战国策派文化论著辑要》，1～2页，北京，中央广播电视大学出版社，1995。

② 对战国策派及其代表人物的评价，20世纪80年代以来，主要有两种不同的观点，其一是从政治上学术上持完全否定的态度，其二是对其学术思想一分为二，既有批评，也对其某些内容予以肯定。参见：郭圣铭《西方史学史概要》，上海人民出版社1983年，第249～250页；史念生主编《中华民国文化史》下，吉林文史出版社1989年，第872页；王敦书《雷海宗关于文化形态、社会形态和历史分期的看法》，《史学理论》1988年第4期；侯云灏《文化形态史观与中国文化两周说述论》，《史学理论研究》，1994 (3)。

③ 转引自《王国维学术研究论集》第3辑，14页，上海，华东师范大学出版社，1983。

④ 陈寅恪：《金明馆丛稿二编》，247页，上海，上海古籍出版社，1980。

还主张历史研究应有一定的时代的特点，顺应历史的潮流。他说："一时代之学术，比有其新材料与新问题。取用此新材料，以研究问题，则为时代学术之潮流"。①

陈垣的史学方法被后人公认为是"竭泽而渔"的方法，他的研究领域在宗教史、元史、中西交通史等方面，而为了在这些领域求真求实，他在目录学、年代学、校勘学、史源学、史讳学以及在文献学和辑佚、编纂等方面进行了大量艰苦的开创性和奠基性的工作，表现出他严谨的治学精神。陈垣虽致力于古史研究，但他始终强调发挥史学的社会功能，"提倡有意义之史学"，使其一些研究成果表现出鲜明的时代精神。抗日战争期间，他完成了他的代表作之一《通鉴胡注表微》，表现出他强烈的爱国主义精神，以及对官场的腐败及贪官污吏的不满及蔑视。

二、中国马克思主义史学异军突起

五四之后，马克思主义史学异军突起，成为20世纪上半期中国史坛最重要的内容之一，而它的产生和发展，则是和唯物史观及以它为核心的马克思主义史学理论的广泛传播紧紧联系在一起的。马克思主义的史学理论对20世纪中国史学的发展，产生了无可替代的重要影响。

1917年俄国十月革命后，马克思主义在中国得到进一步传播。李大钊等开始用唯物史观认识和分析中国历史，向封建主义史学和当时颇有影响的历史进化论提出了强有力的挑战。1919—1920年，李大钊在《新青年》等刊物发表《唯物史观在现代史学上的价值》《马克思的历史哲学》《史观》《研究历史的任务》《物质变动与道德变动》《由经济上解释中国近代思想变动的原因》等文章，表明他在社会生活和科学研究的实践中，彻底摆脱了庸俗进化论的影响。李大钊作为一名马克思主义者，还对史学的一系列基本理论问题初步进行了唯物主义的概括，强调"发明历史的真义的是马克思"。②

1920年秋，李大钊在北京大学史学系讲授《唯物史观研究》，同时

① 陈寅恪：《金明馆丛稿二编》，236页，上海，上海古籍出版社，1980。

②《李大钊文集》下，678页，北京，人民出版社，1984。

还开设《史学要论》《史学思想史》等课程。如果说《史学思想史讲义》是我国最早用唯物史观总结西方史学发展历程的西方史学理论研究的专著；那么，1924年5月出版的《史学要论》，则是我国第一部系统论述马克思主义史学理论的专著。他说："从来的史学家，欲单从社会的上层说明社会的变革，——历史——而不顾社会的基址；那样的方法，不能真正理解历史。社会上层，全随经济的基址的变动而变动，故历史非从经济关系上说明不可。这是马克思的历史观的大体。"① 他还说，"今日的历史学，即是历史科学，亦可称为历史理论。史学的主要目的本在专取历史的事实而整理之，记述之；嗣又更进一步，而为一般关于史的事实之理论的研究，于已有的记述历史之外，建立历史的一般理论。严正一点说，就是建立历史科学"。② 强调历史学应该重视理论的概括和总结，而不能永远停留在史料的记述和整理上。为中国马克思主义史学的建立奠定了坚实的理论方法论基础。

中国马克思主义史学自诞生之日起，就同社会生活保持着密切的联系。李大钊等马克思主义者结合中国的历史与现实，自觉地回答中国社会发展中提出的一系列尖锐的问题。继李大钊之后，郭沫若、吕振羽、翦伯赞、范文澜、侯外庐等堪称中国马克思主义史学的优秀代表。他们自觉接受马克思主义的唯物史观，刻苦研读马克思主义经典作家的著作，努力做到理论联系实际，为丰富、发展和完善中国马克思主义史学的理论，做出了重要的贡献。

中国马克思主义史学诞生之后，迫切需要回答的问题是中国历史上究竟经过了那些社会经济形态？这不仅是重大的史学理论问题，有重大的学术意义，而且是当时中国革命实践中提出迫待解决的现实问题，如中国和世界各国有无共同的发展规律？马克思主义学说的基本原理，特别是人类社会发展学说，是否适用于中国？中国社会史论战的中心内容，即是研究中国历史上究竟经过了那些社会经济形态，或经过了那些发展阶段？他所涉及的主要问题有3个：亚细亚生产方式；中国历史上有没有奴隶社会阶段；所谓"商业资本主义社会"或"前资本主义社

---

① 李守常：《史学要论》，77页，北京，商务印书馆，1999。

② 李守常：《史学要论》，87页。

会”和“专制主义社会”。在这场论战中，马克思主义史学家开始把马克思主义的社会经济形态理论和中国历史实际相结合，提出自己的中国历史分期理论。在中国社会史大论战中，马克思主义史学家及广大进步的史学工作者，坚持以唯物史观为理论指导，明确指出中国和世界各国有共同的发展规律，中国革命是符合历史矛盾运动方向的产物。这不仅为马克思主义史学的发展奠定了坚实的理论基础，同时为那些因第一次国内革命战争失败而苦闷彷徨，看不清中国革命前途的人，指明了前进的方向。

三、新中国成立和中国马克思主义史学的发展

新中国成立后，中国史学进入了一个新的发展阶段，其主要标志是马克思主义史学逐渐占绝对统治地位。在建国后相当长的一段时间内，中国史学理论研究的主要内容是以下两大方面：其一，介绍、学习苏联史学理论及其研究实践，以其为榜样；坚持唯物史观，批判和清除资产阶级的史学理论及封建主义传统史学的影响。其二，在广大史学工作者自觉接受和运用唯物史观进行科学研究的基础上，对中国历史进程中的一些重大理论问题开展了热烈的争鸣和讨论，在50年代和60年代初，中国史坛出现了繁荣景象，有力地促进了中国马克思主义史学的发展，同时受“左倾”思想的影响，也出现了一些曲折。

建国后先后出版的《历史问题译丛》、《史学译丛》，以发表苏联史学家的史学论著为主，其中不少是关于民族问题、封建社会与奴隶社会问题，以及批判欧美资产阶级史学思想的文章。《历史研究》先后编辑出版了《苏联关于封建主义基本经济规律的讨论》（三联书店1956年）、《苏联关于游牧民族宗法封建关系问题的讨论》（科学出版社1957年）、《封建社会发展阶段问题译文集》（科学出版社1959年）、《俄国农民战争译文集》（科学出版社1960年）等文集。此外，还有《封建社会历史译文集》（尚钺编，三联书店1955年）、《苏联史学家在罗马第十届国际史学家代表大会报告集》（三联书店1957年）等。

1954年，意识形态领域展开对唯心主义批判时，史学界对胡适的唯心主义历史观和实用主义的史学方法论展开了批判。不久，陈梦家、

雷海宗、向达、荣孟源等人的史学思想及方法受到严厉批判，并被戴上“反动”、“反马列主义”的政治帽子。当北京大学历史系教授邓广铭以个人治史的切身体会，向学生讲解职官制度、历史地理、年代学、目录学是研究历史的四把钥匙时，也受到“为什么不提马列主义这把最灵验的钥匙”的责难。1958年春，在陈伯达的推动下，史学界开始了所谓的“史学革命”，通过在史学领域大搞“拔白旗，插红旗”，使简单化、概念化、绝对化和庸俗唯物论盛行一时，我国马克思主义史学的优秀传统受到严重破坏。

建国后到60年代初，我国史学界不仅批判唯心主义与唯心史观；而且对一些重大理论问题进行争鸣和讨论，都和学习苏联史学理论有着直接或间接的联系。尚钺在谈及编辑《封建社会历史译文集》的目的时说，“我国史学界将展开对于我国古代分期问题的讨论。具体地说，对于我国奴隶社会与封建社会分期问题的讨论之际，把苏联历史学家关于封建社会的各方面问题的研究，介绍到我国来，对于我们的研究和讨论工作是有意义的。”该书公开出版，便于“我国历史学家在处理封建社会的许多问题时参考”。①

当时展开热烈讨论的重大理论问题有中国古代史分期（即中国奴隶制与封建制分期）、中国封建土地制度、中国古代农民战争、汉民族形成、中国资本主义萌芽，以及中国封建社会的长期性、关于中国古代民族关系、亚细亚生产方式、阶级观点与历史主义、历史人物的评价等。其中前5个问题被人们称之为“五朵金花”。这些讨论在中国史学发展史上占有重要的一页。“文革”前，三联书店出版了《汉民族形成问题讨论集》（历史研究编辑部编）、《太平天国革命性质问题讨论集》（景珩、林言椒编）、《中国封建社会土地所有制形式问题讨论集》（南开大学历史系编）、《中国近代史分期问题讨论集》（历史研究编辑部编）、《中国古代史分期问题讨论集》（历史研究编辑部编）、《中国的奴隶制与封建制分期问题论文选集》（历史研究编辑部编）、《中国历代土地制度问题讨论集》（历史研究编辑部编）、《中国封建社会农民战争问题讨论

---

① 尚钺编：《封建社会历史译文集》，1页，北京，三联书店，1955。

集》（史绍宾编）等文集，人们从中不难看到讨论时的热烈情况。

限于篇幅，本文不可能一一介绍每一问题的研讨情况，更不可能就每种观点做出这样或那样的评价。下面仅就两三个问题的讨论略作介绍，虽然早已事过境迁，但仍可从中感受到当时学术讨论的特点。

关于汉民族的形成问题，《新建设》杂志 1952 年 5 月号即已提出，但没有引起人们更多的重视。1954 年，范文澜在《历史研究》第 3 期发表论文《试论中国自秦汉时成为统一国家的原因》①，对汉民族形成的问题，进行了较全面的论述。范文澜根据斯大林指出的民族的 4 个特征（即共同的语言、共同的地域、共同的经济生活、共同的文化），认为秦汉时代汉族已经具备了“民族”的这些特征，同时他又提出“独特的民族”的理论。强调“汉族自秦汉以来既不是国家分裂的部族，也不是资本主义时期的资产阶级民族，而是在独特的社会条件下形成的独特的民族”。章冠英等同意范文澜的观点，他认为中国封建社会的地主经济阶段所占较长，由此产生与欧洲封建社会许多不同的特点。民族可以形成于前资本主义时期，“秦汉以后的汉民族只能是一种低级阶段的民族”，“只能是一种独特的民族”。② 另一种观点表示反对，反对的主要依据是：按照斯大林所说“民族”的定义，资本主义以前没有“民族”，只有“部族”，因为作为“民族”共同经济生活的基础的民族市场还无法形成。他们认为范文澜把“车同轨、书同文、行同伦”理解成共同的语言、共同的地域、共同的经济生活、共同的文化是不妥的。③

关于中国古代民族关系问题，首先涉及到的是如何理解历史上的中国。范文澜、吕振羽、岑家梧、翁独健等人认为，我国自古以来就是一个统一的多民族的国家，即自秦汉以来，经过两千多年的发展变化，到了清代，我国的版图和疆域便确定下来了。在这个历史发展过程中，汉

---

①《历史研究》编辑部编：《汉民族形成问题讨论集》，北京，三联书店，1957。

② 章冠英：《关于汉民族何时形成的一些问题的商榷》，《历史研究》，1956（11）。

③ 持反对意见的文章主要有：曾文经《论汉民族的形成》，《历史研究》，1955（1）；杨则俊《关于汉民族形成问题的一些意见——与范文澜同志和格·叶菲莫夫同志商榷》，《教学与研究》，1955（6）；官显《评“独特的民族”论》，《新建设》1955（5）。

民族的政治、经济、文化发展水平较高，起主导作用，其余各个少数民族，包括已经消失了的古代民族，也都为祖国的缔造和发展做出了重大的贡献。历史上的中国民族，除了汉族还有少数民族，中国的历代疆域不仅包括中原王朝，也包括少数民族独自建立的国家或政权的辖区；不能将历史上的中国与封建王朝画等号，更不能与汉王朝画等号。中国历史上各族人民长时间互相影响，友好共处，共同反对封建压迫和外来侵略，共同缔造了祖国。[①] 孙祚民持有不同的意见。他认为，“中国自古以来就是一个统一的多民族的国家”的提法，是一种缺乏科学性的论据，存有明显的漏洞。“以我国历史上历代疆域为历代国土的范围，因王朝统治的范围不同而历代国土有所变更伸缩”。他认为，凡在封建王朝之外的独立民族国家，就不应包括在当时的中国范围之内。以今天的祖国疆域来判断历史上汉王朝与其他各少数民族国家的关系，这是荒谬的。[②] 翦伯赞不同意孙祚民的观点，他明确指出，中国自古以来就是一个多民族的国家，不能把少数民族作为“外国人”看待。[③] 关于中国古代民族关系的讨论，一直延续到“文革”结束后。

关于阶级观点与历史主义，是史学界普遍关心的重大理论问题之一。翦伯赞早在建国前就提出重视历史主义的问题。[④] 建国后不久，他再次提出这个问题，并对非历史主义的观点进行了批评。[⑤] 在这之前，范文澜也提出了纠正非历史主义倾向的问题，他还以自己的研究实践为例，进行了自我批评。[⑥] 阶级观点和阶级分析的方法，在马克思主义史

① 见范文澜：《中华民族的发展》，《学习》，1950 (3)；吕振羽：《论我国历史上民族关系的基本特点》，《学术月刊》，1961 (6)；岑家梧：《在教学上如何处理祖国历史上的民族关系》，《历史教学》1962 (9)；翁独健：《关于中国少数民族历史研究的情况和问题》，《中国民族问题研究集刊》第5辑，1956。

② 孙祚民：《中国古代史中有关祖国疆域和少数民族的问题》，《文汇报》，1961－11－04；《再论中国古代史中有关祖国疆域和少数民族的问题》，《文汇报》，1962－08－02。

③ 翦伯赞：《对处理若干历史问题的初步意见》，《光明日报》，1961－12－22。

④ 翦伯赞：香港《文汇报·史地周刊》 “编者的话”，1948－09－10。

⑤ 翦伯赞：《关于历史人物评论中的若干问题》，《新建设》，1952 (9)。

⑥ 范文澜：《关于〈中国通史简编〉》，《新建设》，1951 (4) 2。

学中占有重要的地位，但在 20 世纪 50 年代末 60 年代初之后，历史研究实践中出现了运用阶级观点简单化、概念化、公式化的倾向。针对这个问题，翦伯赞提出只有将阶级观点与历史主义两者结合起来，才有可能对复杂的历史过程或历史人物做出全面的、公正的评价。[①]

翦伯赞的文章发表后，在史学界引起广泛的反响，学者们的讨论主要是围绕着以下 3 个问题：什么是马克思主义的历史主义；历史主义与阶级观点的关系；在历史研究实践中，如何做到两者相统一等。当时发表的主要文章后收入《阶级观点与历史主义问题讨论集》（三联书店 1966 年）。应当指出，当时各种不同的观点主要是从学术上进行讨论的，正当人们深入讨论历史主义和阶级观点的问题时，戚本禹在 1966 年初发表文章，从政治上宣布“历史主义是对阶级观点的反动”，[②] 从此“历史主义”成为人们不得继续研究讨论的“禁区”，直到“文革”结束后，才又继续展开讨论。

建国后，学习苏联史学理论是和新中国的史学建设积极联系在一起的。50 年代初到 60 年代初，介绍和学习苏联史学理论和方法，尤其具有历史的必然性和合理性。它对中国历史学家和广大史学工作者自觉地掌握和运用唯物史观研究或学习中外历史，有着积极的意义；但是，毋庸讳言，在学习苏联史学积极的合理的内容的过程中，苏联史学理论中对马克思主义的曲解，以及运用唯物史观所存在的教条主义僵化模式和不良倾向，也不可避免地对中国史学发展产生了消极的影响。加之自 50 年代中期起，我国社会主义建设和革命出现了主要表现为“左倾”的失误和曲折，则更使那些负面的影响长期不能得到克服。

1961 年，周扬主持召开了全国高等学校文科教材编选计划会议。会议明确提出既不要照搬苏联，也不要照搬资本主义国家，而是要建设自己的文科教材的任务。同年底，在上海召开了由北京大学、复旦大学、武汉大学、中山大学、南京大学和杭州大学、华东师范大学等校教师参加的外国史学史教材编写会议。与会者认为，学习西方史学史，对

① 翦伯赞：《对处理若干历史问题的初步意见》，《光明日报》，1961－12－22；《目前史学研究中存在的几个问题》，《江海学刊》，1962（2）。

② 戚本禹：《翦伯赞的历史观点应当批判》，《红旗》，1966（4）。

高校历史系的学生来讲，是十分必要的。会议较充分地探讨了现代西方各种史学流派的形成和发展，一致认为应当把外国史学史列入高校历史系的教学计划中。60 年代初，以高校文科教材编写会议为契机，对西方史学和西方史学理论的研究，开始取代建国后对中国史学发展有深刻影响的苏联史学和苏联史学理论。西方史学史和西方史学理论开始较系统地介绍到中国来。在这期间，开始出版吴于廑先生主编的《外国史学名著选》，以及西方史学（包括史学理论）名著的全译本或选译本，一些著名的历史学家也开始较深入地从事这方面的研究工作，并且在较短的时间内有不少有影响的成果问世。[①] 但是，不少文章的内容明显地印有受“左倾”思潮影响的痕迹，那就是一般性的政治批判代替了具体的学术研究，对西方史学家的思想和西方史学思潮采取彻底否定的态度。

60 年代中期，随着“文化大革命”的到来，西方史学理论以至整个西方史学，都被当作“资产阶级的大毒草”、“反动的意识形态”，进一步在政治上受到严厉批判。这样，刚刚起步的西方史学理论的介绍和研究，只是停留在规划上，很快就夭折了。

四、新时期中国历史科学的繁荣

“文化大革命”首先是从史学界开始的。1965 年 11 月 10 日，姚文元在《文汇报》上刊出《评新编历史剧〈海瑞罢官〉》，揭开了十年浩劫的序幕。紧接着 1966 年 5 月 16 日《中国共产党中央委员会通知》，即“五·一六”通知后，陈伯达、关锋、戚本禹以《人民日报》社论的形式发表文章造谣惑众说：“资产阶级代表人物，把史学当作他们反党反社会主义的一个重要阵地。他们歪曲历史，借古讽今，欺骗群众，为资本

① 这些成果主要有：耿淡如《资产阶级史学流派与批判问题》，《文汇报》，1962—02—11；齐思和《欧洲历史学的发展过程》，《文史哲》，1962（3）；吴于廑《论西方古今的两个“客观”史学家》，《江汉学报》，1963（6）；周谷城《评没有世界性的世界史》，《文汇报》，1961—02—07；周谷城《论世界历史发展的形势》，《历史研究》，1961（2）；吴廷璆《建立世界史的新体系》，《光明日报》，1961—04—09；郭圣铭《批判阿诺德·汤因比的反动史观》，《文史哲》，1962（1）。

主义复辟进行舆论准备。广大的工农兵群众、革命干部和革命的知识分子，正在利用唯物史观这个战斗武器，揭露历史的本来面目，解剖现实的阶级动向，为保卫无产阶级专政，保卫社会主义，同反动的史学观念进行激烈的斗争。”① 史学领域成为“文化大革命”的重灾区，中国历史科学遭到了严重的破坏。

“文革”结束后，历史科学迎来了自己的春天。党的十一届三中全会后，恢复了马克思主义实事求是、一切从实际出发、理论联系实际的科学精神，打破了“左倾”思潮影响下盛行的种种精神枷锁，重新确立了解放思想、实事求是的辩证唯物主义思想路线。对史学理论（包括外国史学理论）问题的关注，拨乱反正，对某些问题展开热烈的讨论和争鸣，成为“文革”后中国史学复兴的重要标志之一。

1979 年 3 月，在成都召开全国历史学规划会议时，明确提出加强马克思主义史学理论研究的问题，立即得到广大史学工作者的认同。大家从自身的研究实践中，特别是从中国史学发展的曲折道路中，深深感到加强史学理论研究的重要性和必要性。1983 年 5 月，全国哲学社会科学规划会议在长沙召开，会议再次强调加强史学理论研究，并做出了定期召开全国性的史学理论研讨会的决定。

中国社会科学院历史研究所、近代史研究所、世界历史研究所的有关专家，组成历史规划组史学理论小组，在他们的积极筹划和组织下，自 80 年代中期开始已经召开了 10 届全国史学理论研讨会，每次都有百余人参加，先后就历史与现实、历史发展的统一性与多样性、自然科学方法与历史研究、历史学方法论、历史认识理论、社会经济形态理论、外国史学理论的传入及对中国近现代史学的影响、东方历史发展道路、建国以来史学理论研究等问题进行了回顾与展望。

1987 年，全国性的史学理论研究专业刊物《史学理论》创刊。1992 年，在《史学理论》的基础上，创办了《史学理论研究》杂志。这些杂志在发表史学理论研究优秀成果，团结史学理论研究队伍，培养史学理论研究新人，加强国内外史学理论研究学术交流，及时传达史学理论研

① 《夺取资产阶级霸占的史学阵地》，《人民日报》，1966－06－03。

究的最新动态等方面，做出了积极的贡献。中国史学会《中国历史学年鉴》每年都约请有关专家撰写史学理论研究综述，并辟出专栏，刊登《史学理论方法论研究论著的要目索引》，以及介绍史学理论研究新作的书讯。1993年，经过多年的筹备，成立了全国性的“中国史学会史学理论研究分会”，所有这一切，都有力地推动了史学理论研究工作的开展。

同“文革”前相比，高等院校历史系发生的重要变化之一，就是陆续开设了“史学概论”课。1983年，葛懋春、谢本书主编的《历史科学概论》，白寿彝主编的《史学概论》出版。以后又有姜义华、瞿林东、赵吉惠、马雪萍合著的《史学导论》（陕西人民教育出版社，1989年），宁可、汪征鲁合著的《史学理论与方法》（中央广播电视大学出版社，1991年）等著作问世。此外，还有10余种版本的“史学概论”方面的著作出版。随着研究生教育的发展，历史系招收史学理论和史学史的硕士、博士研究生的名额不断增加，使史学理论研究队伍的科学水平不断提高，后继有人；一些重点大学还成立了史学研究所，在史学理论与史学史方面的科学研究、教学和培养研究生方面，做出了重要的贡献。

“文革”后史学理论研究主要表现在以下四个方面：其一是一些老的理论问题，在“文革”前即已开始讨论，但由于种种原因未能深入讨论下去，“文革”后又重新开始探讨；其二是一些是以前从来没有涉及到，或很少涉及到的所谓“禁区”或“敏感”的理论问题；其三是以往较少涉及的历史学自身发展中的理论问题；其四是外国史学理论方法论问题，对这些问题研究的深度和广度，都是前所未有的。

阶级观点与历史主义，在“文革”后仍是史学界关注的重要理论问题。张芝联提出应阐明资产阶级历史主义与马克思主义历史主义的区别后，引起较广泛的反响。① 关于历史主义，论者的观点基本接近。许永璋对马克思主义的历史主义作了如下的界定：以发展的观点对待历史，根据事物所处的具体条件来考察历史，从历史的内在联系中找出历史的规律性，以向前看的态度去回顾以往的一切，这种研究历史的态度就是马克思主义的历史主义。② 蒋大椿强调，不应将唯物史观、阶级观点、

① 张芝联：《资产阶级历史主义的形成及其特征》，《世界历史》，1979（1）。

② 许永璋：《浅论历史主义》，《社会科学辑刊》，1979（1）。

马克思主义历史主义相割裂或相对立，而应将他们结合起来，只有这样，才能揭示社会历史十分复杂而充满矛盾的过程。不能再用阶级观点来排斥历史主义了。① 关于阶级观点，有两种不同的意见。一种意见认为，以往阶级观点、阶级分析的方法几乎成为历史研究唯一的研究方法，其后果是束缚了史学方法论的发展。② 持相反的意见认为，阶级观点仍是分析阶级社会历史的的基本方法，不能认为政治上批判了以阶级斗争为纲，在历史研究中阶级分析的方法也不能使用了。③

如何认识爱国主义与民族英雄问题，这是中国历史研究不可回避的重要理论问题。关于爱国主义的概念和内涵，范文澜曾有论述，④ 被大多数学者接受，一些学者虽有分歧的意见，但似乎不是十分尖锐。当涉及到“忠君与爱国”、“国内各民族之间的战争中，是否存在爱国主义”、“何谓民族英雄”、“是否存在代表各民族共同利益的民族英雄”等具体问题时，则明显存有多种不同的意见，甚至是截然相反的意见。

范文澜在《关于中国历史上的一些问题》一文中提出，当阶级矛盾或民族矛盾处于不同地位时，“忠君”的客观效果是不一样的。当阶级矛盾成为主要矛盾时，统治阶级的忠君爱国，与起义农民的爱祖国是没有丝毫共同之处的。但在反抗外族侵略的情况下，忠君与爱国却存在一致性。反抗异族的侵略，基本上是出于对君朝的爱，这与爱祖国的利益是一致的。另一种对立的观点认为，忠君不等于爱国。王继烈认为，爱国主义是对自己和祖先所赖以休养生息的土地家园的热爱，而忠君则是服从皇帝个人意志的“愚忠”，是一种封建道德。而当君主制度成为阻碍历史进步的桎梏时，忠君思想则明显起着反动作用。⑤ 李一氓同样认为忠君不等于爱国，特别是在今天，引用某些历史事件来颂扬爱国主

① 蒋大椿：《关于历史主义的几个问题》，《安徽大学学报》，1979（3）。

② 他石：《阶级分析不是唯一的历史研究方法》，《世界历史》，1985（1）；李祖德：《论历史研究中的的阶级分析法》，《求索》，1986（5）；孔立：《历史现象的阶级分析》，《福建论坛》，1985（5）。

③《1986年全国史学理论讨论会综述》，《安徽史学》，1986（4）；王慎荣：《关于历史研究方法的几个问题》，《求是学刊》，1985（6）。

④ 范文澜：《关于中国历史上的一些问题》，《范文澜历史论文选集》，北京，中国社会科学出版社，1979。

⑤ 王继烈：《评岳飞的忠君思想》，《青海社会科学》，1980（2）。

义，这又恰是汉族爱国主义，显然会影响全国各族人民的团结。① 一些论者认为，历史上国内各民族之间的战争中，不存在爱国主义。马寿千说，爱国主义是一种现代词汇，是资本主义社会以后的东西。历史上的所谓亡国之君和忠君爱国，这里的国家是指一家一姓的国家社稷，和今天说的爱国主义是有区别的。② 与之相对立的一种观点认为，爱国热情不仅仅存在于国家与国家之间的斗争中。在反对国内民族统治者的分裂割据和叛乱滋扰，反抗民族压迫，维护祖国的集中统一，推进民族融合，也是一种爱国主义情感。③ 邓广铭、张希清认为，各民族建立的政权都可称为国家，在双方战争中应以站在正义或非正义一方，划分为爱国者和卖国贼。岳飞、辛弃疾、陆游等人是爱国者，而秦桧，则是最典型的卖国贼。④

对“民族英雄”这一概念的理解，存有较大的分歧。一种意见认为，凡是某人在历史上对某个民族的发展起过积极作用，他就是那个民族的英雄。不要因为他们曾侵扰过别的民族，而去否定他。⑤ 另一种意见认为，凡是抵御“外来民族”的侵犯，反抗“外来民族”压迫的杰出人物，都是中华民族的英雄。邓广铭、张希清强调“外来民族”有两层涵义：其一是指中华民族内各族之间，在其斗争的历史时期内，互为“外来民族”；其二是指中华民族之外的外国民族。对发生在中华民族内各族之间的战争，要区分正义与非正义，站在正义一方并做出重大贡献的人，都是中华民族的英雄。⑥ 白寿彝认为，民族英雄有两种：一是中华民族共同的英雄，这是在反对封建主义、殖民主义和帝国主义的斗争中出现的英雄；二是一个民族内部的英雄，是在和别的民族的斗争中，

① 李一氓：《读〈辽史〉——兼论〈四郎探母〉》，《文艺研究》，1981 (4)。

② 马寿千：《民族关系与历史剧》，《中央民族学院学报》，1979 (1—2)。

③ 黄秉泽：《谈谈我国古代文学的爱国主义》，《社会科学战线》，1978 (创刊号)。

④ 邓广铭、张希清：《略论爱国主义和民族英雄》，《人民日报》，1981－12－08。

⑤ 李桂海：《如何看待中国历史上少数民族建立的独立政权问题》，《中南民族学院学报》，1981 (1)。

⑥ 邓广铭、张希清：《略论爱国主义和民族英雄》，《人民日报》，1981－12－08。

或在本民族内部的斗争中成长起来的。[①]

翦伯赞等人认为，在国内各民族间的战争中，不存在各族共同的民族英雄，因为在阶级社会的历史条件下，民族英雄受时代和阶级的局限，不可能没有褊狭的种族主义或民族主义的思想。[②] 吕振羽则认为，在国内各民族对立斗争时期，可以产生各族共同的英雄。如岳飞所进行的抗金战争和活动，基本上符合历史发展的趋势和人民的要求——既符合汉族人民的利益和要求，客观上也有利于女真人民长远的利益。持相同或相近观点的还有蒙喆、陈梧桐、郭预衡、邓广铭、张希清等人。[③]

关于中国封建社会长期延续问题的论战和讨论由来已久。如果从18世纪70年代英国著名经济学家亚当·斯密最早提出这个问题算起，关于这个问题的论战已有200多年了；如果从1927年第一次国内革命战争失败算起，也有50多年的历史了。这半个世纪在我国的论战和讨论，大体上可以分成4个阶段：30年代前期；抗日战争爆发；50年代及60年代初；"文革"结束以后至今。从讨论时间之长，涉及问题之广，参加人数之多来看，都可以说这个问题是我国史学界讨论最热烈的问题之一。白钢编著有《中国封建社会长期延续问题论战的由来与发展》，较全面地介绍了30年代前期以来至今的论战和讨论情况。他认为1978年以来关于中国封建社会长期延续问题讨论的主要特点是：出版物的数量总计约在120篇以上，超出以往3次讨论之总和；关于这个问题的讨论，是史学界众多有争议的议题之中最活跃的；比较普遍地注意到中外的对比研究；一些被搁置多年的老问题，近年被一些论者重新提了出来，并加以论证。[④]

---

① 白寿彝：《关于中国民族关系史上的几个问题》，《北京师范大学学报》，1981（6）。

② 翦伯赞：《关于处理中国史上的民族关系问题》，《中央民族学院学报》，1979（1—2）。

③ 参见蒙喆：《正确认识我国历史上的民族英雄》，《北方论丛》，1981（1）；陈梧桐：《论我国历史上的爱国主义与民族英雄》，《中央民族学院学报》，1982（3）；郭预衡：《尊重历史，正视现实——关于中国古代文学中爱国思想的探讨》，邓广铭、张希清：《略论爱国主义和民族英雄》，《人民日报》，1981－12－08。

④ 白钢编著：《中国封建社会长期延续问题论战的由来与发展》，277～278页，北京，中国社会科学出版社，1984。

历史的创造者和历史发展的动力问题，是历史研究的基本理论问题之一，也是“文革”后讨论的重要的史学理论问题之一。1979年3月，中国社会科学院在成都召开史学规划会议时，戴逸在会上作了题为《关于历史研究中阶级斗争理论问题的几点看法》的发言，强调“推动社会历史前进的直接的主要动力是生产斗争”，其他一些学者也有类似的看法，对“阶级斗争是历史发展唯一动力”的命题提出异议。同年10月13日，《光明日报》“史学”专刊开展了“关于历史发展动力问题”的讨论，此后，许多省市自治区的报刊、高校及研究机构，也都就这个问题展开了较广泛的讨论，代表性的意见大体可以概括成以下7种：生产斗争、生产力说；① 阶级斗争说；② 社会基本矛盾说；③ 合力说；④ 物质利益说；⑤ 客观的社会需要说；⑥ 人民群众为原动力说。⑦

讨论历史发展的动力问题时，自然要涉及到谁是历史的创造者的问题。建国后，“人民群众是历史的创造者”，是大家普遍接受的，认为是符合马克思主义的命题。“文革”期间，在批判林彪、陈伯达反动的政

① 刘泽华、王连升：《关于历史发展的动力问题》，《教学与研究》，1979（2）；戴逸：《关于历史研究中阶级斗争理论问题的几点看法》，《社会科学研究》，1979（2）；杨生民：《略论历史发展的动力问题》，《教学与研究》，1979（4）。

② 刘大年：《关于历史前进的动力问题》，《近代史研究》，1979（1）；苏双碧：《略论历史发展的动力问题》，《社会科学研究》，1979（3）；漆侠：《农民战争是推动中国封建社会历史发展的动力》，《光明日报》，1979－12－18。

③ 戎笙：《只有农民战争才是封建社会发展的真正动力吗?》，《历史研究》，1979（4）；金景芳等：《生产力与生产关系的矛盾是社会历史发展的根本动力》，《吉林大学学报》，1980（4）；汤再林：《社会基本矛盾推动社会发展》，《社会科学研究》，1980（1）。

④ 伍宗华、冉光荣：《历史发展动力问题的再探讨》，《四川大学学报》，1979（2）；宋士堂、李德茂：《历史发展的动力是社会各种矛盾运动的合力》，《光明日报》，1980－01－15；陈依元：《简论社会历史发展的动力》，《福建师大学报》，1981（3）。

⑤ 丘成羲、高秀波：《论物质利益在社会发展中的作用》，《求是学刊》，1980（1）；严钟奎：《人类的物质利益是历史发展的根本动力》；《光明日报》，1980－01－15。

⑥ 蒋大椿：《历史的内容及其前进的动力》，《近代史研究》，1981（4）。

⑦ 俞兆鹏：《人民群众是历史发展的原动力》，《江西日报》，1980－03－06。

治观点时，批判了“英雄与奴隶共同创造历史”的观点，得出“只有奴隶才是历史的创造者”的结论。1980 年，余霖、安延明著文《历史是整个人类创造的——“奴隶创造历史”论质疑》指出：马克思主义经典作家曾指出“人们自己创造自己的历史”，所谓“奴隶创造历史”在理论上实践上都只能导致混乱。[①] 1984 年，黎澍发表论文《论历史的创造者及其他》，指出时下流行的“人民群众创造历史”是不科学的。应是所有的人都参与了历史的创造，只讲英雄创造历史或只讲人民群众才是历史的创造者，都是片面的。他还指出，“人民群众创造历史”的说法源于苏联学术界，是对《苏联共产党（布）历史简明教程》一书中某些观点的引申和附会。在我国又发展成“人民群众是历史的主人”，这种观点既不科学又不符合事实。[②] 黎澍的论文在史学界引起广泛的反响，有人支持或部分支持，有人反对，还有人提出招致激烈反对的“新英雄史观”，[③] 不同观点的交锋和热烈的讨论，促进了史学界对这个理论问题的深入研究和思考。

“文革”后，关注历史学自身发展中的理论问题的研究，是近 20 年来我国史学理论研究的一个重要特点，它反映了改革开放后新时期中国史学的进步，特别是史学理论研究方面所取得的重大进展。这方面的问题，除了以往已涉及的“史学的社会功能与学术价值”、“史与论的关系”外，中外史学史研究受到学者们的重视。历史认识论的研究原来基本上是一空白，近年的研究已经有了一定的基础。历史认识的一些主要问题，如历史认识的主体和客体，以及两者之间的辩证关系，历史认识过程的一般特点，历史学家的主体意识，历史认识的模糊性，历史认识的相对性，历史思维，史料的自然属性和社会属性等，都有学者进行研

① 余霖、安延明：《历史是整个人类创造的——“奴隶创造历史”论质疑》，《文汇报》，1980—04—25。

② 黎澍：《论历史的创造者及其他》，《历史研究》，1984（5）。此外，黎澍还多次著文论及此问题，见《关于历史的创造者及其他》，湖南人民出版社，1988。

③ 有代表性的论文主要有：蒋大椿《关于历史创造者的理论考察》，《历史研究》，1984（5）；张云勋：《历史合力与历史动力》，《江淮论坛》，1986（3）；郭祥瑞：《关于人民群众是历史的创造者》，《历史研究》，1986（3）；黎鸣：《历史是创造者创造》，《光明日报》，1986—12—17。

究。史学方法，近年主要关注是计量方法、比较方法，以及心理学方法、社会学方法、人口学方法、政治学方法、口述方法等在历史研究中的应用。研究者认为，这些方法是马克思主义史学方法的补充，对促进中国历史科学的发展，具有重要的意义。

五、改革开放和外国史学理论研究

特别应该指出的是，在“文革”前几乎没有人涉及的外国史学理论方法论研究，在“文革”后有了长足的发展。对外国史学理论方法论的研究，是和建设中国马克思主义史学，不断丰富和完善马克思主义史学理论方法论联系在一起的，取其精华，弃其糟粕，在马克思主义唯物史观的指导下，认真汲取外国史学理论的有益内容，是发展中国马克思主义史学的迫切需要，是在新的历史条件下，历史学学科发展的呼唤。

1983 年 5 月，在全国哲学社会科学规划会议上，外国史学理论研究问题得到了前所未有的重视，并做出了加强外国史学理论的介绍和研究，组织力量，译介出版当代有代表性的外国史学理论名著。1985 年，中国社会科学院世界历史研究所筹备并成立了外国史学理论研究室，近年，该室研究人员主持或参加的国家、院级重点课题已有多项完成，其成果已公开出版。[①] 与此同时，中国社会科学院研究生院世界历史系开始招收外国史学理论专业的研究生，加强这方面人才的培养。主要由世界史所外国史学理论室编辑的《史学理论》、《史学理论研究》杂志，其宗旨之一，就是研究外国史学理论方法论。1993 年成立的“中国史学会史学理论研究分会”，广泛团结了一批外国史学理论研究学者，对推动外国史学理论研究有重要的意义。

---

① 这些成果主要有：罗凤礼主编《现代西方史学思潮评析》，中央编译出版社，1996；陈启能、于沛等著《苏联史学理论》，经济管理出版社，1996；何兆武、陈启能主编《当代西方史学理论》，中国社会科学出版社，1996；罗凤礼著《历史与心灵》，中央编译出版社，1998；于沛主编《现代史学分支学科概论》，中国社会科学出版社，1998；陈启能、于沛、姜芃等著《马克思主义史学初探》，社会科学文献出版社，1999。

近 20 年来，一支有较高水平的外国史学理论研究队伍已经基本形成，他们及时追踪国外史学理论研究的前沿课题，结合中国史学发展的实践，在各自的研究领域内取得了令人可喜的成果。当前，外国史学理论研究以追踪战后欧美史学新发展为主，其主要研究方向是以下几个方面：

其一，西方历史哲学研究。研究的重要内容十分丰富，包括西方历史哲学产生的社会历史背景、关于历史规律性问题、关于历史客观性的问题，关于思辨的历史哲学，关于分析或批判的历史哲学，关于思辨的历史哲学与分析或批判的历史哲学的关系，其中涉及维柯、伏尔泰、黑格尔、斯宾格勒、汤因比和雅斯贝斯等人的历史哲学思想，以及新康德主义的历史哲学、新黑格尔主义的历史哲学和分析哲学的历史哲学等。近年对西方历史哲学研究的主要特点是课题不断开拓，研究视野不断开阔，理论深度不断加强。一些论者还就建立马克思主义历史哲学问题提出了不少有价值的意见。①

其二，西方史学中的历史学分支学科研究。第二次世界大战后，哲学人文科学研究中的理论化和整体化趋势明显加强，历史学也不例外。其结果正如法国年鉴派史学家所说的那样，历史学的界限变得愈来愈模糊了。历史学的研究领域不断扩大，宏观性的研究课题引起愈来愈多的历史学家的兴趣，传统的研究方法已经无法完成这些课题。计量方法、比较方法，以及其他人文科学相关学科的研究方法也被历史学家广泛采用。这一切都促进了新的历史学分支学科的形成和发展。90 年代，一批研究成果问世，就新社会史学、人口史学、家庭史学、妇女史学、城市史学、新经济史学、新政治史学、心智史学、比较史学、计量史学、心理史学、口述史学、文化史学等进行了较系统的研究，从每一分支学科产生的社会历史背景，主要理论观点及方法，代表性著作及代表性人物，在史学发展史上的地位及影响等方面进行了较全面的分析。②

---

① 关于近年我国西方历史哲学研究概况，可参见拙文《我国近年的西方历史哲学研究》，《历史研究》，1993 (3)。

② 这方面的著作主要有：庞卓恒主编《西方新史学述评》，高等教育出版社，1992；杨豫《西方史学史》的有关章节，江西人民出版社，1993；于沛主编《现代史学分支学科概论》，中国社会科学出版社，1998。

其三，外国史学思想史研究。史学思想史不同于史学史，它们之间既有联系，又有区别。近年外国史学史研究有不少优秀成果问世，为外国史学思想史研究创造了有利的条件。而外国史学思想史研究，则是在外国史学史研究的基础上，对外国史学思想研究的深化和系统化。外国史学思想史，重点阐释的是外国史学思想发展的历史轨迹，论述学科思想发生、发展、继承、演变的逻辑进程，揭示外国史学思想发展的固有规律。它不仅要阐释影响和指导西方史学发展的哲学思想和方法论思想，而且要阐释西方史学思想体系赖以建立的基本概念、范畴原理的创立、发展及其演变的逻辑进程。

在20世纪，史学理论研究作为中国历史学的重要组成部分，走过了一条不平坦的路。我们可以清楚地看到，作为史学理论所依托的有生命力的史学思潮，往往和反映了社会历史矛盾运动发展趋势的社会思潮有着直接的联系。在这种情况下，史学思潮和社会思潮是分不开的，史学思潮同样也是社会思潮，或者说，史学思潮是社会思潮的重要组成部分，如20世纪初在我国广泛传播的进化论—进化史观，以及后来代替它的唯物论—唯物史观等，当然，在近代以来的中国史学发展历史上，还曾出现过其他种种史学理论或史学思潮，但很快就消失了。既然它们对学科发展不曾产生什么影响，自然也就没有什么价值，昙花一现，理所当然成了过眼烟云。之所以如此，这是因为它们脱离作为一门科学的史学自身发展的实际，脱离中国史学所依托并深深扎根其中的中国社会发展的实际。

在中国史学发展史上，进化史观和唯物史观，最初都是少数先进知识分子个人的选择。1895年中日甲午战争后，特别是20世纪初八国联军的入侵，使中华民族的危机空前加剧，面临着“亡国灭种”的危险。王韬、黄遵宪、严复等宣传社会变革和进化思想，以“优生劣败”、“适者生存”为核心的社会进化论风靡一时，救亡图存、求强求富成为中华民族的共同愿望，他们的选择符合历史发展的潮流，于是成为社会的选择。以进化史观为理论基础的新史学自然有了存在和发展的土壤。同样，李大钊、蔡和森、李达、瞿秋白等马克思主义者对唯物史观的选择，正是在俄国十月革命后马克思主义的广泛传播，中国无产阶级作为一支独立的阶级力量登上政治舞台，中国工农运动与马克思主义相结合后，才逐渐成为阶级的、社会的选择，成为20世纪中国史学史上占有重要地位的马克思主义史学的理论基础。

不难看出，任何一种崭新的历史观，以及与之相联系的历史学思潮，同提出并发展它们的人们一样，都是历史的产物，都是在一定的历史时期内的特定历史条件下的产物。任何人都不可能超越历史，同样，任何一种历史观、历史思潮也不可能超越历史；如同任何人不可能随心所欲地创造历史一样，也不可能随心所欲地创造出历史学的理论和史学思潮。20世纪中国史学研究的实践证明，理论是基础，任何一次史学实践的重大发展，都是以史学理论的进步为前导。在古老的历史学中，史学理论是常青的，从而使历史学永葆青春，不断获得前进的动因。当前重要的是，我们应该自觉地站在时代的前列，顺应历史的潮流，将自己平凡的工作同当代社会发展的主流紧紧联系在一起，投身于正在发生深刻变化的现实生活中去，通过艰苦的理论探讨，不断丰富和完善马克思主义史学的理论和方法论，促进中国历史科学的发展。

随着社会的发展，科学的进步，特别是“文革”后历经磨难的历史科学的复兴，史学理论研究也得到了较大的发展。在科学技术迅猛发展，建设有中国特色社会主义，以及中外文化碰撞、交融的广阔历史背景下，唯物主义历史观也在发展，不断提出一些新的概念、范畴和理论，汲取人类文明的一切优秀成果，以丰富自己，从而更好地发挥理论指导作用。不少历史学家认为，在21世纪，中国历史学的前景，首先在于史学理论研究有无建树，不是没有道理的。如果说，没有理论就没有历史科学；那么，我们同样可以说，没有史学理论研究的发展，就没有整个历史科学的进步和繁荣。

回顾、思考与展望总是联系在一起的。展望21世纪史学理论研究的进步和发展，可以相信其研究的内容将不断深化；史学理论研究的时代精神和现实感将不断加强；史学理论研究和历史研究实践将建立起更加密切的联系，理论联系实际，不断提高历史研究的理论水平；史学思维和研究手段的现代化将极大地提高科研效率。相信在解放思想、实事求是的辩证唯物主义思想路线指引下，史学理论研究将发挥更大的作用，在新世纪中国历史学科的建设和发展中做出更大的贡献。

西方史学的传入和回响

近代以来西方史学的传入和回响，应在中西文化交汇广阔的历史背景下认识，而这种“中西文化交汇”，又是和近代中国社会的联系在一起。因此，近代以来外国史学的传入和回响，有中国历史学学术发展的必然性，同时在某种意义上适应了中国社会发展的客观需求，因为人们可以清楚地看到，近代以来中国的史学思潮，往往是和社会思潮交织在一起的。

一、西学东渐和“传教士史学”

在中国史学发展历史上，西方史学的传入及其回响，可以清晰地分为以下既有密切联系，又有明显差异的 4 个阶段：一、“西学东渐”时期；二、新文化运动时期；三、以苏联为师时期；四、改革开放时期。

“西学东渐”期间①，传教士在中西文化交流中发挥着不可替代的特殊作用。耶稣会、东正教和新教的传教士为了能够在中国立足，他们首先要使自己先“中国化”，一些人通过介绍外国史地知识，以传播西学为布教手段。这样，在近代中国史学发展历史上，出现了具有特定意义的“传教士史学”。传教士史学和整个中国近代史学的发展，特别是和近代以来中国世界史研究的产生和发展，是密切地联系在一起。其影响不仅表现在具有“西学”特征的具体内容上，而且也表现在历史叙述的形式上。19世纪70年代后，传教士的史著更多地采取了西方史学的编撰体例，这对近代中国史学的发展，特别是萌生时期的中国世界史研究发展，产生了重要的影响。

19世纪中期以来，欧美传教士（德国）郭实猎（Karl Friedrich August Gutzlaff）、（英国）麦都思（Walter Henry Medhurst）、（英国）奚礼尔（Charles Batten Hillies）和（英国）理雅各（James Legge）、（英国）艾约瑟（Edkins Joseph）、（英国）韦廉臣（Alexander Williamson）、（美国）林乐知（Young John Allen）、（英国）慕维廉（Muirhead W.）、（英国）李提摩太（Timothy Richart）、（美国）丁韪良（William Alexander Martin）、（德国）花之安（E. Faber）、（美国）李佳白（Gilbert Reid）、（美国）狄考文（Matteer Calvin W.）、（美国）裨治文（Elijah Coleman Bridgman）等在华办刊办学，将自古代希腊以来，直至19世纪主要是西方国家的历史介绍到中国来。他们在进行基督教文化渗透的同时，使中国人民既“睁眼看世界”的现实，也睁眼看世界的历史。

在蔡尔康的协助下②，李提摩太编译的《泰西新史揽要》，1894年3月至1895年3月在《万国公报》上连载，名《泰西近百年大事记》。

---

①“西学”之名，在晚明已有。西学在中国传播的过程，是国人对西方文化的认识逐步加深的过程，“西学”既包括物质文明，科学技术；也包括精神文明，政治制度等等。1916年，陈独秀在《吾人最后之觉悟》一文中，将民国前西学传播的历程分为四个阶段：1. 晚明；2. 清初；3. 鸦片战争以后；4. 甲午战争以后。

② 蔡尔康，上海人，先后在《申报》、《字林沪报》、《新闻报》、《广学会》、《万国公报》等处任职。由西方传教士口述，蔡尔康笔录，译有多种西方著作问世。

1895年由广学会出版单行本，计8分册24卷（包括附记1卷）。在晚清出版的所有西方史学译著中，此书销量最大，影响最广，在19世纪中国史学发展史中占有重要的地位。《泰西新史揽要》系英国马恳西（Robert Mackenzie）原著，原名《19世纪史》（*History of Nineteenth Century*），1889年在英国伦敦出版。主要是叙述19世纪欧美各国发展的历史，包括政治、经济、文化、军事、科学技术和社会发展等方面。除了欧洲地区史的内容之外，还涉及英国、法国、德国、奥地利、意大利、俄罗斯、土耳其和美国等国的历史。19世纪末的英国盛行进化论，在其影响下，《泰西新史揽要》宣扬一个国家和民族所以强盛，主要在于积极进取，不断地弃旧图新，鲜明地体现了进化论的精神。英国历史学家柯林武德对此有所论述，他强调了作者的结论："人类历史是一部进步的记录，——是积累知识和增长智慧的记录，是智力和福祉从低级到高级阶段不断前进的记录。每一代都把它所继承的财富传给下一代，那是它以自己的经验进行了有益的修改并通过它本身所赢得的一切胜利而加以扩大的。这种进步的速度……是不规则的，甚至于是间歇性的……但停滞仅仅是在表面上。19世纪已经证明了的迅速进步超过了一切先例，它证明阻碍进步的屏障已经被推翻了"。[1] 作者正是从这种认识出发，去编纂《泰西新史揽要》的。

《泰西新史揽要》的《译本序》中写道："此书为暗室之孤灯，迷津之片筏，详而译之，质而言之，又实救民之良药，保国之坚壁，疗贫之宝玉，而中华新世界之初桄也，非精兵亿万战舰什佰所可比而拟也。""明镜足以鉴嫣媸，新史足以究隆替，曷不发箧出书，以为华人泰山大海之助乎？及读英国马恳西先生所著《十九周大事记》，西历以耶稣降世后每百年为一周，今适在十九周中也。则诚新史而兼明镜之资也。中国服官之众、读书之士，其于中国之古训，自己烂熟于胸中，若欲博考西学振兴中土，得此入门之秘钥，于以知西国之所以兴，与夫利弊之所在，以华事相印证，若者宜法，若者宜戒，则于治国读书之道思过半

① ［英］柯林武德：《历史的观念》，213页，北京，商务印书馆，1997。

矣”。[①] 在西方史学界，《泰西新史揽要》并不是学术价值很高的著作，在西方史学史中几乎没有什么地位，但是在中国却不然，这在上述《译本序》中足可以看出，但有些人却对它在中国为何受到如此重视不解。实际上，此书的史学价值对中国并不重要，最关键的是它在通过对西方历史的叙述，向中国人介绍了社会进化理论的具体内容，而这些内容对于当时中国的发展，具有十分重要的现实意义。

19 世纪末，社会进化理论成为中国重要的社会思潮之一，进化历史观在中国史学发展中也日益产生重要的影响，成为一种重要的史学思潮。这样，《泰西新史揽要》成为晚清翻译西书中销量最大的一部，就不难理解了。梁启超将其列入他的《西学书目表》，认为该书是“述近百年来欧美各国变法自强之迹，西史中最佳之书也”。徐维则、康有为、李鸿章、张之洞对其都有高度评价。康有为还将其进呈光绪皇帝。光绪用数月时间认真研读，由此“于万国之故更明，变法之志更决”。正如广学会对此书所描述的那样：“去年我们为中国人翻译了一本最重要的书，就是李提摩太先生翻译的马恳西的《泰西新史揽要》，这本书是很出名的，它被认为是一本权威著作。它吸引了帝国好几位高级官员的注意，特别在北京更受欢迎。最近碰巧李提摩太先生为了教会工作到北京去，他发现士人们都在谈论这本书，把它叫做新学问。他们开始认识到过去不知道这种新学问，他们需要对它关心”。[②] 这清楚地表明，这部著作所产生的影响，早已超出了中国史学界，而在整个中国社会发展中产生了回响。还值得一提的是，此译书的体例有不少独特之处，“首创了史书翻译的新体例，即：一、加中西年对照，便于印证岁月；二、加各国世系；三、加人名、地名、事物名对照表。这种体例，此后的史学翻译家们纷纷效仿，一直沿用至今”，[③] 这从另一个侧面也可以看出其影响之大，影响之深远。

近代在华的传教士向中国民众广泛介绍外国历史知识，形成了被后

① [英] 马恳西：《泰西新史揽要》，李提摩太等译，1～2 页，上海，上海书店出版社，2002。

② 1895 年《同文书会年报》，见《出版史料》，1990 (1)。

③ 马军：《泰西新史揽要·点校说明》，见《泰西新史揽要》，2～3页，上海，上海书店出版社，2002。

人称之为传教士的史学，它和中国本土的史学发展交织在一起。在中国史学发展的进程中，这是一种特殊的史学形式、特殊的史学成果。它虽然存在的时间不长，但却对中国世界史研究的形成和发展，产生过重要的影响。将其放在中国世界史研究萌生这一具体的时期来考察，就更是如此。因为从“传教士史学”的内容和形式来看，已经没有了或很少有传教士的宗教神学内容。他们所介绍的这些外国历史知识，更多的是在中西文化交融背景下的文化碰撞和交流，其中的一些内容，对中国传统文化的解体起着催化的作用。先进的中国知识分子，以及正在觉醒的中华民族从外国历史发展的进程中，开始认真地思考中国的历史、现实和未来。正是这种从世界历史和中国历史出发严肃的、理性的思考，有力地推动着中国世界史研究的形成和发展。19 世纪下半叶，在中国被迫融入世界资本主义发展体系之际，在中国社会发展处于历史剧变的前夜，中国世界史研究开始萌生，这是对时代呼唤的积极回应。

二、中国早期的世界史教学

20 世纪初，中国和世界的联系更加密切，人们对世界各个国家的了解，包括对这些国家历史的了解的需求，不断增长。1903 年，清王朝颁布《奏定大学堂章程》，明确规定政法科大学所学的科目，应该包括“各国近世外交史”。

辛亥革命后，教育部在 1913 年颁布了《大学规程》和《师范学校课程标准》，其中明确规定历史课应包括“世界近世史”、“西洋现世史”。因为世界近世史和西洋现世史的内容，和现实的中国有着更加密切的联系，能够更多地学习近代以来世界各个国家的历史，学习西欧、北美诸国现代的历史，已经成为人们普遍要求，在各级学校要系统地讲授这方面的知识，也已经成为一种社会的共识。1925 年，罗马教廷天主教会在北京创办辅仁社。1927 年改名辅仁大学。辅仁正式成立之前的辅仁社期间，历史课已经成为重要课程之一。初创时期，文科分为 4 个系：国文系、史学系（包括考古学）、英文系、哲学系。史学系开设“西洋史”。学习期限为 3 年。分为“古代史”、“中世纪史”、“近世史”（下限为第一次世界大战前）。教学内容受到“西欧中心论的影响”，主要由外籍教师授课。太平洋战争爆发之后，外籍教师撤走，中国教师登上讲台。赵光贤讲授古代埃及、两河流域、希腊、罗马的历史等。1931年9月，北师大成立研究院历史科学门。同年，《师大史学丛刊》创刊，在创刊号上，刊出了陆懋德关于西方史学史、黄公觉关于新史学、李树峻翻译关于历史研究法等一组关于史学理论、史学史方面的文章。1933年，北平师范大学《组织大纲》规定：文学院下设历史系，外国历史为该系的重要课程之一。文科各系还开设了《西洋文化史》课程。

五四前后，在北京大学讲授西洋史和世界中世纪史的，主要是从国外留学回来的青年学者，他们人数虽然不多，但是毕竟在我国的高等教育中，迈出了世界历史教育的第一步。在教学的实践中，逐渐成长起一些知名的教授，主要有何炳松、陈衡哲、陈翰笙等人。因当时不可避免地受到"欧洲中心论"的影响，世界史讲授以欧美史为主，只有少数教授讲亚洲史。例如张孝年在北京大学讲《日本近代史》；周一良在清华大学讲授《日本通史》；沈刚伯在中央大学讲授《印度史》等，而非洲、拉丁美洲各个国家的历史，几乎是一个空白，而且长期如此，没有什么大的改变。

在讲授世界历史时，师生所使用的教材，主要是外国学者的著作，或以这些著作为基础，编写出自己的讲义。例如何炳松1920年至1922年在北京大学讲授中古欧洲史时，主要是依据美国历史学家鲁滨逊著的《西部欧洲史》，以及鲁滨逊与比尔德合著的《欧洲史大纲》。在此基础上，何炳松编译出《中古欧洲史》、《近世欧洲史》，1924—1925年由商务印书馆出版。在当时，中国人学习欧美的历史主要有两种途径，其一是直接阅读西方史学原著，其二是阅读中国人自己的编著或译本。由于各种条件的限制，只有少数人能够阅读原版书，大部分人只能通过阅读中国学者编译的著作，来学习欧美的历史。然而，质量上乘的译著或编译的著作，却是凤毛麟角，因为"欧美人所著的历史，在我们东方人用世界的眼光看来，有许多是累赘可删的，有许多是应当增加材料的。但这一件事更不易做，更非素无历史研究，或乏世界眼光者，所能下笔了"。① 而

① 陈衡哲：《中古欧洲史序》，见《何炳松文集》，第1卷，4页，北京，商务印书馆，1996。

何炳松的学识在学界有口皆碑，他编译的《中古欧洲史》、《近世欧洲史》，被公认为是优秀的编译作品，20 世纪 20 年代出版后，很快产生了广泛的反响，被公认为是国内研究欧洲中世纪和近代历史的重要著作。

20 世纪初直至民国时期，中国的世界史教学和研究虽然和历史悠久的国学相比，仍然显得薄弱，无法相提并论。但是在新的历史条件下，它毕竟有了长足发展，这种发展的重要标志之一，就是大量的世界史教科书问世。这表明，对于“世界史”来说，无论是社会的客观需求，还是教学队伍、研究力量，都已经发生了重要的变化。这种变化直接影响到 20 世纪上半期中国世界史研究的走向。这些世界史方面的教科书主要有作新社编译《万国历史》教科书，1902 年 7 月到 1903 年 8 月，先后再版六次，反映了当时社会发展对世界历史知识的需求。秦瑞玠撰《西洋历史》两册，文明书局，1902 年；秦瑞玠撰《东洋历史》，文明书局，1902 年；吴启祥译《万国通史教科书》（上下册），文明书局，1902 年；周傅儒撰《新撰初级中学教科书：世界史》，商务印书馆，1925 年；傅彦长撰《西洋史 ABC》，世界书局，1928 年；陈衡哲撰《西洋史》（上下册），商务印书馆，1926 年，后多次再版，为新学制高级中学使用。在《西洋史》中，陈衡哲在世界中古史分期的问题上，提出自己有别于西方学者传统的观点，认为上限始于公元 476 年，下限则为 14 世纪。

五四运动前后，大批在欧美和日本读书的留学生陆续回国，他们自觉或不自觉地担当起传播西方先进的史学思想的任务。一些人先后将日本史学家坪井九马三、九米邦武、浮田和民，英国史学家巴克尔，美国史学家鲁滨逊、班兹、塞格利曼，法国史学家朗哥诺瓦、瑟诺博斯等人的代表作译成中文出版。这些主要是论述西方史学理论方法论的著作，使中国史坛深受震动。不少史学家针对中国史学的现状认为，只有这些“科学的治史方法”的输入，“中国才有科学的史学可言”。北京大学教授、代理校长蒋梦麟认为，在中国史学的教学和研究中，“泥古”的风气很盛，而要彻底地改变这一切，应“利用西洋近年教授历史之经验，体察吾国社会生活之需要，活用吾国历史之资料”。向美国史学家那样，“扩张历史范围”，“改变历史方针”，“革新教授方法”，从而改变中国史学的落后面貌，使之得以进步。[①] 北京大学教授朱希祖在鲁滨孙《新史学》中译本的序言中明确指出："我国现在的史学界实在是陈腐极了，没有一种破坏，断不能建设"。[②] 在这种破坏旧史学和建设新史学的过程中，西方资产阶级史学的理论与方法，是重要的理论武器之一。

20世纪初，西方近代文化大量传入中国，包括历史学的理论与方法。当时对中国有较大影响的西方史学理论，主要有杜威的实用主义；罗素的社会改良主义；杜里舒的新生机主义；李凯尔特的新康德主义；孔德的实证主义；柏格森的生命哲学；赫尔德的历史哲学；朗普勒西特的文化史观；鲁滨逊的综合史观等。这些崭新的理论对古老的中国史学公开地提出挑战，中国史学受到强烈地震动和破坏的同时，开始思考自己的前途和方向。

五四运动不仅是反对帝国主义、封建主义的爱国革命运动，同时也是一场新文化运动和思想启蒙运动。"革命"，不仅是日益深入人心的社会思潮，而且在学术界也产生了积极的反响。陈独秀当时著文鼓吹"文学革命"，但其影响远远超出文学界。他说："今日庄严灿烂之欧洲，何自而来乎？曰，革命之赐也。欧语所谓革命者，为革故更新之义，与中土所谓朝代鼎新，绝不相类。故自文艺复兴以来，政治界有革命，宗教界亦有革命，伦理道德亦有革命，文学艺术亦莫不有革命，莫不因革命而新兴而进化。近代欧洲文明史，宜可谓之革命史。故曰，今日庄严灿烂之欧洲，乃革命之赐也"。[③] 在新文化运动中，"革命"所体现出的破旧立新，成为先进知识分子的共同要求。五四运动前夜，李大钊著文《新的！旧的！》，他认为当时中国的社会生活，充满了"新旧交识"的现象，而解决"新"、"旧"冲突和矛盾的方法，就是用新的去取代旧的，在"政治、社会、文学、思想种种方面开辟一条新的径路，创造一种新的生活"。[④] 正是在这种"革命"和革故鼎新的社会思潮中，始于

① 蒋梦麟：《历史教授革新之研究》，《教育杂志》1918（1）；转引自刘俐娜：《西方新史学与"五四"史学思潮》，《史学理论研究》，1993（3）。

② 朱希祖：《新史学·序》，见鲁滨孙《新史学》，上海，商务印书馆，1924。

③ 陈独秀：《文学革命论》，《新青年》，1917（2）6。

④ 李大钊：《新的！旧的！》，《新青年》，1918（4）5。

20世纪初的中国“史界革命”，在新文化运动的推动下，有了新的发展。在这一时期，向中国封建主义史学提出挑战的新的史学理论和方法受到普遍的重视，而这些理论和方法论则是西方资产阶级史学传入中国后的产物。在北京大学等高校，普遍开设了史学导论、历史哲学、历史研究法等课程。在北京大学，李大钊讲授《唯物史观研究》、《史学思想史》、《史学要论》；何炳松讲鲁滨逊的《新史学》等。

五四运动之后，中国学者翻译了一批西方学者的史学理论著作，这是近代中国史学发展历史上的一个重要时期，大批西方史学理论方法论著作翻译出版，有力地促进了中国传统史学的转化。这种转化，是在中国社会正在发生深刻变化的广阔背景下进行的。这批著作主要有何炳松翻译鲁滨逊的《新史学》，商务印书馆，1922年；何炳松翻译约翰生的《历史教学法》，商务印书馆，1926年；李思纯翻译法国朗格诺瓦、瑟诺博斯的《史学原论》，1926年；张宗文翻译瑟诺博斯的《应用于社会科学上之历史研究法》；1930年；向达翻译美国班兹的《史学史》，1930年；黎东方翻译法国施亨利的《历史之科学与哲学》，1930年；薛澄清翻译美国弗林的《历史方法概论》，1933年；陈石孚翻译美国塞格利曼的《经济史观》，1928年；何炳松与郭斌佳合作翻译绍特威尔的《西洋史学史》，1929年；董之学译巴恩斯的《新史学与社会科学》，1933年；陈韬译伯伦汉《史学方法论》，1937年，等等。此外，桑戴克的《世界文化史》；巴恩斯的《西洋史进化概论》在20世纪30年代初，也都译成中文出版。

西方史学理论与方法大量地介绍到中国来，对中国史学影响最大的，主要表现为一种新的历史观，对中国传统的历史观念的挑战。这种挑战直接影响到史家对历史的解释，以及对历史材料重新审视与利用。为了探讨、阐释这些问题，中国学者写出了一批史学理论方面的著作。这些著作主要有梁启超的《中国历史研究法》，1922年，《中国历史研究法补编》，1926年；李泰棻的《史学研究法大纲》，1926年；杨鸿烈的《史地新论》，1924年；朱谦之的《历史哲学》，1926年；何炳松的《历史研究法》，1927年；何炳松的《通史新义》，1930年；罗元鲲的《史学研究》，1929年；卢绍稷：《史学概要》，1930年；胡哲敷《史学概论》，1935年；李则纲《史学通论》，1935年；杨鸿烈《史学通论》，

1939年；陆懋德《史学方法大纲》，1945年；吕思勉《历史研究法》，1945年，等等。这些阐释史学理论著作的共同特点是，不同程度地借鉴了西方的史学理论，重点探讨了当时史学理论研究中的基本问题。

例如何炳松在《历史研究法》的讲演中，从三个方面和自然科学的研究法进行了对比，认为两者的观察点不同；研究对象的性质不同；研究的步骤也不同。因此，“历史这种学问，可以说是纯粹主观的学问；而自然科学，大体上可以说完全是客观的学问”。[①] 何炳松的这种观点，直接来源于以鲁滨逊为代表的美国“新史学派”，反映了20世纪初西方史学的主流观点。

1917年俄国十月革命后，马克思主义在中国得到广泛传播。李大钊等开始用唯物史观认识和分析中国历史，向封建主义史学和当时颇有影响的历史进化论提出了强有力的挑战。1919—1920年，李大钊在《新青年》等刊物发表《唯物史观在现代史学上的价值》《马克思的历史哲学》《史观》《研究历史的任务》《物质变动与道德变动》《由经济上解释中国近代思想变动的原因》等文章，表明他在社会生活和科学研究的实践中，彻底摆脱了庸俗进化论的影响。李大钊作为一名马克思主义者，还对史学的一系列基本理论问题初步进行了唯物主义的概括，强调“发明历史的真义的是马克思”。[②]除李大钊外，蔡和森、李达、瞿秋白和陈望道、李汉俊等早期马克思主义者，或译介马克思主义创始人论述唯物史观的著作，或撰写文章及专著宣传唯物史观，对唯物史观在中国的广泛传播以及中国马克思主义史学的建立，做出了重大的贡献。

1920年秋，李大钊在北京大学史学系讲授《唯物史观研究》，同时还开设《史学要论》、《史学思想史》等课程。如果说《史学思想史讲义》是我国最早用唯物史观总结西方史学发展历程的西方史学理论研究的专著；那么，1924年5月出版的《史学要论》，则是我国第一部系统论述马克思主义史学理论的专著。中国马克思主义史学自诞生之日起，就同社会生活保持着密切的联系。继李大钊之后，郭沫若、吕振羽、翦伯赞、范文澜、侯外庐等堪称中国马克思主义史学的优秀代表。1930

① 何炳松：《历史研究法》，《民铎》，1929 (10) 1。

②《李大钊文集》下，678页。

年3月，郭沫若的《中国古代社会研究》问世，堪称是以唯物史观为理论指导研究中国古代史的典范，使唯物史观进一步广泛传播，深入人心，这一切使中国马克思主义史学不仅在学术界，而且在整个中国社会发展中的影响，不断扩大。

三、世界史：从介绍向研究的转化

1949年新中国成立，和中国社会发展进入了一个新的阶段一样，中国史学发展也进入了一个新的阶段。这其中的重要内容之一，就是中国世界史研究的迅速发展。1949—1966年，中国世界史研究表现出的最突出的特点，就是由对外国史学的介绍，逐渐向对外国史的研究转化。这是外国史学传入中国一个世纪之后，已经在中国产生了积极的回响的具体表现。

自19世纪中期中国世界史研究萌生以来，在各个历史发展阶段都是和外国史学发展有这样或那样的密切联系。如果说新中国成立之前，中国的世界史研究主要是和欧美国家和日本的史学联系密切，那么，在新中国成立之后，则转变为和苏联史学联系密切了。

建国后的10余年内，中国史学发展的主要内容是以下两大方面：其一，介绍、学习苏联史学理论及其研究实践，以其为榜样，而这种榜样并不单纯是具体的学术观点，而更主要的是表现历史观方面。在当时，这是和坚持唯物史观，批判和清除资产阶级的史学理论及封建主义传统史学的影响，密切联系在一起的。其二，在广大史学工作者自觉接受和运用唯物史观进行科学研究的基础上，对中国历史进程中的一些重大理论问题开展了热烈的争鸣和讨论，在50年代和60年代初，中国史坛出现了繁荣景象，有力地促进了中国马克思主义史学的发展，同时受“左倾”思想的影响，也出现了一些曲折。

中国世界史研究起步较晚，无论在历史文献的积累，还是在研究队伍的建设，以及史学理论方法论的运用方面，都存在着较大的差距。为了在较短的时间内，从整体上提高研究和教学水平，人们十分重视历史文献资料的选编工作。例如，中国人民大学世界通史教研室资料室编选《世界通史参考资料》两册，1954年出版。

世界史文献资料的选辑工作为开展世界史研究创造了必要的条件，是中国世界史研究的基本建设工程之一。1955年世界史资料丛刊编委会成立。该编委会编辑的《世界史资料丛刊初集》，从1957年起分册出版，其中近代史部分有8个分册。除了《世界史资料丛刊初集》之外，还有其他一些文献资料集出版，如耿淡如、黄瑞章译编《世界中世纪史原始资料选辑》，天津人民出版社，1959年出版。为了教学和研究的需要，当时选译了多种西方古典史学名著，分批由商务印书馆出版。每种名著约选5万字左右，为该书有代表性的章节。齐思和、耿淡如、寿纪瑜选译《中世纪初期的西欧》，三联书店，1958年；刘启戈、李雅书选译《中世纪中期的西欧》，三联书店，1957年；齐思和、林幼琪选译《中世纪晚期的西欧》，三联书店，1962年。汤普逊著《中世纪经济社会史》（上、下），1961—1963年也由商务印书馆出版。周一良、吴于廑主编的《世界通史》4卷出版不久，为了提供学习时所必需的参考资料，与教材配套的《世界通史资料选辑》，由周一良、吴于廑主编，陆续出版。

1961年，周扬主持召开全国高等学校文科教材编选计划会议时，明确提出建设自己的文科教材的任务，研究西方史学理论和西方史学史的问题，提上议事日程。60年代初以高校文科教材编写会议为契机，对西方史学和西方史学理论的研究，开始取代建国后对中国史学发展有深刻影响的苏联史学和苏联史学理论。西方史学史和西方史学理论开始较系统地介绍到中国来。在这期间，开始出版吴于廑先生主编的《外国史学名著选》，[1] 以及西方史学（包括史学理论）名著的全译本或选译本，一些著名的历史学家也开始较深入地从事这方面的研究工作，并且

① 选译的西方史学名著主要有：［希腊］希罗多德，《历史》；［希腊］修昔底德，《伯罗奔尼撒战争史》；［罗马］塔西佗，《编年史》；［罗马］李维，《罗马史》；［法］普鲁塔克，《传记集》；［意］马基雅维里，《佛罗伦萨史》；［英］吉本，《罗马帝国衰亡史》；［法］米涅，《法国革命史》；梯叶里，《第三等级的形成及其发展理论》；［德］朗克，《教皇史》等。每种名著约选译3—5万字，均由商务印书馆出版。

在较短的时间内有不少有影响的成果问世。① 但是，这些文章的内容明显地印有受“左倾”思潮影响的痕迹，那就是一般性的政治批判代替了具体的学术研究，对西方史学家的思想和西方史学思潮采取彻底否定的态度。例如，《文史哲》1962 年第 1 期对汤因比历史哲学思想的批判，认为在世界范围内，汤因比是马克思列宁主义的大敌，是当前史学界最大的一面白旗。

新中国成立后到“文革”爆发之前，中国世界史学者已经有不少成果问世，在一段时间表现出欣欣向荣的繁荣景象。这些成果主要有郭圣铭《世界古代史新编》（群联出版社，1955 年）；童书业《古代东方史纲要》（新知识出版社，1955 年）；吴于廑《古代的希腊和罗马》（中国青年出版社，1957 年）；沈炼之《简明世界近代史》（中国青年出版社，1957 年）；黄绍湘《美国简明史》（人民出版社，1953 年）；周一良《亚洲各国古代史》（上）（高等教育出版社，1958）；齐思和编著《世界中世纪史讲义》（高等教育出版社，1957）；季羡林《印度简史》（湖北人民出版社，1957 年）；陶大镛《社会主义思想简史》（中国青年出版社，1956 年）；等等。一些优秀的外国学者的专著，也陆续译成中文出版。这些译作除了苏联学者的著作外，还有一些西方历史学家的著名作品。如马迪厄《法国革命史论》（1954 年），索布尔《法国革命（1789—1799）》（1956 年）；福斯特《美洲政治史纲》（1956 年）；费克里《埃及古代史》（1956）等。

“文化大革命”首先是从史学界开始的。1965 年 11 月 10 日，姚文元在《文汇报》上刊出《评新编历史剧〈海瑞罢官〉》，揭开了十年浩劫的序幕。紧接着 1966 年 5 月 16 日《中国共产党中央委员会通知》，即“五·一六”通知后，陈伯达、关锋、戚本禹以《人民日报》社论的形

① 这些成果主要有：耿淡如《资产阶级史学流派与批判问题》，《文汇报》，1962－02－11；齐思和《欧洲历史学的发展过程》，《文史哲》，1962（3）；吴于廑《论西方古今的两个“客观”史学家》，《江汉学报》，1963（6）；周谷城《评没有世界性的世界史》，《文汇报》，1961－02－07；周谷城《论世界历史发展的形势》，《历史研究》，1961（2）；吴廷璆《建立世界史的新体系》，《光明日报》，1961－04－09；郭圣铭《批判阿诺德·汤因比的反动史观》，《文史哲》，1962（1）。

式发表文章说："资产阶级代表人物，把史学当作他们反党反社会主义的一个重要阵地。他们歪曲历史，借古讽今，欺骗群众，为资本主义复辟进行舆论准备。"①史学领域成为"文化大革命"的重灾区，中国历史科学遭到了严重的破坏。在所谓"反对修正主义"、"儒法斗争"、"批判封资修"、"打倒反动学术权威"的口号下，"影射史学"盛行。拿破仑被封为"洋法家"。世界史研究和教学也被纳入和"儒法斗争"之中。1972年，《红旗》杂志在第4、5、6、11期先后发表了一组关于学习世界史的文章。这组文章由四篇文章组成，分别是《读一点世界史》《再谈读一点世界史——关于要着重读一点近代史和现代史》《读一点有关帝国主义的历史——三谈读一点世界史》《了解一些民族解放运动的历史——四谈读一点世界史》，署名是"史军"。这四篇文章后来收集在一起，作为《学点历史》丛书中的一本，②由人民出版社1973年1月出版，书名为《读一点世界史》。

当时，在中共中央机关刊物《红旗》上连续发表这样一组文章，是不寻常的，引起了人们的广泛关注。在这组文章中，都使用了"读"或"了解"一点世界史，而不用"学习"和"研究"，表现出在"文化大革命"这一特定历史时期，世界历史的学习和研究，所带有的深深的烙印和痕迹。因为"学习"多用于对马克思主义经典作家著作的学习；而"研究"，则在更多的场合被视为贬义词，因此很少单独使用。

提倡学习一点世界史，完全是为当时国际、国内现实政治服务。在《读一点世界史》中明确指出："我们学习历史，是现实阶级斗争的需要。密切联系国内和国际上的阶级斗争和两条路线斗争来学，学习才能有明确的目的性，才能掌握重点，做到学习世界史同学习马、列著作、毛主席著作密切结合起来"。

---

①《夺取资产阶级霸占的史学阵地》，《人民日报》，1966-06-03。

② 关于《学点历史》丛书，编者在"出版说明"中写道："……学习历史，有助于我们更好地领会革命导师所讲的革命道理，有助于我们正确地理解当前国内外阶级斗争的形势，从而有利于提高我们的阶级斗争、路线斗争和无产阶级专政下继续革命的觉悟。《学点历史》丛书，就是从这个角度出发而出版的一套历史普及读物。根据学习的需要，《学点历史》丛书将分册出版，每册围绕一个中心，介绍历史知识，辅导历史学习。"

文章强调“厚今薄古”的原则，就是要将世界近现代历史作为学习的重点，因为当代世界的各种基本矛盾，都是从近现代史上发展而来的。当前的许多国际问题，往往可以从近现代史上弄清它们的来龙去脉。吸取近现代史上阶级斗争的经验教训，有助于我们认识当前的国际形势，正确理解尖锐复杂的现实阶级斗争。

从现实政治的需要出发，文章对民族解放运动的历史同样给予了充分的重视。文章认为，“民族解放运动的历史，是世界近现代史的一个重要内容。在读世界史的过程中，根据革命形势和任务的需要，注意了解有关民族解放运动的历史，学习世界被压迫民族和被压迫人民反对帝国主义、殖民主义、霸权主义的丰富历史经验，有助于我们认识和掌握当代世界历史发展的客观规律，提高我们执行毛主席革命路线的自觉性，更好地参加反对帝国主义、社会帝国主义的斗争”。

在这组文章的首篇中，还从撰写新的世界史读物的角度，谈到世界史学科的建设问题。文章写道：“广大群众都要求学一点世界史，这对我国的世界史研究工作将会是一个很大的促进。希望我国的世界史工作者运用马克思主义的立场、观点和方法，依靠集体力量，在对历史材料加以科学地分析和综合的基础上，努力写出几本简明通俗的世界通史和其他专题史、国别史。同时也希望有愈来愈多的其他方面世界史著作出版，供广大群众学习，让历史科学更好地为当前的阶级斗争和路线斗争服务，成为工农兵手中的强大武器”。由此就不难理解，为什么在“文化大革命”期间，有多部《世界通史》、《国际共产主义运动史》和其他世界史方面的著作能够相继出版。

四、从美国新史学派到法国年鉴学派

1976年末，“文革”已经结束，但是在学术研究领域仍然充斥着教条主义。“文革”留下严重的创伤。1978年5月，“真理的标准”讨论，冲破了“两个凡是”的禁锢，打碎了思想僵化，教条主义等精神枷锁，为重新确立党的“解放思想、实事求是”的思想路线，实现全党工作重心的转移奠定了理论基础，同时为召开具有重大历史意义的十一届三中全会，做了思想理论和舆论上的准备。这一切，使包括世界史研究在内的中国哲学社会科学研究，孕育着新的突破。1978年6月，教育部决定组织编写历史学基础课和专业课的教材。同时还制定了历史学教学方案。与此同时，全国20余所院校的世界史学者开始编写新的《世界通史》的准备工作，在“文革”中受到严重破坏的中国世界史的教学工作和研究工作，开始恢复。没有理论就没有历史科学，已逐渐成为广大史学工作者的共识，对史学理论（包括外国史学理论）问题的关注，拨乱反正，对某些问题展开热烈的讨论和争鸣，成为“文革”后中国史学复兴的重要标志之一。

新时期我国的外国史学理论研究所以取得丰硕成果不是偶然的。首先，我国学者对外国史学理论在近代以来中国史学发展中的作用，进行了科学的认识并给予了正确的评价。近现代中国史学的发展，特别是史学发展的每一关键时期，都是和外国史学的理论的引入，并产生积极的反响联系在一起的。如20世纪初期，进化论和进化历史观猛烈地冲击着中国封建史学的基础，成为先进知识分子在史学领域思想解放、破旧立新的锐利武器，从某种意义上说，没有进化历史观，就没有中国的“新史学”和建立在它基础之上的、能够体现出“新史学”精神的史学理论研究。五四之后，马克思主义在中国广泛传播。在中国学术界，马克思主义史学异军突起，而它的产生和发展，则是和唯物史观，及以它为核心的马克思主义史学理论在中国的广泛传播紧紧联系在一起的，同样可以说，没有唯物史观就没有以它为理论基础的中国的马克思主义史学。

在20世纪初，西方的“新史学”是中国史学界最关注的问题之一，“新史学”也是中国历史学家使用最频繁的术语之一。在21世纪初的今天，同样是这样；所不同的是，20世纪初的“新史学”是以鲁滨逊为代表的美国“新史学派”；而在21世纪初，则是以法国年鉴学派为代表的新史学派。是否可以说，以年鉴学派为核心的法国史学在第二次世界大战以来，逐渐成为西方史学的主流，这不是本文所要讨论的问题，但是，当分析二战后传入中国，并产生积极影响的西方史学时，我们可以有把握的说当首推法国年鉴学派。

为了清楚地认识以法国年鉴学派为代表的法国新史学，特别是它传入中国所产生的影响，首先有必要对以鲁滨逊为代表的美国“新史学派”及其在中国的影响，作一简单的回顾。

20世纪初，“破坏”中国旧史学，“建设”中国新史学，即用资产阶级史学代替封建主义的史学，是梁启超“为史界辟一新天地”的“史界革命”的主要内容。他认为“史界革命”关系到国家的命运和前途，中国史学的陈腐和落后，是中国社会发展落后的重要原因之一。因此，“史界革命不起，则吾国遂不可救”，不能立于世界之林。[①] 在中国史坛破旧立新的过程中，以鲁滨逊为代表的美国“新史学派”理论，发挥了重要的作用。而最早、最系统地将美国“新史学派”的理论与方法介绍到中国来的，是现代历史学家何炳松。

何炳松1916年归国，次年入北京大学历史系任教。他在讲授“西方史学原理”时，即以鲁滨逊的《新史学》为课本。美国新史学派的主要代表作，在当时几乎全部译成中文出版。除《新史学》（1922年）之外，还有约翰生的《历史教学法》（1924年），绍特威尔的《西洋史学史》（1929年），桑戴克的《世界文化史》（1930年），班兹的《史学史》（1930年）、《西洋史进化概论》（1932年）、《新史学与社会科学》（1933年）等。《新史学》原出版于1911年，书中汇编了美国新史学派代表人物鲁滨逊历年发表的论文和演说，集中体现了他的史学思想。

不仅何炳松对鲁滨逊及美国“新史学派”倍加推崇，陈训慈、陶孟和、衡如、谷风池等学者也纷纷撰文，高度评价“新史学派”。他们一致认为“新史学派”所倡导的扩大历史研究的范围；对社会历史现象进行综合研究；用进化的观点观察历史变化；强调人类历史是一个持续不断的成长过程，以及明确指出史学的功能是了解现实，预测未来，人们完全可以利用历史知识造福于社会等等，使中国史学家对“科学的历史学”有了不少新的认识，引起了大家对史学理论问题的兴趣和关注。鲁滨逊的上述观点令中国史学界耳目一新，对20世纪初中国史学的发展，产生了较大的影响。

何炳松在《新史学·译者导言》等文章中，对鲁滨逊的史学思想给予高度评价。新史学的“新”首先体现在历史观方面。还表现为“综合历史观”和新的研究方法。他十分赞同鲁滨逊主张运用多学科的方法进

① 梁启超：《新史学》，见《饮冰室合集》文集之九。

行历史研究，他说："'新史学'要脱去从前那种研究历史的限制。新史学这样东西，将来总可以应付我们日常的需要。他一定能够利用人类学家、经济学家、心理学家、社会学家关于人类的种种发明"。① 这同鲁滨逊强调要用人类学、史前考古学、社会学、心理学、经济学、地理学、法学和心理学进行历史研究的思想，是完全一致的。

何炳松译介鲁滨逊《新史学》，并不仅仅是在介绍一本新书，或一种新的历史流派，而是在介绍一种全新的历史观念。而这种新的历史观念，在20世纪初的中国，又是和中国史学正在进行的"革命"联系在一起，彼此相互呼应，因此很快便在中国史学界产生了积极的影响。例如，朱希祖、谭其骧等人都对何炳松中译本《新史学》的意义，给予高度评价。谭其骧将这本著作，和当时中国史学发展所面临的任务联系在一起，指出它对我国史学界，起过一定的破旧立新的作用。②

如果说以鲁滨逊为代表的美国"新史学派"，是20世纪初摧毁中国封建主义史学的一种武器；那么，以法国年鉴学派为代表的法国新史学，则是世纪之交，中国史学走向世界的一座桥梁。从中西文化交汇的背景去看，这座"桥梁"的作用将随着时间的流逝，日益产生更加深远的影响。

首先，反映法国年鉴学派理论与方法的著作，陆续译成中文出版。

1989年，J. 勒高夫、P. 诺拉、R. 夏蒂埃、J. 勒韦尔等主编的《新史学》，由上海译文出版社出版。这本书是根据J. 勒高夫、P. 诺拉主编的《研究历史》（1974）和J. 勒高夫、R. 夏蒂埃、J. 勒韦尔主编的《新史学》（1978）编译而成。《研究历史》和《新史学》法文版问世后，在西方史学界引起广泛反响，很快译成多种文字出版。中文本《新史学》所选的12篇论文，包括"心态史"、"历史人类学"、"计量史学"和"结构史学"等，均出自法国年鉴学派主要代表人物之手。

曾任法国社会科学高等研究院院长、《经济·社会·文明年鉴》主编之一的J. 勒高夫为《新史学》写了"中译本序"。他首先说："我十分高兴能向中国读者介绍这本论文选集。中国是个大国，它的历史丰富、漫长、悲壮、光荣。中国既有古老的史学传统，又有新的历史学，

---

①《何炳松文集》，第3卷，第40页。

② 见刘寅生等编：《何炳松纪念文集》，74～75页，上海，华东师范大学出版社，1990。

而这一史学也正是我们希望能通过今日与明天中法友好关系的发展更好地加以了解的。我要向中国的史学家、研究人员和历史业余爱好者致敬”。他还分析了当代法国史学发展的社会历史背景：史学在“历史的加速发展压力下发生了变化。在我们这个有着飞机、电视、火箭与卫星的世界上，这一历史的加速是与科学技术发展，特别是与信息交流、通讯发达的进步紧密相联的”。他还具体阐释了法国“新史学”的渊源和特点：他认为这是一场深刻更新着史学的运动，“我们给予了这个运动以‘新史学’这一也许并不那么谦虚的标签。然而我已在此文中指出，我也希望在此再次指出的是：这一‘新史学’如果不是追根溯源到古希腊‘史学之父’希罗多德的话，起码可上溯至启蒙时代和19世纪的一些大史学家。人们可以接受或批评这些史学新方向的这个或那个方面，但其基本的一点是人们坚信历史研究应当伴随着理论思考的工作和各种方法的创建工作”。他特别强调“应当‘思考’历史学并使历史学适应于人们日益增长的渴望——这是一种在世界、社会的演进、变化中理解世界、社会的渴望。所有好的史学都是新的，因为它意识到历史在变化着，意识到历史科学也随着历史本身的变化而变化”。① 这一切对于改革开放，正在走向世界的中国史学来说，无疑有重要的借鉴意义。

在J. 勒高夫等主编的《新史学》中文本问世之前，J. 勒高夫等主编的《研究历史》一书的简缩英译本，由社会科学文献出版社在1988年译成中文出版，书名为《史学研究的新问题、新方法、新对象》。除科林·卢卡斯的《前言》外，收有弗朗索瓦·菲雷等人的10篇论文，内容涉及计量史学、经济史、马克思主义史学、气候史、人口史、宗教人类学、社会史、心态史、书籍史等。J. 勒高夫等在这部著作中，具体地阐释了这样一种“新史学”的理念：“如今，史学领域毫无界限；史学沿着突破的线路或地带之间的地区有的尚待开发，有的则已挖掘殆尽”。② 这部著作在方法论方面，也同样给人以深刻的启迪，问题史学——分析史学——跨学科、多学科的综合研究等等，使人们对法国年

① ［法］勒高夫等：《新史学》，1～4页，上海，上海译文出版社，1989。

② ［法］勒高夫和诺拉主编：《史学研究的新问题、新方法、新对象》，35页，北京，社会科学文献出版社，1988。

鉴学派史学理论与方法，有了更具体、更深刻的认识。

1992年，年鉴派创始人之一马克·布洛赫的代表作之一——《历史学家的技艺》（又名《为历史学辩护》）的中文版，由上海社会科学院出版社出版。马克·布洛赫不仅强调“由古知今”，而且强调“由今知古”。“史学家必须与全部生活之源泉——现在保持不断的接触”，否则将一无所知。如何做到“由今知古”？马克·布洛赫提出了历史研究的“倒溯法”。在他看来，一些人认为历史学家考察历史的顺序，与历史事件发生的顺序是完全一致的，这显然是一种误会。在历史研究中，从已知推向未知是完全正常的。他说：“为了阐明历史，史学家往往得将研究课题与现实挂钩，……只有通过现在才能窥见广阔的远景，舍此别无他途。当然，这并不意味着要把永远静止不变的景象强加给每个阶段。史学家所要掌握的正是它在每个阶段中的变化。但是，在历史学家审阅的所有画面中，只有最后一幅才是清晰可辨的，为了重构已消逝的景象，他就必须从已知的景象入手，由今及古地伸出推土机的铲子”。① 他认为，只有历史学这一门学科，既研究已死的历史，又要研究活的现实。

关于史料，马克·布洛赫将其分为“有意”和“无意”两类。前者主要指公开的历史著述、回忆录和相关的报道等。这些史料的作者或整理者“有意”表达自己的观点，用这些影响时人和后人；而后者主要指政府各类档案、私人信函、各类文物等。同前者相比，这些史料大多是“无意”留下的历史痕迹。虽然不能否认前者作为历史文献的价值，但后者更可信，价值更高。马克·布洛赫虽然十分重视史料的收集、整理和辨伪，但并不盲目崇拜史料，而是强调要揭示史料背后所蕴含的历史内容。这正如他所说的那样：“尽管历史学只能通过昔日的‘轨迹’来了解过去，我们对过去的了解还是要比它本身愿意告诉我们的更多些，这才是我们的成功之处，确切地说，这是精神对物质的辉煌胜利”。② 在这里，马克·布洛赫还明确地划出年鉴派史学与实证主义史学的界限，即不是信奉“史料即史学”的观点，而是强调历史研究的问题意识。他说：“对一个新手的劝告最糟莫过于教他耐心等待，劝他从文献

① ［法］马克·布洛赫：《历史学家的技艺》，38页，上海，上海社会科学院出版社，1992。

② ［法］马克·布洛赫：《历史学家的技艺》，50～51页。

中寻找灵感。这种行为使本来设想不错的研究陷入僵局或绝境”。[①] 历史研究的“问题意识”或历史研究的目的性，开辟了“问题史学”的广阔道路。这在另一位年鉴学派领袖吕西安·费弗尔那里讲得更加明确：“提出问题是所有史学研究的开端和终结，没有问题便没有史学”。[②] 这在今天已经成为大多数历史学家的共识。

埃马纽埃尔·勒华拉杜里曾任法国国立图书馆馆长，《年鉴》杂志主编之一，是年鉴学派第三代的重要代表。他的两部代表作《蒙塔尤》（商务印书馆，1997 年）和《历史学家的思想和方法》（上海人民出版社，2002 年）已经先后译成中文出版。《蒙塔尤》的全名是《蒙塔尤——1294—1324 年奥克西坦尼的一个山村》。该书被认为是“精神考古学”的杰作，是一部典型的心态史作品。作者利用一批 13 世纪地方宗教法庭的记录，通过对所谓“罪犯们”的信仰、道德行为、社会联系的分析，对农村普通人的精神观念进行了深入的研究。在此之后，勒华拉杜里在《罗曼人的狂欢节 1579—1580》（1980）、《说奥克语地区的钱币、爱情和死亡》（1980）和《茉莉花的女巫》（1987）等著述中，进一步丰富和完善了心态史研究的理论和方法。

1973—1993 年，勒华拉杜里对他的史学理论与思想进行了总结。先后出版了《历史学家的领域》（2 卷本）、《在历史学家当中》（2 卷本）。《历史学家的领域》一书的第 2 卷，在译成英文时，其第 2 卷单独成书，书名为《历史学家的思想和方法》，中文本即据此译出。该书由勒华拉杜里的几篇论文和演讲组成。主要内容是宏观史和“人口——生态”历史；以 16 世纪法国农民为例，对“心态史”的具体诠释；法国工业化和现代化的道路；历史研究中的人类学和谱系学等等。在某种意义上，可以认为这本文集是勒华拉杜里史学理论与方法的总结，或者说，是了解勒华拉杜里史学思想的入门书。他的心态史学的理论与研究实践，以及他在推动跨学科研究中的努力与贡献，都使人们耳目一新，留下深刻的印象。

法国年鉴学派第二代主要代表人物、年鉴派史学思想集大成者费尔

---

① ［法］马克·布洛赫：《历史学家的技艺》，51～52 页。

② ［法］马克·布洛赫：《历史学家的技艺》，10 页。

南·布罗代尔的主要代表作，几乎都有中译本。这些著作主要有《15至18世纪的物质文明、经济和资本主义》（3卷本），三联书店，1992年；《法兰西的特性——空间和历史》（2卷本），商务印书馆，1994年；《菲利普二世时代的地中海和地中海世界》（2卷本），商务印书馆，1996年；《文明史纲》，广西师范大学出版社，2003年。这几部著作堪称经典的学术著作。“如果说年鉴学派第一代历史学家奠定了方法论与组织基础，那么第二代、第三代历史学家在布罗代尔的领导下，就继承、发展了这个传统，并利用五六十年代法国经济繁荣的有利条件，广泛开展经济社会史等方面的调查研究，出版大量历史著作，从而扩大了年鉴学派的队伍与影响。这种影响的泉源，从学术上说，主要来自布罗代尔的史学实践，包括教学、著述和编辑方面”。张芝联先生的上述评析，准确地概括了布罗代尔的史学贡献，这已经成为中国历史学家的共识。

在中国，年鉴派史学是在20世纪80年代，即实行“改革开放”之后才广为人知，在80年代以后面世的各种类型、各种版本有关西方史学史著作中，几乎都会涉及到年鉴学派。[①] 认为年鉴学派代表了西方史学的主流方向，对中国史学有重要的借鉴意义。然而，早在“文革”前，却已有介绍。例如，张芝联先生1960年在贵阳师范学院历史系讲

---

① 这些著作主要有：张广智：《克丽奥之路——历史长河中的西方史学》，上海，复旦大学出版社，1989；张广智等：《史学，文化中的文化——文化视野中的西方史学》，杭州，浙江人民出版社，1990；徐正等主编：《西方史学的源流与现状》，北京，东方出版社，1991；陆象淦：《现代历史科学》，重庆，重庆出版社，1991；庞卓恒主编：《西方新史学述评》，北京，高等教育出版社，1992；杨豫：《西方史学史》，南昌，江西人民出版社，1993；陈勇等：《西方史学思想导论》，武汉，武汉大学出版社，1995；郭小凌编著：《西方史学史》，北京，北京师范大学出版社，1995；罗凤礼主编：《现代西方史学思潮评析》，北京，中央编译出版社，1996；张广智等：《现代西方史学》，上海，复旦大学出版社，1996；何兆武等主编：《当代西方史学理论》，北京，中国社会科学出版社，1996；徐浩等：《当代西方史学流派》，北京，中国人民大学出版社，1996；郭圣铭等：《西方史学名著介绍》，上海，华东师范大学出版社，1996；何兆武主编：《历史理论与史学理论——近现代西方史学著作选》，北京，商务印书馆，1999；张广智等：《西方史学史》，上海，复旦大学出版社，2000；鲍绍霖编：《西方史学的东方回响》，北京，社会科学文献出版社，2001；陈启能主编：《西方历史学名著提要》，南昌，江西人民出版社，2001。

学时，就曾经介绍了年鉴学派。在80年代以后中国史学新的发展时期，张芝联先生的《法国年鉴派史学》（1978年，见《从“通鉴”到人权研究》代序，三联书店，1995）、李幼蒸先生的《法国当代历史思想》，（《世界历史》1980年第5期）较早地对年鉴派史学思想进行了介绍和评析。中国学者对年鉴学派的发展变化，以及各种研究成果的问世十分关注，对它的研究介绍和评价至今方兴未艾。①

关于法国年鉴派——新史学在中国的回响，它作为一个过程正在展开，现在很难做出完整、系统的概括；但是，在当代中国史学走向世界的过程中，它的影响却毫无疑义是多方面的。当代中国史学发展历史表明，年鉴学派在中国的回响和影响，在中西文化交流、交融的广阔背景下，在推动当代中国史学理论建设方面，已经产生了，并将继续产生积极的影响。

五、西方史学传入中国的回响

近代以来外国史学传入中国，对中国史学发展产生了十分重要的影响。通过上述简要的回顾，可以清楚地看到这个过程中的某些规律性的现象。明确这些，对新世纪中西史学的交流和中国史学的发展，无疑有重要的意义。

首先，西方史学的传入，以及西方史学在中国的回响和影响，是在中国社会发展的广阔背景下进行的。这一切与时代同步，它虽然直接表现在历史学学科上，但却反映了时代的呼唤和要求，从而表现出鲜明的时代精神。20世纪初，社会进化史观成为我国早期资产阶级史学的重要理论基础，反映了当时中国社会面临的主要矛盾，以及严重的民族危机。新文化运动和五四前后，价值观的多元取向以及利益主体的日益多元化，使包括西方史学思潮在内的学术思潮异常活跃；而唯物史观为先进的知识分子接受并广泛宣传，则反映了当时中国社会的阶级关系已发生了根本的变化，它是风云变幻的中国社会的产物。20世纪50年代，出现了学习苏联史学和苏联史学理论的热潮，这是当时中国社会政治、

① 参见鲍绍霖编：《西方史学的东方回响》，229～235页，北京，社会科学文献出版社，2001。

经济、文化发展特点的具体反映。“文革”结束后，西方史学的传入及回响，无论在深度上还是在广度上，都是前所未有的，这已成为新时期中国史学发展的重要特点和标志之一。这自然是党的十一届三中全会后，中国社会发展进入了一个崭新的发展阶段的直接产物，是中国人民改革开放，走向世界的表现。

其次，主动地进行积极的文化选择，以及认真汲取外国史学理论方法论的积极成果，从来都是和中国历史科学的建设联系在一起的。尽管在不同的历史时期，由社会和历史学学科发展的特点所决定，西方史学的传入，以及西方史学对中国史学发展所产生的影响不同，但有一点却是相同的，那就是其主流始终是取其精华，为我所用，借鉴外国史学的有益营养以丰富和发展中国的史学。因此，中外史学的交流不能脱离中国历史学的历史与现实。那种脱离中国史学实际的“交流”实际上是盲目的、没有任何科学意义的一种被动的“接受”。我们应自觉地抵制一种有害的倾向，即对中国传统史学和中国马克思主义史学的优良传统视而不见，妄自菲薄；而对外国史学理论的意义和作用则盲目夸大，不加分析地生搬硬套，夸夸其谈。从这一基本认识出发，我们应该加强对西方史学发展中提出的一系列重大理论问题进行深入系统的研究，而不能仅仅停留在一般性的介绍，或人云亦云，浅尝辄止。外国史学理论是外国史学的重要组成部分，在某种程度上反映了它发展进程中的一些本质性的内容，而这些内容往往十分复杂，这就要求我们从中国史学建设的实际出发对其进行认真的分析，取其精华，弃其糟粕，进一步将对外国史学及外国史学理论方法论的介绍和研究，紧紧地同中国史学的建设连在一起。

西方史学传入中国并产生积极的回响，但没有代替中国史学，也不可能代替中国史学。当代的中国史学仍然深深地扎根于中国的传统与现实。在多样性的世界文化格局中，中国史学只能在与外来史学的碰撞、交流和交融中，才能显示出它区别于其他史学的独特魅力，朝气蓬勃地融入世界，走向未来。但无论是交流还是交融，都不是简单的“移植”或“同化”，而是中国人民在新的历史条件下，创造着与时代相适应的更加辉煌的中国新史学、新文化。

外国史学理论和当代中国历史科学建设

一、“必须要从中国的角度来看世界”

雷海宗，字伯伦。1902年生于河北永清。1919年入清华学堂。1922年毕业后留学美国芝加哥大学，研读历史学和哲学，1927年获博士学位后归国。回国后历任南京中央大学、武汉大学、清华大学、西南联合大学和南开大学教授。雷海宗先生早年曾受德国历史哲学家O. 斯宾格勒“文化形态史观”的影响，是我国历史学“战国策”派的代表人物之一。他认为历史是多元的，人类的历史是各种不同的文化在不同的时间和空间独立产生并自由发展的历史。1946年，他在《历史的形态与例证》中，集中表述了这种观点。新中国成立后，他和所有爱国知识分子一样，自觉接受马克思主义为理论指导，在努力完成旧的世界观向新的世界观转变的同时，在学术上焕发出新的青春。雷先生在这一时期完成的《世界上古史讲义》，应该被认为是其代表作之一，虽然它的价值远远没有被人们所认识，至今未能为更多的人所了解。

雷海宗先生在论及“上古时的中国”写道：“中国是世界上最早的文明古国之一，在古代世界历史上，中国占有重要的地位。因此我们在学习世界历史的过程中要注意两个问题；第一要注意中国与世界其他地区的联系和彼此间的相互影响；第二要注意中国对世界人类文明发展的贡献。同时，我们中国人学习世界历史，则必须要从中国的角度来看世界，这样就能够在很大程度上纠正过去把‘世界史’看成是‘西洋史’的错误看法”。[①] 雷海宗先生的这段话虽然不长，但却提出了中国学者研究世界历史的一个重要的方法论原则，或者说一个重要的指导思想，这就是说，中国人的世界历史研究，从内容上讲应该是“世界”的，而且这个“世界”，理所当然地应该包括中国，中国是世界的中国。而从研究的立场、观点，即文中所说的看世界的“角度”，则必须是中国的，正如雷先生所言“必须要从中国的角度来看世界”。因此，中国的世界历史研究，只能是中华民族的世界历史研究，而不是食洋不化，不加选择地重复外国人的观点。实际上，任何一个国家或民族的世界历史研究，都是首先属于这个国家或民族的，例如，英国克拉克爵士主编的《新编剑桥世界近代史》是由西方历史学家执笔完成的，它首先会集中反映出西方人的观点；而苏联科学院主编的《世界通史》，则不可避免地会体现出当时苏联人的观点。当代中国的世界历史研究也不例外，它应该从中国的历史与现实出发，扎根在中国学术的沃土上，科学地阐释中国人民对人类历史的理解和认识，表达中国人的思想感情。明确这一点，不仅有重要的学术价值，而且有重要的理论意义和现实意义。就世界历史研究而言，如果确实做到了“从中国的角度”出发，首先明确了在研究中怎样做一名中国人的前提下，去从事世界史的研究，那一定会使我们的世界史研究有另一番不同的大地。

雷先生强调中国和世界的关系，是“彼此间的联系和彼此间的相互影响”，而中国不仅仅是消极的、被动的接受，要自觉地清除“欧洲中心论”的影响。他以15—16世纪“地理大发现”为例具体地阐述了他

① 雷海宗：《伯伦史学集》，578页，北京，中华书局，2002。

的观点。他说："地理大发现"一词，是欧美资产阶级历史学者的一个惯用名词，后来在殖民地化或半殖民地化的大部世界也不假思索地予以援用，……"发现"一词乃欧洲立场的名词，其中含有浓厚的侵略及轻蔑的意味，把欧洲以外的地方看为发现、开发、剥削的对象。……至于中国，当然也是被"发现"的对象，过去西欧人虽知中国，但始终不够明确，进入16世纪，才真正"发现"了中国。雷先生认为：无论是何种社会，人民都是历史的主人，所以在世界史上，即或是先进的地区对于落后的地区，也不当用"发现"一类的词语。若用此类的词语，那就等于在世界上的国家及人民间，定出宾主之分，有的居主位，是"发现者"，有的居宾位，是"被发现者"，在未"被发现"前，等于不存在。因此雷先生建议今后在世界史中只用"新航路的发现"或"新航路的开辟"，而不用"地理大发现"。[①] 近半个世纪过去了，雷先生当年提出的问题至今仍有现实的意义。

1928年3月，雷海宗先生写有《评汉译韦尔斯著〈世界史纲〉》，在《时事新报》上发表。这可能是他在美国获得博士学位归国后公开发表的第一篇文章。在这篇书评中，他对韦尔斯的《世界史纲》提出了尖锐的批评，与某些从外国"镀金"归来就认为"外国的月亮也比中国的圆"的人，形成鲜明的对照。雷先生认为，这部《世界史纲》，是"专门发挥某种史观的书"，而作者韦尔斯是"西洋著作界一个富有普通常识而缺乏任何高深专门知识的人，所以在他的脑海中'历史'一个名词就代表'西洋史'，而他的历史观也就是他以西洋史为根据所推演出来的一个历史观"。这样，韦尔斯在运用史料，进行历史叙述的时候，一定要以"西洋历史"为根据，在"参考其他民族史籍的时候，不知不觉中，一定是只将可以证明他的历史观的——至少不同他历史观相悖的——事迹引用；其他的事迹若也引用，岂不是自己打自己的嘴巴"？[②] 雷先生的上述观点，具有一定的代表性，对"欧洲中心论"的批评，反

① 雷海宗：《世界史上一些论断和概念的商榷》，《历史教学》，1954（5）。

② 雷海宗：《评汉译韦尔斯著〈世界史纲〉》，《时事新报》，1928－03－04。转引自《伯伦史学集》，613～614页。梁思成等译：《世界史纲》，上海，商务印书馆，1927。

映了当时进步历史学家的共识。例如，20世纪40年代周谷城先生说："本人不认为国别史之总和为世界通史，故叙述时，力避分国叙述的倾向，而特别着重世界各地相互之关联"。"欧洲通史并非世界通史之中心所在。欧洲学者著世界通史，偏重欧洲，情有可原；且十五世纪以后，欧洲人在世界各地本也非常活跃。但十五世纪以前，所谓世界活动，几乎只限于亚、欧、非三洲之间，因此我们断不能忽视亚洲及欧亚之间的活动"。[①] 此外，雷海宗和周谷城等先生一样，十分重视世界历史进程中的中国历史问题，他们打破世界历史研究中人为设置的"中国史"、"世界史"的界限，以广阔的世界历史矛盾运动为背景来研究中国的历史，使人们无论对中国史还是对世界史的认识，都会在原有的基础上进一步深化。这不仅使我们的认识更接近客观历史的真实性，而且更重要的是用这样历史研究的实践，来批判"欧洲中心论"，这比一般抽象的理论批判，有更强的说服力。雷先生的《世界上古史讲义》虽然没能出版，但其价值和周谷城先生的《世界通史》一样，都是有待我们认真研究的宝贵的学术遗产。

如果说20世纪20年代，英国学者韦尔斯在他的作品中表现出强烈的"欧洲中心论"，是由其所处的时代和阶级的局限性所决定的，没有什么值得人惊小怪，那么在21世纪初的中国，有人却要以"反对保守、反对僵化"，与"国际接轨"、开展国际"学术交流、学术合作"为名，不加分析地盲目鼓吹西方"新"的史学理论和方法，惟西方史学才是"科学"，宣扬史学理论方法论中的"欧美中心论"。这是"欧洲中心论"在新的历史条件下的变种，其实质是要将有悠久传统的中国史学纳入西方史学发展的轨道，这实际上是行不通的。笔者以为，今天重温和学习雷海宗先生的上述论述，应该是十分有益的。当然，这种学习不仅仅是具体的研究结论，首先是或更重要的要学习他的爱国主义精神，以及严谨的、实事求是的科学态度。"文如其人"，任何一个人的世界观、历史观和价值观，都是统一的，是不可分割的，历史学家当然也不例外。

雷海宗先生强调中国人学习世界历史，必须要从中国的角度来看世

① 周谷城：《世界通史》上，3页，石家庄，河北教育出版社，2000。

界，在今天全球化的背景下，尤其有重要的意义。我们相信，在全球化的情况下，依然能够保持文化的多样性，因为这是和保持民族的独立性紧紧地联系在一起的。在当代中国的世界史研究中，只有真正坚持做到雷先生所说“从中国的角度看世界”，并在今天新的历史条件下，赋予其新的社会意义和新的社会内容，才能够保持清醒的头脑，自觉地抵制历史研究领域中的西方的文化霸权和文化扩张，清除文化殖民主义的影响，有力地回答“文化帝国主义”的挑战。

中国的世界史研究，包括对外国史学思潮、流派，外国理论与方法的介绍和研究，从其萌生之日起，就是和“救亡图存”联系在一起，表现出强烈的爱国主义精神。中国人的世界历史研究，在20世纪初虽然还远没形成具备有较完备形态的世界历史科学学科，但其特点确是异常鲜明，其主要内容之一是从历史上总结爱国心对民族国家强弱存亡的重要作用，努力在自己的实践中为救国，为进行爱国主义历史教育而著史、译史和讲史；总结外国亡国的历史教训以唤醒中国人民；编译外国帝国主义侵略中国的历史以促进中国人民的反帝爱国运动。而且这些世界历史方面的介绍和研究，又不脱离中国的实际，重视爱国主义的乡土历史教育，宣传祖国的悠久历史和优秀遗产，以培养、增强人们的民族自信心和民族自豪感，等等。[①] 纵览雷海宗先生的学术生涯，人们可以清楚地看到他在各个历史时期的爱国热情，正如王敦书教授所言，他热爱中国的历史和文化，“面对祖国积弱和文化衰老的现实，他着重从当今的时代出发，对中国和世界各地区国家的历史与文化进行比较研究，探讨中国历史发展的特点，评价中国传统文化的积极和消极方面，谋求在20世纪建设中国的途径”。[②]

随着全球化时代的到来，“全球历史观”日渐引起了人们的重视。“全球历史观”的核心内容之一是反对“欧洲中心论”。雷海宗先生始终坚决反对“欧洲中心论”，多次强调“世界史不是西洋史”。1956年，他在谈到我国高中《世界近代现代史》课本时，具体地提出了自己的意

① 参见俞旦初：《爱国主义与中国近代史学》，106页，北京，中国社会科学出版社，1996。

② 王敦书：《前言——雷海宗的生平、治学特点和本卷说明》，见雷海宗：《伯伦史学集》，11页，中华书局，2002。

见，在充分肯定这部教材的基础上，也指出了教材的不足之处在于“仍偏重于欧美历史”，他说，“中国既是一个亚洲国家，并且是亚洲的一个大国，在我们的世界史课本中就必须考虑亚洲各国所当占有的恰如其分的地位，这对于培养学生世界范围地看世界问题，而不是欧美中心地看世界问题的习惯，是非常重要的。”① 他十分重视世界各地区、各民族之间的相互影响和相互联系，例如亚欧大草原的游牧部落及其与中国、希腊和罗马等地区国家的关系与迁徙等。他虽然没有明确地提出“全球史观”，但他所主张的从全局和整体来把握世界历史，和所谓“全球性眼光”看世界历史，是完全一致的。在他看来，韦尔斯《世界史纲》中的许多章节，如果独立，都是内容不错的通俗历史小册子。“但只是因为韦尔斯硬要把它们拉拢起来，编成一本有系统有先后的所谓世界史，所以倒把事情弄糟了。书虽名为世界史，实只头绪错乱的参杂质的西洋史。……总括一句来做结论——韦尔斯不过是从漫无涯际不相连贯的人类历史中——尤其是西洋史中——找出几点紧要不紧要的事实来用小说家的理想线索把它们串在一起，御赐它们名叫《世界史纲》”。雷先生认为，抱着这样的书来学习世界史，实际上是一条“走不通的路”，因为《世界史纲》“并不是历史”，所以在“研究历史时，最好读别的书，对韦尔斯的书愈少过问愈好”。② 雷海宗先生这些真知灼见，历经70多年的风风雨雨，至今仍表现出强有力的生命力，这足以证明他有多么厚重的史学功底和理论素养。

在新的历史时期，我们要认真研究雷海宗的史学思想，发扬他“从中国的角度来看世界”的精神，为繁荣和发展当代中国历史科学，为推动中国世界史学科建设，努力做出更多的贡献。

二、陈翰笙历史研究的时代精神

陈翰笙是我国著名的马克思主义经济学家、社会学家、历史学家和著名的社会活动家。1924年夏，翰老以《1911年瓜分阿尔巴尼亚的伦

① 雷海宗：《伯伦史学集》，637页。

② 雷海宗：《伯伦史学集》，616、620页。

敦六国使节会议》为题完成论文，获得柏林大学博士学位。作为历史学家，翰老曾先后在北京大学历史系讲授欧美通史和史学史，第二次世界大战结束后，在华盛顿讲授和研究印度史。新中国成立后，他出任中国社会科学院顾问和世界历史研究所名誉所长，主编了《华工出国史料汇编》300多万字；还主编有《外国历史小丛书》，仅由他亲自审阅的文稿就达197册。

翰老学识渊博，研究工作涉及历史学、经济学、社会学、政治学、法学和国际关系学等领域，撰写专著和论文达400余种。他的一些史学著作，如《五口通商与茶叶贸易》，美国芝加哥，1921年；《人类的故事》，北京：北新书局，1925年；《封建社会的农村生产关系》，上海：国立中央研究院，1930年；《美国垄断资本》，北京：世界知识出版社，1955年；《印度和巴基斯坦经济区域》，北京：商务印书馆，1959年；《印度莫卧尔王朝》，北京：商务印书馆，1979年再版等，对中国史学的发展，特别是对世界史学科的发展，做出了不可替代的重要贡献。

翰老是著名的学者，但他首先是投身于在中国共产党领导下，为中国人民争取独立、解放而斗争的英勇战士，是中国共产党的优秀党员。早在1925年，他经李大钊、于树德介绍加入了共产党。作为一名革命者，他积极投身于反对封建军阀和国民党反动统治的斗争。1925年，他把5月30日发生在上海的“五卅惨案”的真相公诸国内外；1926年，他第一个用英文将他亲历的“三·一八惨案”公诸世界；1941年“皖南事变”发生后，他通过英文半月刊《远东通讯》，第一个向全世界揭露了事件的真相。

翰老的历史研究，始终高扬马克思主义的理论旗帜，从不脱离中国革命的实际，而是和党、祖国同呼吸，共命运；和人民革命的脉搏一起跳动，表现出鲜明的时代精神。例如，他在科学地阐明中国农村半封建半殖民地社会性质，在华工史研究，以及世界史理论与方法的研究中，都突出表现出这一点。

20世纪二三十年代，共产国际内部对中国社会性质问题发生争论。1927年第一次国内革命战争失败后，在苏联理论界和共产国际，魏特夫、瓦尔加等人错误地认为，中国共产党没有弄清中国的社会性质，因而所采取的革命方针、政策都是错误的，所以导致了革命的失败。1928

年，在国际农民运动研究所任东方部部长的匈牙利人马季亚尔出版了《中国农村经济》一书，认为中国自原始社会解体后，既无奴隶社会，又无封建社会，只是一种由亚细亚生产方式决定的“水利社会”。到20世纪初，西方资本主义传入中国后，中国也就成了资本主义。因此，认定中国农村也就是资本主义的农村。

从1928年到1934年，翰老的足迹穿越了大半个中国。他运用马克思主义的阶级分析方法，从历史与现实的结合上，对中国农村经济进行了广泛深入的调查研究。翰老认为，中国农业基本是自给自足的自然经济，是封建社会性质，中国的农村不是资本主义的农村。在他看来，马季亚尔所讲的只是农产品商业化的问题，而这只是商业资本，并不是工业资本，所以不存在资本主义社会。他说：“中国社会，纯粹的封建已成过去，纯粹的资本主义尚未形成，是正在转变时期的社会，在这种社会里，土地所有者和商业资本及高利贷资本三者均以农民为共同剥削目标”，“这就是半封建半殖民地的社会，废除封建的土地制度，进行土地革命，使无地少地的农民得到土地，是发展农业生产，解决农村问题唯一正确的道路”。翰老用农村调查的确凿材料批驳了马季亚尔等人的错误观点，为中国共产党实行正确的策略提供了可靠的依据。

在中国史坛，华侨史研究甚为薄弱。在20世纪70年代，翰老为了揭露西方殖民主义者掠卖中国人口的罪行，他不顾年事已高，在十分困难的条件下开始了华侨史研究的拓荒工作，首先是华工史料的搜集、整理和编纂工作，正是在翰老的积极推动下，《华工出国史料汇编》共十辑，约350万字，在1980—1985年相继出版。

《华工出国史料汇编》包括中国官方的文书选辑，英国议会文件选译，美国政府文件选译，中外学者关于华工方面较有权威性的综合性著作，以及东南亚、拉丁美洲、美国和加拿大、大洋洲、非洲和欧洲等地区的华工史料；在这些文献中，包括华工出国的历史背景、出国方式、清朝政府对华工的政策、华工的遭遇及反抗、华工对当地社会的贡献等。《汇编》的史料十分丰富，不仅有中外官方文件、中外专著，还有学者根据调查所写的研究报告，和目击者所记录的资料，以及当时国内外报刊所载的有关论文或评论。《汇编》的出版，为深入研究华工及中国近代经济史、世界近代经济史、中外关系史及移民史的关系提供了极为丰富的资料。在《华工出国史料汇编》编辑整理的同时，翰老着手对华工历史的研究，撰写了《“猪仔”出洋——700万华工是怎样被拐骗出国的》，揭露了700万华工被拐骗出国的过程，以及西方的“文明”是如何建立在华工的血泪和尸骨上。在这些研究中，突出地体现了陈翰笙的华侨史思想，那就是将华侨史研究不仅放在中国近代史的背景下，而且也放在世界近代史的广阔背景下进行研究，因而“华侨的历史是有世界历史意义的”。

“文革”结束后不久，翰老在1978年和1979年先后撰写了《对研究世界历史的几点意见》和《关于编写世界历史的问题》，为拨乱反正，宣传贯彻“解放思想，实事求是”的思想路线，做出了积极的贡献，这不仅对刚刚恢复科研工作的世界历史研究所，而且对整个中国世界史学界，都有重要的指导意义。

首先，他明确地指出了研究世界历史的意义。他说：“目前全世界无产阶级，担负着改造和推进世界历史前进的重任，尤其应当通晓社会发展的规律。如果不明白世界历史发展过程，那就难免重蹈覆辙，而遭受不必要的损失。问题很清楚，我们要了解世界，改造世界，就必须研究世界历史”。“世界史的作用，就是要让读者了解社会发展的客观规律，懂得社会组织如何改变，人类如何进步的根本原因，从而使得这门科学成为我们从事革命实践的思想武器。这才能够称得上一部真正有用的世界通史”。

20世纪80年代初，我国世界史学者们围绕如何建立马克思主义的世界史体系问题开展了广泛深入的研讨。翰老认为，拼凑各地区或各个国家的历史而编写的世界通史，不能使读者了解一种社会演变为另一种社会的内在原因，也不能了解怎样受到前一个社会的影响，以及生产力与生产关系的相互影响，而找出社会向前演变的规律。他认为，撰写一部有意义的世界通史，应说明世界历史演变的过程，揭示历史发展的普遍规律。在研究工作中，他自觉从理论与实践的结合上，坚持马克思主义的理论指导。他说：“世界史是一门阶级性很强的学问，对同一事件，同一人物，由于立场、观点和方法的不同，可以得出全然相反的结论来。目前是资产阶级与无产阶级搏斗的时代。我们应当站在无产阶级大公无私的立场来探讨整个世界的历史，绝不可被资产阶级的史学家所蒙蔽”。

翰老在历史研究中所表现出鲜明的时代精神，在今天仍具有重要的现实意义。在新的历史条件下，我们的世界历史研究，从本质上是和发展马克思主义意识形态，不断巩固马克思主义的指导地位，为激励人民奋勇前进提供强大的精神动力和智力支持联系在一起的。让我们以翰老为榜样，在历史研究中始终坚持正确的政治方向，坚定共产主义理想和中国特色社会主义信念，自觉地站在维护党和人民根本利益的立场上去研究历史，不断为改革开放和社会主义现代化建设服务，努力为繁荣中国历史科学做出更多的贡献。

三、中西史学比较中的社会学视野

中西史学比较，大体包括两方面的内容：其一是中西历史进程中所表现出的问题，无论是具有可比性的一般的历史过程，还是与这些过程密切相连的理论问题；其二是中西史学自身发展中问题。本文所谈到的即是这方面的内容。但是应该说明的是这仅仅是其中的一个方面，而不是全部的内容。

进行中西史学比较、无论是那 种类型的比较的目的，都是为了在历史研究中不断地提出问题和回答问题。如果不是这样，比较的结果只是一般性地描述比较对象的异同，那就是为了“比较而比较”，是一种盲目的比较，这样，就和所以要进行比较的初衷相悖。因为这种比较只停留在“考证”或“考实”的水平上，而没有价值判断，即没有回答出所比较的历史认识客体所以异同的本质原因。这些原因，往往以某种史学思想或某种史学思潮的形式表现出来，但在其背后，却蕴涵着丰富的深刻的社会历史内容，有待人们进行发掘。

这样，历史研究中的中西史学比较，就不仅仅是一个方法问题，而是与一种新的历史观念联系在一起的新的研究领域。具体地说，进行这样或那样的比较，只是“提出问题”，而不是回答问题，这种比较是不完整的。进行中西史学比较，关键是要回答问题，即回答所比较的历史认识客体所以异同的社会历史原因，所谓“新的研究领域”，恰恰是在回答问题的过程中体现出来的。

从上述基本认识出发，举例说明关于“民史”和“君史”的问题。近代以来的中西史学，都曾涉及到这个问题，略加比较，就会发现尽管相近的史学观点，却在中西史学各自的发展进程中，有着截然不同的结果。究其根本原因，很值得人们思考。

在西方，重视“民史”，有其传统。这种传统，是和资产阶级反对封建专制制度，鼓吹资产阶级民主思想，要求“自由、平等、博爱”联系在一起的。

例如，法国启蒙思想家伏尔泰，1756 年著有《风俗论——论各民族的精神与风俗以及自查理曼至路易十三的历史》。该书是《路易十四时代》的姊妹篇。他对历史学家只记载帝王将相的政治、军事活动提出严厉批评。在他看来，这些历史学著作，“似乎世界只是为几个君主和效力于君主欲念的那些人而存在，其余的全都被略而不提。在这一点上，历史学家就像他们所谈到的某些暴君，把人类作为献给一个人的牺牲品了”。伏尔泰明确指出，“我的主要想法是尽可能地了解各民族的风俗和研究人类的精神。我把历代国王继承的顺序视为撰写历史的指导线索而不是目的”。[①] 因此，伏尔泰在这本书中，用大量的篇幅描绘了世界各民族的精神和风俗。此外，18 世纪英国资产阶级思想家休谟、19 世纪英国历史学家巴克尔、英国社会学家斯宾塞等，都表述过类似的看法。

1874 年，英国牛津学派著名史学家格林出版了《英国人民简史》，以后又将它扩充成 4 卷本的《英国人民史》。这些著作，特别是《英国人民简史》，给作者带来了极大的声誉，有多种文字译本在世界广泛流行。作者认为，人民是历史的主人，因此历史学著作要反映人民大众的思想感情，历史只能以人民为主体，而不是英雄和伟人。了解了拿破仑，并不等于了解了法国的历史。从上述认识出发，在《英国人民简史》这部著作中，一改传统的王朝体系的结构，而依据重大的历史事件来划分历史时代，如“大宪章”时代、“宗教改革”时代等等。

20 世纪下半叶，英国新社会史学的重要内容之一，强调由底层往

---

① [法] 伏尔泰：《风俗论》(上册)，1 页，北京，商务印书馆，1996。

上来看历史；自下而上的历史学；自下而上看的历史学。1966 年 4 月，英国马克思主义史学家 E. P. 汤普逊在《自下而上看的历史学》的论文中，最早提出。在此之后，英国历史学家理查德森、霍布斯鲍姆、意大利历史学家金兹伯格，以及法国年鉴学派等，也都持相似的观点。他们强调人类的历史不是精英的历史，而应是民众的历史，生活在社会下层的劳动群众是历史的主人。在其影响下，一批有广泛影响的成果问世。和 19 世纪不同的是，“自下而上”的历史学的广泛影响，是和马克思主义的传播，以及马克思主义史学理论的建设和影响联系在一起的。英国史学家巴勒克拉夫曾说，第二次世界大战后，马克思主义对历史研究的影响日益增加，“原因就在于人们认为马克思主义提供了合理地排列人类历史复杂事件的使人满意的唯一基础”。“到 1955 年，即使在马克思主义的反对者中，也很少有历史学家会怀疑聪明睿智的马克思主义的历史研究方法的积极作用及其挑战”。①

20 世纪初，中国史学界提出重视“民史”，反对“君史”的问题，这是学习西方资产阶级史学，批判中国封建主义史学的直接后果。它对中国新史学的发展，具有重要的进步意义。

梁启超最早提出这个问题：他首先提出历史有“君史”、“民史”、“国史”三种概念。他认为西方史学比较重视“民史”，而中国封建主义史学却“君史”盛行。中国各代的历史，“不过为一代之主作谱牒”。所谓“二十四史，则只能谓之二十四家谱”。② 在《中国史叙论》和《新史学》中，梁启超进一步阐释了这些观点。谭嗣同对梁启超的观点表示赞同。过去的二十四史的每一史的撰述，究其实质，“不过一姓谱牒”，其中很少有民间百姓的生活、教育、工业、农业和商业活动的记载。③ 徐仁铸也说：“西人之史，皆记国政及民间事，故读者可考其世”。“中国正史仅记一姓所以经营天下保守疆土之术，及其臣仆翼戴褒荣之陈迹，而民间之事，悉不记载”，十七史，“不过十七姓家谱”。④ 戊戌变

① [美] 巴勒克拉夫：《当代史学主要趋势》，27、42 页。

② 参见梁启超：《续译列国岁计政要叙》，《时务报》，1897－07－20。

③ 谭嗣同：《湘报·后序下》，《湘报》，1898－03－18。

④《湘学报》，1898－03－13。

法之前，专门介绍西学的《译书公会报》，译载了《英史民略》，通过介绍具体的英国史学著作，表示要加强对民史的研究。

中国历史学家顾颉刚早在1928年，为中山大学历史语言学研究所刊物《民俗》写的发刊词中，也提出了类似的观点。他说："我们要打破以圣贤为中心的历史，建立全民众的历史"，"把几千年埋没着的民众艺术、民众信仰、民众习俗一层一层地发掘出来"，让历史真正成为"全民众的历史"。将一直隐没在幕后的芸芸众生推到历史图景的前台。让历史真正成为"全民众的历史"。[①] 在中西史学中，呼唤撰写"人民大众的历史"，由来已久，论述要撰写打破以帝王、圣贤为中心的历史，在中西史学中，也都有不少精彩篇章问世。但是，在具体的历史研究实践中，结果却大相径庭。在中国，无论是梁启超、谭嗣同、徐仁铸，还是顾颉刚，他们的这些重要史学思想，却成为过眼烟云，在当时没有产生重要的实践成果；以后也很少为后人所知，自然也很难产生什么影响。非常遗憾的是，我们今天不能在具体的历史学著作中，而只能在近代以来中国史学思想史的回顾中，去重新认识这些宝贵的思想。

这是为什么呢？答案只能从19世纪末、20世纪上半叶半殖民地、半封建的中国社会发展的特点中，去认识，去寻找。在当时，梁启超、谭嗣同、徐仁铸，以至顾颉刚等先辈提出这个问题，旗帜鲜明地向中国传统"正史"提出挑战，这已经是中国史学的进步。这些问题的提出，自然和他们本人的史学修养、史学视野、以及理论方法论的造诣有直接关系，同时也是时代使然。当时，西方资产阶级的史学思想已经通过各种渠道传入中国，并产生一定的回响；马克思主义唯物史观在20世纪初也开始传入中国，产生了一定的影响。从某种意义上说，这些问题的提出，也是这些回响和影响的具体表现之一。但是在当时的中国，无论是西方资产阶级民主思想，还是马克思主义唯物史观，它们的声音毕竟是太微弱了。当然，这种"微弱"同样也是由中国社会发展具体的历史条件所决定的。

任何个人、阶级、政党、社会集团，以及人生观、历史观、价值观和政治思想学说等等，都是历史的产物，都不可能超越历史。总之，那

---

① 顾颉刚：《民俗发刊词》，《民俗》，1928（1）。

些“微弱”的回响和影响，也是历史的产物，是当时中国社会发展特征的一种折射。这种状况，只有在20世纪中期新中国成立以后，才开始发生变化，到80年代，这种变化已经在国内外学术界引起了人们的广泛注意。

如果说“历史是历史学家跟他的事实之间相互作用的连续不断的过程，是现在跟过去之间的永无止境的问答交流”①，那么，这里所突出的是历史认识主体对客体的一种选择。因为这里所说的是“跟他的事实之间”，即历史学家所“选择”的历史事实，而非其他的事实之间的“相互作用”。所谓“交互作用”，这里应该是历史学家从既定的目的出发提出问题，和在一定的理论方法论的指导下回答问题。提出问题和回答问题是历史学家的主要任务，这完全适用于中西史学的比较研究中。

英国史学家E.H.卡尔说：“我们一生下来，这个世界就开始在我们身上起作用，把我们从纯粹的生物单位转变成社会单位”。历史认识主体，“历史学家是单独的个人，同时又是历史和社会的产物”②，历史认识客体也是如此。任何历史文献和历史学家一样，也都是“历史和社会的产物”，同样具有自然的和社会的两种属性。总之，在中西史学比较中，历史认识主体和客体的社会性处处存在，时时在发挥着这样或那样的作用，直接影响到主客体之间的相互关系。在中西史学比较中，这是无法回避的。这也就是说，为了科学地进行中西史学比较，必须扩大历史认识的视野，首先和社会学建立起密切的联系。只有这样，才能避免就事论事，避免简单化、概念化、公式化，而是从历史现象所依托的丰富的、生动的社会整体出发，在承认人类社会发展的一般规律性的前提下，对中西史学或中西历史进程中的某些内容进行实事求是的比较。

在中西史学比较中，如何才能实现上述的目标呢？

首先，要重视和加强中西史学比较中的理论描述。没有理论就没有历史科学，这在中西史学比较中尤其如此。当进行这种史学比较时，被

① ［英］E.H.卡尔：《历史是什么》，28页。
② ［英］E.H.卡尔：《历史是什么》，29、44页。

比较的历史认识客体总是作为“个别”出现的，并被放到中西社会历史发展广阔的背景中，正是在这样的背景中，而不是局限在个别的、具体的历史现象或历史过程中，通过对认识客体进行比较，进行认识、分析，并对它们之间客观存在的历史真理加以概括。在这个过程中，无论是建立个别的历史现象和广阔的社会历史背景之间的联系；还是对这种联系的本质内容进行概括，都离不开理论的指导和支持。因为这一切都不是直接通过史料和文献就可以得到的。

其次，在历史研究的实践中，不断完善历史学家的知识结构。第二次世界大战后，世界历史进入了一个新的发展阶段，世界政治格局和人类社会生活的深刻变革，不断提出新的问题需要人们从历史与现实的结合上做出回答。在这种情况下，传统史学已经显得无能为力，不得不借助其他相关学科的理论和方法。随着史学家历史视野的开拓，研究领域迅速扩大，使传统史学同其他哲学社会科学各学科的界限，变得愈来愈模糊了，在广泛采用新的史学方法的基础上，出现了一系列历史学新的分支学科。新的史学方法和一系列新的史学理论有密切的联系，新的理论在不少方面需要通过新的方法体现出来，需要新的方法的支持；而那些新的历史学分支学科的出现，则是在新的社会历史条件下，历史学在其自身发展的过程中，合乎规律发展的结果。它弥补了传统史学方法的某些不足或缺陷，有力地推动了当代史学的发展。

再次，努力做到中外史学的统一，而不是人为地割裂它们之间的内在联系。这里的关键是用中国人的眼光看问题，站在中国人的立场上进行中西史学比较，而不是食洋不化，不加分析地、盲目地崇拜西方的史学的理论与方法。在全球化的背景下，当代中国史学发展面临着新的冲击、挑战和发展机遇。20 世纪 50 年代中期提出的“全球历史观”日益凸现出来，在国际史坛日益产生广泛的影响。“全球历史观”强调当代历史研究的本质特征在于历史研究要有“一种观察人类历史的整体观念”和“全球性眼光”。当前我国的历史研究的重大缺陷之一，就是中国史、世界史之间严重分离，人为地割裂了中国与世界其他国家和地区之间历史矛盾运动之间的内在联系。在这种情况下，是无法有效地开展中西史学比较研究。

四、西方史学史研究中的问题和方法

20 世纪 80 年代，随着我国社会发展进入一个崭新的发展阶段，历史科学也迎来了自己的春天。中国学者对西方史学史研究的关注，以及一系列研究成果的陆续问世，成为新时期中国史学复兴的重要标志之一。从 1983 年郭圣铭教授编著的《西方史学史概要》(上海人民出版社出版)，到 2001 年作为面向 21 世纪课程教材的《西方史学史》(张广智教授主著，复旦大学出版社出版)，近 20 年间，有广泛影响的专著至少有 20 余部出版，至于学术论文则数量更多，有较高质量的也不少见。所有这一切都表明我国的西方史学史研究，已有了长足发展，并为今后研究的不断深化奠定了坚实的基础。然而，我国的西方史学史研究毕竟起步较晚。如果说我国的世界史研究基础薄弱，那么我国的西方史学史研究就更是如此，因此，在近 20 年已经取得了重大成绩的基础上，仍有不少事情要做。

历史学家的任务，在于广泛汲取前人研究成果的基础上，不断地提出新的问题，并不断地回答新的问题。不言而喻，这对西方史学史研究也是完全适用的，因为西方史学不可能脱离西方社会政治、经济和文化的发展，从宏观的历史视角来看，西方史学发展的历史，是西方社会历史发展的一部分，或作为观念形态的一种反映，没有西方社会的历史发展，就没有今天西方的史学发展。

历史学家无论是提出新的问题，还是回答新的问题，都需要一定的理论支持。他们提出新的问题，实际上是历史认识主体和客体之间的一场新的对话的开始，面对西方史学发展进程中浩如牛毛的繁杂的历史内容，究竟选择哪些内容，显然要依据一定的理论与方法；而“对话”的目的，是要回答问题，这种“回答”只能是理论的回答，即理论的归纳或理论的概括，将研究结论以理论描述的形式表现出来。然而，我们的不少成果，在这方面显然是有明显的缺欠，多是史学发展过程的描述，虽然能够让人们不同程度地了解西方史学发展的大致脉络，但仅仅如此而已。例如，在不少西方史学史著作中都谈到“人本主义史学”，但有关它的社会历史和现实起源、学术思想起源、学术方法起源、概念框架和理论体系，却很少涉及，即使涉及也多是一般性的介绍，甚至是重复性的介绍。有关西方史学发展的知识性介绍虽然是必要的，但这只是研究西方史学史的一个阶段，而不是全部内容，因为这不是严格的科学意义上研究。如果认为介绍就是研究，至少在西方史学史研究中就是如此，那就无异于放弃了史学史研究的科学功能，毋庸置疑，这种介绍性的“研究”，对于普及某些西方历史学的知识有用，但是对于当代中国历史科学的建设，特别是理论上的建设，实际意义并不大。因为无论是比较、借鉴，还是汲取或摒弃，都需要一定的理论中介，需要理论的阐释和支持，而不是就事论事。

当前在西方史学史的研究中，强调理论问题尤其重要。我国的西方史学史研究，是在外国，特别是美国、西欧国家的“西方史学史研究”的影响下发展起来的，或者说，是参照西方国家自己的史学史研究逐渐发展起来的。无论是“影响”，还是“参照”，都是多方面的，不仅仅在形式上、内容上，也包括在潜移默化的理论上。试想，英国历史学家乔治·皮博迪·古奇的《十九世纪历史学与历史学家》(1913 年)、美国历史学家汤普森的《历史著作史》(1942 年)，中国的西方史学史研究者，有几个人没有认真研读过？中国的西方史学史研究借鉴、参照西方国家的史学史研究是必要的、无可非议，但这不应该是全部的、或主要的内容。我们的西方史学史研究应有自己独立的理论、原则和方法，对西方史学发展历史的特点和某些规律性的现象，需要从当代中国历史学家的立场出发作出判断和阐释。很难想象，在他人的理论框架和话语系统中能够充分地表达我们自己的思想和观点。既然我们的任务不是传声筒，因此必须建立起我们自己独立的西方史学史研究体系，首先是以唯物史观为理论指导的理论体系。过去我们在这方面已经做了很多工作，取得了不少成绩，但时代、社会和科学的迅速发展，不断地向我们提出更高的要求，这也就是为什么我们强调加强西方史学史研究的理论描述原因所在。

强调西方史学史研究的理论描述，丝毫不贬低史学发展史中具体的史实和文献资料的地位和作用，相反，对文献资料的鉴别和使用却提出了更高的要求。正是基于这种认识，我们不同意一些西方学者将生动的史学发展历史的研究，变成一种抽象化的概念研究。在史学史研究的完整过程中，有两个相互关联、不可或缺的关键环节：实证性判断和价值性判断。如果说价值性判断是将研究结论以理论描述的形式表现出来的话，那么，实证性判断，则主要是对史学发展的历史以过程描述的形式表现出来，从而使史学史的价值性判断有一个更接近客观实际的坚实的基础。史学史研究决不是不要历史过程的描述，而是强调不要就此止步。西方史学史研究的任务不仅说明“是什么”，而且还要回答“为什么”，而且这种回答不是就事论事，而是上升到理论的高度，揭示西方史学发展的本质内容，使其有丰富的理论内涵，从而更好地为当代中国历史科学的建设服务。

加强和提高西方史学史研究的理论认识和理论分析水平，首先应重视史学思想史的研究，即以西方史学思想发展过程中理论体系的形成和发展、以及这一理论体系的主要概念和基本范畴为主要研究内容。包括各种有影响的史学思想的历史渊源，史学思想和方法层面上的主要流派、代表性人物和代表性著作。具体研究内容还应包括影响西方史学发展的外部因素及自身发展的内部规律；西方史学思想和理论成就对人类文明发展的重要意义等。

西方史学思想史是西方史学史的一部分，对它的研究应建立在坚实的西方史学史研究的基础上。如果说 20 年前还不具备开展西方史学思想史的研究条件的话，那么，经过 20 年的辛勤耕耘，研究条件应该说基本成熟了，不仅有必要，而且完全有可能。在某种意义上可以说，史学思想史的研究是史学史研究的深化和提高。“史学思想”，顾名思义，应该有更多的理论色彩和理论内容，所以在一些人看来，西方史学思想史是西方史学理论发展的历史，这种认识也不能说没有一定的道理。

最近有论者在评述王学典著《20 世纪中国史学评论》（山东人民出版社 2002 年出版）时，谈到史学史研究的社会学取向问题。论者认为，历史是由活着的人和为了活着的人而重建的死者的生活。因此，史家所研究的过去并非死掉的过去，而是在某种意义上目前依然活着的过去。他在引用了王学典“一代人本身有怎样的历史，决定着他们如何理解和把握历史”这句话之后说：“这是典型的知识社会学方法在史学领域里的延伸，努力把学术史还原为社会史，是这一方法的要义”。《20 世纪中国史学评论》则是通过实践诠释了这一方法，把学术史的事实置放于社会史的框架之内。[1]“把学术史还原为社会史”，对于西方史学思想史的研究同样是十分重要的。探讨西方史学思想发展的轨迹，必须首先研究史学思想发展所依托的社会历史背景，以及与这一背景有直接关联的学术背景，这是由“学术史是社会史的一部分”这一客观事实所决定的。对此，英国史学家 E. H. 卡尔在 1961 年曾说：“我们一生下来，这个世界就开始在我们身上起作用，把我们从纯粹的生物单位转变成社会单位”。因此，“在研究历史之前，应该先研究历史学家。……在研究一个历史学家之前，应该先研究他的历史环境和社会环境。历史学家是单独的个人，同时又是历史和社会的产物”[2]。然而，这个重要的方法论原则在西方史学史研究中并没有引起足够的重视。在一些作品中虽然涉及到了背景问题，但更多的是学术背景。这样的结果，使人们只能够看到史学发展的一般过程，而没有回答为什么只能够是这样的过程，而不是那样的过程；为什么是在此时发生，而不是在彼时发生等重要理论问题。总之，人们虽然可以看到史学发展的历史，但是却看不到这段史学史的“灵魂”——史学“思想”发展演变的历史。西方史学史的研究如果缺少思想的内核，那么，这种研究的缺陷就是显而易见的了。研究者尽管在具体文献资料的征引上，可以有很大的进步，但研究的结论很难在原有的基础上有较大的突破。

第二次世界大战后，西方史学发展的重要特点之一，是历史学的界限变得越来越模糊了，历史学家的视野迅速地扩大，历史研究的选题也在不断地发生变化。整个西方史学处在深刻地发展变化之中。然而，与这种深刻的变化相比较，我们的西方史学史研究在如何适应这些变化方面，提出了不少问题值得思考。这种“适应”，不应是消极的，即简单地模仿，不加分析地照抄、照搬。正确地、积极的态度是从中国史学的历史与现实出发，继承中国史学的优秀传统，坚持唯物史观的理论指导，通过西方史学史的研究为当代中国历史科学的建设服务。只有明确这一点，才有可能保证西方史学史的研究沿着正确的轨道前进。老一辈的历史学家在这方面已经为我们做出了好的榜样，我们应该认真的汲取

---

① 蒋海升：《史学史研究的社会学取向》，《中华读书报》，2002－08－07。

② ［英］E. H. 卡尔：《历史是什么》，29、44 页。

和发扬。

当代中国学者应该如何开展西方史学史的研究，并没有一个固定的模式。以往的西方史学史研究，也从来没有一个先定的模式。如果一定要说有什么“模式”的话，那也只能说它是历史的产物，反映了史学史研究这一具体的研究内容在一定历史时代的客观要求。为了当代中国历史科学的建设，或者说从根本上是要完成这样的任务出发，来确定我们的西方史学史的研究内容和方法，应该是唯一正确的态度。正是内容决定了形式，而不是相反。这样，在西方史学史的研究方面就面临着一个创新的问题，不仅仅是形式问题，在理论上、内容上、方法上都是如此。

从上述基本认识出发，对西方史学史的研究，要不要加强西方历史哲学的研究，就不应再成为一个问题。西方历史哲学是关于人类历史发展过程的理论，是对人类历史进程的哲学思考。研究西方历史哲学思想中的一些基本问题，包括历史的意义、历史变化的进步性质、历史变化或进步的动力，以及历史认识中的若干理论问题等等，应该是西方史学史研究的议中之题。无论是思辨的历史哲学，还是分析与批判的历史哲学，都涉及到该历史哲学兴起的社会历史条件；有代表性的历史哲学体系、代表性人物和主要著作。近 20 年来，维科、孟德斯鸠、伏尔泰、爱尔维修、卢梭、孔多塞、莱辛、康德、赫尔德、黑格尔历史哲学思想；以及斯宾格勒、汤因比文化形态史观；雅斯贝斯历史轴心期理论；新康德主义历史哲学家（狄尔泰、文德尔班、李凯尔特）；新黑格尔主义历史哲学（布拉德雷、克罗齐、柯林伍德）；分析哲学的历史哲学家（波普尔、亨普尔）的历史哲学思想，中国学者都进行了深入而广泛的研究，取得了令人瞩目的成果，为今后深入研究这些问题创造了良好的条件。

由于文化传统、文化背景的差异，以及历史观、价值观的不同，西方历史哲学的某些内容，对中国史学界来说是比较生疏，对一些结论也多持有异议，这是完全正常的，但是这并不妨碍我们对这些问题展开认真的、深入的研究，恰恰相反，越是存在上述的问题，就越应加紧这方面的研究。西方历史哲学的重要价值往往不在它的结论，而在于它所提出来的那些值得人们思考和探求的问题。以唯物史观为理论指导去研究这些问题，对于繁荣和发展当代中国历史科学也是需要的。近年一些学者提出如何建立有中国特点的马克思主义历史哲学的问题，而要完成这样的任务，有针对性的开展西方历史哲学的研究是十分必要。在这方面，应该说是西方史学史研究中的一个有待进一步加强的薄弱环节。

西方史学史研究中的学风问题，主流是好的，但确实也存在着一些问题，而且这些问题已经成为制约和影响这一研究今后发展方向的重要因素之一。之所以如此，既有“大气候”、较大的社会环境的影响，同时也和西方史学史研究自身的特点有关，对此我们应该有清醒的认识，并给予充分的重视。

在外国史学史研究的整个过程中都存在着学风问题，它是研究者世界观、历史观和价值观的集中体现。文如其人，反映了研究者的治学精神、态度和原则。在科学研究中反对浮躁与虚华，反对媚外、媚俗，是众多学术共同的任务。在其他学科的研究中，不同程度地存在着理论脱离实际、教条主义、急功近利、低水平重复，甚至侵犯他人知识产权等现象。这些问题在外国史学史的研究中，应该说也都是存在的。然而这些所谓的“共性”、“通病”，在外国史学史的研究中还表现出自己的特点，这就是一些人将自己封闭在狭小的圈子里故步自封，自我欣赏，他们严重地脱离中国社会发展和史学发展的实际；仰承洋人的鼻息，生吞活剥西方学术的理论和方法，食洋不化。只要是外国的理论，特别是外国的“新”理论，不加分析就认为一概都是好的；从概念到概念，极端抽象化地来演绎、杜撰、创新、创造所谓的“理论”；逆学术研究的简约性原则，而将朴素、直白的学术研究繁琐化，盲目地追求时髦，甚至将腐朽视为神奇，认为只有这样才能和国际“接轨”，才是正确的科研方向，反之，就是落后。

文风虽然是学风的外在表现，但对它同样应该给予高度重视。个别研究者的文风存在严重的问题，在他们的“论文”中，故作高深、故弄玄虚、装腔作势、艰深晦涩、言之无物、空话套话比比皆是。这种文章没有什么人能够看得懂，人们完全有理由怀疑作者是否自己真明白了自己说的是什么，还是故意在蒙人、唬人。在任何一篇论文中，形式和内容都应该是统一的。事实表明，凡是文风低下者，其文章的内容必定属于粗制滥造之列。至于更甚者，视学术为沽名钓誉的工具，将同一篇文章的内容改头换面，犹如玩弄“魔方”一样，可以轻而易举地生成数篇，在全国大小刊物招摇过市。这类作者虽然不多，但影响极坏，败坏了西方史学史研究的声誉。加强西方史学史研究的学风建设，不是一朝一夕的事情，也不是仅仅是少数研究者自己的事情，这个问题需要全社会，至少需要整个学术界的综合治理。

五、对当代中国世界史研究理论体系的思考

研究外国史学的目的，是为了借鉴外国史学的有益营养以丰富和发展中国的史学，有利于当代中国历史科学的建设，因而，这种研究应有鲜明的时代特点，与整个中国社会的发展紧紧地联系，不能脱离中国历史学的历史与现实。为了能够做到这一点，我们必须以马克思主义为理论指导，建立起自己的世界史研究理论体系。

美国纽约大学张旭东教授最近在谈到当代中国文化和生活的世界定位时说，“我们要有勇气去思考‘我们自己到底想要什么’、‘我们到底要做什么样的人’这样的大问题。因为文化定位实际上也就是不同文化和价值体系之间的互相竞争。中国文化如何在当代西方各种强势文化的影响下进行自我定位和自我构想，这实际上也就是一个争取自主性，并由此参与界定世界文化和世界历史的问题。这反映出一个民族的根本性的抱负和自我期待”。张教授在论述中国文化问题时，提出“我们到底要做什么样的人”，或“我们现在怎样做中国人”，决非小题大做，因为他看到了中国学术界的一种极不正常的现象，他说：“现在，中国任何一个现象都只能在别人的概念框架中获得解释，好像离开了别人的命名系统，我们就无法理解自己在干什么。我们生活的意义来自别人的定义，对于个人和集体来说，这都是一个非常严重的问题。如果中国人获得‘现代性’的代价是只知道‘现代性’而不知道中国，这会是很可悲很滑稽的事，而且从某种意义上说，这是一种本末倒置。”①

在中国的世界史研究中，这种“本末倒置”的现象主要表现为即对

① 张洁宇：《全球化时代的中国文化反思：我们现在怎样做中国人——张旭东教授访谈录》，《中华读书报》，2002—07—17。

中国传统史学和中国马克思主义史学的优良传统视而不见，妄自菲薄；而对外国史学理论的意义和作用则盲目夸大，不加分析地生搬硬套、乱发议论，夸夸其谈，用一些晦涩的“新概念”、“新术语”非常轻率地否定中国史学理论与方法。

例如，雷海宗先生谈及中国和世界的关系时，强调“彼此间的联系和彼此间的相互影响”，而中国不仅仅是消极的、被动的接受，要自觉地清除“欧洲中心论”的影响。他以15—16世纪“地理大发现”为例具体地阐述了他的观点。他说：“地理大发现”一词，是欧美资产阶级历史学者的一个惯用名词，后来在殖民地化或半殖民地化的大部世界也不假思索地予以援用，……“发现”一词乃欧洲立场的名词，其中含有浓厚的侵略及轻蔑的意味，把欧洲以外的地方看为发现、开发、剥削的对象。……至于中国，当然也是被“发现”的对象，过去西欧人虽知中国，但始终不够明确，进入16世纪，才真正“发现”了中国。雷先生认为：无论是何种社会，人民都是历史的主人，所以在世界史上，即或是先进的地区对于落后的地区，也不当用“发现”一类的词语。若用此类的词语，那就等于在世界上的国家及人民间，定出宾主之分，有的居主位，是“发现者”，有的居宾位，是“被发现者”，在未“被发现”前，等于不存在。因此雷先生建议今后在世界史中只用“新航路的发现”或“新航路的开辟”，而不用“地理大发现”。[①] 近半个世纪过去了，这个问题仍然没有得到彻底解决，在不少专著或教科书中，仍然见到的是“地理大发现”，而不是“新航路的开辟”。又如顾颉刚教授1928年曾为中山大学历史语言学研究所刊物《民俗》写有发刊词，其中写道：“我们要打破以圣贤为中心的历史，建立全民众的历史”，“把几千年埋没着的民众艺术、民众信仰、民众习俗一层一层地发掘出来”。将一直隐没在幕后的芸芸众生推到历史图景的前台。让历史真正成为“全民众的历史”。[②] 然而，顾颉刚教授如此重要的史学思想却长期被淹没，几乎为人们所忘记。然而，1966年4月，英国历史学家汤普逊提

---

① 雷海宗：《世界史上一些论断和概念的商榷》，《历史教学》，1954 (5)。

② 顾颉刚：《民俗发刊词》，《民俗》，1928 (1)，上海书店1983年影印本。

出“由底层往上来看历史”；“自下而上的历史学”；“自下而上看的历史学”（study history from the bottom up；the history from bottom up；history from below）时，国内史学界至今仍然认为由撰写社会精英的历史转化为主要是社会民众的历史，是汤普逊等英国新社会史学派最早提出的，是 20 世纪西方史学的重大成果之一。这种认识和评价几乎写入各种相关的学术论文和著作中去。第二次世界大战后，英国新社会史学派在西方史学发展中占有举足轻重的地位，对其成就进行系统的全面的评价无可非议，问题是在对其进行评价时，为什么却对顾颉刚教授 1928 年曾提出的类似的史学观念却遗忘得一干二净。

上面所列雷海宗教授、顾颉刚教授的事例所以存在，并不是偶然的。这表明在当前“全球化”的背景下，我国文化的独立性，确实面临着西方文化帝国主义的严重挑战，这种挑战在中国的世界历史研究中，也必然会有所表现。在近年美国的国家政策中，一个明显的特点是始终将“文化”和“新经济”、“高科技”并列，极力使以美国文化为中心的“西方文化”，成为当今世界的“主流文化”，用西方的文化观和价值观建立新的国际秩序。托夫勒教授等认为，军事力量和经济力量不再作为衡量国家实力的主要目标，知识的控制是明日世界争夺的焦点。谁的文化成为主流文化，谁将掌握未来的世界。美国学者在论述经济全球化、金融全球化、传媒全球化的同时，着力宣扬“文化全球化”或“文化全球化的趋势”。弗雷德里克·詹姆逊教授认为，文化的全球化是真正意义的全球化，是“界定全球化的真正核心：世界文化的标准化；美国的电视，美国的音乐，好莱坞的电影，正在取代世界上其他一切东西”。他还预言“文化全球化”的后果，是美国的大众文化模式取代世界上各个民族的传统。

中国世界史研究的真正动力，在于对当代中国、当代世界复杂的现实问题的思考。因此，要独立地对世界历史的认识和思考，就不能将自己的观点，寄希望在别人的概念体系中得到阐释。离开了别人的命名系统就寸步难行是不行的。不仅在国际政治上我们要有自己的话语权，在学术上也是如此。如果只知道是在写“世界史”，而忘记了自己首先是中国人，那将是十分悲哀的。中国人应该写出自己心灵中的世界史。在全球化的背景下讨论这个问题尤其重要，中国的世界史研究，不是去适应强势文化国家的全球化模式，以及这一模式在史学领域中所体现出的种种规范；也不是去抵制全球化时代的到来，拒绝西方史学理论与方法中的积极内容，而是要主动地积极参加到在全球化背景下，建构新史学的理论体系和话语系统中去。它首先应该实现的是当代中国历史学家、同时也是整个中华民族的价值目标。

建设中国世界历史研究的理论体系，重要内容之一是在唯物史观的指导下，充分发挥作为历史认识主体的中国历史学家的主体性和主体意识。历史学家的主要任务，在于不断地提出问题，和不断地回答问题；历史，是历史学家和他所选择的历史事实之间的永无休止的对话，所谓“选择”，是一种理性的历史哲学思考，是一种积极的、主动的创造，而不是消极的，被动的“反映”。在历史认识的范畴中，不存在“纯粹客观”的历史事实，然而，客观的物质世界毕竟是存在的，因此，“历史事实”即不是主观的，也不是客观的，而是主观和客观的完美结合。

变动中的西方史学

对于当代西方史学的特点和趋势，很难用一句话或几句话做出准确的概括。如果一定要这样做的话，似乎用“变动中的西方史学”，强调它的“变动性”更恰当。因为在某种情况下，“模糊”的描述往往比似是而非的“准确”的描述，更加符合实际情况。尽管我们更多地是看到它的不确定性，但这并不妨碍我们从当代中国史学的建设出发，去认识和分析当代西方史学的某些有一定倾向性的内容。为了能够做到这一点，我们必须在唯物史观的理论指导下，建构自己的理论体系。只有这样，我们才能真正做到有选择地汲取西方史学的有益内容，为我所用。

一、20 世纪西方史学的主要内容

在西方史学发展史上，19 世纪被称为“历史学的世纪”。这是因为西方史学在 19 世纪已经形成了完备的科学形态，理论与方法渐趋成熟，历史研究进入了一个新的发展阶段。1913 年，英国历史学家古奇著《19 世纪历史学与历史学家》对此进行了较全面的评述。在他看来，“人们时常谈到‘历史的结论’、‘历史哲学’、‘历史科学’。但没有一致同意的结论，只有个别的结论；……对于我们研究人类历史中所提出的各个问题，现在或将来会有最后的答案吗？如果有的话，它们还没有被找到”。[①] 进入 20 世纪后，西方史学在“新史学”的旗帜下，在批判地继承 19 世纪史学成果的基础上，开始了新的发展历程。特别是第二次世界大战后，西方史学学派林立，新的理论与方法层出不穷，目不暇接。科学地认识 20 世纪西方史学，有选择的借鉴其有益内容，对当代中国史学的建设无疑是有积极作用的。

19 世纪的西方史学，当数德国“兰克学派”客观主义史学的影响最大。然而，正是在兰克的故乡，首先揭开了批判包括兰克史学在内的“新史学”的序幕，使西方传统史学受到强烈震动。20 世纪初，K. G. 兰普雷希特发表《文化史的方法论》，大力倡导扩大历史研究领域的“文化史观”，摆脱传统的历史主要是“政治史”模式。他所致力于的“新文化史学派”，强调历史事实不仅要说明“是什么”，而且要探究“为什么”。

1912 年，曾在德国受过严格历史学训练的美国历史学家 J. H. 鲁滨孙首先举起了“史学革命”的旗帜，其代表作《新史学》也因此被公认为 20 世纪世界史学名著。他说，这部著作“所以命名为《新史学》，也就是要特别强调：我们不应该把历史学看作是一门停滞不前的学问，它只有通过改进研究方法，搜集、批评和融化新的资料才能获得发展。恰恰相反，我们认为历史学的理想和目的应该伴随着社会和社会科学的进步而变化”。在这部著作中，他同样要求冲破以政治史研究为中心的传统，扩大历史认识的视野，“一切关于人类在世界上出现以来所做的、或所想的事业与痕迹，都包括在历史范围之内。大到可以描述各民族的兴亡，小到描写一个最平凡的人物的习惯与感情”[②]；他从进步的历史观出发，强调人类历史运动是一个连续不断的过程；他主张发展历史教

① [英] 乔治·皮博迪·古奇：《十九世纪历史学与历史学家》上册，4 页，北京，商务印书馆，1989。

② [美] J. H. 鲁滨孙：《新史学》，20、3 页，北京，商务印书馆，1989。

育，普及历史知识，历史研究不应脱离现实生活，要充分实现历史学的社会功能；他还大力鼓吹历史学与其他相关学科建立密切的联盟，不断提高史学家的知识素养，开展多学科的历史综合研究方法。他执教的哥伦比亚大学成为美国新史学的中心，逐渐形成了显赫的“新史学派”，新史学一时风靡欧美诸国。从某种意义上可以说，20 世纪的西方史学的主流，就是在“新史学”的旗帜下持续发展的。

在 20 世纪初欧美新史学思潮的影响下，1929 年 1 月中旬，跨学科的史学杂志《经济与社会史年鉴》①，在法国斯特拉斯堡大学问世，年鉴学派也因此而得名。两位创办者费弗尔和布洛赫在该刊创刊号的《致读者》中，明确地阐明了自己的宗旨：打破各学科之间的“壁垒”，倡导跨学科的研究。“现在，在历史学家之间，在从事其他研究的专家之间，存在一种不相往来的闭塞状况。当然，各行的研究家，都致力于自己的专业，在自己的庭院中辛勤劳动，如果他们能在关心一下邻居的工作，就十全十美了，可是却被高墙阻隔了。我们之所以站出来大声疾呼，就是针对这种可怕的分裂的”。② 该学派明确还提出了“问题史学”的原则，要求在研究过程中建立问题、假设、解释等程序，从而为引入其他相关学科的理论和方法奠定了基础，极大地扩大了历史研究的领域。历史人类学、人口史、社会史、生态文化地理史、心态史以及计量史学、比较史学等，在年鉴学派的研究中得到广泛的应用。年鉴学派史学家在自己的学术专著中出色地体现了该学派的原则，如 M. 布洛赫的《法国农村史的基本特性》（1931 年）、《为历史学辩护》（1949 年）；L. 费弗尔的《拉伯雷的宗教》（1942 年）、《为历史学而战斗》（1953 年）；F. 布罗代尔的《菲利普二世时代的地中海和地中海世界》（1949 年）、《15－18 世纪的物质文明、经济和资本主义》（1979 年）；G. 勒费弗尔的《法国革命》（1930 年）、《恐怖时代的土地问题》（1932 年）；E. 拉杜里的《公元 1000 年以来的气候史》（1967 年）、《蒙塔尤——

① 《经济与社会史年鉴》1929 年创刊后，其名称后变更如下：《社会史年鉴》（1939—1943 年）、《社会史杂志》（1944 年）、《经济、社会、文明年鉴》（1946 年—）

② 转引自［日］井上幸治：《年鉴学派成立的基础》，《国外社会科学》，1980（6）。

1294—1324 年奥克西坦尼的一个山村》(1975 年);J. 勒高夫的《中世纪的商人和银行家》(1955 年)、《交易所与生活》(1986 年)等。该学派不仅成为当代法国史学的主流,而且深入渗透到西方史学研究的各领域,对 20 世纪西方史学的发展产生了历久不衰的影响。

马克思主义历史理论产生于 19 世纪 40 年代,它不仅是科学共产主义的重要组成部分,而且是马克思主义史学的理论基础。20 世纪 30 年代,即资本主义世界性的经济危机和社会危机爆发之后,西方马克思主义史学的影响迅速扩大,正如英国史学家 G. 巴勒克拉夫所指出的那样:"到 1955 年,即使在马克思主义的反对者中,也很少有历史学家会怀疑聪明睿智的马克思主义历史研究方法的积极作用及其挑战"。[①] 在欧美各国中,英国马克思主义史学所取得的成就最大。1938 年,A. C. 莫尔顿的《人民的英国史》问世,这是英国第一部马克思主义史学著作。莫尔顿等人还成立了"马克思主义史学家小组",出版自己的刊物《我们的历史》。第二次世界大战后,英国马克思主义史学得到迅速发展,E. J. 霍布斯鲍姆和 E. P. 汤普森等创立了"新社会史学派",强调研究总体的"社会的历史",提出"从底层向上看的历史"等主张,对西方史学的发展产生了重要的影响。他们的一些作品在国际史坛享有盛誉,如 J. E. 希尔的《英国革命:1640 年》(1955 年)、E. P. 汤普森的《英国工人阶级的形成》(1963 年)是研究工业革命时期英国工人阶级状况的奠基性著作之一。此外还有 M. 道布的《资本主义发展研究》;R. 希尔顿的《中世纪英格兰农奴制的衰落》(1969 年)、《从封建向资本主义过渡》(1976 年);E. J. 霍布斯鲍姆的《最初的叛逆者》(1959 年)、《极端的年代》(1994 年)等。在法国,马克思主义史学也占有举足轻重的地位,主要代表人物有布吕阿、科尔尼、索布尔、伏费尔等。他们的主要研究领域是欧洲 1848 年革命、巴黎公社、抵抗运动中的法国共产党和法国大革命史等。1953 年,法共组织"马克思主义与历史"学术研讨会,1961 年主办"历史学面对时代"思想周,1979 年成立马克思主义研究所,有力地推动了马克思主义史学的发展。在这里应该指出的是,后来人们经常讲的"西方马克思主义"史学,和这里所讲的英

① [英] 巴勒克拉夫:《当代史学主要趋势》,42 页。

国、法国马克思主义史学是有区别的。一般说来，“西方马克思主义”史学，是和“西方马克思主义”联系在一起的，而“西方马克思主义”企图将马克思主义与当代西方学术思潮相结合。因此“西方马克思主义”史学，只是西方史学中的一个学派，只是从研究方法上，而不是从世界观、价值观意义上的马克思主义史学。

发端于18世纪的近代西方历史哲学，经过19世纪的发展，在20世纪中期完成了从“思辨的历史哲学”向“批判与分析的历史哲学”的转变。在思辨的历史哲学中，影响最大的是文化形态学派。1918年，德国历史哲学家O. 斯宾格勒的著作《西方的没落》第1卷问世，最早论述了文化形态理论。他将文化视作具有诞生、成长、鼎盛、衰亡阶段的有机体，并通过对不同文化的比较，阐释人类社会发展的历史进程。英国历史学家A.J. 汤因比继承并发展了O. 斯宾格勒的文化形态史观。他认为“文明”，而不是“民族国家”是历史研究的单位。在12卷本《历史研究》(1934—1961) 中，他详尽地讨论了文明由生到亡的发展历程，强调文明起源于“挑战和应战”。批判与分析的历史哲学包括新康德主义、新黑格尔主义的历史哲学以及分析哲学的历史哲学。意大利学者克罗齐在《历史学的理论与实际》(1917年) 中提出“一切历史都是真历史”；英国学者柯林伍德在《历史的观念》(1946年) 中提出“一切历史都是思想史”，“历史是过去思想的重演”。上述著名命题对现代西方史学的发展产生了广泛而深远的影响。

二、历史学的界限变得越来越模糊了

第二次世界大战后，世界历史进入了一个新的发展阶段，世界政治格局和人类社会生活的深刻变革，不断提出新的问题需要人们从历史与现实的结合上做出回答。在这种情况下，传统史学已经显得无能为力，不得不借助其他相关学科的理论和方法。这样，就决定了战后西方史学发展的重要特征之一，是随着史学家历史视野的开拓，研究领域迅速扩大，使传统史学同其他哲学社会科学各学科的界限，变得愈来愈模糊了，在广泛采用新的史学方法的基础上，出现了一系列历史学新的分支学科。

新的史学方法和一系列新的史学理论有密切的联系，新的理论在不少方面需要通过新的方法体现出来，需要新的方法的支持；而那些新的历史学分支学科的出现，则是在新的社会历史条件下，历史学在其自身发展的过程中，合乎规律发展的结果。它不仅体现了战后西方史学理论化、一体化的发展趋势，对一些重要的历史过程或历史现象更重视理论性的描述，借助跨学科的方法充分发挥历史认识主体的积极作用，对历史认识客体进行总体性的研究，而且极大地丰富和完善了史学研究的方法，弥补了传统史学方法的某些不足或缺陷，有力地推动了当代史学的发展。

战后得到迅速发展的历史学分支学科主要有社会史学、文化史学、人口史学、心智史学、心理史学、新经济史学、新政治史学、家庭史学、妇女史学、城市史学、口述史学、计量史学、比较史学等。这些历史学分支学科大体上可以分成两种情况：其一是作为一种研究方法，在20世纪初或第二次世界大战之前，就已经在历史研究中得到运用，但仅仅是一种研究方法而已，在历史研究的诸多方法中并无更多的影响，而战后西方史学的发展使其有了更多的用武之地，影响逐渐扩大，逐渐形成具有完备形态的历史学分支学科，如计量方法——计量史学；比较方法——比较史学等。其二是在二战后特别是50年代末以后，在学术研究中跨学科方法的影响和推动下，首先是历史学和相关学科建立了密切的联系，然后在史学研究实践中逐渐形成和发展起来的。国内外已有不少学者在自己的著述中，对其理论意义、方法论原则、发展进程、主要代表人物、有影响的代表性著作，以及在史学中所产生的重要影响等进行了较充分的论述。

任何一门新的历史学分支学科，都不是史学理论和方法与相关学科的理论和方法进行简单的嫁接的产物，而是从科学研究的实际出发相互汲取、彼此交融的结果。一般认为，传统的历史学研究的缺点是只重视个案研究，就事论事，“只见树木，不见森林”；而社会学研究和史学研究恰恰相反，“只见森林，不见树木”。社会史学则是在克服历史学和社会学研究中的缺点和不足之处的前提下，充分发挥它们各自的长处，并将其有机地结合在一起去认识和分析社会历史现象，从而使之“既见树木，又见森林”。因此，社会史学并不反对分析一系列具体的、实证的社会历史现象，但却是从整体上认识社会历史现象，将人类历史作为一个有机联系的系统进行研究，并对社会历史矛盾运动中的重大问题做出整体性的回答。

应该指出的是，这些历史学分支学科在不少方面存有歧义，至今仍处在不断完善的过程中，但这并不影响它们在学术实践中获得继续成长的活力。因为造成这种情况的原因是多种多样的，主要是发展过程中的问题，有些问题受客观原因所制约，甚至是难以避免的。以“文化史学”为例，首先就要涉及到如何认识“文化”这一概念的问题。1952年，美国学者克鲁伯等在《文化：关于概念和定义的探讨》一书中提出“文化”的定义有161种之多，此后近半个世纪以来，已发展达300余种。英国著名的人类学家爱德华·泰勒研究原始文化时，曾对“文化”进行这样的概括：文化是包含有全部的知识、信仰、艺术、道德、法律、风俗，以及作为社会成员的人所掌握和接受的任何其他的才能和习惯的复合体。这个概括既得到不少人的赞同，也受到不少人的责难。但是，什么是“文化”尚无定论，而且在相当长的时间内也难以有统一的意见，不应成为“文化史学”继续深入研究的障碍。相信不同学派学者通过广泛的对话，会在某些方面逐渐形成共识。

一系列历史学分支学科的出现，对西方史学的发展产生了深刻的影响，但是，如果认为它们的出现，将会代替或已经动摇了西方史学理论及方法的基础，那是不符合实际情况的。因为它们的主要作用，是在丰富和完善西方史学的理论和方法，是一种补充。另外，在具体的历史研究中，也往往是各种不同的分支学科相互配合，从不同的视角进行综合研究，并非要使用某一种方法，就一定要排除其他的方法。例如，论述1789年法国大革命爆发的原因时，不仅分析政治、经济原因，而且还从社会人口的变迁、社会心理的演变等方面进行分析，并同17世纪英国资产阶级革命进行了比较，显然，这种综合分析更有助于人们认识法国大革命爆发的原因，及这场革命的特点。

上述论及的历史学新的分支学科，是西方历史学的重要组成部分。这样，它们在不同程度上不可避免地会受到当代西方史学观念的影响。英国史学家克拉克主编的14卷本《新编剑桥世界近代史》，被西方学者认为是当代西方史学的经典作品之一。该书第12卷分析30年代苏联发动大清洗的原因时，用心理学的方法得出归结于斯大林“病态心理”的结论，而这又是和1932年斯大林之妻的死联系在一起的，使其“个性发展产生了一个重要的转折”，从而“疑心太重”、“手段毒辣”等等。这个结论即使在西方史坛也多有争议，因为论者从某种先验的观念和意识形态的偏见出发，过分夸大了心理因素的作用。

三、问题意识和关注现实

人们在谈论当代国际政治、经济和文化问题时，“全球化”是不可避免要涉及到的一个问题。全球化不是幻觉，而是事实，它作为现时代的重要特征之一，成为世界各国人民普遍关注的焦点。全球化对人类社会发展的影响是多方面的，经济学、哲学、社会学、政治学和文化学等等，都从自身研究的具体客体出发，就全球化的基本内容进行了深入的探讨。历史学是社会意识形态的重要组成部分，与全球化密切相联系的“全球史观”，则为历史学家提供了一个认识人类历史进程的全球视野和宏观历史思维的基础。

第二次世界大战后，国际战略力量的深刻变化导致了雅尔塔体系的建立，这个体系的建立，体现了胜利者的意志和利益，其核心内容是苏美两极格局代替了以欧洲为中心的多极均衡格局。但是在另一方面，战后分裂的饱受战争创伤的欧洲经历了重建和繁荣时期，克服了70年代中期至80年代中期的危机，逐渐出现了政治、经济等方面一体化的趋势；亚洲非洲民族解放运动蓬勃发展，使帝国主义殖民体系瓦解，诞生了一系列民族民主国家，并在世界上日益发挥着重要的作用；联合国不再限制接受新会员国，国际政治经济的联系空前密切。1989年东欧发生了剧变，1991年苏联解体，两极格局瓦解，使雅尔塔体系不复存在。美国极力称霸世界，扬言美国是“国家社区的领导者”，“作为一个国家、一个民族，我们的福祉、我们的力量都依赖于保持我们在国际上的领导地位”，而且不允许任何国家和国家集团对美国的“领导作用”提出挑战。[①] 正是在雅尔塔体系建立并在建立后又逐渐告别这个体系这样

---

① 参见［美］克林顿：《希望与历史之间——迎接21世纪对美国的挑战》，102页，海口，海南出版社，1997。

复杂的社会背景下，“全球历史观”在50年代西方各种重构世界史的潮流中为人们所关注，而80年代以来全球化趋势的加快，特别是在上个世纪90年代以来，则使“全球历史观”更加凸现出来。英国史学家G. 巴勒克拉夫在其论文集《处于变动世界中的史学》（1955年）中，最先明确提出这个问题，以后又在多种著述中强调“今天历史学著作的本质特征就在于他的全球性”，世界史研究的重要任务之一是“建立全球的历史观——即超越民族和地区的界限，理解整个世界的历史观”。[①]只有这样才能改变西欧中心论在西方学术，特别是在史学界根深蒂固的影响。

近年西方有多种体现“全球史观”的学术著作问世。其中之一是美国历史学家I. 沃勒斯坦的多卷本著作《现代世界体系》，在国际学术界引起广泛反响，他计划此专著写作4卷，从15世纪中叶直至当代。目前已出版3卷，并译成法、德、意、西、葡、挪、匈、罗、塞尔维亚和日文、中文等10余种文字出版，以及盲文版。第一卷的全名是《现代世界体系：16世纪资本主义农业和欧洲世界经济的起源》；第2卷为《现代世界体系：重商主义与欧洲世界经济体的巩固（1600—1750）》；第3卷为《现代世界体系：资本主义世界经济大扩张的第二个时代，18世纪30年代—19世纪40年代》；第4卷为《现代世界体系：1917年至今，世界经济体系的巩固和它内部的革命》。

I. 沃勒斯坦在西方学术界被称为“新左派”或“新马克思主义”者，他以新的历史视角研究了资本主义产生、发展、兴盛和衰落的历史，论证了资本主义世界体系形成之后即处在剧烈的斗争和变动之中，现已进入“混乱和告终”时期，21世纪中叶，它必然被一个或多个后继的体系所取代。沃勒斯坦的理论在西方学术界引起不少人的非议。现在，批判和修正沃勒斯坦的《现代世界体系》，已经成为西方学术界的重要内容之一。I. 沃勒斯坦，生于1930年。早年毕业于美国哥伦比亚大学，留校后研究非洲问题，为副教授。青年时代曾在非洲工作。他说，他作为民族主义运动的同情者，曾与非洲解放运动年轻的勇士们同仇敌忾，共享欢乐。1968年因支持哥伦比亚大学学生运动，被迫离校，

① ［英］巴勒克拉夫：《当代史学主要趋势》，1、242页。

1970年到斯坦福行为科学高等研究中心工作，开始撰写《现代世界体系》，现为美国耶鲁大学高级研究员、纽约州立大学宾汉顿分校布罗代尔经济历史体系与文明研究中心主任。1987年曾来华在北大讲学。

I. 沃勒斯坦认为“世界体系是一个社会体系，它具有范围、结构、成员集团、合理规则和凝聚力。世界体系的生命力由冲突的各种力量构成。这些冲突的力量由于压力的作用把世界体系结合在一起，而当每个集团不断地试图把它改造得有利于己时，又使这个世界体系分裂了。世界体系具有有机体的特征，因为它具有生命期。在它的生命期中，它的特征在某些方面发展变化，而在另一些方面则保持稳定。人们可以依据该世界体系运行的内在逻辑来判定处于不同时期的世界体系的结构的强弱”。[①] 基于上述认识，I. 沃勒斯坦从全球出发，将资本主义的历史放在世界性的体系中去认识，认为资本主义从其萌生之时起，就不是某个国家的孤立的现象，而是作为一个世界性的体系出现的。他不是研究具体的国家或民族，而是将“世界体系”作为研究的单位，而世界体系可分为作为基础的世界经济体和作为上层建筑的国际体系两部分。他还使用了“核心”、“边缘”、“半边缘”等概念，资本主义发展的历史，就是把世界逐渐卷入核心、边缘的历史。

I. 沃勒斯坦以新的历史视角研究了资本主义产生、发展、兴盛和衰落的历史，论证了资本主义世界体系形成之后即处在剧烈的斗争和变动之中，现已进入“混乱和告终”时期，21世纪中叶，它必然被一个或多个后继的体系所取代。对于以西方国家为主导的“全球化”进程，他强调的是对现行世界体系的“主要支柱国家体系”的破坏。他说：就意识形态而言对所谓的全球化所做的颂扬其实是我们这一体系临终前所做的哀鸣。我们已进入了这一体系的危机时期。希望的丧失和伴随而来的恐惧是这一危机的缘由和主要症候。

他对历史问题的研究努力做到历史感与现实感的结合，十分关注现实问题。苏联解体、东欧剧变后，他写有《自由主义之后》(1995年)、《有托之乡——21世纪之历史抉择》(1998年)。在文章中，他写道：如

① [美] 沃勒斯坦：《现代世界体系》，第1卷，460页，北京，高等教育出版社，1998。

果认为苏联解体、东欧剧变这些事件也意味着自由主义这一意识形态的最终胜利，并同样加以庆贺，那就错了，那就完全曲解了实际情况。正相反，这些事件甚至更加表明了自由主义的衰微，更加表明了我们已最终进入“自由主义之后”的世界。他认为，“共产主义的式微并不意味着自由主义这一意识形态赢得了最终胜利，而是决定性地削弱了自由主义意识形态继续发挥其历史作用的能力”。[①] “9·11”事件发生后，他在《“9·11”——为什么会这样》中提出，假如我们是本·拉登，为什么要这样去做的问题。他认为，那就是要表明美国是只纸老虎，首先是向美国人，其次是向世界上其他人表明这一点。美国貌似强大，在全世界到处伸手，而实际上连他本国的人民，都保护不了。[②]

在阐述“世界历史体系”时，他向流行于史学界的以民族国家为研究单位的方法提出挑战。在他看来，把民族国家作为分析和研究的基本单位，是片面的和模糊的，即无法把西方社会和非西方社会在近代的变迁完整地涵盖进去，又难以解决整体和部分的关系，因为二者不是社会系统，而是封闭的单位，无法解释社会系统中的总体社会变迁和局部的变迁。[③] 通过“世界体系”，可以科学地认识整个世界和局部的、个体社会之间的辩证关系，即整体和部分、一般和特殊、统一性和多样性的关系等。

关于世界体系，沃勒斯坦认为人类历史上先后存在“微型体系”、“世界帝国”和“世界经济体系”三种体系。“微型体系”只有小规模的劳动分工；“世界帝国”如古罗马、中国、埃及等。非全球的，具有一定的封闭性，缺乏与其他体系的交换；“世界经济体系”，现代世界经济体系产生于欧洲，是以欧洲为中心的资本主义经济向世界范围扩展的结果。14—15世纪欧洲封建制度出现了全面的危机，成为16世纪以后欧洲的扩展和经济的转变的前提和基础。沃勒斯坦认为现代世界体系是一个发展的过程，而发展的动力在于对利润的最大追求，正是这种追求决

---

① [美] 沃勒斯坦：《自由主义的终结》，7、9页，北京，社会科学文献出版社，2002。

② [美] 沃勒斯坦：《“9·11”——为什么会这样》，见《大变局》，13～14页，南昌，江西人民出版社，2002。

③ [美] 沃勒斯坦：《现代世界体系》，第1卷，6页。

定了现代世界体系的不断扩张。关于现代世界体系的前途，他认为它曾经有过巩固的趋势，但正在走到尽头，因为在扩张的过程中所表现出的矛盾，是不可克服的。这些矛盾主要表现为供给和需求之间的矛盾；资本主义世界经济和世界政治缺乏统一的管理机构之间的矛盾。现有的世界体系的存在是不合理的，应该为一种民主的、合理的体系所代替。

沃勒斯坦在自己的著述中多次谈到中国，他在分析 21 世纪中叶可能建立的新的世界体系时说："我们不能预测它会是一个什么样的体系，但能通过我们目前政治的和道德的活动来影响其结果"。而"占人类四分之一的中国人民，将会在决定人类共同命运中起重大作用"。①

I. 沃勒斯坦还就"世界体系分析"的方法论问题进行了说明，认为它不是传统的历史学、经济学或政治学，而是一种在呼吁一种"统一学科的历史社会科学"，并将这看作是"超越社会科学中的欧洲中心论倾向，是建立一种面向 21 世纪的社会科学"② 的实际努力。在论及建立面向 21 世纪新的社会科学时，他也对中国寄予厚望，认为，"中国，一个拥有 5000 年文明传统以及世界上 1/4 人口的国家，在建构 21 世纪新的社会科学中肯定起核心作用"。③ 但这并不是要搞"中国中心论"，因为无论是"统一学科的历史社会科学"，还是"新的社会科学"，都应该是植根于世界所有主要地区，应是全世界学术界的共同成果。当解释世界体系起源的问题时，沃勒斯坦提出"为什么哥伦布不是中国人，而是欧洲人"？探讨 15—16 世纪时资本主义世界经济（世界体系）为什么起源于欧洲，而不是中国或其他地区。这主要是因为在经济上：农业生产的差距，欧洲需对外扩展，中国农业生产先进，在自己的疆土内发展水稻生产，没有对外扩张的动机；在政治上：这一时期的中国是一个广大的世界帝国；而同时期的欧洲却是初生的世界经济，包括许多小的帝国、民族国家和城邦。欧洲的状况易于促进帝国解体。此外还有：帝国的体制限制了军事技术的发展；个人主义的意识形态和资本主义的关

① ［美］沃勒斯坦：《现代世界体系》，第 1 卷，2 页。

② 关于这个问题，可以参见 I. 沃勒斯坦著《所知世界的终结——21 世纪的社会科学》第二部分。美国明尼苏达大学出版社 1999 年版，社会科学文献出版社 2002 年版。

③ ［美］沃勒斯坦：《世界体系论与中国·序言》，见王正毅著《世界体系与中国》，2 页，北京，商务印书馆，2000。

系，以王阳明学派为代表的个人主义意识形态和西欧不同，成为“捍卫传统和权威的武器”。总之，中国和西欧的区别在于经济结构和政治结构。

在我国史学界，有些人将科学性和阶级性对立起来，淡化甚至否认历史研究的社会内容，盲目地认为只有这样才能够与“国际接轨”，其成果才有学术价值。之所以有这种错误认识的原因之一，就是认为西方的学术研究是“客观”的，具有科学精神。然而，事实并非如此。在资本主义时代，一些史家标榜“客观主义”史学，19 世纪德国“兰克学派”的客观主义史学的影响最大。一般只看到兰克和兰克学派所主张超然的、不偏不倚的“客观主义”，以及撰写历史时应做到“如其实在所发生的情形一样”，而忽略了德国近代史学所表现出强烈的民族主义色彩，正是经过兰克及其弟子们的系统阐发和传播的结果。兰克所代表的近代德国史学中的民族主义倾向，和德国等欧洲民族国家的建构有着直接的联系，不可能脱离政治环境、社会氛围和宗教观念的影响，不存在所谓的“客观”。不仅是兰克，同时代德国其他的历史学家也是如此，特别是“普鲁士学派”成员的表现就更为突出。正如美国历史学家 G．G. 伊格尔斯所言：“在 1830 到 1871 年德国走向统一的过程中，历史学家在这些关键时期所扮演的重要角色是前所未见的。如果我们对历史学家们的角色不加重视，我们就无法写出德国的历史和德国自由主义的历史”。[①] 英国克拉克爵士主编的 14 卷本《新编剑桥世界近代史》。克拉克在该书的《总导言 ：史学与近代史学家》中说：“如果过去和现代之间没有连续性，如果一个生活在现代的历史学家不能把过去溶化在他的现代中，那么，他就不可能理解过去，或者写出能使他的同代人认为真实或者可以理解的有关过去的任何情况”。克拉克认为历史学不能停止在描述，而在于做出判断。“一部历史书与仅仅是一堆有关过去的报道之间的区别之一，就是历史学家经常运用判断力”。“历史不是人类生活的延续，而是思想意识的延续”。“就历史学而言，我们可以断定，

---

① 转引自王晴佳：《论民族主义史学的兴起与缺失》（上），《河北学刊》，2004（4）。

如果说它是一门科学的话，它是一门从事评价的科学”。①

西方历史学著作披着“学术”的外衣，对马克思主义基本原理进行了放肆的攻击并不鲜见。例如，美国历史学家魏特夫《东方专制主义——对于极权力量的比较研究》，在20世纪50年代末出版后，在60年代、80年代多次再版，在西方学术界有较广泛的影响，被认为是冷战政策的产物。他提出“治水社会”理论和“东方专制主义”概念，用“治水社会”和“半治水社会”体系，代替社会经济形态学说。攻击马克思《〈政治经济学批判〉序言》所集中阐释的唯物史观原理，在他看来，干旱、半干旱的东方国家都是“治水社会”，这种社会需要大规模的社会协作，而社会协作又需要强化纪律、从属关系和强有力的领导，于是就产生了专制君主和“东方专制主义”，通过歪曲古代中国、古代希腊、古代印度和古埃及的历史，否定马克思主义基本理论，污蔑马克思主义是“无与伦比的对科学的犯罪”。② 魏特夫公开声称他撰写这部著作的目的，是为了填补西方资本主义世界在与共产主义运动作斗争时因理论上的贫乏而造成的“真空”。该书即是“为自由世界而斗争”，“献给自由世界的贡物”，③ 这种赤裸裸的表露足以表明，这里丝毫没有什么“科学”和“客观”可言。

从上述不难看出，近代以来，特别是第二次世界大战后，西方史学得到迅速发展，其内容十分繁杂，需要以唯物史观为理论指导认真研究，具体问题具体分析，做出马克思主义的回答，对其中一些有益内容可以有选择地批判地汲取，为我所用。但对我们说来，西方史学、特别是西方史学理论的价值在于提出了什么问题，而不在于他们是怎样回答这些问题。例如，西方史学强调理论分析、理论概括，对历史过程也强调理论描述，尽管这样或那样的理论都是建立在唯心史观的理论基础上，但却同样给我们以启示，使我们也应该重视历史研究中的理论问题，只不过我们的“理论”是建立在马克思主义唯物史观理论基础上的

---

① [英] 克拉克主编：《新编剑桥世界近代史》，第1卷，12、22、24、31页，北京，中国社会科学出版社，1999。

② [美] 魏特夫：《东方专制主义——对于极权力量的比较研究》，35页，北京，中国社会科学出版社，1989。

③ 参见李祖德等主编：《评魏特夫的〈东方专制主义〉》，1页，北京，中国社会科学出版社，1997。

理论，而不是照抄照搬西方的理论。

四、“一切真历史都是当代史”

“一切真历史都是当代史”，这是意大利学者克罗齐1917年提出的一个著名命题。1947年1月，朱光潜先生在《克罗齐的历史学》论文中探究克罗齐的史学思想时，曾对这一命题做了如下阐发：“没有一个过去史真正是历史，如果它不引起现实底思索，打动现实底兴趣，和现实底心灵生活打成一片。过去史在我的现时思想活动中才能复苏，才获得它的历史性。所以一切历史都必是现时史。……着重历史的现时性，其实就是着重历史与生活的联贯”。近60年过去了，人们对克罗齐这一命题的认识，似乎都没有超出朱光潜先生当时的理解。想到这一点，难免有些汗颜。其实，这大可不必，因为所以如此的原因很多，其中重要的原因之一是这么多年来，我们更多地是研究哲学家、美学家的克罗齐，而因客观条件所限很难系统研究历史学家克罗齐，国内史学界对克罗齐史学思想的了解太少，一些研究成果流于空泛，也就不足为怪了。

克罗齐史学思想的重要特征之一，是将“历史”和“编年史”进行了严格的区分，这和“一切真历史都是当代史”这一命题是联系在一起的。他说：“历史是活的历史，编年史是死的历史；历史是当代史，编年史是过去史；历史主要是思想行动，编年史主要是意志行动。一切历史当它不再被思考，而只是用抽象词语记录，就变成了编年史，尽管那些词语曾经是具体的和富有表现力的”。他还认为，“当生活的发展逐渐需要时，死历史就会复活，过去史就变成现在的。罗马人和希腊人躺在墓穴中，直到文艺复兴欧洲精神重新成熟时，才把他们唤醒”；“因此，现在被我们视为编年史的大部分历史，现在对我们沉默不语的文献，将依次被新生活的光辉照耀，将重新开口说话”。如何理解他的这些思想？过去我们多局限在《历史学的理论和历史》这部著作中，既脱离克罗齐的历史研究实践，又脱离克罗齐所生活的那个时代，以及这一时代所决定的克罗齐所处的特定的历史环境，只是从抽象的概念出发，这样，在理解克罗齐的史学思想时，就难免会有这样那样的偏颇。

法西斯主义在意大利兴起的时候，克罗齐曾对法西斯主义抱有幻想，一度认为它是摆脱无政府主义状态的最好途径，而且还在上院投过对墨索里尼的信任票。但当墨索里尼攫取国家最高领导权，加紧迫害共产党和其他进步人士，废除资产阶级自由民主制宪法，实行法西斯专制统治时，克罗齐成为坚定的反法西斯主义者。1925 年，他撰写了反法西斯的抗议书，并征集数百知识界著名人士签名后在报刊上公开发表。克罗齐一发而不可收，在墨索里尼当政和德军占领时期始终坚持反法西斯立场，成为意大利知识分子反法西斯的精神领袖。从《那不勒斯王国史》、《意大利史》和《十九世纪欧洲史》等史学著作中可以看出，克罗齐的武器是学术，是包括史学在内的学术研究，从这一背景和事实出发，我们可以更深切地理解克罗齐的“一切真历史都是当代史”，而且还会记起他的另一著名命题“一切历史都是自由的历史”。应该说，克罗齐的全部史学著作和这两个命题合在一起，是引导人们理解什么是克罗齐史学思想的“当代性”的钥匙。

当然，克罗齐史学思想的“当代性”也不是空中楼阁，而是建立在自古代希腊以来的西方史学关注现实的传统上，古希腊史家戴奥尼西曾说，“历史是一种以事实为训的哲学”。这一传统一直延续到现当代。如美国历史协会主席里德认为，“历史学家的社会责任在于为当前而解释过去”。英国历史学家克拉克爵士也认为，“一部历史书与仅仅是一堆有关过去的报道之间的区别之一，就是历史学家经常运用判断力”。“历史不是人类生活的延续，而是思想意识的延续”。那种宣扬西方史学是远离现实的“科学”，因没有意识形态而“神圣”，显然是在编造谎言。“当代性”是历史学的基本属性之一，而不是罪过，关键是什么样的“当代性”，要分析它的社会意义和社会内容。在这方面，克罗齐史学思想的当代性给予了我们不少有益的启示。

在罗马大学学习时期，克罗齐曾受马克思主义者 A. 拉布里奥拉的影响，研究过马克思主义学说，1900 年出版有论文集《马克思主义的经济学与历史唯物主义》，但很快就离开了马克思主义。克罗齐的历史观是唯心主义的，否定历史本身有其发展的客观规律，而把它归结为个别的、特殊的历史事件的集合。因此他不承认历史发展规律，而只强调对历史事件的主观评价，历史是精神的运动、发展的过程。这些观点同样也渗透在他的史学理论和史学著作中。20 世纪 30 年代，意大利马克思主义理论家葛兰西曾对克罗齐史学思想的唯心主义性质进行过尖锐、严肃地批判，但他从没因此而否定其有价值的内容。我想，这也是我们今天分析“克罗齐史学思想的当代性”应该采取的正确态度。

时代　史家　史著

——读《新编剑桥世界近代史》

多卷本近千万字的《新编剑桥世界近代史》，综述了15世纪末欧洲文艺复兴至第二次世界大战结束这一时期的世界历史。该书是本世纪西方史学具有代表性的重要著作之一。这不仅是因为其内容丰富，更重要的是它从史学理论与史学研究实践的结合上，阐释了西方史学理论与方法的某些基本原则，反映了当代西方史学的发展趋势。《新编剑桥世界近代史》自1957—1970年陆续出版后，在国际史坛上产生了广泛的影响，引起了越来越多学者的重视。80年代修订本问世后，则更是如此。英国剑桥大学出版社授权中国社会科学出版社独家出版中文横排简体本。面向新世纪的中国史学正处于一个新的转型时期，翻译出版《新编剑桥世界近代史》以及对其进行研究，取其精华，弃其糟粕，对当代中国史学的建设无疑是有益的。

一、从《剑桥世界近代史》到《新编剑桥世界近代史》

由英国著名史学家阿克顿勋爵主编的14卷本《剑桥世界近代史》于1902—1912年出版，即撰写于19世纪末，问世于20世纪初。1902年第1卷出版时，阿克顿勋爵已于同年6月19日溘然长逝。但他的史学思想以及他提出的撰写此书的宗旨，却在著作中得到很好的贯彻，那就是：将历史学在19世纪已经取得的成绩和进展确定下来；同时为历史学在即将到来的新世纪指明方向，制定规划。①

19世纪初被誉为历史学的世纪。因为在这一个世纪中，历史学的专业化过程完成，不仅史料的发掘与积累以前所未有的速度增长，而且史学理论与方法也更加系统化、科学化。思辨的历史哲学以赫尔德、黑格尔为代表发展到高峰，而且狄尔泰、文德尔班、李凯尔特等分析与批判的历史哲学也开始兴起。历史研究的领域明显扩大，通史、断代史、国别史、专史诸领域都为后人留下了传世之作。欧美各国史学家的联系与合作不断加强，各种历史学派层出不穷。总之，在资本主义世界空前繁荣与科学技术不断进步的广阔历史背景下，西方史学进入了自己发展的黄金时代。《剑桥世界近代史》从内容到形式都是这一特定的历史时代——“历史学的世纪”的产物。

1834年1月10日，阿克顿生于英国一个贵族之家。其父是英国男爵，其母是德意志巴伐利亚显赫的贵族之后。他不仅有日耳曼人的血统，而且还在德国接受过严格的历史教育，在柏林大学听过著名史学家兰克的讲座。阿克顿平生治学勤奋，孜孜不倦。他读万卷书，行万里路，除英国和德国外，在法国、意大利、美国、俄国、瑞士、奥地利和苏格兰都留有他的足迹。1895年，剑桥大学钦定教授施里病故后，他被聘为该校近代史讲座的钦定教授。19世纪西方浪漫主义和实证主义史学思潮，对其史学思想的形成都产生了重要的影响。他努力将矛盾的

① ［英］巴勒克拉夫：《当代史学主要趋势》，8页。

东西调和起来，力图使“德国和西欧的历史思想和实践的成果融为一体”[①]。他反对过分地崇拜事实，认为史学家不能陷在史料的汪洋大海之中。在《剑桥世界近代史》第1卷的序言中，他明确指出，这种极端将会把他从一个饱学之士变成一个百科全书的“编纂者”。但他也信奉兰克所言，历史学家的任务在于“如实地说明历史”，要严格考证史料，“如实记述”。

在撰写《剑桥世界近代史》时，阿克顿曾发表致撰稿人的公开信。他在信中提出，我们将尽力取得所有历史文献；写作时，每一位作者的国籍、宗教、党派都不应在著作中表现出来，因为个人观点的表达将会导致全书的混乱；他还强调，我们所描写的滑铁卢必须使法国人、英国人、德国人和荷兰人都能同样满意[②]。阿克顿对英国史学家伯里的名言“历史是一门科学，不多也不少”不以为然，但他也强调历史学家不同于历史事实的搜集者，他们之间的根本区别就在于“概括”。他认为，人们应该重视隐含在历史学家内心深处的东西，尤其是那些著名的历史学家。历史思考凌驾于历史知识之上。但他还认为，历史是一门特殊的知识，它包含其他科学[③]。不难看出，阿克顿认为历史学既是一门搜集和考据史料的艺术，但也是一门科学。对历史性质的解释，他也提出了一些令人鼓舞的内容，他说：“历史是争论的仲裁者，是迷路人的指南针，是道德标准的坚持者，而世上的强者，包括宗教本身一直在试图降低道德的标准”[④]。

正是从上述认识出发，阿克顿主编了作为19世纪西方史学标志之一的《剑桥世界近代史》。这部巨著表明，他作为英国剑桥学派的主要创立者和主要代表人物，是当之无愧的。在英国史学发展史上，阿克顿以学识渊博、治学精严而声望卓著。既然如此，克拉克爵士为什么在半个世纪之后要“新编”一部《剑桥世界近代史》呢？显然不是他心血来潮。与其说这是英国或西方史学发展的客观需要，不如说这是英国或西

① ［英］巴勒克拉夫：《当代史学主要趋势》，8页。

② ［美］阿克顿：《近代史讲演录》，318页，伦敦，1906。

③ ［英］巴特菲尔德：《对人类过去的认识》，64、97页，剑桥，1969。

④ ［英］阿克顿：《论自由和强权》，转引自杨豫：《西方史学史》，345页，南昌，江西人民出版社，1993。

方资本主义社会发展的客观需要更准确些。就是说，《新编剑桥世界近代史》这部著作首先是历史和社会的产物。英国史学家卡尔说："在研究历史之前，应该先研究历史学家"，"在研究一个历史学家之前，应该先研究他的历史环境和社会环境。历史学家是单独的个人，同时又是历史和社会的产物。研究历史的人正是应该从这双重的事实出发来看待历史学家。"[①] 卡尔所言极是，他为我们搞清《剑桥世界近代史》为什么要"新编"提供了一把正确的钥匙。

关于社会与史家、史著的关系，克拉克本人也持卡尔类似的观点，他在《新编剑桥世界近代史》的《总导言：史学与近代史学家》中说："研究什么历史课题和为什么进行研究，取决于人类社会的许多显然毫不相干的情况"，"历史学家的社会职能过去一向是、而且今后也永远是随着千变万化的社会情况而发生变化的。历史学家的技能与读者的要求之间永远存在着一种紧张状态。不管他们是为了个别的赞助者，或是为了一个政府部门，或是为了他们能够吸引来阅读他们的著作的那些群众写作，他们都必须在一定程度上满足一种要求。"[②] 重视历史与现实的联系，是剑桥学派的传统。早年施里也曾说："我们的大学乃是，而且必须是一所政治家的巨大培养所。没有至少起码的历史知识，一个人不可能对政治感到合乎理性的兴趣，而没有丰富的历史知识，一个人也就不会对政治作出合乎理性的判断。"[③] 施里特别强调，历史是政治家的学校。

20 世纪中期同 19 世纪末相比，人类社会的政治、经济、文化与科学技术的发展，都发生了根本的变化。特别是在这期间爆发了两次世界大战，"西方的没落"，使形成于资本主义上升时期的普遍乐观主义情绪开始消失，资本主义世界精神和物质的危机感加强，世界政治格局的重大改变，以及科学革命、科学技术日新月异，突飞猛进，这一切都要求西方社会对人类历史的昨天、今天和明天重新认识。对于历史学家来说，他们的任务非常明确，那就是让人们更加全面、更加准确地了解过去，从而清醒地认识现在，最重要的是更加主动地把握未来。社会的需

① [英] E. H. 卡尔：《历史是什么》，44 页。

② [英] 克拉克主编：《新编剑桥世界近代史》，第 1 卷，25、29 页。

③ [英] 古奇：《十九世纪的历史学和历史学家》下册，590 页。

求仅仅是一种社会的呼唤，而要将其变成现实，关键是当时西方史学的发展，是否已经具备了完成这种任务的条件。20世纪中期，即第二次世界大战后，西方史学的发展进入了一个崭新的阶段，不少国家的历史研究都受到社会科学与行为科学越来越大的影响。英国史学家巴勒克拉夫说："如果我们想概括一下1955年以来历史研究的新趋势，我们便可以说，最为突出的趋势是集中，这种集中的主要特征是全面抛弃了前一代历史学家的基本观点。与此同时还伴随着恢复对历史学的思考和写作理论的兴趣。"① 从那时起，历史学家的研究视野和历史研究的领域愈来愈加扩大；在历史研究的实践中，形成了一系列新的历史学分支学科；历史研究方法更加多样化；史学理论、方法论的研究也有了巨大的进步。值得重视的是，二战后，西方马克思主义史学也有了长足发展，并直接或间接地对当代西方史学的发展产生了重要的影响。"到1955年，即使在马克思主义的反对者中，也很少有历史学家会怀疑聪明睿智的马克思主义的历史研究方法的积极作用及其挑战。"② 通过以上的初步分析，我们不难理解，克拉克为什么在20世纪中期要新编《剑桥世界近代史》，同时也找到了正确认识这部近代史著作究竟"新"在何处的途径。

19世纪末20世纪初，阿克顿主编《剑桥世界近代史》时，他的目标是使其成为一部"有权威的"、"经典的"近代史著作，用他的话说，是能够成为"未来世纪的航海图和指南针"。而半个世纪后，克拉克主编《新编剑桥世界近代史》时，则彻底放弃了这样的目标。他说："在制定《剑桥世界近代史》的这个新版本的计划时，不是把它作为撰写权威性的历史的阶梯，也不是把它作为我们有关这一时期的全部知识的摘要或者按比例绘制的缩图，而是把它作为符合事实的判断的完整体。"③ 之所以有如此变化，不是克拉克个人懒惰或他缺少雄心壮志，而是由于受现代西方史学发展中所形成的一些重要理论制约的结果，特别是否定历史进步，在历史性质解释上的悲观主义对其更有深刻的影响。克拉克认为，新一代历史学家没有像阿克顿那样，一定要写出"权威性的历

① [英] 巴勒克拉夫：《当代史学主要趋势》，第66页。
② [英] 巴勒克拉夫：《当代史学主要趋势》，第42页。
③ [英] 克拉克主编：《新编剑桥世界近代史》，第1卷，31页。

史”的奢望。“因为关于过去的知识是通过一个或更多的人的思想传播下来的，是经过他们‘加工’的东西”，“历史不是人生活的延续，而是思想意识的延续。”“有些研究工作者采取的方法表明他们认为存在着具有统一结构的真实的历史，而且在了解更多的真实历史方面，不断地变得更有技巧，但却往往忘记这样一件事：在全部真实历史中，人们所能了解到的只不过是沧海一粟。历史的绝大部分已经烟消云散，永远也不可能用我们拥有的手段使之再现出来。……要掌握全部历史的想法是不切合实际的。”克拉克指出，一些学者陷入到怀疑主义中去，认为“既然一切历史判断都涉及个人与观点，则一种判断与另一种判断同样有道理，因而没有什么‘客观’的历史真理存在。”因此，在战后西方史学界关于历史学究竟是一门科学，还是一门艺术的争论中，他更倾向后一种观点。他说：“就历史学而言，我们可以断定，如果说他是一门科学的话，它是一门从事评价的科学。”① 显然，克拉克对“历史学是一门科学”持相当大的保留态度。

阿克顿认为历史学的基本特征是“概括”，而克拉克则认为是“评价”或“判断”。几字之差，反映了两种不同的历史观。概括，是对史实的概括，是建立在史实的基础之上的。尽管有时离历史实际相差遥远，但在历史思维上，毕竟属于本体论范畴。而所谓判断，自然指的是价值判断，它是评价的前提。在《新编剑桥世界近代史》的《总导言》中，克拉克多次论及“判断”和“评价”问题。除上面已提到的外，他还说：“如果编写历史书的人都认为：一部历史书与仅仅是一堆有关过去的报道之间的区别之一，就是历史学家经常运用判断力。”他进而强调，“对于历史学家来说，他们的工作是做出判断”。② 马克斯·韦伯说：历史学家“在他表明自己的价值判断之时，也就是对事实充分理解之时。”③ 如韦伯所言，“判断”和“理解”是联系在一起的，而理解，由于世界观、价值观的不同，以及个人经历、审美情趣、情感倾向等非

① [英] 克拉克主编：《新编剑桥世界近代史》，第1卷，19～31页。

② [英] 克拉克主编：《新编剑桥世界近代史》，第1卷，21～22页。

③ [法] 韦伯：《学术与政治》，38页，北京，三联书店，1988。

理性因素的影响，不同的人对相同的事，往往有不同的理解。这是经常会遇到的，也是正常的。因此，评价或判断的过程，就是作为历史认识主体的历史学家的主体性或主体意识充分发挥的过程。在这个过程中，无论是逻辑思维、形象思维，还是灵感思维，以及由此而进行的判断和评价，无不印上社会的烙印。

前面已经谈到，阿克顿是坚决反对历史研究中无法回避的社会性的。而克拉克则恰恰相反，他认为“必须放弃阿克顿的一个原则”，就是撰稿人应“排除或隐瞒他们个人的信念”。因为他认为他和阿克顿属于不同的时代。在西方史学发展史上，阿克顿属于自由主义时代，而他则属于自我批判时代。在这个时代，无法做到公正无私，对一些问题的认识不可能人人同意。因此，撰稿人“必须满足于毫无保留地阐明自己的思想，并尊重他们无法排除的分歧。”[1] 这样，也就决定了《新编剑桥世界近代史》不同于《剑桥世界近代史》的又一新特点。这个特点在书中表现得十分明显。主体意识淋漓尽致地发挥，可以使人们对当代西方历史学家如何认识近代世界的历史，能有更全面的了解。有些学术观点虽然我们无法理解、无法接受，但却提出了许多令人值得思考的问题。有时提出问题比解决问题更重要，它的价值在于启发我们进行积极思考，从理论与实践的结合上进行深入的探讨，力争得出更加符合历史实际的结论。

二、《新编剑桥世界近代史》和当代西方史学主潮

从《剑桥世界近代史》到《新编剑桥世界近代史》，反映了西方史学思想的重大变化。首先，在历史哲学方面，居统治地位的思辨的历史哲学，逐渐让位于分析与批判的历史哲学。历史哲学家们已不满足于对兰克史学思想的修正，而是深入到历史认识、历史解释或历史知识性质的探讨，以及对历史叙述的结构与意义的研究等等。在此基础上，出现了以《剑桥古代史》、《剑桥中世纪史》、《剑桥近代史》为代表的传统史学向新史学的迅速转变。20 世纪 50 年代中期，西方史学经过转变、反

① [英] 克拉克主编：《新编剑桥世界近代史》，第 1 卷，第 31 页。

思，重新定向，开始形成当代西方史学的新潮流。《新编剑桥世界近代史》成书于新史学的鼎盛时期，可以被认为是这股新潮流的典范之一。通过这部多卷本的史学专著，我们可以更具体了解当代西方史学主潮的内容；同样，通过了解当代西方史学主潮的具体内容，可帮助我们更深入地理解《新编剑桥世界近代史》。

分析与批判的历史哲学家主要代表人物有意大利哲学家克罗齐，英国历史学家、哲学家柯林武德，法国历史哲学家阿隆和马鲁，英籍科学哲学家波普尔，美籍哲学家亨佩尔等。他们的历史哲学思想，以不同的方式不同程度地渗透在《新编剑桥世界近代史》中，以克罗齐和柯林武德的影响为最大。克罗齐认为，历史是精神的历史，“历史存在我们每一个人身上，它的资料就在我们的胸中。因为，只有在我们的胸中才能找到那种熔炉，使确凿的东西变为真实的东西，使语文学与哲学携手去产生历史。”所以克罗齐强调，“历史决不是用叙述写成的”。这样，历史就不可避免具有当代性，“一切真历史都是当代史”①，柯林武德的一个著名命题是一切历史都是思想史，史学的确切对象是思想。他说：“一个自然过程是各种事件的过程，一个历史事件过程则是各种思想的过程”②。历史学家的工作，不过是在自己的心灵中重演古人的思想。克拉克在《新编剑桥世界近代史》导言中所强调的一些基本原则，如历史学家的工作是“做出判断”，是“运用判断力”；历史学是一门“从事评价的科学”，以及“历史是人类思想意识的延续”等等，同克罗齐、柯林武德的历史哲学思想如出一辙。分析与批判的历史哲学的研究，推动了西方历史学家对史学自身发展中的一系列理论问题的研究，对历史研究实践有重要的指导意义。在《新编剑桥世界近代史》中，时时处处都可以清楚地感觉到这一点。

当代西方史学主潮的一个重要内容是历史研究的理论化趋势，以至一些学者提出“理论史学”（thcorctical history）的问题。1910年，美国学者埃尔伍德曾说：“历史学是一种明确的、记叙式的社会科学，其

---

①［意］克罗齐：《历史学的理论与实际》，142页，北京，商务印书馆，1982。

②［英］柯林武德：《历史的观念》，245页，北京，中国社会科学出版社，1986。

目的在于建构过去社会的图景。社会学则是一种抽象的、理论化的社会科学，关注那些支配社会组织与社会变迁的法则与原理。”针对他的观点，蒂利1986年在题为《未来的历史学》的讲演中指出：在一定的条件下，“社会学便能释放出它作为现代历史学的潜能”，这样，“历史学与社会学的区别终将泯灭”①。历史研究的理论化趋势，主要表现为从描述性的历史转向分析性的历史，从传统的历史过程的描述转向理论性的描述。但自20世纪70年代下半期始，又出现了“叙事体的复兴”，即出现了“新叙事史”。如何认识这种“复兴”？西方学者众说纷纭，有些观点截然对立，我们现在对其进行评价为时尚早，但叙事体的复兴却是不争的事实。

历史研究的理论化趋势和其中的变化，人们从《新编剑桥世界近代史》中，都能清楚地看到，首先，该书各卷的第一章均为《导言》。在一些卷的《导言》中，对本卷中所涉及的一些重大理论问题，进行了专门的论述。如第1卷的“史学和近代史学家”、“作为历史转折点的文艺复兴”、“文艺复兴出现的必然性及其特点”，第2卷的“宗教改革为什么作为一个完整的历史时期”，第6卷的“时代的划分和政治地理的变化”，第9卷的“经济和社会变革、政治地图、政治趋势”，第10卷的“这个时代的一般特征”，第12卷的“论近代史的局限性”、“历史观的变化”、“本世纪的某些变化”、“‘近代’和‘现代’”等。对历史学和历史进程中的这些理论问题的集中探讨，深化了人们对历史过程的理解。

其次，《新编剑桥世界近代史》在叙述过程中的具体问题时，也重视理论层面上的介绍和分析，使著作从整体上表现出一定的理论色彩。如文艺复兴时期一章中讲到西欧的艺术时，论述了“艺术理论”；在讲到法国宗教改革时，分析了“宗教改革在社会、宗教和学术方面的来龙去脉”；在讲到16世纪上半期的战争时，分析了“战争艺术的演变”和“文献：对古代理论和实践的研究”；在讲到16世纪下半期至17世纪初欧洲的教育和学术研究时，分析了“哲学领域的新发展”、“史学方法”、“欧洲和亚洲语言研究”；此外还有“17世纪作为一个单独的历史时

① ［英］肯德·里克等编：《解释过去，了解现在——历史社会学》，14、20～21页，上海，上海人民出版社，1999。

期”、“民族主义的重要意义”、“作为政治统一体的欧洲与基督教世界”、“17世纪哲学思想和科学思想的紧密联系”、“自笛卡儿至洛克时期的哲学的主要特征”、“17世纪思想的主要特征”、“国际关系中的”均势“原则及起源”、“当代作家论政治思想”、“德国历史学家论普鲁士的兴起”、“康德哲学的永久的重要意义”、“边沁的功利主义”、“先验论哲学”、“18世纪理性主义的教育含义”、“瓜分是保持力量平衡的一种手段”、“从启蒙运动到实证主义”、“音乐和作曲家的社会作用”、“19世纪的现实主义”、“马克思主义与达尔文主义”、“基督教神学与思想”、“帝国主义与非洲民族主义”、“俄国革命：一个长期历史过程的顶峰”等等。

《新编剑桥世界近代史》在体例上采取了国别史、地区史、专题史交错论述的方法。这种方法，同我国及其他国家学者撰写通史的方法不大一样。所以如此，可能因有不同的写作要求、不同的目的，以及因文化背景不同，而形成的不同的撰史习惯有关。这种方法有较大的难度，因为从专题研究中最能看出史学家的理论造诣和史学功底。在坚实的专题研究的基础上撰写通史，自然有不可替代的优势，但也有不足之处，那就是容易割裂历史进程之间的联系。《新编剑桥世界近代史》在这方面处理得比较好，其原因就是重视历史进程的理论描述，通过理论描述而构建起历史矛盾运动的联系。当然，这对读者也提出了更高的要求，即读者在史学理论方面，也应有一定的修养，否则阅读这部通史时，会有支离破碎、头绪凌乱之感。

当代西方史学主潮的另一重要内容是历史学领域的扩大。在《新编剑桥世界近代史》中，表现得非常明显。同19世纪末，即阿克顿主编《剑桥世界近代史》时相比，历史研究的主线，已从政治转移到经济、社会、思想、文化、科技、艺术和心理、家庭、人口等领域。本文前面曾谈到，《新编剑桥世界近代史》的内容十分丰富，其原因即在于此。克拉克说：“历史学家的兴趣很少有单纯的”，“现在历史学有数不清的分支，每个分支都单独地研究一项特殊的问题”。“在通史中，对于某些分支注意的程度有大有小，但是对于所有这些分支，即便没有提供最后的总结，毕竟会提供导言或基本论述。”① 在《新编剑桥世界近代史》中，我们对这一说法有了更具体的理解。因为20世纪中期以来形成的历史学分支学科，如经济史、社会史、人口史、家庭史、心理史、新政治史、文化史、科技史和思想史等分支学科的理论、方法、内容，在书中比比皆是。从某种意义上说，《新编剑桥世界近代史》是一部跨学科的历史学著作。

如果认为跨学科方法，仅仅是一种史学方法，那显然是不妥的。同传统史学相比，它首先是一种崭新的历史观念。就如同比较方法、计量方法不单纯是史学方法，而是比较历史学、计量历史学一样。与跨学科方法紧紧联系在一起的，是跨学科的历史学。跨学科的方法是它的形式，而其实质则是与相关学科建立密切的联盟，从历史学的实际出发，借助相关学科的理论、原则和方法，从总体上对历史认识客体进行宏观研究。20世纪70年代初，美国《跨学科历史杂志》问世，有力地推动了跨学科历史学的发展。跨学科方法，又是同历史研究中的理论化趋势联系在一起的。因为“不仅在研究历史实际本身时，而且在研究历史科学中使用的研究程序的特点时，使用跨学科方法都是重要的”②。《新编剑桥世界近代史》向人们表明，传统历史学同其他学科之间的界限变得越来越模糊了。丰富的内容，并不是传统史学所研究的那些内容的重复和扩大，而是汲取相关学科的营养，扩大了历史研究的视野，开拓了新的研究领域，从而提出新的、以前从没涉及过或很少涉及的研究课题。《新编剑桥世界近代史》有意识地克服“通史”即“国别史”和“地区史”的汇编；而国别史、地区史的核心内容又是“政治史”的缺陷，向人们展示了跨学科历史学的魅力。

同其他多种多样的世界近代史著作相比，《新编剑桥世界近代史》体现出当代西方史学主潮所表现出的突出特点之一，是高度重视近代人类社会生产力发展历史的研究，使人们清楚地看到科学技术的飞速进步，在社会历史进程中具有何等伟大的“革命意义”③。编撰者引用19

---

① [英] 克拉克主编：《新编剑桥世界近代史》，第1卷，25页。

② [俄] 赫沃斯托娃：《论现代历史认识的特点》，[俄]《近现代史》，1996 (4)。

③ [英] 克拉克主编：《新编剑桥世界近代史》，第12卷，4页。

世纪末贝尔福勋爵的话说：科学家，“他们才是改变世界的人”，是推动世界前进的“动力”。作者认为，“19世纪结束时，在自然科学方面发生了根本性的、革命性的变革，同时，人们在一定程度上认识到：塑造未来世界的是科学。”到了20世纪50年代，“各阶层的男女开始认识到，他们的生死存亡取决于科学的进展，或者取决于他们自己的统治者或其他国家的统治者决定如何利用这种进展。然而，到第二次世界大战将告结束时，通过可怕的现实，这些问题就变得更明显、更严峻了。”① 如果将各卷有关科技的内容汇集在一起，那将是一部很不错的近代科技史著作，因为这些内容给予人们的不是一般常识性的科技史知识，而是深入研究的成果。但是这样做也将有很大的局限，这就会仅仅是近代“科技发展史”，而不如放在《新编剑桥世界近代史》中，能结合史实更明确地揭示科技发展的重大社会后果。因为各卷叙述科技发展时，是与近代人类社会历史进程密切结合在一起叙述的，如“17世纪末至19世纪末的科学技术，以及科学和技术更密切的联系”、“科学运动及其对思想与物质发展的影响”、“19世纪末科学与技术的变化，科学与技术的结合”和“科学革命”等等都是如此。

除科学技术外，《新编剑桥世界近代史》对人类精神文化在历史进程中的作用，比一般世界近代史著作叙述得更详尽。而这些叙述并不是脱离历史矛盾运动孤立地叙述，所以也就更有说服力。如“15世纪的文化和政治变革”、“意大利文艺复兴与欧洲文化的未来”、“宗教改革时代：文化发展趋势”、“路易十四时代：法国在艺术、思想和文学方面的成就”、“1688—1725年：西欧文化的变迁”、“启蒙运动”、“法国革命：文学和思想”、“1793—1830年：文学和思想中的革命影响和保守主义”、“19世纪30—70年代的教育与新闻”、“19世纪末的社会和政治思想”等方面的内容，都令人耳目一新，给人留下了较深刻的印象。此外，该书在讨论政治、经济、军事、外交、民族、人口、宗教、国际关系、社会心理、社会舆论、社会思想、社会生活等问题时，还以较大的篇幅论述了一些国家的建筑、雕塑、绘画、诗歌、戏剧、散文、音乐、

① [英] 克拉克主编：《新编剑桥世界近代史》，第12卷，115～117页。

艺术、直观艺术、视觉艺术、方言文学、学派、学术研究和大中小学教育、女子教育、成人教育、技术教育等方面的内容。所有这一切，从不同角度、不同层面再现了生动、丰富的世界近代历史画卷。不仅有一些震撼世界的大事凸现在读者面前，而且人类一般物质、精神文化生活的热闹场景也历历在目，使人们有一种具体的而不是抽象的历史感。这对于全面、深入地了解近代世界的历史行程无疑是有帮助的。

三、根深蒂固的“西方中心论”

克拉克在《新编剑桥世界近代史》的《总导言》中说：“新版本的目标与阿克顿勋爵为旧版本所确定的目标绝大部分是一致的”（第1卷第31页）。笔者认为，克拉克与阿克顿目标的一致性，首先、或者说集中表现在“西方中心论”历史认识的偏见上。如果说，《新编剑桥世界近代史》是一部已立足于当代西方新史学的大潮中，但又印有英国传统史学的痕迹的话，那么，所有痕迹中最深最重的就是“西方中心论”。让我们先看以下这样一组统计数字，就足以说明这一点：《新编剑桥世界近代史》正文12卷，除第1卷的《总导言》和个别卷的《附录》外，共有272章。而这272章中，主要论述亚洲历史的有以下5章：《欧洲与东方》（第2卷）；《欧洲与亚洲》（第4卷）；《在印度的角逐》（第7卷）；《与南亚和东南亚的关系》（第9卷）；《印度和东南亚》（第12卷）。此外，还有个别章节是将亚洲与非洲，或与其他地区合并在一起论述的。主要论述中国历史的只有以下4章：“远东”（第10卷）；“中国”（第11卷）；“太平洋上的扩张和争夺中国的斗争”（第11卷）；“1900—1931年的中国、日本和太平洋”（第12卷）。这样，加在一起还不到10章，其所占比例不过是272章的3.7%。从以上各章的标题上，不难看出，对于包括中国在内的亚洲历史的论述，多是为了说明欧洲史的某些内容才撰写的，似乎亚洲只是欧洲史的陪衬，没有独立存在的价值。还应指出的是，全书各卷论述科学、艺术、文化、教育、建筑、宗教、哲学、学术等方面的内容时，对欧洲以外地区和国家的史实更是只字不提。更令人难以理解的是，第12卷以《1930—1939年的外交史》、《第二次世界大战》、《第二次世界大战外交史》3章的篇幅论述二战时，居然对中国人民伟大的抗日战争视而不见，寥寥数语，只讲什么“远东国际秩序的瓦解”，“中日谈判破裂”，“远东的防务被忽略”，“远东战事结束”等等。

“西方中心论”，亦被称为“欧洲中心论”、“西欧中心论”，后来又发展为“欧美中心论”。其实质是大肆宣扬西欧诸民族人种优越，以西欧的历史视为整个人类普遍的历史，用西欧的历史来剪裁世界各地区、各国家、各民族的历史。它最早在18世纪中期由德国哥丁根学派史学家提出，后由黑格尔将其完善，兰克则使其系统化，并用于历史研究实践。兰克同时代的法国哲学家、社会学家孔德推波助澜，声称历史研究的对象应以西欧诸民族为主，因为他们是人类的“精华”，而中国、印度等东方国家，对世界历史没产生“实际影响”，所以不必考虑；美国历史学家海斯等公开宣称，欧洲白种人是世界历史的主角。

自20世纪20—30年代起，一些西方学者即对“西方中心论”提出批评，英国历史学家巴勒克拉夫是重要代表人物之一。1955年，其论文集《处于变动世界中的历史学》出版，矛头直指“西方中心论”，同时明确地提出了“全球历史观”的基本思想。在战后新的历史条件下，他要求史学家“跳出欧洲，跳出西方”，因为“主要用西欧观点解释历史事件已不够了，我们必须采用更为广阔的世界史观”。[①] 在该书的封皮上，印有英国著名史学家汤因比的题词：“这里有足够的炸药，能把19世纪的西方历史主义烧为灰烬。”巴勒克拉夫在其代表作《当代史导论》(1967年）中，写有“从欧洲均势到全球政治时代——朝向全球联系的局势的演变”、“对西方的反抗——亚非对欧洲霸权主义的反映”、“观念的挑战——共产主义理论和苏联范例的影响”等章，从理论与实践的结合上继续批判“西方中心论”。在《当代世界的文学和艺术——人类看法的转变》一章中，他讨论了包括中国在内的亚洲新文学运动，强调“中国的文学革命集中体现了欧洲以外世界以文化复兴为基础的变革”。[②]

20世纪80年代初，巴勒克拉夫在论述世界史的前景时，认为“认

① 巴勒克拉夫：《当代史导论》，7页，上海，上海社会科学出版社，1996。

② 巴勒克拉夫：《当代史导论》，264页。

识到需要建立全球的历史观——即超越民族和地区的界限，理解整个世界的历史观——是当前的主要特征之一”。① 在“全球历史观”得到越来越多的西方历史学家认同的时候，克拉克却是例外。他在主编《新编剑桥世界近代史》时公开宣布：阿克顿在19世纪末提出的“主流”思想，即他的指导思想，“依然是这部新编《剑桥世界近代史》的准绳”。② 何谓“主流”思想？阿克顿在主编《剑桥世界近代史》时，将世界上的国家分为“主流国家”和“非主流国家”两种，其区别在于对“主流”是否有贡献，或贡献大小；而“主流”则是指主要是西欧国家的历史进程，如文艺复兴、宗教改革、宗教战争、君主专制政体、革命等。这样，非西欧国家多被归入“非主流国家”的行列。他还表示，为了不分散人们的“注意力”，只有当“非主流国家”处于重要地位的时候，即“进入主流”时，才能对其历史“加以叙述”。这种情况实在不多，克拉克举例说：“彼得大帝时代的俄国”，就是俄国“第一次进入主流”。③ 不言而喻，在这种“主流思想”的指导下，《新编剑桥世界近代史》在20世纪末继续坚持“西欧中心论”，就没有什么值得奇怪的了。

克拉克没有阿克顿那样的雄心壮志，但他也提出了明确的编撰目的，那就是“《新编剑桥世界近代史》不必去满足旧版所要适应的一切需要，而要作为一部能适应我们时代的研究和教学工作的需要的标准通史，来实现一个更为明确的目标。”④ 它是一部“标准通史”吗？笔者以为，答案只能是否定的。因为这部著作以“西方中心论”为指导思想，所以它是一部很不完整的世界近代史。人们从中看不到近代亚洲、非洲、拉丁美洲、澳洲和东欧、北欧各国人民较为完整的历史活动场景。至于克拉克所说，“明确的目标”，是要把已经肯定的研究成果表述在“文明”的历史之中，这种“文明”从15世纪起由它最初的欧洲发源地向外扩展，在扩展的过程中同化外来的成分，直至它在全世界各个地方或多或少稳固地扎下了根。克拉克所谓“更为明确的目标”，是以“西欧中心论”为理论指导的。他所说的“文明的发源与扩展”、“扩展

① 巴勒克拉夫：《当代史学主要趋势》，242页。

② ［英］克拉克主编：《新编剑桥世界近代史》，第1卷，32页。

③ ［英］克拉克主编：《新编剑桥世界近代史》，第1卷，32页。

④ ［英］克拉克主编：《新编剑桥世界近代史》，第1卷，32页。

中的同化”、“在世界各地扎根”等等，无一不是从西欧出发来认识和分析的，似乎西欧从15世纪以来，始终就是人类历史发展的中心，虽然历史事实并非如此。在《新编剑桥世界近代史》中，克拉克所要追求的“更为明确的目标”确实是实现了，但恰恰是它的“实现”，极大地损害了这部学术巨著的科学性和完整性。

自古以来，人类历史的矛盾运动就是不平衡的，近代史也不例外。不排斥在某一或长或短的历史时期内，西欧的历史发展走在世界的前面，成为世界历史矛盾运动的中心。但是，这决不是说，西欧的历史发展就永远走在世界的前面；西欧以外各地区、各国家人民的历史发展就永远落后于西欧；更不是说这些国家和人民的历史无足轻重、可有可无，或可任意篡改、歪曲。与《新编剑桥世界近代史》丰富的内容相比，由“西方中心论”所决定的历史思维，显然是苍白的。在它面前，新的史料、新的历史学方法、新的研究领域所提出的新问题，都受其局限，无法发挥其应发挥的作用。克拉克是“西方中心论”的信奉者，他与其同时代的一些西方历史学家相比，显然是落后于时代了。

《新编剑桥世界近代史》以“西方中心论”为指导思想，导致的另一后果是歪曲非西欧国家、特别是亚非国家的历史。所以出现这样的情况，一方面是由于某种历史上形成的、意识形态上的或其他的偏见，另一方面则是由于轻视这些国家的历史，对其没有什么研究或研究不够，往往表现出无知，或信口开河。顺手拈来中国近代史的几个实例，就足以看清楚这一点。中国近代史上的一些重大历史事件，如新文化运动、马克思主义在中国的广泛传播、五四运动、中国共产党的成立、工农革命运动、国共合作、历次国内革命战争，以及西方列强对中国的侵略、掠夺，和中国人民前赴后继的反抗斗争等等，在《新编剑桥世界近代史》中都消失得无影无踪，或一笔带过。

书中提到的一些历史事件，如太平天国运动被认为是“叛乱”、是“大规模造反，把这个国家弄得四分五裂”。[①] 关于鸦片战争，论及战争爆发的原因时说：中英“双方对于国际交往既有根本不同的看法，而且

① [英] 克拉克主编：《新编剑桥世界近代史》，第10卷，961、949页。

又都非常骄傲，因而在1834年以后的广州局势中，早晚势必要爆发战争。”[①]还说：“外国商人在广州所处的困境，引起了中英两国间1839年的战争。”[②] 义和团运动则是“大规模的拳乱”、“暴徒捣乱”，[③] 义和团是“一个反对西方的宗派”，他们在北京“残杀中国的基督教徒，骚扰外国人，攻打各国公使馆”[④]。1937年“七七事变”，是日本帝国主义为发动全面侵华战争蓄意制造的军事冲突。而该书却认为是“为了对付中国日益敌视的态度，日本就运用军事行动与政治阴谋并施的办法……1937年中日两国军队在北京附近的一次武装冲突，造成了对中国的全面入侵。”[⑤] 这样的例子还可再举出不少。这一切不能不说是这部著作的败笔。

最后，想就《新编剑桥世界近代史》中的史学方法问题，谈一点简单的看法。让我们看一下第12卷中的两个实例，其一，作者将1917年俄国十月革命同1640年英国资产阶级革命、1789年法国大革命进行了比较。还把俄国社会民主工党（布尔什维克）、孟什维克分别比作法国大革命中的“山岳党”和“吉伦特派”。这样，就出现了一个如何认识“可比性”和“非可比性”的问题。笔者不同意进行这样的比较，包括西方历史学家在内的不少中外学者都认为，不同质的内容是无法进行比较的，否则，很难得出符合历史实际的结论。当然，这是个学术问题，有待继续讨论。其二，作者论述斯大林妻子之死（1932年11月）时，利用心理学的方法对斯大林进行了如下的分析：“这个事件使斯大林的个性发展产生了一个重要的转折。斯大林生性一贯疑心太重，对人报复的手段毒辣，而对待自己的党羽的关系尤其如此，但是从历史记载中可以看出，正是从这个时候开始，他性格中的这些特点有了明显的增强，变成一种病态心理，危害党和国家生活，到死方休。看来，大约也就是在这个时候，他开始要求对以往各次反对派运动中的首要成员采用极刑。”[⑥] 事实是否如此，可存疑继续研究，但仅仅从斯大林妻子的死，

① ［英］克拉克主编：《新编剑桥世界近代史》，第10卷，943页。
② ［英］克拉克主编：《新编剑桥世界近代史》，第12卷，440页。
③ ［英］克拉克主编：《新编剑桥世界近代史》，第10卷，963页。
④ ［英］克拉克主编：《新编剑桥世界近代史》，第12卷，450页。
⑤ ［英］克拉克主编：《新编剑桥世界近代史》，第12卷，936页。
⑥ ［英］克拉克主编：《新编剑桥世界近代史》，第12卷，605页。

分析他的心态就得出以上结论，却是没有说服力的。有人说“心理分析所提出的一些公式已经深入到西方文化的‘血液’中去”,[①] 看来并不过分，这显然过分夸大了心理分析的作用。看来，从使用史学新方法，到如何科学地使用史学新方法，这之间还要有一段路要走，而且这也不单纯是个“方法”问题，还涉及历史认识，首先是历史观、价值观的许多复杂问题。

以上仅仅是初读《新编剑桥世界近代史》的一些粗浅看法，掩卷之余，自然会联想到当代中国史学的建设问题。在历史与现实、理论与实践的结合上，历史研究的成果如何体现出时代感、时代精神？在现实生活中，历史科学如何更好地发挥其社会功能？在坚持中国史学的优秀传统，立足于当代中国史学现实，如何吸取西方史学的有益内容？西方史学家经常讲“没有理论就没有历史学”、“历史学的界限变得越来越模糊了”、“现实决定了研究什么和怎样研究”、“历史学家不仅在编撰历史，而且在创造历史”，这些话的含义究竟是什么？通过阅读《新编剑桥世界近代史》，人们都可以从中得到有益的启示。如果说 20 世纪 20 年代初，美国新史学的宣言书、鲁滨逊的《新史学》译成中文出版，曾有力地推动了中外史学的交流和交融，那么，《新编剑桥世界近代史》中文本的问世，则在 20 世纪末，为这种交流和交融加上了浓重的一笔。因此，这部著作值得认真研读和思考。

① ［法］克莱芒等：《马克思主义对心理分析学说的批评》，217 页，北京，商务印书馆，1985。

历史认识中的“历史事实”问题

“历史事实”是历史认识的基本概念或基本问题，因为无论是认识整个人类历史进程还是认识具体的历史过程、历史现象，都离不开历史事实。从某种意义上可以这样说，历史事实是历史认识的基础或前提，是构成历史过程或历史现象、历史事件的“细胞”。一般人认为，什么是“历史事实”似乎是不成为问题的问题，然而，在历史研究的实践中，恰恰是因“历史事实”这一基本概念认识上的混乱造成了整个历史认识的混乱。因此，在历史认识的范畴中，对它的本质和特征加以研究，仍是必要的。

一、历史事件和主观化［Ⅰ］历史事实

一般认为，历史事实是指历史上已经发生过的过程和事件，它具有客观实在性，是不以人们的意志为转移的客观存在。但是，这些“存在”无论在时间上，还是在空间上，都已经是“过去”——距今天较为接近的“过去”或遥远的

"过去"。这些历史事实永远一去不返，是无法复原的。这样就不难得出这样的结论：所谓历史事实，不过是历史文献中的、史料中的，甚至是典籍、著作中的"事实"。今天在历史认识实践中所遇到的大量的历史事实，基本上是属于这类的事实，只不过是没有明确地将其强调而已，以致久而久之，就将这些"历史事实"和确实发生过的客观的历史实在相混淆，代代相传，谬误成了真理。

为了探讨历史文献和史料中的历史事实的性质，我们不妨提出"客观历史实在"或"历史事件"这样的概念。它们是指在历史上确实已经发生过了的、客观存在的、不以人们的意志为转移的历史过程，只不过这一切从来没有进入历代人们的认识的领域，因此，这里所说的"客观历史实在"或"历史事件"只是在理论分析的意义上存在，而在历史认识的实践中，他们并不存在，因为它们一旦进入了人们的认识领域，以这样或那样的文献或史料的形式体现出来，它们就不再是"客观历史实在"或"历史事件"，而变成了我们要讨论的"历史事实"了。不难看出，所谓历史事实，并不是或远远不是客观的历史进程的全部，只不过是人类历史的九牛一毛而已。这九牛一毛是进入了人们的认识领域的那一部分客观历史事件，它们和漫长的、丰富多彩的、复杂的人类进程相比自然是很少的一部分。至于出于某种目的无中生有地伪造历史，或随心所欲地篡改历史，那是一般意义的"历史事实"之外的问题。

历史事件成为历史事实的关键，是这些事件进入了人们的认识领域，自觉或不自觉地经过了一个认识的过程。以上诸章节曾在多处论及认识的本质，是在人的意识中反映或观念地再现客观现实的过程或结果。而意识又是与物质既相对立又相统一的精神现象。存在决定意识，无论是个人意识，还是社会意识，都是由社会存在决定的，具有社会性。"人的意识不仅反映客观世界，并且创造客观世界"[①]，意识在积极地、能动地、创造性地反映客观世界的过程，实际上是主观化的过程。当客观的历史事件在"认识——意识"的作用下，成为历史文献或史料中的历史事实时，不可避免地会渗透有主观的因素在内，不管人们自己是否已经清醒地认识到了这一点。正是在这种意义上，我们将历史文献

① 《列宁全集》，第55卷，182页，北京，人民出版社，1990。

和史料中的历史事实——而且是原始的、第一手的历史文献和史料中的历史事实，称之为“主观化［Ⅰ］历史事实”，意思是说即使是原始的历史文献和史料，也是主观化的结果，具体说是第一次主观化的结果。

原始的历史文献和史料中的主观化因素，是指客观存在的历史事件在以史料、历史文献的形式出现，成为进行历史认识的“历史事实”的过程中，不可避免地渗透其间的主观性的内容。这种主观性，首先是社会性的内容，同时也包括学识、认识能力的局限造成的主观性的内容，当然也不排除由于个人情感所造成的非理性因素方面的主观内容。尽管如此，这些主观化的因素或主观性的内容，仍然是以客观存在的历史事件为依托而存在的，它们并不是原始的历史文献和史料的全部内容。主观化并不排除它们首先是客观存在的历史事件这一事实。在现实生活中、在认识论领域之内，“纯而又纯”的，没有丝毫主观性因素在内的历史事实是根本不可能存在的，正因为如此，这类文献和史料才是十分珍贵的，对历史认识主体来说，具有十分重要的意义。

从以上基本认识出发，人们可能就不难理解，为什么我们称原始的历史文献和史料为“主观化［Ⅰ］历史事实”了。尽管这类史料不多，对历史认识主体来说弥足珍贵，但它并不是如某些人所认为的是“纯粹”客观的，因此历史认识主体就不能对其盲目的崇拜，错误地认为这些史料自己会说明一切、证明一切，所谓“史学本是史料学”即源于此。我们正确的态度是，认识主体应是史料的主人，而不是它的奴隶，对任何类型的史料都要进行科学的鉴别，即首先要鉴别它的真伪，当然这是十分重要的，同时要考察其社会意义和阶级内容，从中发掘出蕴含其中的更深刻的历史内容，这同样也是十分重要的。总之，要进行全面的考察，使认识主体对其能有更接近客观历史真实的了解，并在此基础上开始科学的历史认识活动。

对包括原始史料在内的史料进行考察和鉴别，中外史学都有悠久的传统。在中国，早在春秋战国时期，就已有这方面的记载。随着社会的发展、史学的进步，对历史文献和史料的鉴别和考察，成为一门专门的学问，史料学作为一门独立的学科，是历史学主要的分支学科之一。汉代刘向著《别录》、刘歆著《七略》、宋代郑樵著《通志》，宋元之交的马端临著《文献通考》，以及以后的乾嘉学派、古史辨派等，都为史料鉴别的理论与方法，以及史料学的发展做出了有益的贡献。

历史研究所依托的文献及史料的不真实，决定了凭借这些文献和史料所编撰的历史的不真实，所以中国史学的重要内容之一即是“辨伪”，不仅要辨历代流传下来的历史文献及史料的“伪”，而且也要辨作为历史认识结果的历史自身的“伪”。正是在这样的背景下，“疑古思想”成为中国史学的传统之一，它最早可追溯到两千多年前的先秦时代。近代以来，特别是五四前后，疑古思潮在新文化运动中风靡一时，对中国史学的发展产生了深刻的影响。

在西方，古代希腊史学家修昔底德在撰写《伯罗奔尼撒战争史》的时候，对在他之前的史学家希罗多德等提出了批评，认为他们在史著之中并没有说出事实的真相，而仅在于满足一些人的兴趣而已。因此它在《伯罗奔尼撒战争史》的写作中，已经有意识地注意到对所选择的史料的鉴别和考察工作。他十分重视史料的确凿性，强调要对其进行最严格、最仔细的考证。对史料的考证成为西方史学的传统之一，并在文艺复兴时期得到了较大的发展。成为历史学批判方法的主要内容。到了18世纪，“虽然这些大搜集家们很少使用批判的方法来验证他们的资料，可是学者们却开始更自由地鉴别史料与传统了”。[①] 怀疑主义思潮和批判性历史研究有所发展，但从总的方面来看，由于“对待权威作者和他们提供的史料方面缺少批判能力”，已经成为影响历史学发展的障碍之一。[②]

19世纪，西方批判史学兴起，其主要代表人物是德国历史学家尼布尔。他批判地查核了早期罗马史的文献资料，在详尽研究的基础上，纠正了前人，包括李维、马基雅弗利等著名史学家的不少谬误，完成了著名的《罗马史》。在他看来，大量的历史记述，既不可能是完全真实的，也不可能全是虚构的。因此要用批判的方法解决上述存在的问题，寻找“真实”与“虚构”的结合点，使历史记述在可能的条件下，更接近历史真实。他说：“在放下笔时，我们必须能够在上帝面前说，‘我没

---

① ［英］古奇：《十九世纪历史学与历史学家》，77页，北京，商务印书馆，1989。

② ［英］古奇：《十九世纪历史学与历史学家》，86～87页。

有故意地或未经认真查核而写了任何不真实的事情'"。[①] 普鲁士陆军元帅毛奇对其十分钦佩，认为他就像一名外科医生一样，他的解剖刀把传说中的、杜撰中的"肉"统统割去，留下赤裸裸的历史真相的骨架。尼布尔被认为是以"正在进行解剖的一位生理学家那种精神研究历史"。他自己也说："就像解剖家解剖身体那样解剖文字；我设法把堆放得杂乱无章的由骨化石构成的骨架从异物中分离出来"。[②] 尼布尔的"解剖"和"分离"的目的十分明确，那就是尽最大的努力清除早期罗马史文献资料中的"主观因素"，使其对罗马史的研究更加接近客观的历史实际。尼布尔对西方史学发展的贡献，在于他毫不留情地对旧的史学传统的批判精神，从而使他成为西方批判史学的先驱，而他的代表作《罗马史》则成为西方近代史学开端的标志。正因为如此，"近代史学史中第一个有权威的人物是尼布尔；他把处于从属地位的史学提高为一们尊严的独立科学；他的崇高人格成为后一代伟大历史家的典范或鼓舞力量"。[③]

从以上中外史学发展史中可以看到这样一个共同的现象，即史学家为了追求"真实"、"客观"，才对包括原始的历史文献和史料进行鉴别和考察，之所以如此，就是因为各种历史文献和史料，其中包括原始的、第一手的，甚至是出自目击者、亲临其境者的史料，都含有不真实、不客观的成分，尽管这些"不真实"、"不客观"不是有意伪造或编造出来的。造成这些"不真实"、"不客观"的原因很多，其中最主要的原因，就是在客观存在的"历史事件"进入人的认识领域，转变成作为历史认识客体的"历史事实"时，不可避免地发生了至少是一次的"主观化"的结果。这样，人们就完全有理由对所谓"原始的"、"第一手"的史料的"原始性"或"初始性"提出质疑。实际上，所谓原始的、第一手的史料，仅仅在理论上是存在的，而当这些史料一旦纳入人们的认识领域，一旦成为与历史认识主体相联系的"认识客体"，发生了主观化的过程时，"原始"也就不再是"原始"的了，"第一手"至少变成了"第二手"。

---

① [英] 古奇：《十九世纪历史学与历史学家》，98～99页。

② [美] J. W. 汤普森著：《历史著作史》，下卷第3分册，200～211页，北京，商务印书馆，1992。

③ [英] 古奇：《十九世纪历史学与历史学家》，92页。

在历史认识过程中，历史认识主体对认识客体的主观化因素有清醒的认识，对其主观因素渗入的不可避免性有正确的理解，是十分必要的。因为只有这样，认识主体才有可能将自己的认识建立在科学的认识活动的基础上，首先要在先进的世界观，和科学的史学理论方法论的指导下，排除史料中、包括所谓的"原始的"、"第一手"史料中的主观因素，透过这些史料中大量纷杂的表象，认清他们所传达的真实的历史信息，以及这些史料中某些内在的本质联系。正是在这个意义上，我们说没有理论就没有历史科学。史学理论和方法论贯穿于历史认识的始终。在研究工作的准备阶段，或在如何正确认识史料的客观性、主观性这个基本问题上，也离不开它。我们承认史料中的主观性因素，并不是因此对历史认识持一种悲观的、无所作为的态度，在"主观"面前束手无策，放弃历史学作为一门科学所应有的客观的、实事求是的科学共性。恰恰相反，我们公开地承认历史事实中的主观因素，正是为了主动地、自觉地、清醒地来克服这些主观性，而不是坚持这些主观性。如果对其视而不见，采取不承认的立场，那将适得其反。这样，历史事实中的主观性因素不仅不会得到克服，反而会在历史认识的过程中得到不同程度的加强，最终的结果只能是脱离客观历史实际的主观主义的认识结果。

二、历史认识和主观化［Ⅱ］历史事实

"主观化［Ⅰ］历史事实"，指原始的历史文献和史料，他们虽然被称作是"原始"的，这只是一种习惯上的说法，但其实质也是主观化的结果，具体说是最初进入人的认识领域，第一次主观化的结果；那么，"主观化［Ⅱ］历史事实"则是指在此之后，历史文献和史料的第二次以至更多次的被主观化认识的结果。在具体的历史认识的过程中，这类历史事实是大量存在的，对其进行必要的研究，有助于在历史认识中以理性的态度对待复杂的社会历史现实，不断提高历史认识的科学水平。

"主观化［Ⅰ］历史事实"，大量地以原始的历史文献和史料的形式表现出来，但是，它们的价值并不仅仅在于"考实"、"纪实"，而在于客观存在的历史事件被纳入人的认识领域之后，作为"原始"的史料被广泛的应用。在应用的时候，并不都是、而且也不可能是完全按照"主

观化［Ⅰ］历史事实”的始作俑者的理解，来使用这些历史事实的。即使是同样的一条“原始”的史料，同一时代的不同的认识主体，不同的时代的不同的认识主体，都会从自身的实际出发，按照自己的需要做出自己的解释；对同样的历史文献，也会有种种不同的理解。这是完全正常的，也是完全可以理解的。这样，应用的过程是又一次主观化的开始，因为这样或那样的应用，首先是建立对“原始”的历史文献和史料内容的理解上。每一个认识主体都有自己的理解，不同的认识主体会有不同的理解，在“理解”的过程中不可避免地会渗透有种种主观因素在内。

例如，西汉司马迁撰《史记》的重要特点之一，就是广泛地收集、占有了大量有价值的文献、史料，包括当时的经史典籍和诸子百家之书，以及国家的文书档案。司马迁广泛收集天下遗文古事，并以信以传信、疑以传疑的原则来撰写《史记》，使《史记》在历代均被认为是“信史”。这里所说的“信史”，是从总体上对《史记》的评价，赞美司马迁著史的审慎态度，强调这部作品是建立在真实的、现实的人的活动基础上的历史著作，而非脱离社会生活实际的神话传说，更不是说这部作品中的每一条史料都是与客观历史实际完全相符，是没有任何主观因素的“原始”的、纯而又纯的客观实录。

司马迁在论及自己撰写《史记》的目的时，强调要“述往事，思来者”，通过历史来认识现实和未来；他还“欲以究天人之际，通古今之变，成一家之言”[①]，总结历史经验。这种明确的目的和旨趣贯穿于这部名著的始终。司马迁在引用各类文献、史料时，也是围绕着这个目的进行取舍，以表述自己的思想和感情。那里还有什么纯粹的“客观”可言。《史记》引用了《尚书》、《左传》、《国语》、《战国策》以及诸子百家等大量文献资料，司马迁将这些文献资料应用到自己的《史记》中时，是带有强烈思想倾向的选择的结果，这实际上是将上述文献资料在自己头脑中的又一次主观化，使其成为“主观化［Ⅱ］历史事实”，因为它所引用的那些文献资料至少是属于“主观化［Ⅰ］历史事实”的范畴。不难看出，无论《史记》，还是其他历史著作，包括中外闻名的经

①《史记·报任安书》。

典力作，它们中的每一条史料都不可能是“客观”的。

综上所述，我们不难理解，在进行历史认识时，我们所遇到的历史文献、史料，都含有主观的因素在内，只不过这些因素的程度和表现形式有所区别而已。历史认识主体只有对此有清醒的认识，明确摆在他面前的史料都是客观的“历史事件”一次或两次，以至是多次主观化的结果。总之，都是已经“主观化”了的历史事实。例如，《史记》在其作者司马迁去世，由其外孙杨恽将它传布出来后，历朝历代不知有多少人将《史记》的有关内容引用到自己的作品中去，通过这些内容以阐释或加强说明自己的观点，这些引用的结果，是至少在已经是两次主观化的基础上的又一次主观化。在这种情况下，它的主观因素的程度往往又会发生变化的。

客观的历史事件成为人们认识领域的“历史事实”，或历史学家笔下的“历史事实”时，其间会不可避免地渗透有这样或那样的“主观性”，这是由多种原因造成的。

历史认识的目的在于不断接近客观的历史真理，通过分析一系列历史事实所传达的历史信息，逐渐认识历史内部矛盾运动的本质联系，透过纷纭复杂的历史表象，揭示人类历史发展的规律性内容。接近客观的历史真理是一个无穷尽的过程。历史真理，是历史的感性认识和历史的理性认识辩证统一的正确的认识。在历史感性认识的过程中，始终存在有两种类型的“主观性”因素。一种是有积极意义的主观认识，它的特点在于它的认识结论中虽然带有主观性，但是它所依据的却是客观的历史内容。之所以在客观的历史内容的基础上得出了带有主观因素的结论，这是由时代的局限或认识能力的局限造成的，而这些局限随着社会的进步和科学的发展，将会不断得到克服，从而不断接近历史真理。另一种是有消极意义的主观认识，它的特点在于它的认识结论也是建立在主观的历史内容上，即建立在脱离客观历史实际的“伪历史”上。这种“主观性”完全是与历史真理背道而驰的。

例如，俄国著名社会学家、经济学家恩·弗列罗夫斯基（瓦·瓦·别尔维），在1869年完成了他的名著《俄国工人阶级状况——恩·弗列罗夫斯基的考察和研究》。作者真实地描绘了1861年农奴制改革后俄国社会经济发展的状况。他怀着对工人、农民所处的悲惨境地十分同情的心情，深刻地揭露了地主、资本家和官僚的罪恶。他认为俄国的现状再也不能继续下去了，一场新的社会革命即将到来。马克思对这部著作十分重视，给予了高度的评价。他在给恩格斯的信中说："这是第一部说出俄国经济状况真相的著作。……可以看出，这个人曾亲自到各地作过旅行和观察。对地主、资本家和官吏有烈火般的仇恨。没有社会主义学说，没有土地神秘主义（尽管赞成公共所有制形式），没有虚无主义极端。有时也有些善意的空谈，但这是适合于读这一著作的那些人的发展水平的。无论如何，这是继你的《英国工人阶级状况》这一著作问世以后的最重要的一本书"。[①] 马克思为了研读这部著作，开始自学俄文，并在不久能够相当自如地阅读了这部著作。

马克思在赞美这部著作"赋予俄国以真正的荣誉"的同时，也对它的民粹主义和空想主义的理论观点给予了批评。这些理论观点的产生并不是偶然的，它们在本质上是"适合于这一著作的那些人的发展水平的"，所谓"那些人的发展水平"即是由时代的和阶级所造成的恩·弗列罗夫斯基等人的局限。正是这些局限，使恩·弗列罗夫斯基对 19 世纪 60 年代俄国工人阶级的状况作了鲜明的、详尽的描述之后，却对工人阶级与资产阶级之间的关系，做出了脱离实际的主观主义的判断。他说："雇佣不是别的，只是继奴隶制后得到改进的第一步。奴隶制将被消灭，将让位于雇佣制，而雇佣制必须让位于合伙关系。在劳动与资本大企业之间应当是平等的，在劳动者与资本家之间则应当是合伙关系"。[②] 马克思对这种"合伙关系"的思想，给予了严厉的，但却是十分公正的批评。他在这部著作的空白处写下了如下的评语：这是"老一套的幻想"；"这是普鲁东主义的要义"，是"荒谬"，是"老一套的普鲁东式的蠢话"。

恩·弗列罗夫斯基由于受到蒲鲁东主义的影响，所以才在自己的著作中表现出政治上的幼稚和理论上的无知，特别是在俄国工人阶级与资产阶级关系的分析上，站到了蒲鲁东式的小资产阶级立场上去。但是，

---

① 《马克思恩格斯全集》，第 32 卷，421 页，北京，人民出版社，1974。

② ［俄］恩·弗列罗夫斯基：《俄国工人阶级状况》，407 页，北京，商务印书馆，1984。

恩·弗列罗夫斯基在这些问题上所产生的脱离社会发展实际的“主观认识”，以及由此而得出的“主观”的结论，和执意歪曲、伪造历史事实，将自己的认识建立在主观臆造的虚幻的“事实”的基础上，产生主观的认识，得出主观的结论，是截然不同的，正是因为这样，恩·弗列罗夫斯基的著作尽管存有种种缺陷，但仍不失为一部经典名作。1933 年 2 月 27 日晚，在德国发生了“国会纵火案”。这是对德国，以至世界历史产生了重大影响的事件之一。德国《柏林时报》记者德尔曼当时在燃烧着的国会大厦进行了现场采访。希特勒对这位记者说：“上帝作证”，“这火是共产党人纵的。你看这烈火熊熊的大厦……如果共产主义的幽灵统治了欧洲，不用两个月，整个欧洲就会像这幢大楼一样烈火熊熊”。[①]事实早已证明，这场纵火案是德国法西斯分子一手制造的，他们诬蔑这是共产党准备发动武装起义的信号，然后颁布紧急法令，大肆镇压共产党和进步势力，为全面建立独裁的法西斯统治开辟道路。希特勒从这样罪恶的政治目的出发，颠倒黑白，自然得出脱离客观实际的结论。这种“主观性”的认识和结论，同，恩·弗列罗夫斯基“主观性”的认识和结论，显然有质的区别，不属于同一类型的问题。

人类的历史是完全可知的，剥去种种神秘的外衣，人们完全有能力认识客观的、合乎规律发展的社会历史进程。但是在认识的过程中，又不可避免地会产生主观性的认识。人们在不断克服主观认识的过程中，逐渐接近客观的历史真理。从认识论的意义上说，带有主观性的认识是不可避免的，我们不应因为会出现“主观性”，而放弃对历史的科学认识的追求。我们承认历史认识过程中的“主观性”，恰恰是为了自觉地克服它们的影响。在历史认识中，要学会区别“历史事实”中的两种不同的“主观性”，并采取相应的办法来对待它们。对于积极的主观认识，从广阔的社会历史背景中找出它们主观因素产生的原因，认清其实质，以及它们在具体的历史认识中所产生的各种影响，通过历史学、史料学、历史文献学等相关学科的理论、原则和方法，克服其消极因素的影响，发挥其积极因素的作用，使其在原有的基础上进一步接近客观的历

① ［古希腊］柏拉图、［法］萨特等著：《老笔记》，166、169 页，北京，民族出版社，2001。

史真理。对于消极的主观认识，则要从客观的历史实际出发，还历史的本来面目，同时指出其已经造成的或可能造成的危害性，澄清已经形成的各种认识上的混乱。对种种消极的主观认识，应采取坚决摒弃、批判的态度，它们和历史真理没有任何的联系。

历史研究的过程离不开选择，无论这种选择是有意识的，还是无意识的；是自觉的还是不自觉的。当客观的历史事件成为人们认识领域的“历史事实”时，离不开选择；当这些“历史事实”成为历史学家笔下的“历史事实”时，仍然离不开选择。在这里，“选择”无疑是一种主观化的过程。历史学家所以要进行这样或那样的选择，如将“主观化［Ⅰ］历史事实”变成“主观化［Ⅱ］历史事实”，或将“主观化［Ⅱ］历史事实”再次主观化或多次主观化时，不是盲目的、无意识的选择。除了上面已经论及到时代的、社会的、阶级的及其与之相联系的世界观、价值观，或具体的历史学理论方法论之外，往往也离不开个人独特的生活经历。而这种经历，并非是一种独立于、游离于上述诸种因素之外的另类因素，即可有可无的，无关紧要的因素。实际上，“个人独特的生活经历”在很多情况下并不是仅仅属于抽象的“个人”。因此，对于个人经历在历史研究中的地位和影响要做具体的分析，对其既不要夸大，也不要无视，这在历史认识中是十分重要的。

19世纪上半期法国历史学家米涅生于一个锁匠的家庭，其父积极参加法国大革命，是激进的“无套裤汉”党人。他自幼生活在社会的底层，酷爱历史，向往民主、自由。在复辟时期，米涅主持《法兰西信使报》猛烈抨击复辟的波旁王朝，积极参加各种形式的反对复辟王朝的政治活动。1830年法国七月革命爆发后，米涅投身于推翻波旁王朝的殊死斗争中去，在硝烟滚滚的街垒中参加战斗。七月革命后被新政府任命为外交部档案局局长。米涅的代表作是1824年问世的《法国革命史》。在众多的法国革命史研究中，米涅的著作以其明显的特点，闻名于国际史坛。这与他的上述经历，以及由这些经历所决定的对法国大革命的实质、意义和影响的特殊的体验，有着密切的联系。在他的历史研究中，已经开始运用阶级斗争的观点，来分析和解释社会历史现象。在他看来，财产关系决定了个阶级的物质利益，物质利益的尖锐对立导致阶级斗争和革命的爆发。他继承并发展了18世纪以来法国、英国一些古典经济学家、历史学家的阶级和阶级分析理论，明确指出中世纪以来的法国历史，就是阶级斗争的历史，法国大革命就是阶级斗争的具体表现。

当米涅用阶级分析的方法研究法国大革命和中世纪以来的法国史的时候，无疑会将他个人的认识，一些带有自己的主观认识的内容体现在他的历史认识和研究过程中。对这一切既不能全盘肯定，也不能全盘否定，而是要做具体的分析；一方面，和魁奈、大卫·李嘉图、亚当·斯密、梯也里等人的阶级分析理论相比较，看到他的理论的具体内容和特点，另一方面和马克思主义经典作家科学的阶级分析理论相比较，认识其时代的、阶级的局限和不足，如只强调资产阶级和农业贵族之间的斗争，反对人民群众的革命斗争等。只有在这样分析的基础上，我们才有可能对米涅历史研究中的“主观性”有正确的、实事求是的理解，这是研究米涅史学思想的一个必要前提。

综上所述，在主观化［Ⅱ］的历史事实中，那些主观因素的形成是由于多种原因造成的，如时代的、阶级的局限，认识上的局限，以及由于个人独特的经历和感受所形成的认识等等。这里应该说明的是，在“历史事实”主观化的过程中，这些原因往往是交织在一起，相互发生作用的，并不是彼此之间没有任何联系或影响。如时代的局限往往会对认识上的局限产生多方面的影响，既可以表现为意识形态方面，也可以表现为科学发展水平方面。而个人的经历和感受，并不是超然于社会历史环境的抽象的个人的经历和感受，即“个人”不是生物学中的个人，而是作为社会历史主体中的个人。尽管是“个人”的经历，但是这种经历却含有社会的意义和内容。至于个人的感受，往往也是和这个人的阶级属性联系在一起的。尽管这些经历和感受是属于“个人”的，而且又是“独特”的，但这只是外在的表现形式，我们应该看到的是在这些外在的形式之中所蕴含的实际的社会内容。

在历史认识过程中，历史认识主体对于“历史事实”的“事实”有一个正确的、全面的理解是至关重要的，因为这是历史认识的基础和前提。我们不应回避“历史事实”中的主观因素，关键是对这些主观因素形成的原因、内容，以及它们在整个“历史事实”的构成中所占的地位和所产生的影响，要有一个符合实际情况的了解。只有这样，我们才能有的放矢地在历史认识中清醒地克服主观因素，使历史认识真正地建立在科学的基础之上。

三、历史事实的“客观性”

通过对“主观化［Ⅰ］历史事实”和“主观化［Ⅱ］历史事实”的分析，我们已经大体了解了在不同的条件下，历史事实中“主观性”形成的不同原因。但是，这些“主观性”毕竟只是构成“历史事实”的一部分，而绝对不是它的全部。如果脱离客观实际，不加分析地夸大历史事实中的主观因素，认为历史事实完全是主观化的产物，历史事实存在、生长在人们的思想或精神中，那将陷入唯心主义的错误认识之中。

历史事实的客观性，是由不依赖于意识同时又能为人的意识所反映的客观物质世界，以及与其密切联系在一起的客观的历史矛盾运动所决定的。历史的客观性即历史的真理性，没有客观性的历史是伪造的历史，是主观臆造的历史。自然也就没有什么真理性可言。历史事实是认识主体对客体的反映，它的形式虽然是主观的，但其内容却不完全是主观的。究竟是主观还是客观，或主观、客观的程度如何，那要看是否真实地反映了历史矛盾运动的本来面目。历史事实中虽然含有这样或那样的主观性，但并不能以此否定历史事实的客观性。如果否定历史事实的客观性，实际上就否定了科学的历史认识的可能性。

关于历史事实的客观性问题，在中外史学界都是展开热烈讨论的重要理论问题。这不仅仅是因为这个概念本身的复杂性和多样性，还在于如何认识、理解“客观性”的问题，特别是历史认识中的“客观性”问题。

苏联历史学家巴尔格教授在分析19世纪实证主义史学的特点时，探讨了实证主义史学家对历史事实的客观性问题的认识。实证主义主义史学家认为，历史事实是指有某种记载（证据）的事件（历史存在的一切表现归根到底都是事件），是客观的、唯一的历史知识来源。它具有元素的性质，即不可再分，独立于其他事实之外（与之有明显的时空界限），在内容上没有变化（内容一旦形成，即永远如此）。历史学家最重要的任务是判定事实准确无误。在他们看来，历史文献包含数量上一成不变的历史事实。经过真实性检验的第一手史料，记载的就是历史事实本身的片段，因此可以直接移到历史著作中去。历史事实就是客观真理的“砖头”，用它们可来修建历史学的真理大厦。对历史真理构成威胁的不是来自史料和事实，而是来自历史学家自己。所以就要求把历史学家尽可能排除在研究之外，即排除他们的论断和预言，错觉和好恶，想象和激情。这样，最好的历史学家是让读者与事实保持一致的历史学家。让事实本身来说话。历史学是事实的学科，不需要做任何的“推测”、“猜想”、“推断”和“概括”。它只需要叙述可靠的史料中记载的东西。

巴尔格在分析了上述实证主义史学思想的基本特点后，认为实证主义史学家的上述认识，实质上是从自发——自然主义的同时又是客观主义的立场出发的结果。“按照这种解释，历史知识与自然科学知识的认识论性质和逻辑性质可以完全等同起来。历史事实与自然科学的事实毫无二致。它们是同样地客观而可信，二者都体现着科学真理的‘最后不可分的东西’”。① 巴尔格所以强调实证主义史学家“自发——自然主义”的立场，这是因为他们对待“历史事实”的基本态度，和作为哲学派别的实证主义的基本特征完全是一致的。他们认为“历史事实”即是确定的、精确的、客观的，历史研究则是对这些事实的描述。历史事实是所有历史认识的根源和基础，除此之外就没有其他的内容，将历史认识局限在实证的“历史事实”的范畴之内。这样，就会使历史认识主体对历史事实的认识停留在经验的、感性的阶段，而放弃了历史认识的理性认识这一重要的功能。

19 世纪末、20 世纪初之后，从主观唯心主义立场出发来认识“历史事实”，否定任何历史事实的客观性，逐渐替代实证主义史学在这个问题上的观点，在西方史学发展史上日益产生了重要的影响。20 世纪 30 年代曾出任美国历史学会主席的美国史学家卡尔·贝克的历史相对主义观点在西方史坛也是颇有代表性的。在他看来，“人人都是他自己的历史学家”，历史可因历史学家的主观好恶而任意加以改变。

卡尔·贝克在 1926 年曾作题为《什么是历史》的报告。该报告完

① 参见［苏］巴尔格：《历史学的范畴和方法》，145～146 页，北京，华夏出版社，1989。

全否定历史事实的客观性，并突出反映了欧美史学界一种有代表性的观点，即历史学不过是当代的观念、兴趣和矛盾等对于过去的投影。这篇学术报告直到近30年后才发表。[①] 这是因为卡尔·贝克当时提出的观点在现实仍然有一定的意义和影响。卡尔·贝克在报告中致力于探讨历史事实是否是硬邦邦的、具有固定形态的东西。为了回答这个问题，他又提出了三个在他看来是简单的问题进行分析。这些问题是历史事实是什么？历史事实在哪里？历史事实发生于何时？他认为历史事实并不像砖头那样是轮廓分明的、可以测出重量的、某种坚硬的、冷冰冰的东西。就我们所能知道的范围来看，它仅仅是一个象征。总之，历史事实是一个虚幻的、捉摸不定的名词。他还认为，只有当人们依靠真实事变的描写、印象或概念，使它们生动地再现于我们的头脑中时，它才变成历史事实。因此，历史事实存在于人们的头脑中，不然就不存在于任何地方。由此也可以同时回答了他提出的第三个问题：因为历史事实生动地展现在人们头脑中，那么此刻它就是现在的一部分。

1931年底，卡尔·贝克在美国历史学会的演讲中提出，继续坚持并发展了他否认历史事实客观性的观点。他说："历史是一种想象的产物，是属于个人所有的一种东西；这种东西是我们每一个普通人从他个人的经验里塑成，以适应他实际的或情绪上的需要，并且把它尽可能地好好加以修饰来适合他审美的口味"。这样，历史"势必是事实和幻想的动人的混合物，是对真实事件的一种神秘的附会"。[②] 由以上不难看出，历史更多的是"幻想"而不是"事实"。

除卡尔·贝克等人之外，新康德主义的三位历史哲学家，德国的狄尔泰、文德尔班、李凯尔特；新黑格尔主义的三位历史哲学家，英国的布拉德雷、意大利的克罗齐、英国的柯林伍德等人，分析的历史哲学的代表人物英国的波普尔、美国的亨普尔和加拿大的德雷，他们都是否认历史事实客观性的。无论以主观唯心主义还是以相对主义作为历史认识

---

① 张文杰等编译：《现代西方历史哲学译文集》，224～242页，上海，上海译文出版社，1984。

② [美] 卡尔·贝克：《人人都是他自己的历史学家》，见田汝康、金重远选编：《现代史学流派文选》，267、269页，上海，上海人民出版社，1982。

的基础，都将会使历史认识脱离客观的历史实际，否认历史事实的客观性，而可以从主观臆测出发或从满足于某种学术以外的需要出发，任意地剪裁历史、曲解历史或编造历史、篡改历史。之所以如此并没有什么值得奇怪的，因为从卡尔·贝克到狄尔泰、到克罗齐、到德雷等人，他们的理论由否认历史事实的客观性进而否定客观的历史进程、客观的历史规律和历史真理，从本质上说，这不仅是完全颠倒了思维与存在的关系的表现，而且也是结果。

如何认识“历史事实”，不仅是西方历史学家或历史哲学家普遍关注的重要理论问题之一，而且也是苏联学者研究的热点问题之一。他们强调“历史事实”应该作为整个“事实”中的一种进行研究。“事实”这一个概念本身包含有两种最基本的涵义：第一种是“已经经过了的事实”，即被人们直接观察或研究的现象、事件、过程。这些现象、事件、过程或与客观事实自身有关（实际存在的“事实”），或与心理意识有关（意识的“事实”），因为意识现象客观地存在于人的精神活动中。第二种是“科学的事实”，它们是科学认识逻辑结构的成分。这些成分确定并记述了被人们所研究的现象、事实或意识。对于研究者来说，“已经经过了的事实”仅仅是粗糙的、不成熟的资料，就其本身来说，没有什么科学的意义，只有使记述和概括相应地系统化之后，它们才能成为“科学的事实”。这种事实自身已经经过了某种程度的抽象。作为历史认识中的“历史事实”，他们重视“历史事实”的社会性、社会意义的研究。正是由于历史事实的社会性，才使得历史认识的内容十分丰富、十分复杂。苏联解体后，俄罗斯史学和整个俄罗斯国家的社会发展一样，发生了深刻的变化，经历了曲折的发展过程。在历史研究领域中，自由主义、民族主义和社会主义思潮，都有广泛的影响，20世纪90年代初期曾出现的那股全盘否定苏联的历史、全盘否定苏联史学的潮流，逐渐被理性的思考和深入的学术研究所代替。在这个过程中，包括历史事实在内的史学理论问题，日益引起历史学家的关注。1998年，莫斯科大学史学理论信息分析中心出版了《历史研究的理论问题》文集。该文集的重要内容之一，是关于当代俄国社会史研究的方法论和史料学问题。在探讨这些问题时，不可避免地或直接或间接遇到历史认识中的历史事实问题。学者们认为，社会史研究的范畴和视野的急剧扩大，使历史认识的任务日趋复杂。以往忽略的或较少涉及到的妇女史、家庭史、心智史、城市史、人口史、民族史引起愈来愈多的学者的重视；众多的回忆录、日记等作为史料进入历史学家的研究领域，这一切导致有待于分析和认识的这样或那样的历史事实，也明显增多。

中国学者对“历史事实”的研究同样十分关注，近年不断有新的成果问世。这些成果的主要特点在于坚持马克思主义的理论指导，同时广泛借鉴了国外学者最新研究成果的积极内容。一些学者还对国内外在“历史事实”研究中所涉及到的一些基本理论问题，展开了热烈的争鸣。这正如有的论者所指出的那样，“从单纯介绍到积极参与国际史学界的研究热点，标志着中国史学理论的研究达到了一个新的水平和层次，具有重要的意义”。[①] 这种研究方兴未艾，正逐步走向深入，对当代中国史学的基本理论建设是十分有益的。

如何科学地认识“历史事实”的客观性问题，不可避免地首先要探讨“历史事实”这个概念本身的具体内容。张耕华先生在《有关“历史事实”及其相关问题》等论文中，对其有较具体的论述，在一定程度上反映了大多数中国学者的观点，反映了近年中国学者在这个问题的研究上的基本认识，具有一定的代表性。他认为，“历史事实”这一概念有三种含义。历史事实的第一种含义或基本含义是指已经发生过的历史事实。它是一种客观存在，不管人们是否已经认识到它，它都是客观地存在于认识主体之外。这种客观存在有它的独立性，不以认识主体是否认识到它为转移。张先生在承认历史事实的客观性的同时，提出了历史事实的两种客观存在：“自然的存在”和“为我的存在”。客观存在的历史事实，如果我们对它不加以研究，那它对我们来说就是不存在的了，或者说只是一种“自然的存在”；如果我们对它加以研究，那它就是一种“为我的存在”。“这两种的存在都是客观的存在，但两者的含义是不同的，不能不加区别”。“历史事实”的第二种含义，是指作为认识客体的历史事实。论者认为，认识客体是一个与认识主体相对应的范畴，如果说历史事实具有不以任何认识主体的思维活动为转移的独立存在意义，

① 张耕华：《有关“历史事实”及其相关问题——兼与陈启能先生商榷》，《史学理论研究》，1993（4）。

那么作为认识客体的历史事实恰恰是具有同主体的思维活动相关联的意义。“历史事实”的第三种含义，就是指史料信息中的历史事实。历史认识活动的特点就是认识主体不能直接观察他的对象，而必须通过史料的中介，通过史料中的有关历史事实的信息去认识历史事实。由于历史认识必须借助史料的中介，而充当中介物的史料及其信息又特别复杂，这就使得历史认识活动中的潜在客体和现实客体的转化要比一般认识活动更加复杂。① 论者所以提出“历史事实”有以上三种含义，就是因为这三种含义中的每一种含义，既有联系，又有区别，相互补充，彼此联系在一起，共同对历史事实的完整意义加以说明。

这样，就有一个问题摆在我们的面前需要做出明确的回答：这就是无论从事实的本体、事实的概念、事实的信息，还是从它们之间的关系来看，“历史事实”究竟是客观的，还是主观的？虽然简单地回答这个问题极易造成认识上的混乱，但是这个问题却又是无法回避的。笔者认为，在历史认识过程中或在一般的认识论领域，无论说它是主观的或是客观的，都不完整。应该说，历史事实既是主观的，又是客观的，是主观和客观的完美的结合。

1992 年，笔者在《史学的科学认识功能和理论思维》（《史学理论研究》1992 年第 3 期）一文中，对上述问题进行了探讨。文章发表后，一些学者提出了不同的意见，进一步促使了对这个问题的深入研究。② 历史事实是客观的，这是我们认识历史事实的前提和基础。但是，对历史事实的“客观”却要进行具体的、深入的分析和研究，不能一概而论，因为所有的历史事实并非都是独立于人的意识而存在。

在历史认识的过程中，人们至少可以看到有三个不同层次的、三种不同含义的历史事实的“客观性”：本体论范畴的客观性、认识论意义

---

① 参见张耕华：《有关“历史事实”及其相关问题——兼与陈启能先生商榷》，《史学理论研究》，1993 (4)。

② 如张耕华：《关于历史认识论的几点思考》，《历史研究》1995 年第 4 期。文章认为：于沛先生……讨论了历史研究中的客观性问题。认为“历史学的客观性不是客观实在的客观性，而是带有主观性质的客观性，或是在主观范围内的客观性”。正确地指出了历史学中的客观性不能等同于历史实在的客观性，但在表述上好像还欠准确。……主观性质的客观性，在逻辑上说不通。

上的客观性和历史科学认识过程中的客观性。本体论是关于存在本身的基本特征和规律的学说。这一术语虽然是近代才出现的，但是早在古代希腊罗马时期，学者们已经开始研究世界的本原。当时爱利亚学派的创始人巴门尼德曾提出世界唯一不变的本原是“存在”。在本体论的范畴内的客观性与其他两种客观性相比，有自己的特点，这就是它是没有进入任何一种认识领域的客观性。在这种情况下，它确实是独立于人的意识之外的“客观存在”。与这种“客观性”联系在一起的“历史事实”，严格地说仅仅在理论上是存在的，而在历史研究的实践中却是不存在的。因为它一旦走进历史学家的视野，成为历史学家所选择的“历史事实”，即成为历史认识的客体之后，它的“客观性”就再也不是独立于人的意识之外的“客观存在”。

在历史认识的过程中，历史学家经常要认识和处理的“客观性”问题，主要的、大量的是认识论意义上的和历史科学认识过程中的客观性。这是一种有别于本体论意义上的客观性，但却又是与它有着十分密切联系的客观性。这种联系，首先表现在它们的客观性，都是以本体论的客观性为前提。这里要强调的不仅仅是作为它们的共性的“客观性”，而且还要强调作为它们每一个“个性”的“客观性”。

认识论意义上的历史事实的客观性，已经是经过了至少一次以上“主观化”的“客观性”。或者说，是经过了一次以上的主观与客观结合过程了的“客观性”。在这个过程中，即认识论范畴内的历史认识过程，人类社会历史进程中的客观“历史事件”，经过历史学家的选择，成为历史文献资料。那么，人们自然会问，历史文献中的历史事实，既然已经经历了从“历史事件”到历史文献资料的“主观化”过程，为什么说它还仍然具有“客观性”呢？问题的答案在于从以下三个方面的考虑：首先，这种主观化过程是建立在本体论意义上的客观性的基础上，主观化，并不是随心所欲的主观化，首先是客观的历史事实，然后才是一定意义上的主观化。其次，这种“客观性”是认识论范畴之内的客观性，因而是具有一定相对性的“客观性”，而不是绝对的客观性。正是因为这种客观性之中有这样或那样的主观因素渗透其间，所以我们才在客观性前面写上“认识论意义”这样的定语。这种意义上的客观性和本体论意义上的客观性已经有了质的区别。再其次，这里所说的“客观性”是一个不确定的变量。究竟有多少客观性和主观性，以及这些客观性、主观性的具体表现，有待于历史研究实践中的判断和检验。正因为如此，所以才有了史料学这一历史学辅助学科的产生和发展。自然，在历史研究中往往会遇到没有任何客观性的“历史事实”。在人类社会漫长的历史进程中，在浩如牛毛的历史文献积累中，出于某种目的肆意篡改历史、伪造历史，导致一些历史文献资料中的“历史事实”没有任何客观性可言在所难免，关键是能够正确地识别和判断。这也正是我们对待认识论意义上的历史事实的客观性的一个基本态度。总之，认识论意义上的历史事实的客观性是一个需要具体分析、具体研究的“客观性”，是人们所致力于追求的更接近历史本来面目的“客观性”。“客观”是相对“主观”而言的。因此，人们在认识它的客观性时，又总是和认识它的主观性联系在一起的。史料的编纂者，即使是“原始的史料”的编纂者，在其编纂的过程中不可能不表现出主观性。历史编纂的过程就是这样或那样的主观化的过程。

关于历史科学认识过程中的历史事实的客观性，它和认识论意义上的历史事实的客观性，在许多方面有相近之处。所以在认识它的本质特征和探讨它的特点时，可以采取和后者同样的思路。当我们循着同样的思路，就会认识到它和认识论意义上的历史事实的客观性相比有许多相同的内容，特别是都是建立在人类的历史是客观的这样一个基本认识上，但是也是有明显区别的，即它是指历史研究中科学认识结果的客观性。这种客观性既是一次历史认识活动的结果，也是另一次新的历史认识活动的开始。无论是“结果”，还是“开始”，这种客观性都是和一定的主观性联系在一起的。这种主观性，主要是历史认识主体的主体意识的作用的结果。

这里特别应该指出的是，我们对于“主观性”或“主观化”要有一种正确的认识，要从实际出发去分析它们的具体内容，做出相应的评价。在历史认识过程中，同时存在着两种不同意义的“主观性”。这是由历史认识的客体的特点，以及整个历史认识过程的特点所决定的。这两种主观性的原则区别，主要表现在对历史认识的结果上。一种主观性，会使历史认识的结果更加接近客观的历史事实，不仅使人们看到这种历史事实，而且在更深的层次上认识它的本质内容，以及内在的历史联系和某些规律性的内容。正是在这种意义上，我们说历史认识中的历史事实不仅是客观的，也是主观的，是主观和客观的完美结合。另一种主观性则恰恰相反，它会使历史认识的结果更加远离客观的历史事实。这是因为历史认识的结果是建立在被扭曲、歪曲的，甚至篡改的历史事实的基础上。这正如我们已经强调过的那样，历史认识的特点决定了在历史认识的过程中，有“积极作用的主观性”和“消极作用的主观性”这样两种不同的主观性。

这样，就会有一个问题摆在我们的面前需要回答，那就是在历史认识的过程中，如何尽可能地避免、减少可以产生“消极作用的主观性”的主体意识？要解决这个问题，与其说认识主体通过史学自身的修养，在历史科学的范畴内来解决，不如说在史学之外寻求解决的途径更有效。

首先，历史观、世界观、人生观，以及价值观等等，都是联系在一起的。世界观亦称宇宙观，是指人对整个世界的基本看法。世界观的基本问题同时也是哲学的基本问题，即精神和物质、思维和存在的关系问题。对这些问题的不同认识和解释，形成了唯心主义、唯物主义两种完全对立的世界观。人生观是关于人生的目的与价值的基本观点，它是世界观的一个方面。世界观是人生观的理论基础，有什么样的世界观就会有什么样的人生观。任何一种人生观的形成，都是在一定的世界观的影响下实现的。例如，辩证唯物主义世界观不仅承认世界的物质性、客观性和规律性，而且强调客观物质世界是充满矛盾运动的统一体；矛盾的对立和统一，是客观物质世界发展的根本原因；人类社会是物质世界发展的最高产物。建立在上述辩证唯物主义世界观基础上的人生观，则是科学的人生观，它将继承和发展人类历史上一切先进的人生观的积极因素，正确地理解人生、社会、历史、现实的辩证关系。所有这一切，对于历史观的形成都是有决定性的意义的。

历史观，称其为社会历史观，似乎更准确，是人们对社会历史发展的基本观点，如怎样正确理解社会存在和社会意识的关系、历史矛盾运动的形式，以及社会历史的决定性因素等等。历史观和人生观一样，也是世界观的组成部分。要科学地回答社会历史观所涉及的基本问题时，是离不开先进的世界观、人生观的理论指导的。在阶级社会中，无论是世界观、人生观，还是社会历史观，都有鲜明的阶级性和社会内容。不言而喻，脱离具体的世界观和人生观，去抽象地谈论社会历史观，并去认识复杂的社会历史现象，那实际上是办不到的。唯物主义历史观是和辩证唯物主义世界观，以及科学的人生观密切联系在一起，在历史认识的过程中，无论认识主体是否意识到，它们实际上是在共同发挥作用，共同决定历史认识的方向和结果。

唯物主义历史观是认识人类社会发展规律的科学的历史观和方法论。它认为物质生活的生产方式制约着整个社会生活、政治生活和精神生活的过程。不是人们的意识决定人们的存在，而是人们的社会存在决定人们的意识。人民群众是历史的伟大创造者，阶级斗争是阶级社会历史发展的动力。生产力与生产关系、经济基础与上层建筑的矛盾，构成社会的基本矛盾；生产力是最活跃最革命的因素，是社会发展的最终决定力量。这一理论为认识复杂的人类社会历史进程指明了方向，提供了理论武器，但是这一理论对于历史认识主体来说，从来就不是脱离一定的社会历史条件和一定的世界观体系的抽象存在。不言而喻，在历史认识的具体过程中，努力使历史认识主体更多地发挥可以产生“积极作用的主观性”的主体意识，仅仅说以历史唯物主义为理论指导是不够的，关键是如何才能够做到这一点？这就离不开科学的世界观和人生观，这也是我们所说的，在历史认识中尽可能地发挥“积极作用的主观性”的主体意识，要在史学之外寻求解决的途径的主要原因之一。

历史研究是以一定的理论为指导，在这种或那种理论框架内进行的学术研究。历史认识的过程，归根结底是理论分析、理论认识、理论概括的过程。何兆武教授说：“任何学科都是由材料和理论而形成的一个辩证整体。……历史学亦然。历史材料不断有新发现、新积累，历史观念不断在变革、在更新，所以历史就不断在重写。历史事实一旦成为过去，就是固定不变的了；但对它的研究和解释却不断在革新。材料的新发现，不仅是简单地指发现了新的材料，而且更多地是指用新的观念去研究原有的旧材料，于是旧材料就转化为新材料，被赋予了新的内容和意义。理论首先是时代的产物（而非材料的产物），是随着时代而变化的；把死材料变成为活生命的，往往是靠观念的革新”。[1] 在这里，历史之所以需要“重写”，就是因为史料的新发现、新积累，通过理论的分析和研究，产生了较之以往更接近历史真实面目的新的观念。应该强调的是，“历史观念的不断变革和更新”不是自发完成的，而是需要通过历史认识主体发挥可以产生积极作用的主观性的主体意识，才有可能实现。总之，历史认识主体要在研究实践中不断提高自己综合的理论素养，不仅有史学理论，而且还有作为其基础的辩证唯物主义和历史唯物主义理论等等。

先进的世界观、社会历史观和人生观，为历史认识主体循着一条正确的认识路线不断接近客观的历史真理，提供了切实的保证。但是，它却代替不了任何具体的社会历史问题研究。因此，要保证历史认识得出更加接近客观历史实际的结论，需要以其为基础进行艰苦的学术探讨。如果在学术研究上不肯花大的气力，投机取巧，用现成的理论结论贴标签，搞简单化、公式化；或用政治结论代替历史理论认识；或标新立异，哗众取宠，不肯扎扎实实地做细致的工作，那只会走向反面，使历史认识的结果离客观的历史真理愈来愈加遥远。

① 何兆武：《世纪之交的历史学：回顾和展望》，《史学理论研究》，1992（2）。

历史过程的客体和历史认识的客体

关于历史过程主体，以及历史认识主体的讨论，在我国学术界已经引起广泛的重视，每年都有不少有影响的著述问世。讨论上述问题时，不可避免地会涉及到历史过程的客体及历史认识的客体，因为它们互为前提、互为依存而存在。但是在实际研究中，人们更多地是在探讨主体问题，有关客体问题的讨论多被忽视，大多作为主体的“陪衬”，或是在讨论主体和客体的辩证关系时才被提及。实际上，深入研究客体对于科学认识主体不仅是有益的，而且是必须的，很难想象离开对认识客体的研究，会在认识主体的研究上取得有价值的成果。就历史认识的主体和客体来说，就更是如此，这是由历史认识客体的特殊性所决定的。

一、历史客体的属性

一般认为，主体是进行社会历史实践活动的人，是实践活动和认识活动的承担者，那么，客体则是这些活动的指向对象。历史主体和历史客体是实践活动的两极。这样，客体首先是客观的现实存在物，客观性是其重要的属性。由于历史客体是历史主体认识和改造的对象，同时对主体又有一定的制约作用，所以历史客体还具有制约性和被动性两个特点。就如主体有多种的形式一样，客体也有多种的形式，如自然客体、社会客体及精神客体。

历史过程的客体是社会客体的重要组成部分。历史主体和历史客体的区分具有一定的相对性和不确定性，在一定的条件之下，经常会发生转移的情况。在历史认识中，经常会遇到这种现象。例如，历代人的社会实践活动是当代人的客体。已经逝去的“我”所创造的一切，正是今日之“我”认识和改造的客体。人类的历史，正是在历史主客体的相互转换中，代代承递，不断向前发展。正是在这个意义上，马克思说：“人们自己创造自己的历史，但是他们并不是随心所欲地创造，并不是在他们自己选定的条件下创造，而是在直接碰到的、既定的、从过去承继下来的条件下创造。”①

唯心主义者认为精神是世界的本原，而不是物质。从这一基本认识出发，它们将精神和观念当作主体，并从其活动中分析主体和客体的关系，确认客体的存在。客体被说成是主体活动的结果，是由客体自身产生的。这样，客体也就完全纳入了精神的范畴，只不过是主体，即精神和观念的存在或活动方式。例如，18 世纪英国主观唯心主义哲学家贝克莱否认感觉经验的客观内容，认为心灵主体认识对象的客体是观念，由此得出结论，事物只存在于能感知的心中，“它们的存在就是被感知”。黑格尔是德国古典唯心主义哲学集大成者。作为客观唯心主义哲学家，他提出“绝对精神”作为自己哲学的出发点，认为绝对精神是世界的本原、本质和基础。世界上一切事物都是绝对精神的体现。黑格尔认为抽象的精神性实体本身就是主体。绝对精神所经历的逻辑阶段、自然阶段和精神阶段，就是作为主体的绝对精神“产生自身的、发展自身的、回到自身的过程”。而现实的任何人类社会，则是客体，现实中的一切客体，都是绝对精神的外化或表现，是精神主体的自我运动和

① 《马克思恩格斯选集》，第 1 卷，585 页，北京，人民出版社，1995。

发展。

在认识论的“客体”这个概念上，18 世纪的唯物主义哲学家提出了与主观、客观唯心主义哲学家相对立的观点。例如，法国唯物主义哲学家霍尔巴赫认为，宇宙是万物的总和，正是由于物质的运动，才形成了具有不同特性、不同本质、不同等级或门类的自然界万物，而人不过是自然界万物中的一个等级而已。他严厉批判贝克莱的主观唯心主义理论，认为那只是一种诡辩。他认为感官是接受感觉、直觉观念的唯一途径，感觉是观念的唯一来源，一切观念都是后天获得的。德国唯物主义哲学家费尔巴哈对黑格尔的唯心主义哲学体系和宗教神学进行了批判。他认为黑格尔的哲学是“思辨神学”，他把人的思维从“人”分裂出去，变成独立自在的本质而创造出了“绝对精神”，这就如同神学将人的本质从“人”分裂出去变作独立的本质，而创造出了“上帝”一样。费尔巴哈强调，黑格尔哲学体系的根本错误，就在于完全颠倒了现实的存在和关于存在的思维的关系，将思维看成是存在的本质，而把存在看成是思维的“外化”。费尔巴哈有针对性地提出，主体是实在和完整的人，客体是实在的自然界；思维的器官是大脑，人和大脑都来自自然界，离开自然界，人和思维都将不复存在，不是精神产生自然，相反却是自然产生精神；人不仅是自然的产物，而且是自然不可分割的一部分；人的认识是对外物的反映，感觉是认识的源泉和起点。他在批判黑格尔唯心主义哲学的同时，论述了他的唯物主义的认识论——一种直观的反映论。

马克思主义哲学诞生后，将主体和客体的相互作用建立在社会实践的基础上，第一次科学地阐释了主体、客体及它们之间的相互关系。1843 年，马克思在《黑格尔法哲学批判》一书中，将被黑格尔颠倒的主客体关系，重新颠倒过来，从人们的现实生活出发，强调从事实践活动的人是历史主体，因为“这是一些现实的个人，是他们的活动和他们的物质生活条件，包括他们已有的和由他们自己的活动所创造出来的物质生活条件”[①]，都存在于现实生活之中，而现实生活中人的活动对象则为客体，客观存在和客观的现实性，是客体的基本条件和基本特征。

---

①《马克思恩格斯选集》，第 1 卷，67 页。

这首先表现在人与自然的关系中，正如马克思所言，“没有自然界，没有感性的外部世界，工人就什么也不能创造”。① 一方面，人是能动的自然的存在物，具有生命力；另一方面，人也是受制约的自然的存在物，表现出受动性。人的这种“能动性”和“受动性”，正是在人与自然的分化中形成的。因而，也可以说，人与自然的分化过程，也是历史过程的主客体的形成过程。

“客体是自然”，但自然并非都是客体。马克思主义哲学认识理论，同费尔巴哈等在客体问题上的本质区别，在于承认和强调客体和实践的关系。费尔巴哈认识不到“他周围的感性世界决不是某种开天辟地以来就已经存在的、始终如一的东西，而是工业和社会状况的产物，是历史的产物，是世世代代活动的结果。其中每一代都在前一代所达到的基础上继续发展前一代的工业和交往方式，并随着需要的改变而改变着它的社会制度。甚至连最简单的‘可靠的感性’的对象也只是由于社会发展、由于工业和商业往来才提供给他的”。强调客体和实践的关系，对于正确认识客体有重要的意义，因为我们所说的客体是物质世界的现实的客体，而非精神的“客体”，是进入历史主体的实践活动和认识活动的那部分客观世界。人类在利用、改造或征服自然的过程中，必定会结成一定的生产关系以及相应的社会关系，人与自然的主客体关系，逐渐转变成为人与社会的主客体关系。在历史过程的主客体关系中，人不仅表现出自然属性，而且也表现出社会属性。这在人与社会客体的联系中充分地表现出来。

关于历史客体，在我国学术界有不同的理解。其一，较多的学者从主体活动的对象的角度来定义历史客体，但是又有多种不同的表述。一种如笔者所认为的那样，历史客体是实践活动的指向者、承受者；也有人认为，它是进入了历史实践的，在主体对象性活动中，同主体一起构成实践结构两极，并且发生相互作用的功能关系的事物和现象；还有一种观点认为客体是主体的对象化、主体的存在方式和人的主体性的现实。客体是主体认识和实践活动的对象，具有对象性。其二，从主体活

① 《马克思恩格斯全集》，第42卷，92页，北京，人民出版社，1979。

动的结果的角度，将历史客体定义为人的活动的产物。对于“历史客体”概念的理解，决定了对历史客体性质的认识，认为它作为主体活动的对象，具有客观实在性、对象性，同时其发展状况是社会历史活动的结果和人的本质力量的确证，即客体具有社会历史性。[①] 近年有一些观点更加强调客体的社会性，认为这和客体的物质性同样重要，因为客观物质的东西只有进入主体的社会活动之中，成为主体的活动场所、对象，才能成为客体。

还有一种观点主张扩大客体的范畴，认为认识的客体应该是整个客观世界，不能排除尚未进入我们事件范围内的客观实在。我们认识的现实的客体是整个世界的一部分，不能把现实客体的这一部分和整个世界完全隔离开来。持这种观点的人还认为，整个人类的认识，无论就其本性、使命或终极目的而言，都不能不把整个世界作为对象；如果只把进入人的认识领域的客观对象称为客体，就等于给定了认识的界限，是不可取的。[②] 对此持异议的观点认为，客体是物质，但是“客体”和“物质”这两个范畴虽然在本质上是一致的，却又是有区别的。客体是物质，但并非整个物质世界都已经成为人类认识的客体。现实的客体，各项实际的认识、实践活动的客体，是物质世界的一部分，即进入人们实践和认识活动的领域，与主体发生了联系的那一部分事物。尚未进入人类实践和认识活动领域的事务，只是可能意义上的客体。从可能的意义上，从人类认识无限发展的意义上说，整个物质世界都是认识的客体。持此观点论者认为，提出“可能意义上的客体”与“现实的客体，各项实际的认识、实践活动的客体”相区分，并不是多余的，“因为它表明，实践和认识所追求的是整个物质世界，不应该将它限于一定历史阶段上所达到的有限的范围。客体是同主体相对应的范畴，物质只有在与主体相对应的意义上才是客体”。[③]

---

① 参见中国历史唯物主义研究会、北京科技大学社会科学系等编：《历史过程主客体问题探讨》，241页，北京，社会科学文献出版社，1988。

② 参见杨春贵主编：《中国哲学四十年》，388～389页，北京，中共中央党校出版社，1989。

③ 田心铭：《认识的反思》，66～67页，北京，人民出版社，2000。

如果说主体有个人主体、集团主体和社会主体等多种不同的形式，客体也有多种形式，如自然客体、社会客体，以及物质形式为载体或外壳的精神客体。① 在认识和分析社会历史现象时，明确历史客体多种形式的本质具有重要的意义。从表面上看，历史客体既有社会的物质存在，也有社会的精神存在；既有社会物质关系，也有社会精神关系；既有主体自身及其活动，也有主体之外的他人的存在及活动。尽管如此，它们却有明显的共同点，这就是它们都是和人的活动密切联系在一起的。是人在不同的时空范围内不同的表现而已，这就是说，历史客体不是也不可能是脱离人以及人的活动而孤立地存在着，尽管这些"人"和"人的活动"是复杂的，需要做具体的分析。

客观性、对象性和社会历史性，是客体的主要属性，而对象性在客体的诸种属性中居中心地位，因为没有了对象性，客体也就不成其为客体，就社会客体而言，也是如此。这就是说，社会客体首先是不以人的主观意志为转移的客观存在，社会的发展，可以理解成为一个自然的历史过程，社会历史矛盾运动有其历史必然性和客观规律性。这正如恩格斯所言，"在社会历史领域内进行活动的，是具有意识的、经过思虑或凭激情行动的、追求某种目的的人；任何事情的发生都不是没有自觉的意图，没有预期的目的的。但是……它丝毫不能改变这样一个事实：历史进程是受内在的一般规律支配的。"② 历史客体的对象性，是指历史客体不是孤立存在的，而是在客观的世界中因同历史主体活动有联系而被具体指向的对象。外部世界不会自发地成为主体活动的客体。总之，历史过程的主体和客体互为前提，相互依存；没有主体也就没有客体，反之亦然。主体活动的社会历史性，决定了客体的社会历史性。在不同的历史时代，客体的内容和范围往往会发生变化，这种变化受主体的制约。一般说来，由于社会的发展，科学的进步，使主体有可能将有目的的活动扩大到更多的领域。

在历史认识中，将历史客体的社会内容进一步明确，即作为"社会

① 参见齐振海主编：《认识论新论》，54页，上海，上海人民出版社，1988。

②《马克思恩格斯选集》，第4卷，247页，北京，人民出版社，1995。

存在”的客体的内涵和外延的具体化，这对于提高历史认识主体的科学认识活动的自觉性和系统性，无疑是有帮助的。首先是物质资料的生产方式。它是一定社会的生产方式是生产力和生产关系历史的统一，不同的生产方式决定着不同的社会经济形态，生产方式由低级向高级的演变，决定了人类历史发展不可逆转的进步趋势。生产方式在人类历史行程中的地位和作用，决定了它是最基本的历史客体；此外还有在人类社会实践中产生的物质生活条件，以及建立在一定经济基础之上的上层建筑，即政治法律制度、机构和社会意识形态，如政治、法律、道德、哲学、宗教等观点。

人类社会的历史发展中，会受到各种物质的制约性因素的影响，如地理环境在历史发展中的影响等，也是历史客体的重要内容之一。新中国成立初期，这个问题作为“18 世纪资产阶级社会学地理学派”思想的残余，受到严厉的批判，而很少有人研究；俄国马克思主义理论家、哲学家普列汉诺夫在历史观上的重大贡献之一，是他依据唯物史观基本原理，在批判资产阶级的“地理环境决定论”的同时，充分重视地理环境在社会发展中的作用，明确提出地理环境对社会发展的作用，以生产力为中介，并随生产力的性质、规模、水平的不同而变化。普列汉诺夫在地理环境方面的理论贡献，主要表现在以下四个方面：详细论证了地理环境不是社会发展决定力量的原理，系统地批判了社会学中的地理学派；第一次明确地提出和阐明了地理环境对社会的作用是生产力的函数这样一条马克思主义地理环境学说的基本原理；系统地分析了地理环境、它的各种因素对于处在不同历史阶段的社会有机体以及不断发展变化的社会各方面所起的作用；初步考察了地理环境学说的历史发展。[①] 总之，是生产力的发展决定着地理环境对人类社会的作用，而不是如黑格尔所言，地理环境主要通过生产力，通过社会组织影响社会的发展。

但是，普列汉诺夫的观点没有受到应有的重视。“文革”结束后，我国史学界对这个问题又展开了热烈的讨论，并在以下三个方面取得了

① 参见王荫庭：《普列汉诺夫哲学新论》，269 页，北京，北京出版社，1988。

共识：地理环境本身是人类社会及历史发展的一部分，把它逐出社会是不正确的；地理环境对社会历史发展的影响多种多样，或影响程度大，或影响程度小。在生产方式是主动力的前提下，地理环境的影响有时还会上升到决定性的高度。地理环境的社会历史的影响，是一个历史的范畴，随着时代演进不断调整其作用方式、作用程度；人类社会历史与自然环境，无疑是一个统一体，主客之间互相制约、互相作用。在人类改造自然环境时，不能违背自然规律的约束，否则，必将受到自然规律的惩罚，这一点已被无数历史事实所证明。① 研究自然地理环境对社会历史的影响，在扩大认识客体的范围的同时，开阔了历史认识的视野，例如，法国历史学家布罗代尔在《菲利普二世时代的地中海和地中海世界》一书中，详尽地描述了地中海地区的自然地理环境，意在论述人与其周围环境关系的历史。他说，研究环境的作用，“旨在介绍地理氛围，侧重人文资料。这也是历史研究的一个方面，而且与其说研究地理，不如说研究历史……为了阐明地中海 1550 至 1600 年这一短瞬间的生活，我们不能不涉及到前后其他时代的甚至现代的形象、景物和现实。就是说，要全力以赴地通过空间和时间展示一种演变缓慢而又能揭示永恒价值的历史。在这种情况下，地理不再是目的本身，而成了一种手段”。② 正是这样的一种使认识客体扩大的“手段”，为认识主体认识的深化开辟了道路。

作为主体认识和实践活动对象的客体，既包括物质现象，也包括精神现象。人类的精神文明的产物、文化的成果作为“精神客体”，同样应该给予充分的重视，因为它们是人类历史不可分割的、重要的一部分。这种观点近年已成为广大学者的共识。精神客体有多种表现形式，不仅有各种形式的精神活动，也包括精神活动的物化形式。但是，这绝不是说世界是绝对精神的产物和表现，是人的感觉或意志的产物。我们所说的客体，是物质形式为载体或外壳的精神客体。

我们仍然强调，客体是物质而不是精神。这里所说的“精神客体”，

---

① 参见姜义华主编：《社会科学争鸣大系·历史卷》，81 页，上海，上海人民出版社，1991。

② ［法］布罗代尔：《菲利普二世时代的地中海和地中海世界》，第 1 卷，19 页，北京，商务印书馆，1996。

有别于人类文明史中的物质发展形式，强调的是文明的精神成果，包括道德意识、社会伦理、思维科学以及哲学、社会科学的成果等等。还应该指出的是“精神客体”中的另一个重要的部分，即当代社会发展中的“大众文化”，它是和当代在不少国家和地区已经出现的“大众消费时代”联系在一起的，“大众消费”和“大众文化”深入到广大人民的生活之中，成为影响着社会历史发展的重要因素。因此，研究历史过程的客体，要重视社会客体，但也不能忽略精神客体。正因为如此，在20世纪80年代中期以来，文明、文化问题的研究，在国际学术界占有越来越加重要的地位。在科技革命的迅猛发展，国际政治格局的深刻变化，全球化趋势加强的背景下，现时代人的命运和价值问题凸显出来，对“精神客体”的重视和深入研究，从一个侧面反映了对人的现实和未来的关注。

二、历史认识客体的特殊性

历史过程的客体，是社会存在，主要指物质资料的生产方式，以及物质文化生活条件和实体性的上层建筑等。而历史认识中的客体，是一种特殊的历史过程的客体。它和历史过程的客体有着千丝万缕的联系，是其中重要的组成部分，对历史过程的客体较深入、系统、全面的了解，有助于正确理解历史认识中的客体。历史认识客体虽然有其特有的内容和特殊的性质，但这并不会改变它和一般认识论中的客体的某些明显的共性。

历史认识客体和历史认识主体联系在一起，那些脱离历史认识主体认识范畴之内的整个人类历史过程，以至整个客观的物质世界，不是历史认识的客体。历史认识客体仅指进入历史认识主体认识领域的历史存在，而绝不是全部的历史存在。和人类漫长、复杂和丰富的历史活动相比，进入历史认识主体认识领域的历史存在，仅仅是极少极少的一部分。

客观的历史通过人们的主观认识表现出来。“‘历史’并不是把人当作达到自己目的的工具来利用的某种特殊的人格。历史不过是追求着自己目的的人的活动而已”。① 历史的一度性（或称一去不复返性）表明，历史是人们以往的活动，是当时的人们依据他们所掌握的条件创造的，历史是已经消逝了的“昨天”，既不能重演，也不能复制。人们认识它只能依据各种史料间接地进行。史料包括文献记载和考古发现的各种实物。文献记载出自人们的口传笔录，是“思想的痕迹”；而实物史料则是前人的生活用品、生产资料和社会交际工具的遗蜕，是“行为的痕迹”。这样，客观的历史就是这样通过“思想的痕迹”，和“行为的痕迹”，即人们的主观认识表现出来。

历史认识客体的主要特征，在于进入历史认识主体的历史存在，已经是逝去的“过去”，甚至是遥远的“过去”。在这样或那样的时空范围内，历史认识主体都不可能直接面对历史认识客体。在关于历史认识客体的描述中，有“一过性”、“流变性”、“非普遍性”、“独特性”，“缺少明晰性和确定性”等多种说法，以及因历史认识客体作为“过去”所引发的各种认识理论的基本问题，使一些人提出历史认识的可能性问题。因历史认识客体的特殊性，以及历史认识的特殊性，就否定历史认识的客观真理性，否认历史认识主观性和客观性的辩证关系，进而得出历史认识是不可能的结论，这显然不能成立。

历代浩如烟海的史料是历史信息的载体，历史认识主体对客体的认识，主要是通过对史料的认识完成的。当然，这种认识是一个复杂的过程，它不仅需要坚实的专业知识和专业基础知识，而且还需要先进的世界观和科学的理论方法论的指导。历史认识客体的重要内容是各种形式的史料，研究历史认识客体，首先要研究史料。梁启超在《中国历史研究法》著述中，有专章研究史料问题。他说：“得史料之途径，不外两种：一曰在文字记录以外者；二曰在文字记录者”。② 根据梁启超的分类，文字记录以外的史料主要包括现存的实迹、传述的口碑、遗下的古物。具体可以分以下五类：现存之实迹及口碑；实迹之部分存留者；已湮没之史迹其全部意外发现者；原物之保存或再现者；实物之模型及图

① 《马克思恩格斯全集》，第2卷，118～119页，北京，人民出版社，1957。

② 梁启超：《中国历史研究法》，45页，北京，东方出版社，1996。

影。文字记录的史料，具体可分为以下七类：旧史；关系史迹之文件；史部以外之群籍；类书及古逸书辑本；古逸书及古文件之再现；金石及其他镂文；外国人著述。[①] 荣孟源认为“按照史料形式的特点来分类，是主要的分类方法……史料的形式不同，可以分为书报、文件、实物、口碑四类，各类之中还可以再分为若干细目”。书报史料可以分为四个项目，即历史记录、历史著作、文献汇编、史部以外的群籍。文件史料可以分为三个项目，即政府文件、团体文件、私人文件。实物史料可以分成十二个项目：生产工具、生活资料、武器和刑具、货币、度量衡器、印信、建筑、墓葬和古迹，以及历史事件的遗迹、模型和雕塑、照相和绘画、语言和文字、碑刻和砖瓦、纪念物。口碑史料可分为四个项目：回忆录、调查记、群众传说、文艺作品。[②] 恩格斯在谈到巴尔扎克的巨著《人间喜剧》时说：这部作品“给我们提供了一部法国‘社会’，特别是巴黎‘上流社会’的卓越的现实主义历史……我从这里，甚至在经济细节方面（诸如革命以后动产和不动产的重新分配）所学到的东西，也要比从当时所有职业的史学家、经济学家和统计学家那里学到的全部东西还要多。”[③] 文学作品可以作为史料使用，但是，长期以来这个问题并没有引起足够的重视。近年以来，文学作品是史料的组成部分，已得到大多数学者的认同，问题的关键是如何正确地来认识、鉴别、使用。其实，不仅是这类史料，对其他各类的史料，也都存在着这样的问题。

随着历史科学的发展，史料的范围和历史认识的视野不断扩大，人们对自身以及整个世界历史的认识越来越加深入。在这个过程中，各种非物质的历史遗迹，例如语言、风俗、习惯、制度、范围、伦理、道德、宗教、歌谣、成语及其他传统，在历史认识中的影响日渐提高。它们所传达的历史信息，对于全面地认识丰富多彩的人类历史，从根本上摆脱将历史仅局限于政治史的范畴，具有重要的意义。

---

① 梁启超：《中国历史研究法》，43～62页，北京，东方出版社，1996。

② 参见荣孟源：《史料和历史科学》，17～25页，北京，人民出版社，1987。

③《马克思恩格斯选集》，第4卷，683～684页。

然而，史料并不等于历史，史料也不等于史学。历史、史料和史学是三个既有区别又有联系的三个独立的科学概念。若将它们从理论上或研究实践中混淆，将会给历史认识带来混乱，甚至是严重的混乱，史学也就无法实现其科学认识功能和社会功能。

历史，这里说的是有别于自然发展史的人类社会的历史，是指人类社会矛盾运动已经经历过的客观过程。“人类一切部落，在野蛮社会以前都曾有过蒙昧社会，正如我们知道文明社会以前有过野蛮社会一样。人类历史的起源相同，经验相同，进步相同”。[①] 原始社会解体时，出现了阶级、国家，人类从蒙昧时代经过野蛮时代，走向文明，开始有了人类文明的历史，自此人类社会经过了漫长的发展。人们在生产斗争、阶级斗争和科学实践中，创造着自己的历史，社会生产力的不断发展，使人类社会发生着天翻地覆的变化，人们创造了、并正在创造着光辉灿烂的物质文明和精神文明。这一切都是客观存在的、不以人们的意志为转移的历史。历史不仅有客观实在性，而且历史发展有其客观规律性，以及不可逆转的进步趋势。

史料，指人类历史进程中所遗留下的多种类型的痕迹。中国是一个历史悠久的文明古国，为后人留下了内容十分丰富、形式多种多样的史料，就历史文献来说，从远古的甲骨文，到近现代的报章杂志，都为人们提供了重要的历史信息，都蕴含着深刻的历史内容。但是，史料作为历史认识的中介却十分复杂，这不仅表现在史料自身方面，而且也表现在如何认识这些史料，以及如何使用这些史料等问题上。这样，便产生了作为历史学基础学科的史料学。它的主要任务是考订史料、研究史料的源流和价值。在我国，早在公元前 5 世纪孔子整理《诗》、《书》和《春秋》时，就已经涉及到史料的问题，提出认识历史现象要以史料为据的思想。孔子在《论语·八佾》中明确指出：“夏礼吾能言之，杞不足征也；殷礼吾能言之，宋不足征也，文献不足故也，足则吾能征之矣”。在这里，孔子已将文献是否完备作为能否说明历史现象的重要条件。在古代希腊，修昔底德在如何对待史料的问题上，突出地表现了他

① ［美］摩尔根：《古代社会》上册，1 页，北京，商务印书馆，1977。

严谨的治学精神和缜密的史学方法。对于史料他进行了严密的审视，极力使用最严格、最仔细的考证方法检验过的确凿史料。他认为只有这样，他的著作才不会迎合人们一时的兴趣，而成为千秋万世的瑰宝。

史学，是社会科学的分支之一，一门古老的学科，指人的意识对社会历史进程及其规律性的认识和研究，并以一定的形式反映出来，从而向人们提供准确历史知识，使人们对历史有理性的认识，满足社会各方面对历史知识的需求。史学在西方和东方都有悠久的历史，是人类文明的重要组成部分。在西方，史学萌发于古希腊，那时的散文纪事家为后人描绘了古老的历史图景，开创了历史记述的先河；在中国，先秦时期是中国史学发展的童年时期，秦汉时期，史学得到迅速的发展，司马迁的《史记》130篇，50多万字，提出“稽其成败兴坏之理”和“究天人之际，通古今之变，成一家之言”，奠定了中国古典史学的优良传统。今人在论及史学的时候，经常在“科学的历史学”的意义上使用“历史科学”。只是在马克思主义诞生后，才使人们有可能认识历史的本质及历史发展的规律性，史学成为一门科学。历史科学以唯物史观为理论指导，在广泛占有翔实的历史文献资料的基础上，对其进行科学的分析和研究，得出正确的结论。

在历史认识中，将历史、史料和史学进行必要的区分有着重要的意义。首先有助于人们对历史认识客体——史料的内容和本质有清楚的认识。只有这样，才有可能在认识各种形式的史料的历史价值的同时，清醒地认识到它的社会属性。在阶级社会中，“人”不仅是生物学意义上的人，同时也是社会意义上的人，人的这种不以主观意志为转移的社会性，决定了任何史料都具有一定的社会意义和社会内容，在本质上直接或间接地反映了一定阶级的利益和要求。只强调它的“自然属性”，否定或抹杀其客观存在的意识形态内容，孤立地就事论事，割断历史的内在联系，往往会对史料的认识停留在感性的认识上，从而使历史认识具有很大的局限性。只有将史料的社会属性和自然属性结合起来，才能为历史认识奠定正确的基础。

各种类型的史料反映着丰富的历史内容，是历史信息的载体，在进行历史认识时，认识主体为保证使自己的认识沿着正确的路径进行，必须首先对史料进行必要的辨别、考证和校勘，这是历史研究的基础。史料作为一个客观存在的记录，应该是真实的、完整的，而不是伪造的或被歪曲的。然而，事实并非如此，不少史料并不真实，存有谬误，甚至完全是伪造的。之所以如此，一方面，是由于技术上的原因造成的，如错字、漏字、脱行、标点有误等；另一方面则是由于阶级的偏见、政治的需要或种种利益的驱动而伪造事实。因此，进行历史认识时首先要区别史料的真伪，并不是一件多余的事情。例如，1983 年春，所谓“希特勒日记”60 余本在西方发现，成为轰动一时的新闻。联邦德国《明星》周刊出巨资 379 万美元将其购买，大肆宣扬这是“一个具有国际历史意义的事件，由于这一发现，希特勒的传记和纳粹党的历史很可能得重写”。当时苏联、英国和德国的历史学家明确表态，这些日记是伪造的，因为希特勒是一个避免将任何事情写到纸上的人，在历史文献中从来没有关于希特勒写日记的记载，不仅如此，从“日记”丢失经过、发现经过、内容、笔记、文风以及习惯用语等方面，都可以发现不少破绽。后专门经营纳粹文物的商人康尧被捕后，真相大白，他花了两年的时间专门模仿希特勒的笔体，搜集了大量用于伪造“日记”的资料。

区别史料的真伪仅仅是鉴别史料的一个方面，除此之外，还包括鉴别史料、考订记事、校勘文字等。作为历史认识客体的史料，并不是只要不是伪造的就是有价值的，重要的还要看史料的具体内容，以判断它在历史认识过程中的价值和作用。能否正确地区分史料的价值，以及能否使用有价值的史料用于历史研究，直接关系到认识主体科学认识活动的结果。

历史文献学是历史学另一重要的基础学科。如同史料学一样，对历史文献学的关注和研究，同样对提高对历史认识客体的认识有重要的意义。历史文献学是一门尚在完善中的学科，白寿彝教授说“历史文献学，一直到现在，也没有一个人给它规定个范围，作为一门学科提出来，还是不久以前的事。我个人的意见，可以包含这样的几个内容：一、目录学，二、版本学，三、校勘学，四、辑佚学，五、辨伪学……”[①]但是，历史文献学并不等于史料学，两者之间虽有很多内容接近，但还是有所区别的。一般认为，历史文献学应是一个综合性的学

① 白寿彝：《谈历史文献学》，见曾贻芬、崔文印著《中国历史文献学史述要》，574～575 页，北京，商务印书馆，2000。

科，它的主要内容并非只局限在历史文献自身的框架内，而是研究如何搜集、整理、考辨、运用历史文献，从理论方法论的视角做出科学的概括，使历史认识主体对其能够有正确的、完整的认识，提高其运用历史文献的科学性和自觉性。

在我国史学界，对历史文献学产生的发端有两种不同的观点：一种观点认为始于孔子，孔子对六经，即对《诗》、《书》、《易》、《礼》、《乐》、《春秋》的整理，就是对后来有重大影响的历史文献学的实践活动。另一种观点认为，西汉末年刘向、刘歆父子整理皇家藏书，编写政府藏书目录，开创目录校雠学，是中国历史文献学的开端。[①] 两种观点虽然有所区别，但有一点却是共同的，那就是对历史文献的研究和整理，在我国有着悠久的传统，这件工作是中国古典史学的重要内容之一。今天，我们在讨论继承中国史学优良传统的时候，显然不应该忘记历史文献这个问题，尤其在讨论历史认识理论问题，涉及到历史认识客体的问题时，就更是如此。

三、历史认识的特殊性

人类对历史认识的过程，即客观的历史存在在人的意识上的反映过程。史料与客观历史之间不可避免地存在着距离。一方面，史料与以往人类的思想和行为丰富的实际历史相比，只是沧海一粟，许多因缺乏记载而失传了；另一方面，文献记载在对历史的观察、判断、推论和表述时，不可避免地含有记载者分析和判断中立场、观点、方法等主观因素的痕迹，不存在“纯”客观地反映历史。文字记录对历史研究，有它的局限性。但文字记录的史料对于历史研究具有十分重要的意义。正是由于文献资料的丰富并具有相当高度的连续性和系统性，中国人民的历史才得以在世界史上具有不可替代的重要地位。文献的发现，可以丰富或匡正人们对历史的认识。文献在历史认识中具有不可替代的作用。

主观的历史著述与客观的历史，是两个完全不同的概念。人类社会

① 参见曾贻芬、崔文印著：《中国历史文献学史述要》，1页，北京，商务印书馆，2000；蒋大椿等主编：《史学理论大辞典》，124页，合肥，安徽教育出版社，2000。

的历史据估算已有300万年左右，但人类的文明史即文字产生以来的历史，却不过五六千年。只是在进入文明时代以后，人类才开始用文字记述自己的史事。历史本身是活生生的人类社会的发展过程，而历史著述则是对这一客观过程的带有主观性的描述和反映。与客观存在的历史相比，历史著述则有完全不同的涵义和性质。历史著述通过历史记录者、研究者对客观历史“加工”而形成，是含有主体烙印的历史。李大钊十分明确指出历史过程与历史著述的意义、性质完全不同：“……历史这样东西，是人类生活的行程，是人类生活的联续，是人类生活的变迁，是人类生活的传演，是有生命的东西，是活的东西，是进步的东西，是发展的东西，是周流变动的东西；他不是些陈编，不是些故纸，不是僵石，不是枯骨，不是死的东西，不是印成呆板的东西。……种种历史的记录，都是很丰富，很重要的史料，必须要广搜，要精选，要确考，要整理。但是他们无论怎样重要，只能说是历史的记录，是研究历史必要的材料；不能说他们就是历史。这些卷帙，册案，图表，典籍，全是这活的历史一部分的缩影，而不是这活的历史的本体。这活的历史，固屹然存在于这些故纸陈编的堆积以外，而有他的永续的生命”。[①] 历史与历史著述有差异，但是并不排斥两者之间的密切联系。历史著述是以客观历史本身为基础，为反映对象的，离开客观历史本身，历史著述便成为无源之水，无本之木。

历史认识客体的特殊性，决定了历史认识的特殊性，也决定了历史学有别于其他学科的特点。但是，这些特殊性并没有、而且也不可能改变历史认识客体作为科学认识客体的一般性质。历史认识客体的性质首先是客观实在性，它是由历史的客观实在性决定的。历史认识客体是客观历史存在的一部分，没有客观存在的社会历史，也就没有历史认识客体。这种客观存在，既表现为物质世界的客观存在，也表现为由物质世界的客观存在所决定的精神的、意识形态的客观存在。历史学在第二次世界大战后虽然出现了理论化的明显趋势，但它仍然还是一门实证性的学科，历史研究仍要建立在实证研究的基础上。历史认识主体的主体意

---

①《李大钊史学论集》，197～198页，石家庄，河北人民出版社，1984。

识的发挥，他的“创造性”的表现，并不是否定客观的历史存在，而是要通过自己的工作，使自己的认识、分析和概括，更加接近客观的历史存在。那种以历史认识客体的特殊性为“依据”，直接地或间接地否定历史认识客体所体现的历史内容的客观实在性，是一种错误的、有害的观点。

承认历史认识客体的客观实在性，是探讨历史认识客体其他性质的前提和基础。人们对历史进行研究的目的，不是为了发思古之幽情，而是为了更好地认识现实，掌握未来。这样，人们既没有必要、也没有可能对人类以往的历史丝毫不漏地进行全面地认识、全面地研究，恰恰相反，认识主体总是有选择地与认识客体发生联系，在统一的历史认识中的历史认识主体、客体的两极，进行积极的科学认识活动。英国历史学家爱德华·卡尔在回答“历史是什么”时说，“历史是历史家跟他的事实之间相互作用的连续不断的过程，是现在跟过去之间的永无止境的问答交谈”。[①] 爱德华·卡尔在这里所说的“他的事实”，实际上指的就是历史学家所“选择的事实”。至于那一部分，而且是相当多、相当大的那些没有与认识主体建立对象性联系的历史过程，没有被历史学家所选择的历史过程，仍然是客观的历史实在，只不过是没有进入历史认识范畴的客观的历史实在。

在历史认识过程中，历史学家究竟和怎样的事实之间发生了相互作用，即历史认识主体和怎样的认识客体建立对象性的联系，这是历史学家进行选择的结果。认识客体所以成为了认识客体，完全取决于历史学家、取决于历史认识主体的选择。在不同的时代、不同的社会历史条件下，在不同的世界观、历史观的指导下，在历史学科自身发展的不同的阶段，历史学家的选择，以及历史认识客体的具体构成，均会有不同的变化，从而表现出鲜明的时代特点。例如，政治史——以帝王将相活动为主的王朝更迭的历史，曾是中外传统史学中的重要内容，而今，这已经成为明日黄花，只能在史学史著作中才能看到它昔日的辉煌。20 世纪 80 年代以来社会史研究的兴起，已成为当今中国历史学最富于革命性的内容，即具体地体现了这一点。社会史研究，“这是一种新的历史

① ［英］E. H. 卡尔：《历史是什么》，28 页。

眼光、新的史学范式，在它的引导下，人们开始重新理解历史、认识历史。而这种理解和认识的深化，必将为中国社会史研究的深入提供直接的动力和思想源泉”。[①] 这里所说的“最富于革命性的内容”，主要表现在历史认识客体的范畴和内容所发生的深刻变化；“新的历史眼光和新的史学范式”中“新”的内容，也主要在历史认识客体中体现出来。总之，社会史的兴起和发展，离不开历史认识客体的变化，这种变化不仅为历史认识主体在认识范围上，更主要的是在认识的内容上开辟了一个崭新的天地，正是在这种情况下，一些历史学的分支学科，如家庭史、妇女史、儿童史、城市史和社会文化史应运而生。

何谓“社会史”？这里强调的是总体的和综合的社会史，英国史学家艾瑞克·霍布斯鲍姆说：“社会史这一术语一直难以界定，近来已无界定的必要，因为社会史缺乏通常进行精确界定的惯例和专业上的前提”。他认为，社会史这一概念一般是在三种有时重叠的意义上使用的。“第一，社会事实关于穷人或下层阶级的历史，特别是关于穷人运动（‘社会运动’）的历史”；“第二，社会史这一术语常常是指一些对于人类活动的不同性很难划分，除非用这样一些词：‘生活方式、风俗、日常生活’的著作”；“社会史的第三层含义一定是最普通的，并且与我们的目的关系最密：‘社会’常常与‘经济史’合用，必须承认，这种结合中经济所占篇幅大大超过一半”。“如果历史必须纳入社会科学之内，那经济学是与历史最先结合的一个学科。人们也许进一步认为，无论人类社会中经济和社会是怎样根本不可分离，任何对人类社会进化的历史研究的分析基础必须是社会生产过程”。[②] 从上述无论是哪一种意义上理解“社会史”的含义，都会使历史认识客体的内容与传统史学相比，发生很大的变化。在西方，“‘像关心社会结构和社会生活物质条件问题那样来关心文化和意识的问题’，把社会史理解为整个‘社会的历史’，而不是各种零散的专题（劳工、社会问题、教育、人口统计等等）”。[③]

① 周积明、宋德金主编：《中国社会史论》上卷，1页，武汉，湖北教育出版社，2000。

② 蔡少卿主编：《再现过去：社会史的理论视野》，2～3页，杭州，浙江人民出版社，1988。

③ 蔡少卿主编：《再现过去：社会史的理论视野》，23页。

在我国，以政治史为主要内容的传统史学逐渐被新史学取代，在这个过程中，社会史起着不可替代的重要的作用。当历史学家贴近社会下层看历史，英雄、精英史学成为民众的史学，被传统史学忽略的下层民众的历史进入认识主体的视野时，认识客体所发生的重大变化是自然而然的。就广义的文化概念而言，人类在20世纪末由于受大众消费时代的影响，已经进入了大众文化时代，在人类社会和历史学正在发生深刻变化的背景下，历史认识客体所发生的变化，就决非偶然了。

人类社会历史过程的连续性，决定了历史认识客体的连续性。在不同的时代，历史认识主体会有很大的改变，历史认识客体的某些内容，也同样会发生这样或那样的变化，但是从整体上说，这些变化仍然受历史进程连续性的制约，历史认识客体所传达出的历史信息，总还是历史长河中的一个环节，而不是脱离社会历史进程的、孤立的内容。认识历史认识客体，要将其放在社会历史发展的广阔背景中去认识，不能割断历史。客体中所反映出的内容，具有鲜明的时代性，但是这种时代性并不是孤立的、或仅仅属于这个时代的“现实”，而与这个时代之前的“过去”，及在这个时代之后的“未来”没有联系了，事实恰恰相反。过去、现实、未来紧密联系在一起，是不可分割的历史统一体。

首先应该承认，今天的“现实”作为历史认识客体，除了具有时代性之外，还有自己的独立性，是一个独立的、客观的存在。但是，“独立”并不等于“孤立”。在今天的“现实”中，印有已经过去的历史的痕迹，与过去有着千丝万缕的联系，同时还将以种种不同的方式传递给“未来”。“今天”不过是“过去”的继续，而“未来”不过是“今天”的延伸。明确属于不同时代的历史认识客体的内在联系，以及它们之间的辩证关系，对深刻地理解认识客体无疑是有益的。例如，1848年，马克思、恩格斯在《共产党宣言》中论证资产阶级的灭亡和无产阶级的胜利是同样不可避免的历史必然性时，也是从资产阶级产生、发展的历史过程中进行的，充分肯定了资产阶级在反对封建主义、发展社会生产力方面的进步作用。1923年，英国社会活动家、政论家锡德尼·维伯夫妇合著《资本主义文明的衰亡》，在分析“资本主义制度的最后失败”时，也是同分析“资本主义制度的初步成功”同时进行的。作者分析了资本主义在农业、矿业、工业、金融、运输和国内外贸易的发展，同时指出资本主义“虽然有过初期的一切优点，可是现在总结起来，已经对社会不能有所裨益——我们在这里仅仅讲到它对物质财富总生产的影响。对于资本主义的工业组织以及它所依赖的牟利动机，还有一个甚至更严重的控诉，值得加以考虑，这就是：这个制度，在现今的时代，已经日益加甚地变成了国际间灾难性战争的原因”。[①] 正是通过对资产阶级在自身发展的各个历史时期的分析，可以使人们对资产阶级的本质，以及它的历史地位和发展趋势，有更加符合客观历史实际的认识。

① [英] 锡德尼·维伯等著：《资本主义文明的衰亡》，161页，上海，上海世纪出版集团、上海人民出版社，2001。

历史认识：主体意识和主体的创造性

研究历史认识的理论与方法，离不开对认识主体，以及主体意识的探讨。那种认为承认或强调认识主体的主体意识，就是在无限夸大认识主体的精神或意志的作用，是在宣扬历史唯心主义，这显然是不符合实际情况的。问题的关键不在于是否承认主体意识，而在于如何认识主体意识，如何评价主体意识，以及在历史认识的实践中，如何正确地发挥主体意识的积极作用，即历史认识主体的创造性问题。

一、历史学家是历史和社会的产物

历史学家因自己的哲学观点、政治立场、知识基础、生活经验、情感和性格气质不同，所以表现出不同的主体意识，[①] 这里应该强调的是历史学家是历史的产物，时代的特征、社会历史发

① 参见李振宏著：《历史学的理论与方法》，138～146页，开封，河南大学出版社，1999。

展的具体的内容对他所产生的种种影响，会在各个方面以不同的形式表现出来，在历史认识的过程中自然也不会例外。英国史学家爱德华·卡尔说："我们一生下来，这个世界就开始在我们身上起作用，把我们从纯粹的生物单位转变成社会单位"。因此，"在研究历史之前，应该先研究历史学家。……在研究一个历史学家之前，应该先研究他的历史环境和社会环境。历史学家是单独的个人，同时又是历史和社会的产物"。[①]这就是说，历史学家的主体意识，虽然是通过个人表现出来的，但却有明显的社会意义，从而使主体意识有更丰富和更深刻的内容。在分析和认识主体意识时，我们应该有意识地关注它的社会内容和社会意义，这样可帮助人们透过表象认识问题的本质。历史认识是社会认识的一部分，历史认识主体是社会历史主体的一部分。这是我们进行历史认识的前提和基础。

长期以来，历史认识主体的主体意识和主体的创造性所以被忽略，或被否认，可以找出许多原因，而其中的重要原因之一，就是忽略或否认社会历史过程中的主体在历史矛盾运动过程中积极的、能动的创造性作用。例如，在如何认识"历史规律"的问题上可以清楚地看到这一点。一些人认为"历史规律"可以自发地实现，人在规律面前无所作为。他们机械地、教条主义地理解"历史进程是受内在的一般规律支配的"，"经济的社会形态的发展理解为一种自然史过程"。[②]他们盲目地认为只有这样才是坚持唯物史观的基本原理，而实际并不是这样，在他

① ［英］E.H.卡尔：《历史是什么》，29、44页。

②《马克思恩格斯选集》，第4卷，247页；《马克思恩格斯选集》，第2卷，101～102页。马克思《资本论》第1卷第1版《序言》："我的观点是：社会经济形态的发展是一个自然历史过程"(T23、C12)。关于这句话，还有如下三种译法：其一，郭大力、王亚南译："我的观点是把社会经济形态的发展，理解为一个自然史过程"（《资本论》第1卷，第Ⅻ页，人民出版社，1963）。其二，中央编译局根据马克思本人修订的法文版《资本论》第1卷翻译的译文："我的观点是，社会经济形态的发展同自然的进程和自然的历史是相似的"（《资本论》根据作者修订的法文版第1卷翻译，中国社会科学出版社，1983）。其三，中央编译局重译的《马克思恩格斯选集》第2卷："我的观点是把经济的社会形态的发展理解为一种自然史的过程"（《马克思恩格斯选集》，第2卷，101～102页，人民出版社，1995）。

们看来，“自然史过程”应理解成为“自发的”历史过程，这显然和唯物史观的基本原理相悖。长期以来，传统的观点片面认识“自然史过程”，将着眼点放在自然运动过程和社会历史运动过程的共通性上，强调它是不以人们的意志为转移的客观规律性，而忽略了人——创造历史的主体——在历史规律中的作用。因看不到人和规律之间的特殊的辩证关系，忽略人的“自我意识过程”和“自主创造过程”，而盲目地认为历史规律可以自发地、自然地实现。这不是马克思主义的观点，而是19世纪机械唯物主义的残余。

马克思主义经典作家揭示人类历史规律时，是从研究具体史实入手的。人类历史发展有客观规律，是一个“自然历史过程”，但是，历史规律不是外在力量的赐予，不是先定的，而是产生和实现于人的社会实践之中。正是在这个意义上，恩格斯强调历史规律是“人们自己的社会行动的规律”。[①] 因此，这个过程同时也表现为人们自觉能动性和创造性、选择性的不断的实践过程，“社会生活在本质上是实践的”。[②] 我们不应割裂这种统一性。

历史学家的主体意识水平直接决定着历史研究的水平，甚至决定着历史认识的路径和方向。近代以来的中外史学发展史表明，影响历史科学进步的因素很多，如社会的进步、包括自然科学在内的科学的发展等。这主要是外部因素的作用。就历史科学自身来讲，主要表现为历史观念的进步和历史学思想的发展，这一切都离不开历史认识主体意识的提高，因为历史观的转化或更迭不是自发完成的，需要历史学家自觉地接受与运用；史学思想的发展也是建立在历史学家艰苦的理论探索和理论概括的基础之上。在中外历史研究中，历史研究视野的扩大，历史研究选题的开拓，新的研究方法以及多学科研究方法的广泛采用、历史学新的分支学科的不断出现，以及对已经研究过的问题的进一步深化等等，无一不是与历史认识主体意识的不断加强有直接的关系，因为历史意识的加强，首先表现为历史学家思想上的不断解放，以及历史学家在研究工作中主动积极性的进一步发挥。

---

①《马克思恩格斯选集》，第3卷，634页。

②《马克思恩格斯选集》，第1卷，56页。

在现实的历史科学研究中，应该如何加强主体意识呢？

首先，应该全面、系统地掌握和运用马克思主义基本原理，使之成为认识社会历史现象的锐利武器。马克思、恩格斯多次申明，“历史是不能靠公式来创造的”，“我们的理论是发展着的理论，而不是必须背得烂熟并机械地加以重复的教条”。“如果不把唯物主义方法当作研究历史的指南，而把它当作现成的公式，按照它来剪裁各种历史事实，那它就会转变为自己的对立物”。① 但是，一些自称是马克思主义者的人却反其道而行之，不加分析地用现成的公式来图解历史，把唯物史观的基本原理变成脱离社会生活实际的教条。这些人把扭曲的、变形的“唯物史观”说成是马克思主义的唯物史观，败坏了唯物史观的声誉，并在历史研究中造成了严重的思想混乱。

列宁说：“我们决不把马克思的理论看作某种一成不变的和神圣不可侵犯的东西；恰恰相反，我们深信：它只是给一种科学奠定了基础，社会党人如果不愿落后于实际生活，就应当在各方面把这门科学推向前进”。他还严厉地批判了实际生活中的教条主义者，他说：“只有不可救药的书呆子，才会单靠引证马克思关于另一历史时代的某一论述，来解决当前发生的独特而复杂的问题”。② 历史研究要以马克思主义理论为指导，这是毫无疑义的，但是这种指导决不是“教义”，不是束缚人的头脑或使人变成懒汉的“教条”，“而是进一步研究的出发点和供这种研究使用的方法”。③ 企图用现成的公式来研究历史的人，实际上是没有什么主体意识的，在他们看来，只要有了这些“公式”，就可以放弃艰苦的史料发掘、整理与考证；就可以不从实际出发，不对复杂的社会历史现象进行艰苦的理论探讨，仅仅满足于一知半解就做出这样或那样的结论，其结果是导致历史研究中的概念化、简单化、教条主义盛行，由于这一切是在所谓“坚持马克思主义的理论指导”下发生的，所以严重地败坏了马克思主义史学的声誉。在这种情况下，讲主体意识，特别是

---

①《马克思恩格斯选集》，第 1 卷，163 页；第 4 卷，681、688 页。

②《列宁全集》，第 4 卷，161 页，人民出版社，1984 年；第 3 卷，13 页，北京，人民出版社，1984。

③《马克思恩格斯全集》，第 39 卷，406 页，人民出版社，1974 年。

讲加强历史研究中的主体意识，往往被认为是“离经叛道”，通过政治批判代替学术讨论，严重地阻碍了历史科学的健康发展。

唯物史观作为马克思主义哲学的重要组成部分，是开放的科学体系，它随着时代的进步而进步，随着整个人类科学的发展而发展，并不是永远不变的僵化的教条。第二次世界大战后，特别是20世纪80年代以后，当代社会发展和科技革命都发生了许多新变化，提出了许多新的、重大的理论问题迫切需要从理论与实践的结合上做出回答，唯物史观需要面对现实，回答这些发展变化所提出的严峻挑战和崭新课题，不断丰富自己的概念、理论、方法和范畴。加强主体意识，首先就要从生活实际出发，从变动中的世界现实出发去分析问题和研究问题。马克思主义与时俱进，使其在实践中不断获得新的活力，永葆青春，唯物史观也如此。因此在历史研究中，我们应该实事求是，解放思想，自觉地回答社会发展进程中提出的一系列重大理论问题。在历史认识过程中，历史学家——历史认识主体要更加充分地发挥自己的主观能动性，他们不仅仅是在编撰历史，而且是在和千千万万的人一起在创造历史，何况“编撰”也不是消极的整理或反映，其实质也是以发挥主体意识为前提的一种积极的创造。

在历史研究中，现在常常谈到学术研究的“国际化”问题，以及与国际史坛“接轨”的问题。今天的中国史学已经结束了自我封闭的局面，成为世界史学的一部分，而且在国际史坛日益发挥着越来越大的作用。但是，“国际化”从来不是和“民族化”对立起来的。当代中国历史科学走向世界，国际化，不脱离世界史学发展的主潮，但这并不排除它继承、发扬中国传统史学和中国马克思主义史学的优秀传统。如果认为“国际化”和“接轨”，就是执意将当代中国史学完全融入西方的史学之中，那是绝大多数史学工作者所不能接受的，而且这实际上也是办不到的。极少数人数典忘祖，错误地认为“惟西方史学为史学”，西方史学代表了世界不同地区、国家和民族史学发展的唯一方向，因此主张中国史学“全盘西化”，并努力实践之。当然，这也是一种“主体意识”，是历史认识主体的一种“创造性”，但是，这和我们所说的“主体意识和主体的创造性”大相径庭。我们强调发挥“主体意识和主体的创造性”的目的，是更加接近客观存在的历史真理，而中国历史研究“全盘西化”的任何努力，则会更加远离客观存在的历史真理。因为我们的历史研究应有自己独立的理论、原则和方法，并以此出发来认识人类历史进程，对某些规律性的现象和重大理论问题做出判断和阐释。很难想象，在“西化”了的、脱离中国史学传统和现实的、他人的理论框架和话语系统中，能够充分地表达我们自己的历史思想和观点。

其次，加强主体意识，要有强烈的史学理论创新的欲望和行动。创新是一个民族的灵魂，是一个国家兴旺发达的动力。就科学研究来说，创新是科学的本质。近代以来的中外史学发展史使人们认识到，没有史学理论的创新，就没有历史学的进步。史学理论的创新从本质上说是时代的呼唤，反映了社会发展与历史学学术发展的要求，即它要有必要的社会历史条件和学术发展的环境。但是，即使上述条件都具备了，却缺少历史学家的主体意识，没有历史认识主体积极主动精神的发挥，那也是不可能有史学理论创新的。由此不难看出，只有不断加强主体意识，才能适应现代历史科学发展的要求。历史科学的进步以史学理论的创新为前提，史学理论的创新则以主体意识的不断加强为基础。没有历史学家的主体意识，就没有史学理论的创新。

例如，近年有不少部《世界通史》已经出版或正在准备出版。在撰写《世界通史》时，省力气的办法是照抄照搬外国人的理论、内容和方法，或者在此基础上简单地修修补补。这样做的结果便出现了明明是中国人撰写的作品，却在反复重复外国人的观点，甚至是早已被实践证实是错误的观点。让这类食洋不化的“专著”充斥学术的殿堂，是无益于中国历史科学的发展的。任何一部有生命力的《世界通史》，首先必须是属于一个民族的《世界通史》；同时还是这个民族在一定的历史条件下的，即时代的《世界通史》。因此，我们撰写《世界通史》要体现出它的民族性和时代性，就一定要在唯物史观的指导下，充分发挥当代中国历史学家在历史认识中的“主体意识”和创造性。只有这样，我们的《世界通史》才能是睁开中国人的眼睛看世界的历史，并通过历史认识世界的现实和未来；也只有这样，它才能带有鲜明的中国特点，中国气派，表现出鲜明的时代特点和时代精神，成为正在实现伟大的民族复兴的中华民族的《世界通史》。

“文革”结束后，我国社会发展和历史研究都进入了一个新的发展时期。新时期历史科学的每一个进步，特别是史学理论方法论方面的创新，都是和学术思想的空前活跃、主体意识的加强和发挥有着密切的联系，虽然有时候人们并没有自觉地认识到这一点。在这个过程中，“百花齐放、百家争鸣”的方针得到了较好的贯彻执行。“文革”后，历史认识主体——广大史学工作者在重新确立的辩证唯物主义思想路线的指引下，彻底打破了“左倾”思潮影响下盛行的种种精神枷锁，冲破了一些人为设置的所谓研究“禁区”，在历史与现实、理论与实践的结合上，就人类历史进程中的许多重大理论问题展开了热烈的讨论和争鸣，有力地推动了新时期中国史学的复兴和发展。这些问题涉及的方面很广，如历史发展的统一性和多样性；历史发展的必然性、偶然性和选择性；地理环境在历史发展中的作用；阶级观点与历史主义；历史的创造者和历史发展的动力问题，中国古史分期问题、中国文明起源问题、中国封建社会长期延续的原因、中国传统社会结构的基本特征等。对这些问题研究所取得的每一个成果，都是历史认识的主体意识的不断加强的结果。

主体意识的加强使新时期在史学方法研究和运用方面，以及在探讨史学发展前沿问题等方面，也取得了不少的成果。在继续丰富、完善阶级分析等传统的史学方法的同时，认识主体开始采用一些新的史学方法，主要有计量方法、比较方法，以及心理学方法、社会学方法、人口学方法、政治学方法、口述方法等。史学思想史、西方历史哲学等前沿问题，近年引起了愈来愈多的研究者的关注，并取得了引人注目的成绩。如对文化形态史观的研究、对以波普尔为代表的分析历史哲学的研究，福山历史哲学思想研究，以及关于宗教或神学与历史哲学的关系的研究等等。这些研究的共同特点是实事求是，坚持马克思主义理论指导和科学性的统一。如果没有思想解放，没有历史认识主体的创新意识，这些问题可能至今无人问津或浅尝辄止。随着历史认识主体意识的不断加强，在历史研究领域里已经发生并正在发生深刻的变化，那种无所作为、固步自封或人云亦云、简单重复的局面已经彻底结束了。

最后，在中外文化交融的背景下，重视中外史学的交流。新时期中国史学取得重大成就的重要原因之一，是中外史学内容广泛的交流，在继承和发扬中国史学优秀传统的前提下，认真地、有选择地汲取外国史学中的积极内容，加强当代中国历史科学的建设。随着全球化时代的到来，这个问题就显得尤其重要。因此，在新时期加强主体意识，应该有它所特有的时代精神，即当代中国的历史认识主体无论研究中国史还是世界史；无论研究古代史还是当代史，都要有“世界性的眼光”。正如英国历史学家G. 巴勒克拉夫所说的那样，“今天历史学著作的本质特征就在于他的全球性”，世界史研究的重要任务之一是“建立全球的历史观——即超越民族和地区的界限，理解整个世界的历史观”。[①] “全球历史观”因全球化时代的到来日益引起世界各国历史学家的重视，但决不是说要搞“一元化”的历史观。我们应该清醒地认识到“全球历史观”决不等于历史观的“一体化”或“全球化”。保持我们独立的历史观，是和保持文化的独立性，以至民族的独立性是联系在一起的。

在全球化背景下，加强历史认识主体的主体意识，同继承和发扬中国传统史学的优秀传统，以及在全球化的进程中，保持对中国史学传统渊源的认同是一致的。中国史学植根于历史悠久、博大精深的中国文化的富饶的土壤中，它是国际史坛同时也是人类文明的一个独特的部分，对人类文明的丰富和发展做出了不可替代的贡献。在全球化时代，中国史学和中国文化不是、也不可能要融合到“文化的全球化”中去，因为“文化的全球化”本身就是一个神话和谎言。一些西方理论家极力鼓噪各民族的文化要“全球化”，其实质是在推行“文化帝国主义”和“文化殖民主义”。中国古代思想家孔子说：“君子和而不同，小人同而不和”。[②] 加强和发挥历史认识主体的主体意识、主体性，就是要强调当代中国史学与西方的以及其他的史学的“不同”。正是在“不同”的基础上，才有可能在沟通中形成和谐，取得共识，推动中国和世界其他民族和国家历史学的发展。盲目地追求所谓的“同”，即脱离中国史学的传统和现实，致力于中国史学“融入”到西方史学中去，那无论对中国史学还是对世界史学，都是一种破坏。

对全球化进程中的中国史学界来说，历史认识主体应更加自觉地研究外国史学发展的特点和趋势，追踪外国史学发展中的前沿问题，特别是历史进程中的理论问题和历史学自身发展中的理论问题，取其精华，

① [英] 巴勒克拉夫：《当代史学主要趋势》，1、242页。

②《论语·子路》。

弃其糟粕，择其善者而从之。在全球化时代，仍然是有选择地汲取外国史学理论与方法中的积极内容，有益于历史认识主体的主体意识加强和主体的创造性的发挥，从而推动中国历史科学的进步。

二、历史认识是主体对客体辩证的能动的反映

认识是主体对客体的反映。正因为如此，反映论成为唯物主义认识论的内核。马克思主义的反映论是辩证唯物主义的反映论，在它诞生之前，世界上已经存在了形形色色的反映论。例如，古代朴素唯物主义的反映论和近代机械唯物主义的直观反映论，其中包括恩培多克勒的“流射”说、“镜中形象”说；德谟克利特的“影像”说；亚里士多德的“蜡块”说，以及欧洲中世纪的“唯名论”；17 世纪英国经验论的认识论；18 世纪法国战斗唯物主义的反映论；德国古典哲学的反映论等。马克思继承并发展了这些理论的合理因素，并对其进行了革命性的改造，彻底摒弃了唯心主义的理论和观念，在科学的基础上创立了马克思主义的反映论，在反映论的发展历史上揭开了崭新的一页。如果说马克思主义以前的唯物主义认识论的主要特征表现为形而上学性、抽象直观性和不彻底性——这一切都是和唯心主义的历史观联系在一起的，那么，马克思主义的反映论则从根本上克服了这些局限性，它是辩证的、全面的、彻底的、能动的反映论。唯物史观是社会历史领域里的唯物主义认识论，它是“科学思想中的最大成果。过去在历史观和政治观方面占支配地位的那种混乱和随意性，被一种极其完整严密的科学理论所代替”。① 正是从唯物史观这一“极其完整严密的科学理论”出发，我们才能深刻地认识到历史的本质，将历史认识提高到一个崭新的水平。

历史认识的过程，是认识主体对客体的一种观念的反映关系。这种关系就决定了“历史事实”不存在着所谓的“纯客观性”，当然，它也不应该体现出“纯主观性”。在“反映”的过程中，认识主体的世界观、价值观、历史观不可避免地会渗透在对认识客体的分析和诠释中。在历史研究中，主体意识发挥的重要内容，并不是如何“完全客观”地、

①《列宁选集》，第 2 卷，311 页，北京，人民出版社，1995。

“真实”地反映历史所谓的“真实面目”，因为这实际上是不可能的，之所以如此，并非是当代历史学理论方法论的缺陷和无能，而主要是由客观存在的历史认识的相对性决定的。任何高明的历史认识主体，都不可能穷极客观的历史真理，否则，历史科学就将停滞而失去生命力。历史认识是科学认识的一个组成部分，它就具有一般科学认识论的共性。事实正是这样，不只是历史认识，任何一种科学认识都具有相对性。

历史认识的相对性主要是由以下因素决定的：

首先，人类社会的历史矛盾运动既是相对的，也是绝对的，那么，对其进行科学的历史认识必然受其制约，具有一定的相对性，表现为相对与绝对的统一。这样，任何一个历史认识主体对客观历史过程与本质的认识，都不可能一次就完成，不可能穷极历史的真理。历史认识是一个过程，在这个过程中，历史认识主体只能逐渐提高历史认识的科学水平，不断接近对历史本质的认识。正因为如此，历史学是一门古老的学科，同时又是一门年轻的学科。历史学随着时代的发展而发展，随着科学的进步而进步，在对历史从相对认识不断接近绝对认识的过程中不断获得前进的动因，从而永葆其青春。

其次，历史认识主体是历史的产物，受具体的历史条件的制约，不可能认清全部漫长、复杂的社会历史现象，而只能认识和研究历史的个别内容，在某一个方面或某几个方面接近或比较接近历史的本质。在密切联系的、统一的社会历史进程面前，历史认识主体无法毫无遗漏地反映出历史矛盾运动的全部内容，使历史认识只能是相对的，从而表现出这样或那样的局限性，这正如列宁所指出的那样，“我们的知识向客观的、绝对的真理接近的界限是受历史条件制约的”。[①] 这种局限表现在历史认识主体的各个方面，首先表现在历史思想观念方面，恰恰是在这个方面和社会历史条件有着密切的联系。以中国史学发展为例，人们很难想象不是在20世纪初，而是在19世纪初，会发生梁启超倡导的“史界革命”，倡导用进化史观来认识中国的历史。

历史认识主体不仅受历史条件的制约，而且还会受到自身各种条件的制约，使其对错综复杂的历史进程的认识力不从心，表现出种种局限

---

①《列宁选集》，第2卷，96页。

性，在这种情况下，历史认识的相对性也是难以避免的。历史认识主体自身条件的制约可以表现为各个方面，例如知识结构、思维能力、专业知识和专业基础知识水平，以至社会经历、性格气质、健康状况等等。历史认识主体的这些条件总是贯穿在历史认识的全部过程，产生积极或消极的影响，直接或间接地反映在历史认识的相对性上。在承认和研究历史认识的相对性时，丝毫也不表明否认历史的绝对性，即承认历史矛盾运动过程的客观性。人类历史发展是服从于一定规律的自然历史过程，历史的发展是绝对的，不取决于人的意志和愿望，只有明确这一点，历史认识才有了科学的可靠的前提。科学的历史认识是认识主体对人类历史过程的正确的反映，其中就必然包含有历史的绝对性的内容，虽然这种认识依然是相对性的认识。社会的进步、科学的发展，其中包括历史学理论方法论的不断发展，将帮助历史认识主体对人类历史过程有更深刻、更准确的认识，从而使历史认识的相对性和绝对性在新的水平上更加完美地辩证地统一在一起。

历史认识不是一成不变地再现历史，机械地重构历史，而是主体对客体辩证的能动的反映，即这种“反映”并不是像光照到镜子上之后产生的那种平面的、直接的反射。然而，从古希腊的哲学家德谟克利特、伊壁鸠鲁到近代的黑格尔等却是这样认识的，黑格尔曾说：“反映或反思（Reflexion）这个词本来是用来讲光的，当光直线式地射出，碰在一个镜面上时，又从这镜面上反射回来，便叫做反映”。[①] 但是，“反映”这个概念并不是旧唯物主义哲学所特有的，在马克思主义哲学中，“反映”同样是阐释认识本质的一个重要的概念，列宁说：“物质是标志客观实在的哲学范畴，这种客观实在是人通过感觉感知的，它不依赖于我们的感觉而存在，为我们的感觉所复写、摄影、反映”。[②] 他认为这种“反映”“不是简单的、直接的、照镜子那样死板的行为，而是复杂的、二重化的、曲折的、有可能使幻想脱离生活的行为”。[③] 由此我们可以认识到，以马克思主义哲学为指导的历史认识理论，是能动的反映论。历史认识的过程，是历史认识主体依据一定的史学理论方法论进行积极

① ［德］黑格尔：《小逻辑》，242页，北京，商务印书馆，1980。
② 《列宁全集》，第18卷，130页，北京，人民出版社，1988。
③ 《列宁全集》，第55卷，317页，北京，人民出版社，1990。

的“创造”的过程，当然，这种创造并不是随心所欲的“创造”，因为这种“创造”无论以何种形式出现，披上什么样的外衣，都是“编造”历史，完全走向了科学的历史认识的反面。西方新康德主义历史哲学家狄尔泰，新黑格尔主义历史哲学家克罗齐、柯林伍德等盲目夸大、崇拜历史认识主体的意识和作用，同否认、忽略历史认识主体的意识和作用一样，对科学地、全面地认识历史的本质，都是无益的。

狄尔泰，德国唯心主义哲学家，生于1833年，生命哲学的创始人之一。先后在海德堡、柏林研读神学、历史学和哲学，自1866年起，先后在巴塞尔大学、基尔大学、柏林大学任教，在哲学、历史学和教育学等方面都有著述。其哲学思想的核心是强调认识主体的“直接感受”，以此来反对包括有重大影响的兰克历史学派在内的实证主义史学。

1824年，德国历史学家兰克在其代表作之一的《拉丁和条顿民族史》中写道：历史指定给本书的任务是评判过去，教导现在，以利于未来。可是本书并不敢期望完成这样崇高的任务。它的目的只不过是说明事情的真实情况而已。为了能做到“如实直说”，兰克学派十分重视历史文献档案的收集，而忽视历史学的理论。兰克认为，对可靠资料的批评考证，不偏不倚的理解，超然物外、客观的叙述，所有这些结合起来，就可以再现全部历史真相。

狄尔泰反对实证主义史学的经验主义和自然主义，认为历史学等人文科学研究的对象是人的精神，人类的历史就是精神发展的历史，历史即体验和理解。他说：“只有在内在的体验中，即在意识中，我找到了我的思想停泊的港湾。所有的精神科学都是体验的科学，……体验发生在我们自己的全部之中，所有的认识在逻辑上都不会超越这个条件”。[①]由此出发，狄尔泰认为历史认识只能是主观的认识，历史认识过程是精神认识的过程，历史是历史学家主观经验的产物。狄尔泰的上述认识，和他对历史性质的理解有着密切的联系。在他看来，历史认识的客体与自然科学研究中的客体不同，即它是不可重复的、一次性的、带有偶然性的，历史无规律可言，自然科学认识的理论与方法完全不适用于历

① Wilhelm Dilthey. *Introduction to the Human Science I*. Translated by Ramon J. Betanzos. Detroit: Wayne State University Press, 1988. p. 72.

史学。

意大利哲学家、历史学家克罗齐的哲学思想，与狄尔泰有不少相同之处。克罗齐，新黑格尔主义历史哲学的代表人物之一，生于 1866 年 2 月，早年在罗马大学研读，1903 年创办《批评》杂志，长期担任主编。曾任参议员、教育部长、自由党主席等职。1922 年墨索里尼上台后，积极参加反对法西斯主义的斗争。

关于历史学的性质，克罗齐认为历史学不是科学，而是艺术，因为历史学不是通过一般而认识一般、再现一般，并恰恰相反，是通过特殊去认识特殊、再现特殊。如果说自然科学是通过外部的观察来认识科学现象的，那么，历史学则主要是通过认识主体的内省和体验来认识历史现象，这是由历史现象是偶然的、个别的、不可重复所决定的。克罗齐 4 卷本的《精神哲学》反映了他的哲学体系的实质，即一切从精神出发。在“精神哲学”这一大标题下，囊括了他的主要著作《作为表现科学的美学》、《作为纯粹科学的逻辑学》、《实用哲学》、《历史学的理论与实际》。在他看来，历史即精神，精神包括了全部的历史。世界上没有客观的历史，历史叙述没有“如实直说”，历史只有被赋予了精神，才有可能是历史。精神、历史认识主体的精神和意识，被提高到了至高无上的地步。

克罗齐的一个著名的命题是“一切真历史都是当代史”。[①] 与此同时，他还从自己的哲学理论体系出发，对“历史”和“编年史”的含义，主要是它们之间的真正差别进行了新的解释。他说：“编年史与历史得以区别开来并非因为它们是两种互相补充的历史形式，也不是因为这一种从属于那一种，而是因为它们是两种不同的精神态度。历史是活的编年史，编年史是死的历史；历史是当前的历史，编年史是过去的历史；历史主要是一种思想活动，编年史主要是一种意志活动。一切历史当其不再是思想而只是用抽象的字句记录下来时，它就变成了编年史，尽管那些字句一度是具体的和有表现力的”。[②] 这就是说，世界上没有客观的历史，而只有主观的历史。“真历史”是主观的历史，“它所述的

---

① [意] 克罗齐：《历史学的理论和实际》，2 页，北京，商务印书馆，1982。

② [意] 克罗齐：《历史学的理论和实际》，8 页。

事迹必须在历史学家的心灵中回荡”[1]，强调心灵或精神创造历史，历史存在于历史学家的心灵之中。脱离历史的和社会的实际突出历史认识的主体性，显然是一种典型的历史唯心主义观点。但是，从批判实证主义史学的弊病方面来看，我们也可以发现它在某些方面的积极意义。历史认识是一个逐渐接近历史真实的认识过程，这种认识随着时代的进步而不断深化，一步步地接近历史的真理。因此，人们对历史的认识和求解在每一个“当代”，都会有新的水平，新的答案，尽管是对历史问题的研究，但这些问题在每一个“当代”都能够体现出这个“当代”的鲜明的时代精神。

新黑格尔主义历史哲学的另一位代表人物，是英国历史学家、考古学家和哲学家柯林伍德。柯氏生于 1889 年，毕业于牛津大学，后在该校任教。其主要代表作《历史的观念》是作者 1943 年病故后，由他的学生在 1946 年整理出版的。柯林伍德认为历史学是“心灵科学”，这是和自然科学的本质区别。因为自然科学所肯定的事实，是通过观察和试验得出的，而历史事实是基于反思而得出的心灵的事实。他进一步指出，自然科学的事实是一种现象，仅此而已；而历史事实的背后却是思想，所以可以这样说，自然科学家所研究的仅仅是现象，而历史学家所研究的却是现象后面的思想。

这样，柯林伍德即提出了自己著名的命题：“一切历史都是思想史”。他强调“自然的过程可以确切地被描述为单纯事件的序列，而历史的过程则不能。历史的过程不是单纯事件的过程而是行动的过程，他有一个由思想的过程所构成的内在的方面；而历史学家所要寻求的正是这些思想的过程”。[2] 在历史认识的过程中，历史学家去寻求历史过程中的“思想过程”，这毫无疑问是十分必要的，是对“剪刀加糨糊”式的历史学的深刻批判。但是，当把一切历史都当成思想史，就走向了极端。“思想史，并且因此一切的历史，都是在历史学家自己的心灵中重演过去的思想”，“历史的知识是关于心灵在过去曾经作过什么事的知

① [意] 克罗齐：《历史学的理论与实际》，2 页。

② [英] 柯林武德：《历史的观念》，302 页，北京，商务印书馆，1997。

识，同时他也是在重做这件事”①，这样，柯林武德就将历史认识主体的意识绝对化，走上了历史唯心主义的道路。

在进行历史认识时，从“历史是过去思想的重演”出发，不可避免地会将主观、客观、历史认识的主体和客体混淆在一起，并进而在它们之间画上等号，实际上是彻底否定了人类历史的客观存在。历史学家在对历史过程和现象进行具体的研究时，完全否认历史矛盾运动的客观性和规律性，而只是尽力地以自己为中心去“思想古人的思想”，即用历史学家自己的心灵和思想去重塑历史。这种“重塑”的过程，是历史认识主体将客观的历史事实绝对主观化的过程，认识主体的人生观、价值观，他所信奉的历史学的理论与方法会集中地在“重塑”中表现出来。这样，历史不是从历史文献资料出发，不是从历史文献资料所体现出的历史信息出发，而完全是从认识主体的意识出发。这种历史认识得出的结论，已经丧失了历史的客观内容。这样，具有客观内容的历史，就已经是被认识主体的“思想”和“心灵”改造过了的历史，甚至是从主观意志出发，随心所欲地去“创造历史”、歪曲历史，其结果只能是距历史的真实面目越来越远。

在如何对待历史认识主体的能动性问题上，新康德主义历史哲学家狄尔泰、新黑格尔主义历史哲学家克罗齐、柯林伍德的一个共同特点是，将认识主体的能动性作用推向了极端。无论是狄尔泰的“体验”，还是克罗齐“绝对的历史主义”、柯林伍德的“历史即思想的自我认识”，都鲜明地表现出了这一点。他们在批评盲目地迷信史料、迷信权威的“剪刀加糨糊”式的史学时，强调要重视和发挥历史认识主体的自主意识和批判精神，无疑是应该肯定的，问题是当这一有积极意义的认识走向极端后，积极的精神就被消极的后果所掩盖。在这个问题上，人们是需要认真地分析的。

三、历史认识主体的创造性

前已述及，以马克思主义哲学为指导的历史认识理论，是能动的反

① [英] 柯林武德：《历史的观念》，303、307页，北京，商务印书馆，1997。

映论。历史认识的过程是积极的“创造”的过程。这里应该明确的是，历史认识主体的“创造”，直接关系到对历史和历史学性质的理解，他应以承认人类历史过程的客观性和规律性为前提。所谓“创造”是在承认这种前提之下的一种科学的认识活动，而不是从主观的臆造和愿望出发，对有客观内容的历史进程进行“编造”或“捏造”。

“创造”的目的不是要脱离具有客观性质的历史，恰恰相反，而是要使主体认识的结果更加接近客观的历史本质，更加符合历史矛盾运动的客观规律性。历史认识主体的“创造性”建立在正确的理论前提的基础上 ，只有这样，历史认识才有可能循着一条正确的路线进行，通过文献资料的收集、考证、鉴别、整理，对其所蕴含的深刻的历史内容进行艰苦的理论探索；不仅要重视历史过程的准确叙述，更要加强对历史过程中的重大问题进行理论上的描述。这种理论描述应该是理论与实践、历史与现实相结合，从而揭示历史的内在联系，以及历史过程所体现出的历史一般规律和特殊规律。而要做到这一点，历史认识如镜子一般的那种平面的、直接的反射是无能为力的，这里需要的是历史认识主体积极的“创造性”。

历史认识主体的创造性表现在历史认识的全部过程中。

首先，认识社会历史是一个复杂的过程，在这个过程中，“主体有能力在历史认识中再现客体的活动和它的发展，所以在历史过程中，‘现在’、‘过去’和‘未来’所表现出的辩证关系，以及认识形式的时间结构具有特别重要的意义”。“在历史认识中，对主体的创造积极性应有正确的理解，它取决于正反映着历史事实的实践活动。这意味着创造与反映相互关系这一问题应用于历史研究，具有特殊的性质，即有自己的特点，解决它的钥匙是揭示人类活动、历史过程和历史认识的内在的同一性”。[①] 历史是可知的，对复杂的人类社会历史进程的认识与理解，历史唯物主义者持积极的乐观的态度，这是因为他们相信自己的能力，而这种能力首先表现为历史认识的创造性。

作为已经逝去的历史的“过去”，即使是遥远的“过去”并没有、

---

① [苏] 科尔舒诺夫等：《历史认识的创造与反映》，4、12 页，莫斯科，莫斯科大学出版社，1984。

而且也不可能消失得无影无踪，而总是以这种形式或那种形式传递到、影响到“现在”，“现在”不过是“过去”的直接的延伸，“未来”则是“现在”的继续。“过去”、“现在”和“未来”是密切联系的不可分割的有机整体。历史认识主体从来不是仅仅为了认识“过去”而去认识“过去”，认识“过去”的目的是为了清楚地理解“现在”，清醒地预见“未来”，特别是通过历史研究自觉地回答现实生活发展中提出的一系列重大的理论问题。然而，从“过去”认识“现在”和“未来”，并不是自发完成的，但作为科学的历史研究这又是不可缺少的，这样，历史认识主体的创造性问题便不可避免地突现出来。在历史研究中，历史认识主体如何将历史与现实有机地联系在一起，这是一个复杂的问题，科学地建立起“过去”、“现在”和“未来”密切联系的过程，即是实现历史认识主体积极性的过程。

其次，第二次世界大战后，国际史坛出现了历史研究的理论化的趋势，即重视历史过程的理论性描述，不再仅仅是历史过程编年式的排列和史料的堆砌；此外，更重视分析历史文献资料中所蕴含的深刻的历史内涵，分析史料所传达的历史信息背后的复杂的历史内容；最后，对历史研究的结论也不再是就事论事，满足于对某一个或某几个问题的孤立的结论，而是将其放在社会历史进程广泛的政治、经济、文化背景之中，从历史的因果关系以及历史与现实、理论与实践的联系中，进行理论的概括，而要真正地做到这一点，没有历史认识主体的创造性，是无论如何也难以实现的。从某种意义上可以说，没有历史认识主体的创造性，就没有现代意义的历史科学，而只能是史料的整理和归纳。这样，历史学的基本功能——科学认识功能就完全被剥夺了。

历史认识主体的创造性存在于历史认识的整个过程。在历史认识的实践中，认识主体首先要遇到的是如何认识历史文献资料的问题。对于文献的鉴别与分析，是历史认识不可或缺的重要环节。因为这些文献资料首先存在着真伪，要对其进行剥离和鉴别，去伪存真，使历史认识建立在真实性的基础之上，尽管这种“真实”是相对的，甚至有很大的局限性，但它绝不应是凭空的捏造或伪造；当证明其真实性之后，还存在着对其价值的判断。在判断的过程中既要看到文献资料的自然属性，即其所反映出的历史过程的客观性内容；而且还要认清其社会性，即它产生在这样或那样的社会历史条件下所蕴含的其他的社会内容。对于这一切，历史认识主体首先应该有清醒的认识，同时依据一定的理论与方法对其能够有正确的判断，这种认识与判断，实际上就是认识主体创造性的充分发挥。

“研究必须充分地占有材料，分析它的各种发展形式，探寻这些形式的内在联系”。“只有当自然和历史的材料搜集到一定程度以后，才能进行批判的整理和比较，或者说进行纲、目和种的划分”。① 在历史认识过程中，认识主体明确这一点是十分必要的。在史料的问题上，认识主体如果不能充分地发挥其能动的创造性，失去对它的正确判断与鉴别，那将陷入到一种盲目的状态之中，使其认识自一开始就建立在错误的基础之上，这样，认识主体的全部活动及结论就没有任何价值可言。“我们必须继承我国两千年来鉴别史料的传统，剔除其糟粕，吸取其精华。鉴别史料的主要任务是：鉴别史料的真伪、作者、时间、地点和用途，以及史料的阶级性和它在阶级斗争中所起的作用等等”。② 历史认识必须重视史料问题，但是应该明确指出的是，对史料的鉴别和整理，决不是历史认识的全部内容，而只是历史认识过程中一个重要的必须的环节。因为史学不是史料学，因为仅仅有史料是完成不了历史科学所规定的基本任务的，认识和揭示人类社会发展的一般规律和特殊规律，需要历史认识主体积极的科学的创造性活动。但是，这种创造性的活动脱离历史认识所必需的史料，则寸步难行，是无法进行的。

---

①《马克思恩格斯选集》，第 2 卷，111 页；第 3 卷，734 页。

② 荣孟源：《史料和历史科学》，90 页，北京，人民出版社，1987。

爱德华·卡尔历史认识思想述论

英国著名历史学家爱德华·霍利特·卡尔(Edward Hallett Carr 1892—1982)是位不知疲倦的学者。他一生著述颇丰，除著名的十卷本(14册)《苏俄史》外，还有不少俄国史和国际关系史方面的重要著作问世。[①] 第二次世界大战后，历史哲学问题在西方史坛引起越来越多的学者的重视，以客观主义、乐观主义为特征的西方传统史学思想继续受到以主观唯心主义、相对主义和悲观主义特征的历史哲学的冲击。在这方面，以狄尔泰、文德尔班、李凯尔特为代表的新康德主义历史哲学和以克罗齐、柯林武德为代表的新黑格尔主义历史哲学有着广泛的影响，吸引了不少学者(主要是哲学家)参加讨论。1961

① 这些著作主要是《陀思妥耶夫斯基传》(1931年，处女作)，《卡尔·马克思》(1934年)、《和约签订后的国际关系》(1937年)、《米哈依尔·巴枯宁传》(1937年)、《20年代的危机》(1939年)、《1919—1939年的英国对外政策》(1939年)、《和平的条件》(1942年)、《苏联对西方世界的影响》(1946年)、《两次世界大战之间的国际关系》(1948年)、《革命研究》(1950年)、《新社会》(1951年)、《两次世界大战之间的德苏关系》(1951年)、《1917年前后》(1969年)、《从列宁到斯大林的俄国革命》(1980年)、《从拿破仑到斯大林》(1980年)、《共产国际的曙光》(1982年)。

年1月至3月，卡尔在剑桥大学乔治·麦考利·特里威廉讲座中，就一些重大史学理论问题进行了演讲，后以《历史是什么》为名出版，并很快译成多种文字介绍到世界各国。1981年，商务印书馆根据纽约艾尔弗雷德·A·诺夫出版社1963年版译成中文出版。《历史是什么》是卡尔唯一的一部史学理论方面的著作，但却集中反映了他的历史哲学思想，也是他作为一位职业历史学家对战后西方哲学中的某些热点问题的集中阐述。

一、历史事实的主观性和客观性

若想回答“历史是什么”这个似乎不是问题而实际上却是十分复杂的问题，首先遇到的则是“什么是历史事实”，以及由此而涉及到的历史认识的主体与客体的相互关系问题。卡尔结合自己的研究实践，针对当时西方史坛的某些有代表性的观点，从历史学家和历史事实的角度探讨了这些问题。

卡尔首先尖锐地批判了在19世纪颇有影响的兰克学派及实证主义史学。兰克是普鲁士“钦定历史学家”，他强调历史学家的任务是“如实地说明历史”，“按照历史的本来面目写历史”；要求历史学家始终保持一种超然物外的公正的“客观态度”。在兰克看来，历史事实是第一位的，“事实自己会说话”。通过事实的不断积累最终可揭示历史的真实面目。实证主义极为崇拜事实，认为首先是确定事实，然后再从这些事实之中得出结论。卡尔在批判上述观点时首先提出了“历史事实”和“关于过去的事实”两个截然不同的概念。卡尔认为历史上已经发生过的一切都是“关于过去的事实”，但“并非所有关于过去的事实都是历史事实”。[①] 因为那些“关于过去的事实”仅仅是属于历史学家收集素材的范畴而不属于历史本身的范畴，只有当历史学家决定让“事实”走上舞台时，“事实”才能讲话。否则，这些事实就永远是“关于过去的事实”，尽管历史学家通过历史学的辅助学科（如考古学、碑铭学、古钱学、年代学等）的知识可以搞清历史上发生的某些事实，但如果历史

① ［英］E.H.卡尔：《历史是什么》，5、6、7、8页。

学家没有作出让它们登上舞台说话的决定，那么这些事实也还不是历史事实，而仍将是“关于过去的事实”。卡尔明确指出：“确定这些基本事实的必需性并不在于这些事实本身的任何特质，而在于历史学家‘既有的’决定”，“事实本身要说话，只有当历史学家要它们说，它们才能说；让哪些事实登上讲坛说话，按什么次序讲什么内容，这都是由历史学家决定的”。① 不难看出，卡尔在这里强调的是“选择”和“解释”。在他看来，历史研究中的主体和客体是不能分割开的。

所谓历史学家要事实说话的过程，即是主体和客体相互发生作用，特别是历史学家进行选择和解释的过程。任何历史事实，即进入历史学家的视野、应用于历史研究中的事实，都有一个主体化的过程，含有一定的主观因素。卡尔针对客观主义所宣扬的“事实自己会说话”指出：“历史学家当然是要选择的。相信历史事实的硬核客观地、独立地存在于历史学家的解释之外，这是一种可笑的谬论”。② 卡尔还认为区分“关于过去的事实”和“历史事实”的关键，在于“解释”，因为“解释这一因素涉入每一件历史事实之中”。③ 卡尔的这种认识同“客观主义”相比，无疑有更多的合理性，历史研究的实践使我们认识到，历史事实从来就不是什么纯粹客观的事实，任何用文字形式所反映出来的历史事实，在它们成为研究的前提之前，就已经是研究的结果了。从某种意义上可以说，历史事实是历史学家选择和解释的结果，就如同没有无事实的解释一样，也没有无解释的事实。

还应该指出：以兰克为代表的“客观主义”史学，实际上并不客观，更谈不到公正无私，只不过是用这些冠冕堂皇的话来掩盖其所持的阶级立场，和他所代表的阶级利益。而卡尔的观点使人们认识到，既然历史事实中包含有历史学家“解释”的因素，那么，就不能不研究历史学家是怎么“解释”的，即不可避免地要去关注历史学家所处的时代及他所处的阶级地位和他的政治倾向，正是这些，决定了他对“关于过去的事实”的选择和解释，使之成为“历史事实”。只有这样，我们才能真正认识到一部历史著作的观点和价值。

---

① ［英］E.H. 卡尔：《历史是什么》，5、6、7、8页。

② ［英］E.H. 卡尔：《历史是什么》，5、6、7、8页。

③ ［英］E.H. 卡尔：《历史是什么》，5、6、7、8页。

卡尔在批判兰克学派及其实证主义史学的同时，对与之处在于另一极端的新黑格尔主义历史哲学的某些观点同样提出异议，他对克罗齐、柯林武德和贝克尔、奥克肖特等人的观点，虽然肯定了他们向客观主义史学思想提出挑战所起的积极作用，同意他们所强调的史学家在历史研究中的能动作用，但是从总体上，卡尔却持否定态度。

意大利哲学家克罗齐把历史看成是绝对精神的自我发展，认为历史本身就是哲学，即历史等同于哲学或哲学等同于历史。他还认为，“历史存在我们每一个人身上，它的资料就在我们自己的胸中。因为，只有在我们自己的胸中才能找到那种熔炉，使确凿的东西变为真实的东西，使语文学与哲学携手去产生历史。”“历史决不是用叙述写成的，它总是用凭证或变成了凭证并被当作凭证使用的叙述写成的，……一切真历史都是当代史”。[①] 柯林武德认为历史学家所美化的不应是历史事件本身，而在于历史事件所反映的思想或所代表的思想。所以他强调历史就是思想史。“一个自然过程是各种事件的过程，一个历史过程则是各种思想的过程”。[②] 柯林武德反复强调史学的确切对象是思想，目的在于强调史学的对象不是被思想的事物而是思想本身的行为，这一方面可以区别史学和自然科学，自然科学是研究一个给定的、客观的世界而与正在思想着它的行为不同；另一方面又可区别史学和心理学，心理学研究的是直接经验和感觉，这些虽然也是心灵的活动，但毕竟不是思想的活动。美国历史学家贝克尔则强调“史实”是史学家创造的，在此之前，历史事实都不存在，它在某种意义上说是历史学家的创造（即解释和概括）的产物。英国政治学家奥克肖特认为历史是历史学家的经验，是历史学家所创造的观念。对于上述观点，卡尔认为这是一种实用主义历史学家的观点。他虽然认为历史事实和历史解释密不可分，但却反对用解释代替事实或不顾事实而随心所欲地去解释。卡尔认为克罗齐、柯林武德等人实际上是从一个极端走到了另一个极端，这同样是一种危险的倾向，“即几乎把历史当作从人的脑子里编造出来的东西”。然而更大的危险却在于这些观点使史学家在历史研究中实践着“历史事实是没有地位的，

---

① ［意］克罗齐：《历史学的理论和实际》，14，2页。

② ［英］柯林武德：《历史的观念》，245页，北京，中国社会科学出版社，1986。此后该书引文均出自这个版本。

解释却是一切”的原则。卡尔说：“如果一个历史学家必须以他自己的时代的眼光来看他所研究的历史时代，而且研究过去的问题作为解决当前问题的锁钥，那么，他难道不会落入用纯实用主义观点看待事实的窠臼，从而主张正确解释的准则就在于它是否符合当前的某种目的？”①

卡尔正是通过19世纪以兰克为代表的经验主义历史观和20世纪以克罗齐、柯林武德为代表的新黑格尔主义历史观的批判来阐述自己的观点的。他一方面强调历史事实离不开历史学家的解释，历史事实不可能完全是客观的；另一方面他又反对在否定“崇拜事实”时，否定历史所固有的客观性。他以客观存在的山脉为例说：“并不能因为从不同角度看山，山会有不同的形状，就推论说山在客观上要么根本没有形状，要么就有无数种形状。”② 卡尔认为，在客观存在的千真万确的事实和历史学家对这些事实的解释这两者之间，既不能偏重于前者，也不能偏重于后者。历史学家同客观存在的历史事实是一种平等的有来有往的关系。历史学家既不是他的事实的卑贱的奴隶；也不是那些事实的暴虐专制的主人……任何从事实际工作的历史学家如果在思考和写作的时候停下来仔细想一想，都知道他所从事的只是一个连续不断的把他的事实放进自己的解释的模型中加以塑造，又把他的解释放进自己的事实的模型中加以塑造的过程而已。这样，卡尔便提出了对“历史是什么”这个问题的最基本的观点：“历史是历史学家跟他的事实之间相互作用的连续不断的过程，是现在跟过去之间的永无止境的问答交流。”③

卡尔关于历史事实的客观性和主观性的论述，有其积极的意义。它使我们在分析历史事实时，不可避免地把历史学家的选择和解释问题纳入研究的内容。在确立历史事实的过程中，历史学家的选择和解释是必不可少的，但是这种选择和解释又不是随意的，因此在我们看来，历史学家对历史事实的选择和解释与历史事实本身的相符程度只能是相对的。在人类发展永不停息的历史长河中，随着历史的进步和科学的发展，人们对历史的认识也是在不断发展着的。历史学家的选择和解释——历史认识的实践——不可能一次完成，它将随着时代的发展而发

① ［英］E. H. 卡尔：《历史是什么》，25页。
② ［英］E. H. 卡尔：《历史是什么》，25页。
③ ［英］E. H. 卡尔：《历史是什么》，28页。

展。对于过去的历史学家在选择和解释历史事实上的不足，偏差或偏见，我们完全有能力来纠正和克服，这也是现代严肃的历史学家，首先是马克思主义历史学家义不容辞的责任。

二、个人和社会的关系

这个问题是卡尔在《历史是什么》中讨论的第二个问题。卡尔在得出历史是一个今天的历史学家同过去的事实之间相互作用，彼此交谈的过程的结论之后，紧接着就来探究在等式两方的个人成分和社会成分的比重如何，即“历史学家在多大的分量上是单独的个人，在多大的分量上是他们所处的社会和时代的产物？在多大的分量上历史事实是关于个人的事实，在多大的分量上则是社会事实”？[①]

卡尔首先论述了一般意义上的人与社会的关系。他强调人一生下来，就是由那个社会塑造的，世界即开始在其身上起作用，把人从纯粹的生物单位转变成社会单位。所以他认为任何人都毫无例外是生在一个社会里的。人的语言也不是个人的天赋，而是从生长于其中的那个社会集体得来的。人的思维能够思想也是如此。人离开了社会就既不会说话也不会思索。从上述认识出发，卡尔批驳了在西方学术界较有影响的三种错误的看法。其一，19 世纪是个人主义盛行的世纪，个人主义是功利主义的哲学基础，个人化不断增长，成为近代先进社会的必然产物。而社会革命又是通过个人进行的，同时又为个人的发展提供了新的机会。无论是生产和分配都是掌握在个人手中，于是有人便认为这是个人对社会的反抗，是个人在摆脱社会的束缚。卡尔认为把个人化的过程同社会的日益增长的力量和结合力对立起来，是非常错误的。因为社会的发展和个人的发展是携手前进的，是相互制约的。无论是 19 世纪的人还是原始人，都是由社会来塑造的，个人化过程同时也是一种社会过程。其二，另一种有代表性的错误看法认为，个人自由与社会正义之间的斗争，是个人作为个人与社会作为社会的斗争，即个人与社会的斗争。其实，这些斗争并不是在抽象的概念之间进行的，而是在社会之中

① ［英］E. H. 卡尔：《历史是什么》，34 页。

由许多个人组成的许多集团之间进行的。每个集团都在竭力促成对自己有利的社会政策，竭力挫伤对自己不利的社会政策。总之，这种斗争仍然不可能离开社会。如果把这些斗争理解成独立于社会之外，那就既不可能真正理解过去，也不可能真正理解现在。第三种错误观点认为民族性是以生物学上的差异为基础的。卡尔认为由于民族的社会和教育背景的区别，而产生的民族性也是一种社会产物，是占优势的社会状况和社会习俗所形成的一种历史现象。

关于历史学家，卡尔认为他们首先是“单个的人”，同时也是一种社会现象，是“他所属的那个社会的产物，同时又是那个社会的自觉或不自觉的代言人”。“历史学家是历史的一部分，他在队伍中所处的地位就决定他在观察过去时所采取的观点”。“伟大的历史，恰恰是在历史学家对过去时代的想象为他对当前各种问题的见识所阐明时才写出来的”。[①] 卡尔以英国历史学家格罗特的《希腊史》和德国历史学家蒙森的《罗马史》为例指出：格罗特是通过一幅理想化了的雅典式的民主的图景，来体现政治上进步的英国新兴中产阶段的愿望。而蒙森在其著作中把恺撒理想化的做法，实际上是他在1848年德国革命后，深感迫切需要一个强有力的人来收拾德国的混乱局面的表现。他通过对恺撒的描写，表达了他极想有个强悍有力的人来挽救德国危亡的要求。这样，我们就不难明白，为什么卡尔不止一次提出，人们在研究历史之前，应该先研究历史学家；在研究某一个历史学家之前，先研究他的历史环境和社会环境，历史学家不仅是个单独的人，同时他又是历史和社会的产物。

从卡尔的论述中，我们可以看到，历史学家是不可能脱离或超越一定的社会历史环境的。这就不可避免地涉及到历史与现实的问题。对历史学家来说，社会现实的影响可以说无处不在，无时不有。任何一个有所作为的历史学家，都不可能远离社会现象。历史学家不仅在撰写历史，而且首先要投身到社会现实生活中去创造历史。只有自觉地与社会生活保持着密切联系的人，才能感受到时代的脉搏和时代的要求，从而在自己的历史研究工作中使时代感和历史感统一起来，自觉地反映出时

① [英] E. H. 卡尔：《历史是什么》，34、36页。

代的客观要求，卡尔指出："只有借助于现在，我们才能理解过去；也只有借助于过去，我们才能充分理解现在。使人理解过去的社会，使人增加掌握现在社会的能力，这就是历史的双重作用"。① 卡尔的这种认识无疑是相当深刻的。

在讨论个人与社会的关系时，卡尔还论述了关于杰出人物在历史进程中所起的重要作用。但他认为讨论这种作用时，首先应确立的前提是：历史是一个社会进程。个人（自然包括杰出的历史人物）是作为社会的人在这进程中从事工作的。这就是说，伟人、杰出的历史人物，他们本身就是一种重要的社会现象，是社会的产物。卡尔完全同意马克思在《路易·波拿巴的雾月十八日》第二版序言中的一段话：是法国当时阶级斗争所造成的条件和局势，"使得一个平庸而可笑的人物有可能扮演了英雄的角色"。② 卡尔还进一步举例说，如果俾斯麦生在18世纪，他就不成其为俾斯麦了，因为这样他就不可能统一德国，也就不会成为伟人了。他坚决反对"把伟大人物放在历史之外"，仿佛是这些人依仗他们的伟大强使历史依从自己。卡尔十分赞赏黑格尔的下面这段话，称之为是现代人很难超过的经典性描述。黑格尔说："一个时代的伟大人物是这样一种人，他能用言词把他的时代的意志说出来，能告诉他的时代什么是那时代的意志，而且能去完成它，他所做的是他的时代的核心与精髓；他使他的时代现实化了。"③ 卡尔以列宁和克伦威尔为例指出，伟大的人物是现存力量代表，要么就是他以向现存的权威提出挑战的方式，协同创造的那股力量的代表。

总之，卡尔认为伟人是杰出的个人，他既是历史进程的产物，同时又是它的推动者；既是历史力量的代表，同时又是这些力量的创造者，这些社会力量改变着世界的面貌，也改变着人们的思想。但是，卡尔并没有忽略人民群众在历史进程中的地位和作用。他对英国历史学家卡莱尔所说的"历史是伟人的传记"持批判态度。他指出，那种认定个人天才是历史的创造力量的想法，是历史意识初级阶段的产物，是一种肤浅

---

① ［英］E. H. 卡尔：《历史是什么》，57页。

② 《马克思恩格斯选集》，第1卷，580页。

③ ［德］黑格尔：《公理格学》，295页，巴黎，1942，转引自卡尔前引书，第56页。

的幼稚的理论。卡尔认为，生活在社会底层，衣食无着，饱受压迫的人民大众是革命的动力，所以他对卡莱尔在《法国革命史》中所说的，被压迫的人民群众不仅是法国革命的主要动力，而且“这样的革命的动力”表示赞赏。他还引用了列宁的话：“哪里有千百万人，哪里方是政治的起点，哪里有千百万人，而不是几千人，哪里才是真正的政治起点。”[①] 卡尔认为卡莱尔和列宁所说的几百万人或千百万人，正是这些千百万被某些西方学者称之为“没有姓名的肮脏的人民”的多多少少不自觉的一些行动，构成了一股社会力量，成为影响历史进程的不可忽略的因素。卡尔指出，一个历史学家在通常的情况下，对一个表示不满的农民，或者一个表示不满的村落可以不必理会。可是成千的村落里的成百万的表示不满的农民，便是任何历史学家决不会忽视的一个因素。与历史上的伟人和杰出的某一个人或某几个人相比，默默无闻的数以千万计的劳动群众确实是不被人们所知，但由于百万劳动群众所组成的社会力量却成为影响历史进程的决定性因素，正是他们平凡的然而又是任何伟人和杰出的人物无法替代的活动构成了复杂的历史进程的基础。

卡尔还批判了柯林武德所谓“历史学家研究的行动后面的思想就是有这种行动的个人的思想”的观点。他认为这是柯林武德历史观的严重错误。他认为，如果把瓦特·泰勒和蒲加乔夫这些农民起义的领袖不看成是他们的时代和国家特殊条件的产物，而仅仅把他们看成是反抗社会的个人，那是一种误人的简单化的做法，这样，历史学家就不可能知道他们。他们之所以成为历史学家所关注的人物，是因为他们是一种重要的社会现象的体现。他们在历史中的作用离不开大批追随他们的人，离不开强大的举足轻重的社会力量。卡尔认为尼采同样也不是孤立的个人，而是当时欧洲社会、特别是德国社会的直接产物。正因为如此，他决不可能发生在中国或秘鲁。尼采死后30年，尼采进一步成为他在世时的那股欧洲的、特别是德国的社会力量的表达者，尼采成为对于后世比对于他自己的时代更有重要意义的人物了。

卡尔关于个人与社会的关系的论述，进一步深化了他所强调的历史

---

①《列宁全集》，第34卷，13～14页，北京，人民出版社，1958。

事实是关于个人在社会中的相互之间的关系的事实，是关于从个人行动中所产生了结果的那些社会力量的事实。因而认为历史是现在与过去的对话，但是，这并不是一些抽象的孤立的个人之间的对话，而是今天的社会跟昨天的社会之间的对话。至于今天的社会与昨天的社会究竟怎样进行对话的呢？卡尔则是通过历史因果关系问题进行讨论的。

三、历史中的因果关系

卡尔认为“研究历史就是研究原因”，他在这里强调的“研究原因”，是不能只从表面看到肤浅的个别的原因，也不能满足于不分主次罗列一大堆原因，关键是将这些原因按其重要性排定次第，揭示它们之间的关系，找出终极原因，以便整理人类过去的经验。卡尔以 1917 年在俄国为什么发生革命为例说：如果考生只提出一个原因，那就只能侥幸得个三等，如果考生能提出一个接一个的十几个原因而止于此，那可能得个二等，因为他仅仅是“见识广博，但缺乏想象”，并没有“穷究到底”找出“最终的原因，即一切原因之原因”。

卡尔对英国哲学家波普尔在《开放的社会及其敌人》和《历史主义的贫困》两本书中所提出的非历史决定论的观点进行了批判，明确地维护了历史决定论的权威。卡尔给决定论下的定义是：“它是一种信念，相信所发生的每一件事都有一个或几个原因，而且除非这个原因或这些原因中的某种东西有了改变，否则这件事是不可能以另外一种方式发生的”。[①] 在卡尔看来，在日常生活中，没人相信也没有人能够相信波普尔的“在人类事物中每种事都是有可能的”这种说法。因为任何一件事都有原因，这是了解我们周围正在发生什么的基本条件。如果所发生的事没有什么原因，那将导致人的个性的全面瓦解。因为人的个性以此为基础，即事件有原因，而且在足够的原因能加以确定，以使在人的脑子里建立一个过去与现在充分连贯的形式，作为行动的指南。

卡尔认为历史学家同一般人一样，同样应相信人的行为不可能没有原因，否则也就无所谓历史了。而探究这些原因正是历史学家的特殊任

---

① ［英］E. H. 卡尔：《历史是什么》，100 页。

务。历史学家并不否认自己意志，但其主要任务是研究原因，研究历史的必然性，没必要为必然性这个问题感到为难。卡尔强调历史学家应不断地提出“为什么”这个问题，历史学家不断地提出“为什么”的过程，也就是历史学家的研究不断扩大和加深的过程。卡尔还敏锐地看到了战后不断增长的历史学整体化趋势。对于历史学的影响，他写道：“近年来，经济、社会、文化以及法律的历史的繁衍——更别提对于政治史的错综复杂情况的新见解，以及心理学和统计学的新技术——这些都大大地增长了我们的问题的数目和范围。”① 英国哲学家罗素曾指出，每门学科越是有进展，就越是摆脱生硬粗糙和一致的东西，而走向多样和复杂。但是，另一方面，历史学家由于迫切想要解释过去，因而也就迫切想要把答案的重复性加以简化，把一个答案归属于另一个答案，使杂乱的事件以及杂乱的特定原因出现某种秩序与和谐的统一。这是向一致和单纯前进，不这样就无法理解历史，也无法表述历史。卡尔虽然没有明确提出“历史认识”这个概念，但他实际上已清楚地提出了历史认识的获得需要一个从具体到一般，再从一般到具体的过程。这个过程正是这样一种既向多样复杂，又向简单一致的双向运动中实现的。

卡尔以自己的研究实践，具体揭露并批判了波普尔和英国哲学家伯林对历史必然性非难的社会原因，卡尔指出：对“必然性”进行攻击的人大多是搞现代史的人，卡尔对此解释说，如果有位历史学家写诺曼征服或美国独立，就不会受到指责，其实这位史学家所写的只是征服或独立的成功，并没有写它们可能还会失败，实际上是把这两件可能成功的事作为必然成功的事来写的。但是当有人写 1917 年俄国十月革命时，就会受到非议和攻击。这些人会说，这是含蓄地把已经发生的事当成必然发生的事，而没有考察其他一切可能发生的事。假定斯托雷平有时间完成农业改革；假定俄国没有参战；假定克伦斯基政府可以维持下去，革命的领导权落到孟什维克或社会民主党人手中，那俄国革命就不会发生。这些“假定”在理论上是可以想象的，但这些假定如果成为事实，那原因也就是另一种样子了。关键的问题是，这些假定毕竟是非历史的。卡尔进而提出，为什么在诺曼征服和美国独立问题上没人作这些假

① ［英］E. H. 卡尔：《历史是什么》，97 页。

定，而一涉及到俄国革命就情况不一样了呢？这是因为他们有人从布尔什维克胜利的结果中直接或间接地受了苦，他们憎恨布尔什维克革命，盼望着最好不发生这样的革命。卡尔认为，当代史研究中的麻烦在于人们还记得所有的选择机会还在开放着的时刻，因而很难采取历史学家的那种态度。卡尔对这个问题所以体会至深，这是因为他的代表作《苏俄史》就在受到种种来自政治方面的压力和非历史的敌视态度中最终完成的。

卡尔是一位严肃的历史学家，但他并没有对“历史必然性”这一科学概念真正理解，所以他对那些批评家对他的攻击的反驳显得那么软弱无力。卡尔认为，所谓“必然”是说“几个因素同时发生就使人想到它特别强大有力时”，便说这件事的发生是“必然的”①。他认为“必然性”是个不科学的、容易产生误解的修饰语，今后应该用“非常可能的”这个词来取代它。他还表示今后不再使用“必然的”、“不可避免的”、“无可逃避”，甚至像“难于避免”的这类词汇。我们对“必然性”的理解与卡尔不同，所谓历史必然性，并不是因为历史事件的几个因素同时起作用，而是指它是从事物的本质中，从历史进程的内在联系中产生的。我们承认任何历史事件都有可能以其他方式出现，但这种可能性自身并不是随意的，它本身就受客观条件的制约。

关于偶然性问题，卡尔否认历史都是不断发生的偶然事件，是一系列由偶合来确定的、仅仅由那些最偶然的原因而引起的事件的观点。卡尔写道：什么安东尼对克娄巴特拉的迷恋导致了阿克丁姆战役的失败，什么巴贾齐特由于痛风而没有向欧洲中部进军从而阻止了许多民族的灾难，什么希腊国王亚历山大被猴子咬了一口，死于1920年，从而造成了25万人的死亡。这些偶然事件所表现出的因果关系妨碍着或冲击着历史学家研究的重点。卡尔认为，这种理论的流行反映了一种政治上的衰落。

关于历史偶然性问题，马克思在一封信中写道：“世界历史也就带着很神秘的性质了，倘若‘偶然性’是不起作用的。这些偶然性的自身自然地归到一般发展的过程中去，同时为别的偶然性所补足。但是加速

① [英] E. H. 卡尔：《历史是什么》，103页。

和推迟就非常有赖于这样的‘偶然性’，其中包括着那些一开始就站在运动前头的人物的性格的‘偶然情况’”。[①] 卡尔对马克思的上述论述持异议。他认为马克思所说的偶然因素只加速或延迟历史进程，这只是在字眼上玩把戏，他说他看不出有任何理由相信一个偶然事件会被另外一个偶然事件补足，而使历史恢复了平衡。卡尔也不同意有些人说的偶然事件只是用来衡量我们的愚昧的一种尺度，是指那些我们所不能理解的事件。他认为持这种观点的人要么是思想的懒汉，要么是智力不高。严肃认真的历史学家完全能够对历史的偶然性——偶然事件深入了解并做出合理解释。

对于历史的偶然性问题，卡尔首先强调，历史学家的世界并不是真实世界的一张照片，而是一种模型。历史学家是通过这个模型来了解和熟悉真实世界的。历史学家为了能建立一个合理的模型，他必须从大量的因果关系中析出其中那些“适应于他的合理说明与解释”的一些因果关系，作为具有历史意义的东西而保留，而余下的那些不能参予历史的合理解释，无论对过去和现在都是没有意义的因素，就是历史的偶然因素而加以抛弃。那么，如何来区分“合理的和真实的”与“不合理的和偶然的”因素呢？卡尔认为，这里的关键是历史学家依据其目的所进行的解释。“历史就是根据历史重要性所作的选择过程”。[②] 历史就是要厘定出朝向现实的不仅有认识而且有原因的方位的一个选择体系。就如历史学家从“历史事实”的汪洋大海中选择出对自己的目的有意义的那些事实一样，历史学家也完全有能力有必要从大量的因果关系中抽出那些、而且也只抽出那些有历史意义的因果关系，而历史意义的标准便是，“他自己使这些因果关系适应于他的合理说明与解释的类型的能力”。[③] 在此基础上，卡尔继续明确概括了“合理的和真实的”、“不合理的和偶然的”这两个术语的内容，卡尔强调，前者有可能运用于其他国家其他时代和其他情况，因而能导致有益的概括，而且能从中获得教训，它们能达到扩大和加深我们的理解的目的；而偶然的原因是无法加

---

① 马克思：《致库格曼书信集》，120页，北京，人民出版社，1957。

② ［英］E. H. 卡尔：《历史是什么》，第114页。

③ ［英］E. H. 卡尔：《历史是什么》，第114页。

以概括的，既然它们都是十足独特的，他们便不能给人以教训，也不能导致结论。

卡尔的上述观点自然有待进一步讨论，但其可贵之处则是公开地把“目的”引入因果解释中，并明确提出用“目的”来区分“合理的和真实的”与“不合理的和偶然的”。他的这种认识对我们理解历史学的本质有不少启发，古老的历史学永葆其青春不仅仅在于又发掘出多少新的史料，更重要的是由于目的的不同，而在于以新的角度、新的层次和新的视野去探究新的问题。历史研究不可能一劳永逸，不可能有什么终极成果，其原因正在于此。

四、历史学是一门科学

历史学是不是一门科学，这是在西方学术界被弄得十分混乱的问题。其中颇有影响的一种观点认为历史学不是科学。在他们看来，自然科学的主体是一般的普遍的事物，能够进行概括，所以是科学，而历史学研究的却是独特的个体，无法进行一般的概括，既不能引申出教训，也没有预见性，其中不少判断是主观的，所以历史学不可能是一门科学。还有一种观点认为历史学既是科学同时也是艺术，如英国哲学家罗素曾指出：“关于历史是科学还是艺术，一直存在着据我看来是毫无意义的许多争论。我想，它既是科学又是艺术，这应该是十分清楚的。”但罗素认为历史学作为一门科学，“从一种比较平凡的意义上说，科学只是指弄清历史事实。在早期的历史中，这是特别重要的”。“史学企图成为符合科学的东西，还有另一层意思……历史学力求用同一种方法去发现联结各种事实的因果律。企图在历史中发现这些因果律完全是值得称赞的，但是我认为这并不是赋予历史研究最高价值的东西”。在罗素看来，揭示历史中的因果关系的可能性只存在于相当有限的范围内，而且“历史中的科学规律并不像人们有时所认为的那么重要，或那么容易被发现”。① 不难看出，罗素实际上也否定了历史学是具有一般科学规

① ［英］罗素：《历史作为一种艺术》，见张文杰等编译：《现代西方历史哲学译文集》，131、132、134页，上海，上海译文出版社，1984。

范意义上的科学。

新康德主义历史哲学理论弗赖堡学派的代表人物之一、德国哲学家李凯尔特则把科学分为“自然科学”和“历史的文化科学”，形而上地把它们对立起来，认为前者是研究一般的概念，后者所研究的是具体的事实，主张“历史科学”的任务在于发现具体事实所表现出的“文化价值”或“绝对理想”。李凯尔特曾引用法国哲学家柏格森的比喻来说明历史学方法和自然科学方法的对立：“自然科学只编制一套对保罗彼得都同样适合、现成的衣服，因为这套衣服并不是按照这两个人的体形裁的。如果自然科学‘按照每个人的体形’进行工作，那它就必须对自己所研究的每个对象构成新的概念，但这是与自然科学的本质相违背的”。而历史的文化科学则与自然科学不同，它的目的不是形成普遍的概念或规律的概念，“这些科学不想缝制一套对保罗和彼得都同样适合的标准服装，也就是说，它们想从现实的个别性方面去说明现实，这种现实决不是普遍的，而始终是个别的。”①

卡尔不同意上述观点，而是完全赞同英国史学家伯里在 1903 年提出的“历史是一门科学、不折不扣的科学”的结论。尽管在此后出现了以德国哲学家狄尔泰和英国历史哲学家柯林武德等代表的反对这种观点的历史哲学，但卡尔深信，20 世纪科学本身已经经历了一场深刻的革命，这场革命充分论证了伯里的观点是正确的。今天的历史学家厕身科学界感到比起一百年前要心安理得多了。卡尔主要从以下三个方面论述了历史学是一门科学：

其一，和自然科学一样，历史研究也使用假设，而且“历史学家在探索过程中所运用的假设的地位，跟科学家所用的假设极为相似。所谓假设，是指通过观察，从实际中抽取出来的一种设想。有了假设才能形成科学的思考，同时这一思考又可以修改假设，假设是科学思维过程中不可缺少的思想工具。一种有益的假设，会指引出进一步探索和崭新理解的途径。历史学中的假设，是历史学家通过观察获得的，如历史时期的划分，即是一种假设。不同的人有不同的分期，因标准不同，所以各

---

①［德］李凯尔特：《文化科学和自然科学》，42、50 页，北京，商务印书馆，1991。

自对历史事件的解释也不同，有时还相差甚远，如对中世纪究竟何时终结这个问题上。不少史学家对这个问题的认识不同，实际上是对某些历史事件的解释不同。

其二，历史学同自然科学一样，同样也是可以概括的。“说概括与历史无关，这是胡扯”。恰恰相反，历史学正是由于概括而兴旺起来的。卡尔十分赞同英国历史学家埃尔顿在《新编剑桥世界近代史》中所写的那句话：历史学家跟历史事实的收集者之间的区别就在于概括，无论是自然科学的概括还是历史科学的概括都涉及到独特与一般之间的关系。卡尔认为，历史研究中的独特与一般是拆不开的，同自然科学一样，历史研究的对象也是“独特”，但独特之中却又包含着一般，历史学家最感兴趣的并不是独特，而是独特中的一般。历史学作为一门科学，历史学家能够而且必须进行概括，通过对一系列个别的历史事件的研究得出历史矛盾运动普遍的一般的规律。在历史研究中，概括的主要作用是探求事件发生发展的原因；验证所提出的论据；从概括中得出历史的经验和教训。卡尔特别强调的是历史教训的问题。他认为概括的真正意义，就在于通过概括试图向历史学习，就是自觉或不自觉地在试着这么做的。那些拒绝进行概括、坚持历史仅仅与“独特”有关的人，非常合乎逻辑地就是那些否定能从历史学到任何东西的人。

其三，历史学同自然科学一样，可以预言。卡尔认为，预言是历史学的主要任务之一。那种认为人从历史之中无法获得教训，因而不能预言未来的认识，实际上是一种误解。所谓预言，是揭示事物发生的可能性，特别是指在某种特定的条件下将会发生什么事。预言仅仅是一般性的规则和指南，这些规则和指南的有效性只能在特定的行动中才能得到证实。预言和对历史事件、历史进程的概括紧紧联系在一起的，正是通过对历史经验、历史教训的概括才形成预言，否则，预言便失去了基础和切实可靠的内容。卡尔认为，历史学家的预言，不如自然科学有的预言那么准确，这并不奇怪。这是因为社会科学的发展比较落后，而社会科学的对象又是极其复杂的人类自身，对人的各种行为进行研究时所遇到的困难，远比自然科学家在对自然界进行研究时所遇到的困难要多得多。尽管如此，从科学的本质和规范来看，无论是自然科学还是历史学，它们在进行预言时的目的和方法却是相同的。

卡尔在强调历史学同自然科学各学科一样，是一门科学的同时，并没有忘记历史学和包括历史学在内的整个社会科学同自然科学的区别。

首先，在历史学和整个社会科学中，主体和客体都属于同一范畴，而且彼此之间交相作用，在观察者和被观察者之间建立了一种关系，这种关系是历史学和社会科学所特有的。“社会学家或者历史学家跟他的研究对象牵扯在一起，这跟自然科学家牵扯在自己的研究对象之中，在性质上是不同的，而且由主体与客体之间的关系所提出来的争论点也要复杂得多。”① 其次，历史学直接涉及到宗教和道德问题。在宗教问题上，卡尔认为很难把历史的完整性跟相信历史的意义寄托在某种超越历史的力量上面这样的信仰调和起来。他强调历史学家应当解决自己的问题，而不求助于那种从天而降的救星。关于道德判断问题，卡尔认为历史学家的立场跟道德家的立场并不相同。对于历史人物中那些与公众无关的私生活，他认为没有必要进行道德上的鉴定。如有人说斯大林对他的第二个妻子冷酷无情，他认为这件事与他的苏联史研究并没有什么关系。这决不是说个人道德不重要，历史学中不应该包括道德史，问题的关键是历史学家有更重要的工作去做，不会把精力专注于个人的私生活，专做道德上的判断。

至于那些涉及到与公众有关的道德判断，情况则比较复杂。卡尔认为，这里的关键是不对个人而是对过去的事件、制度或政策进行道德上的判断，这是历史学家很重要的判断。那些强烈坚持对个人进行道德上谴责的人，有时候却不自觉地为整个集团或整个社会提供了犯罪者不在现场的遁辞。以希特勒为例，如果仅仅对希特勒个人的邪恶进行谴责，那就会代替了历史学家对产生希特勒的那个社会作道德上的判断。德国社会学家马克斯·韦伯在论及资本主义时，认为它是没有奴隶主的奴隶制度，在这种制度下，资本主义缠住了工人或者欠债的人。韦伯同样强调，历史应该对资本主义制度进行道德上的判断，而不是对建立这种制度的个人进行判断。

尽管历史学家因其材料的性质而牵涉在道德上的判断这样的争论之中，而有不同于自然科学和其他社会科学学科的自身的特点，但这并不

① ［英］E. H. 卡尔：《历史是什么》，67 页。

是说历史屈从于一个超历史的价值标准，并不能否认历史学是一门科学。卡尔明确提出，历史学“是跟任何一门科学同样严肃的一个学科”。“科学家们，社会科学家们以及历史学家都在从事同一研究的不同部门的工作：研究人及其环境，研究人对于环境的影响以及环境对于人的影响”。[①] 卡尔的这个观点得到不少历史学家的称赞。英国历史学家杰弗里·巴勒克拉夫认为“他宣告的这条原理，用格言和例证为世界各地的历史学家树立起共同的信心”。[②] 作为一位职业历史学家，卡尔深知历史学既具有一般科学学科的特征，又具有其他任何科学学科所无法替代的自身的特点。所以他在极力强调历史学是一门科学的同时，不同意历史学家不加分析地刻意仿效自然科学的方法去研究历史，以证明历史学是一门科学。但与此同时，卡尔也清醒地意识到自然科学同包括历史学在内的社会科学在研究方法、手段及目的上在本质上有相通之处，所以他希望历史学家能同自然科学家团结一致，特别是历史研究要重视理论描述和理论分析。历史学家在自己的研究工作中应像其他科学家一样，不断地提出“为什么”，从而更充分地发挥历史学的科学认识功能。

五、历史的进步性问题

历史的发展究竟是怎样的一种形式？是单纯循环，是直线上升，还是波浪式前进？这是每一位历史学家都不能不考虑的问题。卡尔对历史的进步充满信心，他认为20世纪革命所造成的历史进步趋势，“比16世纪以来所发生的任何事情，都要更加势不可挡”，虽然在15—16世纪这个伟大的时代里，中世纪的彻底崩溃瓦解，奠定了现代世界的基础。关于历史的进步趋势，卡尔从以下四个方面进行了分析：

其一，历史是一个进步的过程，卡尔认为在西方两种有影响的历史观：一是“神秘主义”，认为历史意义寓于历史之外，即寓于神学和末世学，如美国神学家尼布尔和英国历史哲学家汤因比等；二是“犬儒主义”，认为历史没有意义，或者是有许多恰当的意义，同样也有许多不

① [英] E. H. 卡尔：《历史是什么》，91、92页。

② [英] 巴勒克拉夫：《当代史学主要趋势》，67页。

恰当的意义，或者是虽有意义，但其意义却是由于人们的武断而随意赋予的。对于这两种历史观，卡尔“毫不犹豫地表示反对”。在中世纪，由于历史意识贫乏，占统治地位的是目的论的历史观。这种历史观认为，历史有意义，也有目的，历史的目的是通向上帝，历史的终结是上帝之城。这样，历史本身就成为某种神正论了。在文艺复兴时期开始形成了进步的历史观。作为近代史学奠基者的启蒙运动时代的理性主义的性质得到了恢复，“历史便成为走向某种目标的进步过程”。这目标就是人世间尽善尽美的境地。这种启蒙时代的历史进步观念，在19世纪的英国达到顶峰。英国历史学家阿克顿勋爵1896年为《剑桥世界近代史》编写计划所写的一份报告中，曾把历史称之为“进步的科学”，同时在《剑桥世界近代史》第1卷写道：“我们必须把人类活动中的某种进步设想为据以编写历史的科学的假设”。这种历史进步观念一直存在到20世纪20年代初。20年代之后，进步的假设已遭到否定，一种比较萧瑟的气氛已占上风。随着大英帝国的衰落、第一次世界大战后西方出现的物质危机和精神危机，以及苏联社会主义的建立，“西方的没落”已变得家喻户晓。卡尔对社会和历史的进步虽然充满信心，但他并不完全赞同传统的进步观。认为它存在有不少错误和混乱，如它将历史的进步与生物的进化相混淆，这是由于把作为进化的源泉的生物的天赋跟作为历史中的进步的源泉的社会获得物混淆起来而造成的。

其二，历史是一个无限的过程。卡尔认为进步没有起点，也没有终结。文明不是一项创制，而是一个无限的缓慢发展的过程。英国历史学家托马斯·阿诺德认为近代史将是人类历史上的最后一个阶段，马克思把无产阶级革命建立的没有阶级的社会作为人类历史上的最后一个阶段。卡尔不同意这两种观点，其理由是认为上述两种观点都认为历史之外还存在着某种目的。他认为人类追求的具体目的起因于历史的进程之中，而不是起因于历史之外的其他来源。卡尔强调，如果一位历史学家要保持他关于进步的假设，他就必须准备把它当作一个过程来看待，历史各个时期的要求和条件将会赋予这个过程以它们自己的特殊意义。历史无限进步的目标，只有当我们朝它前进时，才能明确这种目标的恰当与否，只有在达到这些目标的过程中才能证实。罗盘虽然是航海时不可缺少的向导，但它并非是航海图。历史的内容也只有当我们对它经历之后，才能为我们所理解。

其三，卡尔对传统的进步观将历史解释成不间断的运动，看不到在进步的总趋势中存在着倒退、停顿和间断持有异议。他认为进步并不等于是直线发展；历史进程中出现了倒退、偏差和间断，并不能否定历史的进步。因为历史的倒退之后并不是从原来的地方、循着原来的路线重新开始。卡尔分析了汤因比所论述的文明，认为文明经历兴起、没落、崩溃三个步骤的文明循回更替的理论是没有道理的。不过这些理论也并不是没有可取之处，他们都看到了这样一种事实：即促使文明前进所需要的那股力量在某个地方消失了，后来在其中一个地方又恢复起来。卡尔据此强调，我们在历史中能观察到的任何进步，无论在时间上或空间上都肯定不是连续不断的。一个在某一时间的文明进展中起主要作用的集团（或阶级、民族、大洲、文明），看来不会在下半时期起同样作用，其所以如此，是因为这个集团受上个时期的传统、利害关系以及思想意识感染太深，以至不能适应下个时期的要求和条件。某个集团的衰落之时，可能不意味着，也不可能意味着对一切人全是同等的、同时发生的进步。①

其四，历史进步的内容，这个问题属于历史活动的范围。主要内容包括两个方面，一是物质财富和技术、社会知识的积累，另一方面是人控制自然和社会环境的能力的增长。在这两方面，卡尔认为“仅仅是财富的积累是没有用的，除非随之而来的不仅是增长了的技术和社会的知识和经验，而且还有在较广泛的意义之下的、增长了的对人的环境的控制。”② 归根结底，相信进步，就是相信人的潜力的进一步发展。卡尔还认为，这些内容也不可能一成不变，否则历史的进步就不可能再发展了。

卡尔所生活的时代，是整个世界正发生着深刻的变化的时代。第一次和第二次世界大战从根本上改变了由西方统治世界的旧格局，特别是东方发生了根本的改变，世界的重心已从西欧移开了。在西方史学界盛行神秘主义、历史相对主义时，卡尔公开申明历史是进步的，表现出一

① ［英］E.H. 卡尔：《历史是什么》，127、128页。
② ［英］E.H. 卡尔：《历史是什么》，127、128页。

种十分可贵的积极向上的精神。卡尔在论述历史的进步性的同时，对否定历史进步性的悲观论者进行了批判，认为否定历史的进步性，其实质无异于取消历史学，因为历史的进步不仅表现在历史的自身矛盾运动和历史在不断地发展变化，同时还表现在人们对历史的认识和解释也是不断进步的。卡尔在分析悲观论者的社会根源时，认为主要是由于随着近年来流行的恐惧和悲观的情绪而来的。那些对历史的进步持怀疑和悲观的人，往往是属于已开始走向衰落的社会集团。卡尔的这些分析对于我们科学地分析当代西方历史学思潮的内容和本质，是很有启发的。

卡尔在30多年前所系统阐述的历史思想有不少独到之处，他对不少问题的精辟论述为今天的历史学家继续探讨这些问题奠定了良好的基础。但是，卡尔毕竟是资产阶级历史学家，不可能完全摆脱唯心史观的束缚，以至他的不少颇有见地的思想在有可能给人们以更深刻的启迪时便戛然而止。卡尔在书中有多处对马克思的历史思想提出批评。作为资产阶级历史学家的卡尔不同意马克思的史学思想并不奇怪，卡尔历史思想的局限并不在于是不是对马克思的历史思想进行了批评和责难，而在于这些批评和责难所反映出的实质上的，即唯心史观的内容。

首先，卡尔否定历史矛盾运动的规律性。否定历史规律是现代资产阶级哲学各主要流派，如新康德主义、新黑格尔主义、非理性主义、历史相对主义、神秘主义、实用主义、新托马斯主义等哲学流派最基本的共同特点，反映出他们在对待人类社会历史上，是唯心史观在起主导作用，卡尔也不例外。卡尔在论及历史是一门科学时，曾谈到历史概括就是研究一般和普遍；历史预言从概括中产生；历史研究的目标是增加人对于环境的理解以及控制能力。但他到此止步，没有继续论及一般和普遍恰恰是规律的特点；科学预言的基础恰恰是事物发展的客观规律；人们只有承认和掌握历史发展的规律性，才有可能理解和控制环境。卡尔否认历史规律同西方各种历史哲学流派在规律性问题上的认识一脉相承。如新康德主义的主要代表人物狄尔泰认为，任何历史整体只有个性，都是不重复的，因此不存在规律。弗赖堡学派的代表人物文德尔班则认为科学可分成两类，“有一些科学研究一般的规律，另一些科学则研究特殊的历史事实，……有一些是规律科学，有一些是事件科学；前者讲的是永远如此的东西，后者讲的是一度如此的东西。……科学思想在前一种场合是制定法则的，在后一种场合是描述特征的。”[①] 在文德尔班看来，历史学只是“描述特征”的、描述个别事物的科学，而那些特殊的个别事物，即历史过程、历史学只是“描述特征”的、描述个别事物的科学，而那些特殊的个别事物，即历史过程、历史现象是没有什么规律的。意大利的克罗齐、英国的柯林武德、柏林的埃尔顿、法国的雷蒙·阿隆、美国的贝克尔、亨佩尔等也持此观点。

在对待规律的问题上，卡尔同狄尔泰、文德尔班的观点相近。他坚决否认历史发展有规律性，认为科学家使用“规律”只是出于一种主观愿望，因为牛顿、伽利略等科学先驱曾使用这个术语，它有光荣的传统，实际上并不存在什么规律，所谓规律，无非是一些假设。所以他认为马尔萨斯关于人口的规律、拉萨尔关于工资的铁的规律，马克思在《资本论》中所揭示的“现代社会的经济运动规律”等提法既陈旧又傲慢。对马克思所说的“手推磨产生的是封建主的社会，蒸汽磨产生的是工业资本家的社会”。[②] 这一已被社会实践所证实的客观真理，他同样认为这只是一种“有益的假设”，不能算作一条规律。实际上，规律是一种客观存在，不以人的意志为转移。同自然界存在的规律性一样，人类社会发展是一个自然历史过程，即人类社会是一个不断发展的，归根到底是由生产力的发展所制约的合乎规律的过程，但它又不同于自然规律，因为它是人类自身活动的结果。

同否定历史发展规律相联系，卡尔对马克思所揭示的无产阶级革命将实现一个没有阶级的社会这一目的也持异议。他认为“这一预言在逻辑上和道德上是较少诟病的；但是认为历史有一个终结的这种臆断，却有着一向更适用于神学家而不适用于历史学家的末世学的光轮，从而回复到认为历史之外还存在着某种目的的那一错误”。[③] 这是对马克思原意的曲解。首先，马克思从没认为无产阶级革命建立一个没有阶级压迫的社会是“历史的终结”，马克思所说的同卡尔的指责恰恰相反，无阶级社会的建立并不意味着历史的终结，而正是历史进步的一个崭新的起

① [德] 文德尔班：《历史与自然科学》，见洪谦主编：《西方现代资产阶级哲学论著选辑》，56 页，北京，商务印书馆，1964。

② 《马克思恩格斯选集》，第 1 卷，143～144 页。

③ [英] E. H. 卡尔：《历史是什么》，125 页。

点。同样，马克思的理论同黑格尔、汤因比的理论也有质的区别。卡尔将马克思的社会经济形态更迭理论与黑格尔的历史分期理论、汤因比的文明兴衰循环理论相混淆，将它们统称之为兴起、没落、崩溃三个步骤的文明循回更替理论更是荒谬。这一切表明，卡尔在某种程度上受到西方理论家对马克思主义曲解的影响。他们歪曲马克思关于社会发展客观规律性和历史必然性的理论，将马克思主义称之为历史宿命论的哲学。在他们看来，马克思的上述理论否定了人的积极活动和人的自由意志，贬低了人的作用。他们还认为马克思主张经济决定一切，忽视了思想和社会意识形态，然而事实并非如此，马克思主义恰恰是彻底否定宿命论的。马克思主义哲学从不否认社会意识和精神财富的作用，而承认它们在社会生活中的作用；承认社会发展的规律性和历史必然性不但不会使人无所作为，相反，它要求人们更加主动地创造性地进行各种活动，以实现这些规律。

卡尔关于历史规律认识上的不足之处表明，哲学世界观在科学研究中的指导作用是何等重要。尽管如此，卡尔仍不失为一位久负盛名的严肃的历史学家。在发展我国的马克思主义史学的过程中，在我国史学面临着严重挑战而又积极应对的时刻，认真研究卡尔的历史思想，将会使我们从中得到有益的启示和收益。

论历史思维

思维是人类特有的功能。它作为人类智力构成的主要因素之一，通过其积极活动科学地认识世界，进行物质的和精神的生产。历史学溯源其萌芽状态时起，就同历史思维有着密切的关系。随着社会进步和科学的迅速发展，历史思维的素质，即历史研究的主体在扬弃陈旧的历史思维的同时，建立新的历史思维的能力不断提高。从历史思维的变革推动历史学发展这个意义上讲，一部史学发展史，就是一部历史思维发展的历史。通过对西方历史思维发展的粗略回顾，可探讨历史思维的一般规律及当代历史思维的主要特点。

一、历史思维是时代的历史思维

任何一种思维方式都是时代的产物。每一历史时代思维的主、客体不同，决定了这一历史时代不同的思维方式，并使之有鲜明的时代特征。正如恩格斯所指出的那样："每一时代的理论思维，从而我们时代的理论思维，都是一种历史的产物，它在不同的时代具有完全不同的形式，同时具有完全不同的内容。”[①]

历史思维亦如此。西方史学源于古代希腊。“荷马史诗以及全部神话——这就是希腊人由野蛮时代带入文明时代的主要遗产。”[②] 经典作家所以对荷马史诗与希腊神话有如此高的评价，是因为看到了形象思维的史诗与神话中所蕴含的极宝贵的史料价值。如果说考古文物是研究古代希腊重要的史料的话，那么，史诗与神话可以说是另一种形式的重要史料。因为19世纪70年代以来的科学研究以确凿的事实证明，“并非一切古代希腊神话和荷马史诗中的东西都是虚构的，可以相信远在公元前12世纪以前，也就是在已经有了古代历史家记载之前，古代社会的存在是事实；在荷马史诗中可以看到有关特洛耶战争历史可靠的资料，可以看到实有其事的‘多金的迈锡尼’和‘城垣坚固的特洛耶’。”[③] 但是，史诗、神话毕竟与史学有着质的区别，其间杂有许多民谣、传说和宗教故事，不是历史研究所依据的史料。

尽管如此，形象思维在史学发展中的作用却是不可抹杀的，如《荷马史诗》便揭示了希腊人由氏族公社向奴隶社会过渡的具体情景。“在荷马的诗中，我们可以看到希腊的各部落大多数已联合成为一些小民族；在这种小民族内部，氏族、胞族和部落仍然完全保持着它们的独立性。它们已经住在有城墙保护的城市里；人口的数目，随着畜群的增加、农业的扩展以及手工业的萌芽而日益增长；与此同时，就产生了财产上的差别，随之也就在古代自然形成的民主制内部产生了贵族分子。各个小民族，为了占有最好的土地，也为了抢夺战利品，进行着不断的战争；以俘虏充作奴隶，已成为公认的制度。”[④] 形象思维是历史思维发展中最初的也是必然的阶段。随着历史思维的发展，它的作用逐渐发生了重大变化，但至今仍在起着其他历史思维方式所不能起的作用。一些学者指出，“历史思维中形象思维的作用，不仅表现于能够整体性或者说立体化地把握与再现历史上各种个别的人和事，而且更表现于它能

---

①《马克思恩格斯选集》，第4卷，284页。

②《马克思恩格斯选集》，第4卷，23页。

③［苏］兹拉特科夫斯卡娅：《欧洲文化的起源》，5页，北京，三联书店，1984。

④《马克思恩格斯选集》，第4卷，102～103页。

借助于残缺不全的有限资料去复原历史形象，能借助于精神的沟通与感情的共鸣去理解历史实际。”①

公元前5世纪，西方史学发展开始了一个新阶段，其主要标志是古希腊历史学家希罗多德的巨著《历史》问世。这是一部以希腊人与波斯帝国在公元前492年至公元前479年的战争为主要内容的著作。希罗多德生动地描绘了现实生活中的人和事。他强调这部著作是他的“研究成果”，并指出他撰写《历史》的目的，“是为了保存人类的功业，使这不致由于年深日久而被人们遗忘，为了使希腊人和异邦人的那些值得赞叹的丰功伟绩不致失去他们的光彩，特别是为了把他们发生纷争的原因记载下来。”② 由此可以看出，希罗多德已开始通过历史过程自身去探求历史现象何以发生的原因，这是十分可贵的。但是，其思维方式不可能脱离他所处的那个时代整个的生产力水平和科学发展水平，不可能超越古希腊人混沌整体的思维方式。反映在他的历史著作中，则是一种朴素的感性的直觉的历史思维。希罗多德有闻必录，他曾声称：“我的职责是把我所听到的一切记录下来，虽然我并没有任何义务来相信每一件事情。”③ 由此人们不难理解，为什么希罗多德在冲破前人窠臼，以批判的精神“求真”的同时，在其著作中渗透有不少神定论和宿命论的思想。

与希罗多德同时代的修昔底德则明确指出了史料鉴别问题。他说：“不要偶然听到一个故事就写下来，甚至也不单凭我自己的一般印象作为根据；我所描述的事件，不是我亲自看见的，就是我从那些亲自看见这些事情的人那里听到后，经过我仔细考核过了的。”④ 他的代表作《伯罗奔尼撒战争史》就是以其亲身经历和访查写成的，被人们称为“信史”。修昔底德将神话传说摒弃于历史记载之外，代表着古典史学当时所能达到的最高水平，并对后世产生了深远影响。但是，他的历史著

① 姜义华等：《史学导论》，112页，西安，陕西人民教育出版社，1989。

② [古希腊] 希罗多德：《历史》，1页，北京，商务印书馆，1985。

③ [古希腊] 希罗多德：《历史》，691页。

④ [古希腊] 修昔底德：《伯罗奔尼撒战争史》，17～18页，北京，商务印书馆，1985。

作仍是朴素的直觉的历史思维的表述，例如，他虽然致力于探求历史事件的因果关系，意识到经济因素在历史进程中的重要作用，但他没有，而且也不可能对此做出科学的解释。相反，他从社会矛盾运动的表象出发，只看到人性的作用，用人性解释历史，并认为人性是不变的，所以历史也在循环往复中不断地重演。

希罗多德和修昔底德对史学发展作出划时代的贡献，同时又以直觉思维认识和分析历史现象。这是时代的局限。这种无法超越的局限也表现在古希腊其他著名学者的思维方式中。如泰勒斯、赫拉克利特、阿那克西米尼、毕达哥拉斯分别把水、火、气、数这些常见的东西看成是万物的始基，明显地表现出以一种朴素的直觉的思维方式去认识和解释世界。

公元476年，西罗马帝国灭亡。西欧由奴隶制开始向封建制过渡。此后直至文艺复兴时期的一千年间，人们通称“中世纪”时期。恩格斯指出：“中世纪是从粗野的原始状态发展而来的。它把古代文明、古代哲学、政治和法学一扫而光，以便一切从头做起。它从没落了的古代世界接受的唯一事物就是基督教和一些残破不全而且丧失文明的城市。其结果正如一切原始发展阶段中的情形一样，僧侣们获得了知识教育的垄断地位，因而教育本身也渗透了神学的性质，政治和法学都掌握在僧侣手中，同其他一切科学一样，不过是神学的分支，一切按照神学中适用的原则来处理。”① 宗教愚昧和神权政治扼杀了古典史学的优秀传统，史学成为从属于神学的奴婢，充满了神秘主义和僧侣主义、经院哲学的色彩，当然，历史思维也谈不到有什么发展。

14世纪至17世纪初的“文艺复兴”是“人类以往从来没有经历过的一次最伟大的、进步的变革，是一个需要巨人而且产生了巨人——在思维能力、激情和性格方面，在多才多艺和学识渊博方面的巨人的时代。”② 在新兴资产阶级“人文主义”的旗帜下，以历史思维能力的迅速提高和发展为前提，人文主义史学诞生了。它冲破基督教神学的束缚，以“人”和人所从事的事业和活动为主要内容，不仅重新恢复了古

---

①《马克思恩格斯全集》，第10卷，482页，北京，人民出版社，1998。

②《马克思恩格斯选集》，第4卷，261～262页。

典史学批判精神，以及求实、求真等传统，而且从现实出发，迈出了新的步伐。

人们在发展自己的物质生产和物质交往的同时，也改变着自己的思维和思维方式。人文主义史学所表现出的历史思维能力的提高，是“文艺复兴”运动的产物。这是因为思维同时代的发展始终处在同一水平上。

首先，史学中的人本主义思想进一步加强了。“把历史认定为一种理智的追求，明显地区别于其他学科，又与它们相联系，这种认识是在文艺复兴时期最先明确表达出来的。”① 如曾任羊毛业行会负责人、造币厂厂长和手工业管理官员的佐凡尼·维拉尼撰有12卷本《佛罗伦萨史》。前7卷是有关佛罗伦萨的神话传说，而后5卷则详尽记述了佛罗伦萨的社会发展和经济活动。稍后的列奥那多·布鲁尼撰写《佛罗伦萨史》时，以维拉尼的著作为主要参考书，但他将奇闻异说、迷信轶事全部删除，而重视运用档案资料，从他所确认的事实中记叙和分析历史现象。史学真正从天上回到了人间，为后人留下了不少有价值的史料。

其次，批判精神加强了。特别是在对神的批判过程中，奠定了历史学辅助学科校勘学的基础。如意大利史学家瓦拉对《君士坦丁赠与》这一历史文件的辨伪，不仅提高了历史学的价值，而且有力地打击了教廷势力，动摇了教皇的权威。另一位意大利史学家弗雷维阿·比昂多在30卷本《罗马帝国衰亡以后的历史：472—1440年》中，周详地考证了他所能见到的史料，公开对历史记载中的荒唐传说提出批判，自此建立了史学批判的传统。历史思维的进步不仅表现在求真求实，批判疑古方面，还表现在致用上，人文主义史学家把史学看成伦理道德和政治教育的一种方式。如马基雅弗利撰写的8卷本《佛罗伦萨史》，以政治斗争为中心描述佛罗伦萨的兴衰，他通过历史上的往事来针对现实问题，宣传他的政治主张，弗兰西斯·培根的《亨利七世统治时期史》也是以政治事件为中心贯穿全书的。在他看来，历史是“经验”的同义语。他写此书的目的，是将其献给英国王太子查理（即后来的查理一世），希望

① ［英］哈多克：《历史思想导论》，1页，北京，华夏出版社，1989。

他从亨利七世的成功和失败中吸取教训。他认为“历史使人明智”，强调它的社会功能。

人文主义史学的兴起使西方史学的历史思维有了长足的发展，使西方史学进入了承上启下的崭新的发展阶段，一方面，这一发展并没彻底改变古典史学所奠定的感性的直觉的思维方式，历史思维中仍然缺乏实证性和精确性的特征。另一方面，人文主义史学中的理性色彩已为近代历史思维的产生奠定了基础。从“英国唯物主义和整个现代实验科学的真正始祖”培根身上，可清楚地看到这一点。培根在《亨利七世统治时期史》一书中，已开始用哲学家的眼光来概括都铎王朝初期的英国史，但是，这一概括所依据的不是可靠的史料，而是根据已有的编年史和大事记。即使在使用第二手史料时，也不认真鉴别，而是从自己的哲学推理出发，随意剪裁史料。在培根看来，历史著作“是根据各种特定的记事、叙述、故事创作而成的，整理这些材料，加以修饰，由此组成一部完整的历史，这是不难的。”① 培根对历史著作的见解在人文主义史学家中颇有代表性。如布鲁尼同宗教史观彻底决裂，在坚持用世俗的观点解释历史的同时，又偏爱带有戏剧色彩的政治史和军事史，经常根据自己的想象，而没有任何根据来撰写历史著作，虽然人文主义史学深受古典史学的影响，是在其基础上发展起来的，但是这并不能说，人文主义史学的历史思维是古典史学历史思维的简单回归。正如文艺复兴运动不是复古，是在吸收古典文化的基础上创造资产阶级新文化一样，人文主义史学也不是单纯地复兴古典史学。它的历史思维强调实例、归纳、致用，这可被认为是近代资产阶级史学新思维迈出的第一步。

人类的社会实践活动一天不停止，人类的思维发展也一天不会停止。作为史学理性认识的历史思维也如此。继人文主义史学之后，西方史学发展又经过了18世纪理性主义史学、19世纪浪漫主义史学、客观主义史学等主要阶段。其间虽学派林立，时有曲折或倒退，但历史思维发展和进步的总趋势是明显的。法国启蒙主义者伏尔泰的《路易十四时代》、《论世界各国的风俗与精神》彻底摧跨了神学史观，并第一次将人

① ［英］哈多克：《历史思想导论》，31页。

类历史作为一个整体进行研究。意大利学者维柯在《新科学》一书中明确指出："这个包括所有各民族的人类世界确实是由人类自己创造出来的。"这是"第一条无可争辩的大原则"。[①] 他还认为，人创造了历史，同样可以认识历史，总结出历史发展的规律，他被后人认为是历史哲学的奠基者。浪漫主义史学家提出的历史主义思想，强调了历史发展的连续性和复杂性，对任何历史现象，都要进行具体的历史分析。德国古典哲学家黑格尔的《历史哲学》所表述的历史观，蕴含有生动的辩证法思想，是马克思主义诞生前，对社会历史所作的最高概括。

然而，西方学者使史学科学化的第一次尝试还是始于19世纪中叶的实证主义史学。"实证主义史学认为，历史研究应当包括两个阶段：确定事实，这仅仅是历史研究过程的第一阶段；第二阶段是发现规律。规律是通过概括、归纳大量事实而作出的。在实证主义史学家看来，作为一门科学的历史学，它不能止于客观描述已经发生过了的史实，还必须对客观历史过程中的因果规律进行探索。"[②] 19世纪60年代之后，实证主义史学在西方广泛流行。法国史学家伊波利特·泰恩、英国史学家亨利·巴克尔、梅特兰、德国史学家西奥多·蒙森、卡尔·兰普勒等在精细地收集史料方面，即"以一种实证主义的方式来设想它的那些事实"，[③] 有力地推动了历史思维的发展。古典史学思维的直觉性和整体性开始被以实证性和局部性为特征的历史思维所代替。因为实证主义史学在收集史料时遵循的是以下两条方法准则："1. 每件事实都被看作是可以通过一个单独的认识行为或研究过程而被确定的事物；于是，历史可知的整个领域便被分割成无数的细微的事实，每件事实都要单独予以考虑。2. 每件事实都要被思考为不仅独立于其他一切事实之外，而且也独立于认知者之外，因此历史学家观点中的一切主观成分（像是它们被人认为的）必须一概删除。历史学家一定不要对事实作任何判断，他只应该说事实是什么。"[④] 尽管实证主义史学家在发现历史规律方面没

---

① [意] 维柯：《新科学》，573页，北京，人民文学出版社，1986。

② 张广智：《克丽奥之路——历史长河中的西方史学》，176页，上海，复旦大学出版社，1989。

③ [英] 柯林武德：《历史的观念》，148页。

④ [英] 柯林武德：《历史的观念》，148页。

有什么建树，有些人甚至还过于注意细节问题，但这一问题提出本身，以及他们为此而作的努力，却作为近代史学的宝贵遗产对后世产生了深远的影响。

美国史学家詹姆斯·哈威·鲁滨孙 1911 年出版了他的代表作《新史学》。他在说及为什么以“新史学”作为书名时说：“就是要特别强调：我们不应该把历史学看作是一门停滞不前的学问，它只有通过改进研究方法，搜集、批评和融化新的资料才能获得发展。恰恰相反，我们认为历史学的理想和目的应该伴随着社会和社会科学的进步而变化，而且历史这门学问将来在我们学术生活里应该占有比从前更加重要的地位。”① 鲁滨孙基于这种认识，坚信史学观念是不断变化的，将来总会有一种新的观念发生。实际上，鲁滨孙在书中所阐明的即是一种崭新的历史观。他认为大到民族的复兴灭亡，小到一个平凡人物的习惯和感情，都包括在历史范围之内，从而大大扩大了历史研究的视野；他主张同其他不同领域的科学家建立同盟，用综合的观点研究历史，深化历史研究的范围；还主张用进化的观点将人类历史看成是连续不断的发展过程；他还特别重视历史教育的重要性，认为历史应认识过去，分析现在的问题，并预测未来。不难看出，这种观念已反映出现代史学的某些特点，而这些特点则是多维的综合的开放的历史思维的产物。“新史学”后来在美国发展成为一个有势力的史学流派不是偶然的。不仅对美国而且对其他国家的史学都产生了深远的影响，这种影响一直延续至今。

二、构建历史思维的基本要素

通过以上粗略的回顾，我们可以看出历史思维构成的要素，主要是知识和理论。

知识是人类在漫长的社会事件活动中，不断积累起来的认识成果，是从“结果”的角度对客观现实的反映。这里所说的知识是一个十分宽泛的概念，包括人类改造自然，改造社会活动时的所有成果。除历史知识外，或有其他社会科学知识、人文科学知识、自然科学知识；描述的

① ［美］鲁滨孙：《新史学》，20 页，北京，商务印书馆，1989。

知识；规范的知识；内容方面的知识、形式方面的知识；经验的知识和理论的知识，甚至还包括日常生活和专门的技术知识等等。任何一种历史思维都同一定的知识紧密联系在一起。知识是人们对客体进行思考的基础，思维建立在知识之上，每一时代知识水平的高低直接决定着这一时代历史思维的特点。

“神话”一词在英文（Myth）中，指自古以来相传的故事，包括某一民族早期的信念，尤其对自然界现象的解释。在希腊语（Mythos）中，主要指关于神祇和英雄的故事、传说。① 希腊史诗和神话是当时的历史现实在人们头脑中形象化的特殊反映。之所以如此，这是因为“希腊神话不只是希腊艺术的武库，而且是它的土壤……任何神话都是用想象和借助想象以征服自然力，支配自然力，把自然力加以形象化；因而，随着这些自然力之实际上被支配，神话也就消失了。”② 正是因为希腊人因知识的限制无法支配自然力，不能科学地解释自然界的一切现象，神话和史诗才成为古希腊人最早的思想形式。正如马克思所说的那样，是“历史上的人类童年时代”③ 的产物，当时，人们只能凭借有限的知识，以自身的体验来想象世界，对一些复杂的问题不可避免地做出幻想的解释，认识中的主体和客体是分开的。这样，我们就不难解释为什么希腊神话中有许多被神化了的历史事件，如关于特洛伊战争，关于七雄攻忒拜、关于赫剌克勒斯族的战争等等，都是披着神话外衣的真实的历史事件。知识水平的局限使古典史学的最初萌芽首先明显地表出形象思维的特点。

与神话史诗相比，希腊奴隶制国家形成后因生产力迅速发展，使古希腊人的知识水平有很大提高。元素论、原子论、欧几里德几何学、阿基米德的力学、数学、亚里士多德的《工具篇》、托勒密的天文学的问世，相应地产生了一系列的科学方法，如演绎法、穷竭法、实验—数学方法、三段论法、直观猜测法、基元法、公理化方法、形式逻辑方法、几何—三角方法等等。这些科学成就和科学方法启迪了人们的智慧，为

---

① 参见［苏］鲍特文尼克等编著：《神话辞典》，268 页，北京，商务印书馆，1985。

②《马克思恩格斯选集》，第 2 卷，28～29 页。

③《马克思恩格斯选集》，第 2 卷，29 页。

形成逻辑思维方式创造了条件。当时的科学成就和生产力水平决定了古希腊人直观的思维方式，他们把直观中接触最多的水、金、火、土作为万物之源。这种直观思维也直接表现在希罗多德等史学家的历史思维中。这与原始意识的对世界作拟人的自然观的神话相比，已有了本质的区别。

从文艺复兴时期起，科学得到了迅速的发展，人们的知识越来越丰富。不仅天文学、化学，地理学等也有了长足的进步。如16—18世纪，产生了哥白尼—开普勒的天体运行理论、伽利略—牛顿的经典力学、牛顿—莱布尼兹的微积分，拉瓦锡的燃烧理论，瓦特的蒸汽机、葛朗特—威廉·配第的统计学。学者们把经验观测的材料作为阐释一切科学原理的起点。在实验材料和理论推断结合的过程中，提出了如何将感觉经验和理性思维统一起来的问题。这一问题反映在历史学中，就是彻底否定神学的束缚，以理性主义的态度对待历史，探求历史发展的规律。

由于人们已开始对各学科进行分门别类的精细的研究，所以历史学在这时也开始成为一门独立的学科，并开始对历史现象进行精确的实证的研究。直觉的历史思维逐渐向以实证为特征的历史思维过渡。不难看出，历史思维的发展，仍属于知识的增长和积累。知识的扩大是导致历史思维发生变化的杠杆，弗·培根指出："人类统治万物的权力肯定是深藏在知识之中的；在知识里边蕴藏着许多东西，这些东西是帝王的财宝所不能购买，他们的势力所不能指挥的。"① 正是从这一认识出发，他才强调"知识就是力量，力量就是知识"。②

针对亚里士多德阐释演绎法的《工具论》，培根撰写了《新工具》。《新工具》系统阐述的是归纳法，强调感觉是可靠的，是一切知识的泉源。他说："寻求和发现真理的道路只有两条，也只能有两条。一条是从感觉和特殊事物飞到最普遍的公理，把这些原理看成固定和不变的真理，然后从这些原理出发，来进行判断和发现中间的公理。……另一条道路是从感觉与特殊事物把公理引出来，然后不断地逐渐上升，最后才

① [美] 班加明·法灵顿：《弗兰西斯·培根》，27页，北京，三联书店，1958。

② [苏] 敦尼克等主编：《哲学史》下卷，395页，北京，三联书店，1962。

达到最普遍的公理，这是真正的道路。”[①] 培根所主张的是后一条道路。他重视观察和实验，认为应先研究事实，然后通过对事实进行探讨得出定理。然后根据这些定理去研究新的事实。这是一种崭新的科学方法，也是一种崭新的思维方式。培根的上述思想为近代经验论哲学奠定了基础，一直影响至今。可以说，理性主义史学和实证主义史学，都可以从培根的学说中找出历史渊源。

19 世纪中叶实证主义史学的诞生，标志着以实证性、精确性、局部性为特征的历史思维完全代替了以直觉性、模糊性和整体性为特征的历史思维。在后者向前者转化的过程中，尤其可以看出知识的力量。

实证主义史学起源于法国社会学家、哲学家孔德创立的实证哲学。它的基本原则是，哲学的基础是实证自然科学，其内容是可以观察和可以实验的事实，实证的知识是至高无上的，实证哲学与实证自然科学完全统一。这种哲学适应了自文艺复兴以来，欧洲实验自然科学迅速发展的潮流。19 世纪的科学成就，如能量守恒和转化定律，达尔文的进化论和细胞学说的问世，使人们对自然界主要过程的科学认识有重要意义。恩格斯曾指出：“有了这三个大发现，自然界的主要过程就得到了说明，就归结到自然的原因了。”[②] 实证主义史学得益于 19 世纪自然科学重大成就所引起的科学观念的深化。实证主义史学家们不再粗率地观察和对待历史现象及史料，而是“从事研究他们所能确定的一切事实。结果是详尽的历史知识大量地增加起来，根据对证据的精确的和批判的考订而达到一种史无前例的程度。这是由于编纂大量精心筛选的材料而使得历史学丰富了起来的时代，诸如密封存档的年历、拉丁文铭刻集成、各种各样历史文件和资料的新版本以及考古研究的成套设备，等等。”[③] 事实证明，在“历史学丰富了起来的时代”，首先是历史思维的丰富，一些实证主义史学家，如英国的亨利·巴克尔已不满足于发现、收集和考订史实，开始探讨历史现象的因果关系及历史发展的规律性，

---

① [英] 弗·培根：《新工具》。见《16—18 世纪西欧各国哲学》，10 页，北京，商务印书馆，1975。

②《马克思恩格斯全集》，第 20 卷，538 页，北京，人民出版社，1971。

③ [英] 柯林武德：《历史的观念》，144 页。

虽然对历史现象的因果关系也不能做出科学的解释，但他们的思想却构成了史学发展中的一个完整的阶段，对丰富历史思维，促进史学的科学化，做出了有益的贡献。

如果说知识是构建思维的基本要素的重要条件，那么理论作为具有严格固定形态的知识，则是构成历史思维又一基本要素和重要条件。任何一门科学都由理论构成，否则便不成其为科学。思维是一种依赖于物体感性实践活动的人类活动的特殊精神形式，是人的一种创造性能力。这里所说的思维，不是仅存在于人的行为、行动之中的日常思维，而是作为认识的高级形式的科学思维，显然也离不开理论，理论不仅指导研究主体的历史思维活动，制约着他们的思维定态，成为他们认识和解释历史现象的标尺，而且还决定历史思维的结果。正确的、谬误的、科学的、非科学的不同的理论指导，会使历史思维沿着不同的轨迹发展，导致历史研究产生不同的结果。

以历史哲学的产生和发展为例，可清楚地说明这一点。伏尔泰最早使用了“历史哲学”这一术语。维柯第一次提出了人类历史是个有规律的过程，人们可以认识历史事件中所蕴藏着的规律。而黑格尔晚年的《历史哲学》，则远远超过了前人对社会历史的概括。恩格斯说：“黑格尔第一次　　这是他的伟大功绩——把整个自然的、历史的和精神的世界描写为一个过程，即把它描写为处在不断的运动、变化、转变和发展中，并企图揭示这种运动和发展的内在联系。”① 恩格斯针对黑格尔的历史观说：他是“第一个想证明历史中有一种发展、有一种内在联系的人，尽管他的历史哲学中的许多东西现在在我们看来十分古怪，如果把他的前辈，甚至把那些在他以后敢于对历史作总的思考的人同他相比，他的基本观点的宏伟，就是在今天也还值得钦佩。”② 黑格尔历史哲学所以获得如此成就，首先因为黑格尔是一位著名的哲学家，他创立了由逻辑学、自然哲学、精神哲学组成的内容丰富的哲学理论，其次，他的历史哲学继承了前人关于人类历史发展过程的理论成果。如维柯的历史运动的规律性理论，孟德斯鸠的地理因素在历史发展中的作用的理论，

---

①《马克思恩格斯选集》，第3卷，736～737页。

②《马克思恩格斯选集》，第2卷，42页。

伏尔泰关于创立哲学的历史，以及他的历史辩证法思想，卢梭的自由、平等、民主思想，爱尔维修对神学史观和唯灵论历史观的批判，赫德尔的人类历史发展的客观规律性理论，康德的社会历史观，费希特的关于统一的世界历史的理论等等。这些都是黑格尔历史哲学的基础和起点。黑格尔的历史哲学正是在前人一系列社会历史理论成果的基础上形成的。离开了这个基础，就没有黑格尔的历史哲学，也就没有以黑格尔为代表的崭新的历史思维。

但是，黑格尔的历史哲学却不是完美无缺的。随着时代的发展，这一理论缺陷日益清楚地显现出来。列宁主要是针对这些缺陷尖锐地指出：黑格尔“历史哲学所提供的东西非常之少——这是可以理解的。因为正是在这里，正是在这个领域中，在这门科学中，马克思和恩格斯向前迈了最大的一步。而黑格尔在这里则已经老了，成了古董。”① 之所以如此，是因为包括黑格尔在内的以往的理论大师们，至多考察了人们历史活动的思想动机，但没有找到产生这些动机的原因，即没有看出物质生产发展程度是这种关系的根源，此外，他们也认识不到人民群众在历史进程中的作用，所以不可能科学地阐明历史矛盾运动的规律。

1844年，马克思从研究黑格尔的法哲学着手，开始将人类物质生活引入社会历史中考察，发现法的关系同国家的形式一样，根源于物质的生活关系之中。马克思由此出发，为创立唯物主义历史观进行了艰苦的理论探索。1859年，他在《〈政治经济学批判〉序言》中，对唯物史观作了如下的经典表述：“人们在自己生活的社会生产中发生一定的、必然的、不以他们的意志为转移的关系，即同他们的物质生产力的一定发展阶段相适合的生产关系。这些生产关系的总和构成社会的经济结构，即有法律的和政治的上层建筑竖立其上并有一定的社会意识形式与之相适应的现实基础。物质生活的生产方式制约着整个社会生活、政治生活和精神生活的过程。不是人们的意识决定人们的存在，相反，是人们的社会存在决定人们的意识。社会的物质生产力发展到一定阶段，便同它们一直在其中运动的现存生产关系或财产关系（这只是生产关系的法律用语）发生矛盾。于是这些关系便由生产力的发展形式变成生产力

---

①《列宁全集》，第55卷，351页，北京，人民出版社，1990。

的桎梏。那时社会革命的时代就到来了。随着经济基础的变更，全部庞大的上层建筑也或慢或快地发生变革。”[①] 唯物史观的产生，使人类历史发展规律第一次得到科学的阐释。这是唯一的科学历史观。它丰富了历史思维，使其发生了革命性的变化，为历史思维成为科学思维奠定了哲学基础。由于把生产关系和物质生产力引入历史观中进行考察，继而得出人类历史是社会经济形态发展的自然过程的结论，这样，历史思维不仅有了科学理论的指导，而且有了检验这一思维正确与否的标准。

综上所述可以看出：历史思维的发展既离不开知识，也离不开理论，科学的历史思维不仅建立在人类创造和积累的丰富的知识的基础上，而且也建立在符合人类社会进步趋势的先进的理论基础上。这一理论包括具体的学科理论和指导这些学科的基本理论。

三、当代历史思维的特点

20 世纪以来，特别是第二次世界大战结束以来，国际史坛发生了深刻的变化。这一变化首先表现为历史学同其他学科的交叉融合。历史学和其他学科在寻求它们赖以共同发展的基础上，出现了一些新的历史学分支学科。如历史社会学、历史人口学、家庭史学、口述史学等，由于采用新的研究方法，还陆续产生了计量史学、比较史学等。这就不可避免地提出了历史研究中的跨学科方法问题，传统历史学的界限变得越来越模糊了。其次强调历史研究中的理论描述，重视对社会历史现象进行理论分析、理论概括。一些史学家提出，具有理论性是社会科学的特征，为了提高历史研究中的理论深度，必须改变以经验为特征的传统的研究方法，因此，在西方和苏联一些史学家的专著中。便提出了“理论历史学”的概念。“理论历史学”主张吸收社会学、人类学、经济学、人口学等社会科学的理论、方法、概念，将其运用到历史研究中去。在加强对历史过程理论描述的同时，重视史学自身的理论方法研究，从整体上提高历史学的理论水平。

从上述两方面的变化，可清楚地看出历史研究中的整体化和理论化

---

① 《马克思恩格斯选集》，第 2 卷，32～33 页。

趋势。这个趋势不是历史学独有的，而是当代科学发展的共同趋势。这种情况同20世纪以来科学的迅速发展有密切关系。狭义相对论、广义相对论、原子结构、粒子物理、量子力学、控制论、信息论、系统论、电子计算机、分子生物学、包括耗散结构理论和协同学在内的非平衡统计物理学等的问世产生了相应的一系列科学方法，如探索性演绎法、结构分析、反馈控制、信息方法、系统方法、结构—功能分析方法、有序方法、突变方法等等。这些科学成就及科学方法极大地丰富了人们的知识，提高了人们认识世界的过去、现在和未来的能力，使史学自身理论方法论的研究有了更坚实的科学基础。在历史唯物主义和辩证唯物主义的指导下，它们直接或间接地促进了历史思维的发展，从而导致历史学发生了引人注目的变化。

为了自觉地适应这一变化，不断提高历史研究的理论水平，我们应清醒地把握住当代历史思维的特点。这些特点同时也是历史思维今后发展的趋势，那就是科学的辩证思维、创造性思维和系统性思维。

科学的辩证思维。辩证法是马克思主义的认识论。辩证思维是马克思主义哲学的重要组成部分，同时也是历史哲学的思维基础。恩格斯指出："辩证的思维方法同样不知道什么严格的界线，不知道什么普遍绝对有效的'非此即彼!'，它使固定的形而上学的差异互相转移，除了'非此即彼!'，又在恰当的地方承认'亦此亦彼!'，并使对立通过中介相联系；这样的辩证思维方法是唯一在最高程度上适合于自然观的这一发展阶段的思维方法。"[①] 从经典作家的论述中可以看出，科学的辩证思维既不是简单的直线式的思维，也不是强调总是两极的形而上学思维，它同建立在经验的直观的基础上的传统的逻辑思维有着本质的区别。科学的辩证思维是一种理论思维，它同唯物辩证法、辩证唯物主义认识论是一致的。辩证法的基本规律，即对立统一规律、质量互变规律和否定之否定规律，也是科学辩证思维的基本规律。因此，在历史研究中，科学的辩证思维首先要求人们承认社会历史现象自身所固有的，并以对立统一规律为核心的客观规律性。这是使历史思维建立在科学基础上的前提。同时还以历史唯物主义作为整个历史思维的理论基础。因为

① 《马克思恩格斯选集》，第4卷，318页。

它是将辩证唯物主义原理应用于社会现象的研究而形成的关于社会发展一般规律的科学。有了这样的前提和理论基础，便使史学家有可能面对着浩繁的史料和复杂的、甚至是相互矛盾的历史现象，认清历史现象的本质，提示出历史矛盾运动的客观规律，从而对人类社会历史进程中的诸多问题作出科学的回答。

科学的辩证思维存在于历史研究的全过程中。从确立选题到选择、鉴别史料，应用某些理论或方法分析历史运动的因果关系，直到最后进行理论概括，作出结论。这样，研究工作一开始便纳入了科学的轨道，从而使史学家的工作在科学理论的指导下，保持正确的方向。此外，科学的辩证思维作为一种理论思维，还有另外一方面的作用，即随着历史研究科学化水平不断提高，理论描述占有越来越重要的地位，对历史研究中一些问题的哲学思考日渐突出，如历史发展的统一性与多样性，历史的必然性和偶然性，历史普遍规律和特殊规律，历史矛盾运动的表象与本质之间的联系，历史的可能性和现实性、原因和结果，还有历史哲学、历史认识论中诸多问题的探讨，都离不开科学的辩证思维。如果说“没有理论思维，的确无法使自然界中的两件事联系起来，或者洞察二者之间的既有的联系”,[①] 那么没有辩证思维，对于复杂的历史现象和历史过程，就找不到理解它们的基本途径，一系列历史事件的堆砌或编纂不是历史科学。苏联生物学家巴甫洛夫说：“当没有理论的时候，你就看不到事实。”这里说的当然是自然科学研究中的事实，但对历史研究也完全适用。因为无论是自然科学还是社会科学的事实，对历史研究也完全适用。自然科学或社会科学的事实，只要是科学研究所依据的事实，即“科学的事实”，它们内在的本质是一致的。无独有偶，法国年鉴派史学家布罗代尔则把“没有理论就没有历史”作为座右铭。在历史研究的实践中，我们可以看到，离开了科学的辩证思维就降低以至取消了历史学的科学功能。从这个意义上，我们说没有科学的辩证思维就没有历史科学，这决非是耸人听闻之谈。

创造性思维。在科学研究中，主体对客体的认识，首先通过感觉器官从外部世界得到关于客体的感性材料。在思维中，感性材料转换成言

---

①《马克思恩格斯选集》，第4卷，300页。

语符号材料，进而又变成引起大脑神经冲动的信号。这种冲动是一个生理的电化学过程，在这同时，思维活动也在进行着。思维活动的过程如何，直接决定着科学研究的水平。物理学家爱因斯坦在一封信中谈到自己的思维过程时写道："在我的思维机构中，书面的或口头的文字似乎不起任何作用，作为元素的心理的东西是一些记号和有一定明晰程度的意象，它们可以由我'随意地'再生和组合。……这种组合活动似乎是创造性思维的主要形式。它进行在可以传达给别人的、由文字或别的记号建立起来的任何逻辑结构之前。"① 从爱因斯坦的这段话中，史学工作者也不无启迪。这使我们不由地想起法国年鉴派史学家吕西安·费弗尔的名言："我们所提出的不是一种让史料自己谈话，而是由史学家提出问题的史学。"② 历史学既然是一门科学，就具有科学的一般规范和特征。在揭示人类历史发展的具体过程及其规律时，创造性思维大有用武之地，甚至是不可缺少的。

历史研究中的创造性思维是历史思维的重要组成部分。它同一般意义上的创造性思维既有联系，又有区别。首先，它不是史学家凭灵感创造出来的。它虽然通过史学家个人而实现，但它并不是史学家单个人的思维，而是人类集体思维的产物，是社会思维的成果。恩格斯深刻论述的人类思维的辩证法在这里完全适用。他写道："人的思维是至上的吗？在我们回答'是'或'不是'以前，我们必须先研究一下：什么是人的思维。它是个人的思维吗？不是。但是，它只是作为无数亿过去、现在和未来的人的个人思维而存在。"③ 与再现性思维相比，创造性思维强调在原有基础上的开拓和突破，提出新概念、新理论、新方法、新结论。但是，这一切必须建立在正确的理论和坚定的现代科学知识的基础上。

研究的客体是人类社会已往的历程，是"过去"，对此，史学家不可能对其直接进行观察。历史既不能重演，又不能复制，即它不可能以

① 转引自夏甄陶：《认识论引论》，217页，北京，人民出版社，1987。

② [法] 勒高夫等主编：《新史学》，13页，上海，上海译文出版社，1989。

③《马克思恩格斯选集》，第3卷，426页。

其本来面目完完整整地直接呈现在现实的人面前。要研究它，只能依据一定的理论和方法，通过大量文献资料或出土文物去再现它，“再现”的过程，即从史料中重新获取有关“过去”的信息的历史认识的过程。在这过程中，创造性思维同辩证思维一样重要。因为历史认识的目的和结果，不可能像一面镜子一样，将历史，甚至很遥远年代的历史丝毫不差地反映到今天。因此，历史认识的过程，便是认识主体遵循一定的理论、方法和规律创造的过程。

“历史事件”和“历史事实”是两个不同的概念。历史上所发生的“事件”一旦成为历史的“事实”，即事件通过人的思维的作用，以这种或那种形式记录、保存、流传下来，它便已不是彼时彼地所发生的历史事件了。经过人的大脑的这种或那种作用的历史事件，即历史事实不可能是纯客观的，它总是主观和客观的结合，在这个结合的过程中，创造性思维自觉地或不自觉地将发生作用。至于历史研究所依据的史实，则更复杂些，它应该体现出“科学的历史事实”的属性，即它应是历史思维自觉的产物。它既不是原始的事实（事件），也不是作为一般记述、一般记录的事实，而是被历史思维——创造性思维认识、改造的事实。这是在经验的历史认识向理论的历史认识转变的过程中实现的。

从史学发展史来看，历史研究中的创造性思维并不是现在才提出的，只不过是近年明确地提出这一概念罢了。同时，这一创造性也不仅仅表现在对历史研究的基础和前提的“事实”的科学认识上。例如，英国历史学家柯林武德指出：“自然的过程可以确切地被描述为单纯事件的序列，而历史的过程则不能。历史的过程不是单纯事件的过程而是行动的过程，它有一个由思想的过程所构成的内在方面；而历史学家所要寻找的正是这些思想过程。”因此，他认为“对于历史学家来说，所要发现的对象并不是单纯的事件，而是其中所表现的思想。”所以他强调“一切历史都是思想史”。[①] 如何才能发现那些“思想过程”呢？柯林武德认为唯一的办法就是通过“批判的思维”在史学家的心灵中重新思想它们。所谓“批判的思维”实质上是一种创造性思维。它保证史学家进行积极的创造，“不是消极屈服于别人心灵的魅力之下”。“历史学家不

① ［英］柯林武德：《历史的观念》，243页。

仅是重演过去的思想，而且是在他自己的知识结构之中重演它，因此在重演它时，也就批判了它，并形成了他自己对价值的判断，纠正了他在其中所能识别的任何错误。"① 在柯林武德看来，整个历史思维就是批判的思维，历史研究的过程，亦即通过批判的思维对单纯的事件进行创造，从而"看透它们"，以便识别其中的思想或编织出历史事件的参与者的思想。这种认识比"史料即历史"，"史料决定一切"的认识显然要高出一筹。

既然历史研究不是消极的像镜子一样反映历史，那么，研究主体就必定发挥着积极的创造作用，列宁说："人的意识不仅反映客观世界，并且创造客观世界。"② 这完全适用于历史研究。从某种意义上可以说，历史研究的过程就是史学遵循一定的理论和方法，进行积极的创造性思维的过程，创造的目的是为了在最大的程度上，更全面更准确地说明实际存在的历史现象和历史进程。人类思维按其本性是能够提供并且正在提供由相对真理的总和所构成的绝对真理的。历史思维（包括创造性思维）亦如此。

系统性思维。20世纪科学发展的明显特点之一，是转向系统性研究，即把研究客体作为一个复杂组织的整体进行考察。这种转向导致科学思维发生深刻的变革。系统性思维作为一种崭新的思维方式应运而生，自20世纪下半叶以来，表现出越来越强的生命力。系统性思维远远超过了线性的定性的笼统整体描述的思维视野和水平。因为它要求从整体与元素、整体与层次、整体与结构、整体与环境的联系及相互作用中，揭示事物的整体关系与整体特点，从而对复杂的客体进行精确的整体思考。

历史矛盾运动是按一定的层次和结构形成的系统的运动。因此，历史研究中的系统性思维，首先要求把人类社会历史作为一个整体或一个系统进行认识和分析。马克思以系统的形式表述了社会形态由简单到复杂、由低级向高级依次更替的自然历史过程。在他看来，社会是一个不断运动的有机整体，生产力系统、生产关系系统和上层建筑三个子系统

---

① ［英］柯林武德：《历史的观念》，244页。

② 《列宁全集》，第55卷，182页。

矛盾运动的结果。系统思维体现的整体化思维观，强调从政治、经济、文化、自然环境、地理环境以及个别人物的活动等因素的相互作用和相互联系中认识世界历史；还强调对重大历史现象进行综合研究，再进行经济史、政治史、宗教史、地理沿革史、教育史、综合文化史等专史的研究。在历史研究中，系统思维不仅指对历史过程进行系统分析，而且还包括系统综合，即重视归纳和概括历史现象之间的联系和相互影响，力求更准确更生动地揭示历史运动的本质，提高历史研究的理论水平。

系统思维的另一突出特点是同现代数学密切结合，对系统进行精确的定量分析。这是因为分析系统及结构的特点和相互关系，即系统结构分析方法，数学可充分发挥其功能。在历史研究中，计量方法同传统的描述方法并不对立，而是对描述方法的某些不足加以补充。“计量方法的实质并不在于研究者可以利用一定数量的、数学的指数。在描述分析法中也可以利用某些数量指数，计量分析——这是显示和建立以数字来评述所研究的客体、现象和过程（它们经过一定的数学加工，为揭示相应质量的数量程度建立了基础）的系统。”① 历史研究中的定量化描述方法，可充分利用数量资料，特别是有助于揭示数量史料中所蕴含着的潜在的内容，即通过对数量史料进行加工和分析，从数量资料所提供的表面的内容中，深入研究历史活动之间的联系及本质。总之，计量方法丰富了历史研究的手段，开辟了历史研究的新领域，提出了解决传统方法无法解决的问题的新途径。正因为如此，计量历史研究无论在西方还是在俄罗斯，都已发展成为历史学的一个独立的分支学科。

还应特别指出：由系统思维的特点所决定的思维程序，与传统的还原分析思维程序截然不同。这对于历史研究有重要意义。后者的思维程序是分析—综合，即先分析，后综合，在这过程中，思维对象首先被分析为孤立因素，然后对其考察，最后综合出总体的一般性质。而系统思维的程序则是综合—分析—综合，即首先从模糊的整体出发，通过分析，实现对客体的清晰的精细的整体思考。可以看出，系统性思维模式的出发点是整体，从整体到部分，再从部分到新的整体。这对于理解错

① ［苏］科瓦利琴科主编：《计量历史学》，10页，成都，四川人民出版社，1989。

综复杂的历史现象是有益的。

历史思维是历史研究主体感觉、知觉、记忆、思想、情绪、意志等一系列心理过程中的心理活动，也是历史认识的理性阶段，即概念判断、推理的过程。历史思维是时代的产物，每一时代有其不同的特点，这些特点往往导致历史思维发生深刻变化，从而推动历史学向更高的阶段发展。马克思主义诞生后，历史思维开始变为一种科学思维，笔者结合当代科学的发展和历史研究实践，概括地提出了现代历史思维的三个特征，即历史思维应是科学的辩证思维、创造性思维和系统性思维。这三方面是一个统一的整体。在不同的情况下，可能对其中的某一方面有所侧重，但不能割裂它们之间的内在联系，更不能将它们对立起来，因为它们共同的基础都是辩证唯物主义和历史唯物主义。此外，还应指出：这三个特征概括不了整个历史思维的内容。仅仅是特征而已。历史思维的内容、结构、功能、内在机制、运行规律及发展趋势等，都是有待深入研究的新课题；历史思维已经经历了一个从简单到复杂、从低级到高级、从非科学到科学的曲折发展过程，这个过程是永无止境的。随着社会的发展和科学的进步，历史思维必然会发生相应的变化，从而促使历史学的社会功能和科学功能得到更大的发挥。

史学的科学认识功能和理论思维

关于史学的功能问题，在我国史学界似乎已有定论。特别是1985年12月光明日报理论部召开部分在京历史学家座谈会，就历史科学的学术价值和社会功能问题展开讨论后，[①] 对这一问题研究的各种意见进一步趋于统一。研究历史的目的是着眼于现实和未来，史学的社会功能得到更加明确的阐释。1989年出版的高校文科教材《史学导论》曾将其概括为“它以研究人类过去的社会为起点，而以服务于当今的时代为归宿，这就是我们这里所说的历史学的社会功能”。[②] 近年国外史学也在强调史学的社会功能，并将其具体化为对未来的科学预测功能、概括和积累社会经验的社会记忆功能、教育功能等。[③] 所有这些认识，毫无疑问是完全正确的。但是，近年随

① 这次座谈会的发言以《充分发挥历史科学在两个文明建设中的作用》为题，发表在《光明日报》1985年12月25日，1986年1月8日，1月22日。

② 姜义华等：《史学导论》，42页，西安，陕西人民教育出版社，1989。

③ ［苏］柯瓦利琴科：《历史研究的方法论》，56～57页，莫斯科，科学出版社，1987。

着历史研究实践的深入发展，又提出了一个新的问题，即如何去实现这种社会功能呢？或者说，使史学社会功能得到充分发挥的途径是什么呢？笔者认为：为了充分地实现史学的社会功能，应该首先明确史学的基本功能是科学认识功能，因为史学既然是一门科学，就不仅要强调由它的学科特点所体现出的功能，同时也不能忽视它像任何一门科学一样所具有的最一般的最基本的功能，即由科学的一般规定性所决定的科学认识功能。强调这一点，有益于在马克思主义的理论指导下，提高历史研究的理论水平。

一、史学的基本功能是科学认识功能

如果说自然科学是认识自然界的事物和现象的科学，那么包括历史学在内的社会科学则是认识人类社会中的事物和现象的科学。在历史研究中，每一位史学家都是通过认识历史现象或历史过程中的具体事实来进行自己的研究工作的。但是，这种认识是符合客观规律的全面的系统的自觉的认识，还是仅仅从表象出发的一种零散的孤立的盲目的认识，两者有着质的区别，它直接关系到历史研究成果的质量。强调历史学的基本功能是科学认识功能，就是要使历史研究建立在前者的基础上，使对历史现象及历史过程的科学认识成为历史研究的前提和出发点，即历史学首先是科学地认识历史矛盾运动的科学。

实现史实的科学认识功能，首先遇到的是历史认识发生的问题。古今中外，在许多的历史著作中，都强调历史研究要从事实出发，历史研究的结论要符合客观实际。但是，这些“事实”和“实际”又是怎样的“事实”和“实际”呢？大部分是史料中记载的现成的、由他人给定的，或是作为他人认识完成的结果的“事实”。对于这些“事实”的简单接受并应用于历史研究实践，不可能发挥出史学研究的社会功能，也无法得出符合客观实际的结论。

人类对自身历史的认识经历了从简单到复杂、从现象到本质的认识过程。马克思在《〈政治经济学批判〉导言》中，论及人类社会的生产、消费、分配、交换（流通）诸问题时曾指出：“在资本存在之前，银行存在之前，雇佣劳动等等存在之前，货币能够存在，而且在历史上存在过。因此，从这一方面看来，可以说，比较简单的范畴可以表现一个比较不发展的整体的处于支配地位的关系或者一个比较发展的整体的从属关系，这些关系在整体向着以一个比较具体的范畴表现出来的方面发展之前，在历史上已经存在。在这个限度内，从最简单上升到复杂这个抽象思维的进程符合现实的历史过程。”① 人们的历史认识亦如此。从最简单到复杂的抽象思维的进程中，经历了直观认识、概念认识、怀疑的认识、二重化的认识、反省的认识、主体和客体统一的认识的历史发展过程。

不难看出，今天强调史学的基本功能是科学认识功能，这是历史学自身发展的客观要求，也是历史学作为一门科学不断完善的结果。“这就再一次证实了科学史上早已发现的规律：以积累事实材料为主的时期必然为科学地理解和概括这些材料的任务占居首位的时期所取代。这种存在于每一门学科发展过程中的（自然，历史编纂学在这一点上决非例外）以反思为主的时期的意义的确是难以估量的。”② 对历代积累的浩如烟海的史料以及在这些史料中所容纳的事实进行科学的分析和认识，使这些所谓“客观”的东西经过科学化的主观过程的认识，在“客观”与“主观”最完美的结合点上体现出历史矛盾运动的本质内容，这既是当代历史研究重要的内容之一，也是历史学科学认识功能的主要内容。

史学的科学认识，同任何一门学科的科学认识相比，在本质上没有什么不同。即现实的人本身是认识的主体，外部物质世界的事物和现象是认识的客体。任何一门科学，包括史学在内，都是在认识外部现实世界。如果说有什么不同，那就是每种科学认识具体的客体不同，就史学而言，恰恰是历史认识的主体客体不在同一时间空间范围的特殊性，决定了史学科学认识的复杂性。例如，如何去判断认识客体的“过去”的真实性，以及在今天能否对其进行真实的反映的可能性等等。马克思主义哲学为史学的科学认识提供了正确的科学认识功能，首先是在马克思主义指导下，对“认识”自身的过程中不断进行反思，而不仅仅是对历史发展过程中的具体事物或现象进行反思。对认识自身进行反思是一种

① 《马克思恩格斯选集》，第2卷，20页。

② ［苏］巴尔格：《历史学的范畴和方法》，3页。

哲学反思，它的目的是从哲学世界观的高度揭示历史认识——科学认识过程的特点及规律，从而可能真正认清历史现象及历史过程的本质。

试以我们在历史研究中经常遇到的“客观性”问题为例。所谓“客观”，是指独立于人的意识而存在，如物质即是如此。① 但是，历史研究中的“客观性”却远非如此简单。从历史研究的实践中，我们可看出客观性至少有三个含义不同的层次：其一是本体论范畴的客观性，其二是认识论范畴的客观性，其三是历史学科学认识过程中的客观性。本体论意义上的客观性是指没有进入人的意识领域，不依赖于人的意识，不以人的意识为转移而独立存在。我们不否认有这种客观实在的客观性。体现出这种客观性的“历史事实”，更准确地说，是独立于人的意识之外的“历史事件”。既然是独立于人的意识之外，就更说不上成为历史研究所依据的事实了，在历史研究中不可能感觉到这种独立于人的意识的客观性。

认识论意义的客观性则以本体论的客观性为前提，特指认识对象的客观性，而认识对象是主体对客体改造的必然结果。独立于人的意识之外的纯客观性，一旦通过实践活动进入人的认识领域，便成为认识客体，认识主体与认识的纯客观性，一旦通过实践活动进入人的认识领域，便成为认识客体，认识主体与认识客体相互依存。没有主体，也就无所谓客体，反之亦然。因此，进入认识论范畴的客观性是有条件的客观性，它必然以主、客体的辩证统一为前提，如果离开了主体，也就没有了客体。体现出这种认识论范畴上的客观性的历史事实是“历史文献中的历史事实”，是由史料的编纂者所反映出的事实，同任何形式的反映一样，都是主观的。历史学科学认识过程中的客观性，同本体论及认识论意义上的客观性都不同，它是指史学研究中的科学认识活动结果的客观性，但它又以前两者为前提，有着不可分割的密切联系。因为马克思主义哲学认为确实存在着不以人的意识为转移的客观实在，它是历史学科学认识活动的现实前提，而一般的科学认识论同历史学的科学认识活动的关系就更密切些，后者除了认识客体的特殊性之外，同前者在许

① 当代自然科学，特别是量子力学和相对论理论的建立，在学术界有人对物质是独立于人的意识而存在提出否定意见。本文限于内容和篇幅，不予讨论。

多方面都是一致的。

由此，我们可得出以下结论：历史学的客观性不是客观实在的纯客观性，而是带有主观性质的客观性，或是在主观范围内的客观性。作为历史研究中所依据的任何一件历史事实，无论从其形式还是从其具体内容来看，都是科学认识的主客体相互作用的产物，都是主客体辩证地重新构建的结果。体现这种客观性的历史事实是"科学的历史事实"，它是在历史文献中的历史事实的基础上，由历史学家对历史事实的反映。它的最主要的特征，是"客观性"两次主观化的结果。第一次是在认识论的范畴内，由"纯客观"的历史事件变成历史文献中的历史事实，第二次是在历史学科学认识的范畴内，由历史文献中的历史事实上升为科学的历史事实。不难看出，两次主观化后才产生的科学的历史事实——既是历史认识某一方面的结果，又是另一方面历史研究的开端。史学研究中的科学认识活动不会到此结束，它存在于历史研究的各个阶段（关于这个问题，后面还要讨论），正是在这种意义上，才把史学的基本功能规定为科学认识功能。

在实现历史学科学认识功能的过程中，主客体的相互作用主要表现为相互渗透，相互转化，但这并不是随心所欲的，它是在先进的世界观和历史观的指导下，借助科学的理论和方法进行的。这就是说，认识主体的活动首先应反映出历史发展的客观规律，符合社会矛盾运动的基本规律。主体对客体的科学认识，离不开世界观、历史观、理论、方法这些中介；客观存在的客体为人们所认识和掌握，获得明确的科学意义，也离不开主体积极的实践和思维的能动作用。关于历史研究中主体客体化——客体主体化——主体客体相互转化问题，首先应该明确这种转化是历史思维活动中的属于意识范畴的转化，而不同于主客体的关系表现为人与人之间的关系的那种转化。这种转化并不是主体直接变成客体或客体直接变成主体。这里更重要的是客体主体化的问题，它是在感性的历史认识（史料）的基础上，对史料中所反映出的种种信息进行科学认识和分析，然后以理性的历史认识的观念的形式再现客体。它是通过积极的历史思维活动，使史料中所传达的历史信息经过加工改造，成为主体意识中的一部分之后形成的。由于客体的信息已渗透了主体的意识，它也就必然体现出主体的本质。从这种意义上，也可以说是主体在改造和创造着客体。

二、历史研究的过程是科学认识的过程

历史学的科学认识功能，不仅仅在于认清“客观性”的不同层次或认清“历史事实”的不同形式。自然，这些都是历史研究中十分重要的，既非常简单又非常复杂的问题。科学认识功能既然是历史学的基本功能，它就必然存在于历史研究的全过程。这可以主要从以下三方面来看。

首先，从历史研究中不可回避的方法上看。随着史学的发展，史学研究的方法越来越丰富，如对不同历史现象的比较研究方法，系统研究方法，跨学科研究方法，对历史过程的定量分析与定性分析方法，历史的与逻辑的统一方法，结构分析与阶级分析方法，还有分析与综合、归纳和概括，从具体到抽象上升为具体的方法；传统的研究方法，如辑佚、辨伪、校勘、诠释、考证等等在今天的历史研究中继续应用；战后以来历史学同其他学科的渗透交融出现了不少新的历史学分支学科，人类学、社会学、心理学、人口学、文化学的方法也开始应用于史学研究。以上所述的种种方法虽大多是具体的科学方法，但它们同哲学方法和一般的科学方法却有着不可分割的联系，特别是哲学方法是各门科学方法的概括和总结，是最一般的方法，对具体的科学方法有着指导作用。前已谈到，科学认识活动正是在科学的哲学方法论的指导下，并在哲学方法论和世界观一致性的前提下进行的，从而使之达到认识客观世界的目的。

在历史科学中，史学研究方法的具体选择和应用，与科学认识活动的进行是同步的，两者表现为相互依存，互相影响，相互补充的对立统一关系。脱离了具体方法的科学认识活动是不存在的；相反，不纳入有目的的科学认识过程中，不遵循一定的科学理论与原则的方法，也将是盲目的、无的放矢的方法。在历史研究的实践过程中，没有脱离一定的科学认识过程的抽象的方法。这样或那样的方法，只有在科学认识——历史认识的实际过程中才能充分发挥其作用，不管人们是否自觉地意识到这一点。因此，在选择史学方法，并确定历史方法论的原则以及具体运用这些方法时，历史学的科学认识功能作为完整的历史研究的重要组

成部分，始终发挥着积极的作用。随着历史学科学认识功能作用的不断加强，史学方法及整个历史科学将同时得到不断的发展。

其次，从历史研究中提出的一系列具体问题（主要是理论问题）来看。建国以来，我国史学工作者在研究工作中提出不少引起争论的问题，[①] 如中国史研究中的中国奴隶社会与封建社会分期问题、中国资本主义萌芽问题、中国封建社会长期延续问题、中国农民战争和农民政权的性质问题、中国古代民族关系问题、爱国主义和民族英雄问题等。世界史研究中也提出不少有争论的问题，如亚细亚生产方式问题（中国史研究也涉及到这个问题）、古代东方社会的性质和特点、古代城邦的历史地位、封建制的形式及东西方封建制的异同、拉丁美洲独立战争的性质、世界史的开端等。

这种情况的出现，一方面是件好事，有助于繁荣史学，推动历史研究向纵深发展，另一方面也应引起重视的是，为什么各种分歧的意见是如此之多？庞朴教授在论及这个问题时写道："同是一条史料，同是一条马克思主义原理，往往能得出迥然不同的结论，再现出形态各异的历史具体，并由此引起无穷争论，发生这种现象的主要原因之一，大概是由于'从抽象上升到具体'或'从理论再回到实践'本是一次能动的飞跃，其跃越的跨度愈大，失误的机会也就必然愈多；同时，抽象与具体、理论与实践这两极之间，越是缺乏中间层次，上升的难度也就必然越大。这种现象的存在，是否表明，在具体的历史资料和抽象的理论观点之间，还需要加强乃至增深某些中间环节，以减少种种失误的可能呢"？[②] 笔者认为，"需要加强乃至增深"的中间环节，恰恰正是在一定理论指导下的科学认识过程。史学的科学认识功能在这里的作用最明显，最有用武之地，这是因为史料不等于史学，史料学不是历史科学的

① 这些问题详见《历史研究》编辑部编：《建国以来史学理论问题讨论举要》，齐鲁书社，1983年；林甘泉等：《中国古代史分期讨论五十年》，上海人民出版社，1982年；白钢编著：《中国封建社会长期延续问题论战由来与发展》，中国社会科学出版社，1984年；陈启能主编：《建国以来世界史研究概述》，社会科学文献出版社，1991年；姜义华主编：《社会科学争鸣大系：历史卷》，上海人民出版社，1991年。

②《历史研究》编辑部：《建国以来史学理论问题讨论举要》，3页，济南，齐鲁书社，1983。

全部内容，史料的堆砌和剪贴更不等于历史研究，无论人们是否自觉意识到，科学认识功能在历史研究中的作用不断加强，则是由科学发展规律所决定的事实。

历史科学是科学的历史学，是研究和揭示人类社会发展的具体过程及其规律性的科学。马克思、恩格斯曾指出："历史学可以从两方面来考察。可以把它划分自然史和人类史。……我们所需要研究的人类史，因为几乎整个意识形态不是曲解人类史，就是完全撇开人类史"。[①] "曲解人类史"或"完全撇开人类史"，这是马克思、恩格斯从他们当时所处的社会实际出发，经过缜密的研究和思考后所得出的结论。造成这种情况的原因，不是由于缺乏史料所致，而是没有一条正确的科学认识路线去分析、认识史料的结果。马克思主义诞生后，才使史学发生了革命性的变化，为人们科学地认识历史奠定了坚实的理论和方法论的基础。

研究历史，关键是在充分占有史料的基础上，依据一定的理论和方法，对历史现象和历史过程进行科学的认识。这里丝毫也没有轻视和贬低史料的意思，历史研究不能脱离具体的历史事实，不能没有史料，但是，史学发展到今天，更重要的是如何运用史料，如何更科学地认识史料中所反映的历史实际。对于我国史学界长期存在的有争论的重大理论问题，不可能仅仅依靠史料来解决，自然，学术研究不可能只有一种结果，但通过艰苦的理论探索，在认识历史真理的过程中逐步弥合认识上的差距，这是完全有必要又有可能的。

随着时代的发展，史学也在不断向前发展。一方面，各种类型的史料不断发掘、考证、编纂；另一方面，史学所固有的科学认识功能在研究实践中不断加强，使古老的史学永葆其青春活力。何兆武教授在一篇笔谈中写道："材料的新发见，不仅是简单地指发见了新的材料，而是更多地是指用新的观念去研究原有的旧材料，于是旧材料就转化为新材料，被赋予了新的内容和意义……把死材料变为活生命的，往往是靠观

① 《马克思恩格斯全集》，第3卷，20页，北京，人民出版社，1960。

念的革新”。① 这段话精辟地概括了科学认识在历史研究中的作用。它不仅是科学研究的中心环节，同时也是使史学不断获得活力的动因。

最后，从历史哲学和历史研究中表现出的一系列哲学问题来看。历史哲学是对历史的性质及意义的哲学阐释。在西方的史学中，从黑格尔、孔德到施本格勒、汤因比、克罗齐、柯林武德、卡尔等人的著作中，对历史发展的原因、规律及历史自身的哲学意义，提出多种解释。在马克思主义史学中，以唯物史观为理论指导的史学理论对历史运动中所表现出的历史的必然性、偶然性、选择性，世界历史进程的统一性与多样性，历史规律，历史动力，社会革命与社会改良、改革，历史实际的客观与主观，本质与现象，内容与形式等问题，也都有研究，对历史研究中的某些问题进行哲学思考，不是脱离历史学的基本范畴进行从概念到概念的抽象分析，而是在历史学范围内，实现史学科学认识功能的又一种形式，即通过哲学的导引，探求历史发展的一般规律与特殊规律。这与史学是一门实证的科学并不对立，相反，有助于深化以实证为特征的史学研究中某些带有规律性问题的认识，有助于从整体上提高历史研究的理论水平。

波兰历史学家托波尔斯基在其专著《历史学方法论》的中文版序言中写道：“一个历史学家同时应该是一位哲学家，他应当在不同的哲学中进行选择，并验证这些哲学对于他的研究的价值，我认为，这种对‘过去’的研究中的哲学内容的强调，在你们这个具有如此光辉的哲学传统的国家中是能够被接受的”。② 托波尔斯基所言中国的“光辉的哲学传统”，自然也应包括中国古代的历史哲学思想。它在丰富的中国古代哲学中所占的比重虽然较少，但从司马迁、刘知幾、欧阳修、司马光、邵雍、朱熹到近代的王夫之、章学诚、梁启超等人的著作中，仍可看出其丰富的内容。科学地继承这一传统，并赋予新的时代内容，自觉地加强历史研究中的哲学思考，有助于提高科学认识的自觉性。

---

① 何兆武：《世纪之交的历史学：回顾与展望》，《史学理论研究》，1992（2）。

② ［波］托波尔斯基：《历史学方法论》，2页，北京，华夏出版社，1990。

三、历史思维是积极的理论思维

能否实现史学的科学认识功能，以及实现这种功能的程度如何，都与思维方式有着十分密切的关系。思维方式是科学认识主体反映客体相对稳定的形式。如果说人类的思维经历了由神秘走向科学，由低级走向高级，由感性走向理性这样一些主要阶段，历史思维的发展大体也与之相一致。[①] 近代自然科学的创立，特别是19世纪末20世纪初，现代自然科学的迅速发展不仅使人类知识的广度和深度发生了重大变化，同时使人们在认识世界的方式和方法上也出现了明显的特点——理论思维在科学研究中的作用越来越重要。

就理论思维而言，在唯物辩证的思维诞生之前，形而上学的思维方式占统治地位。恩格斯曾指出："形而上学的思维方式，虽然在依对象的性质而展开的各个领域中是合理的，甚至必要的，可是它每一次迟早都要达到一个界限，一超过这个界限，它就会变成片面的、狭隘的、抽象的，并且陷入无法解决的矛盾，因为它看到一个一个的事物，忘记它们互相间的联系；看到它们的存在，忘记它们的生成和消逝；看到它们的静止，忘记它们的运动；因为它只见树木，不见森林。"[②] 马克思主义历史科学诞生前的欧洲近代史学，如唯理主义史学、浪漫主义史学、法国复辟时期的史学、德国的兰克学派、普鲁士学派、经济史学派、英国和法国实证主义历史学派、制度史学派、牛津学派和剑桥学派等等，无不印有形而上学历史思维的痕迹。正因为如此，不少历史学派在史料的搜集考证上，历史文献的编纂和积累上，都取得了前人无可比拟的成就，代表了西方历史学重要的发展阶段，但却将自己的认识始终局限于历史过程的个别方面，因此不能发现历史运动的内在联系，归根结底，不可能揭示历史发展的一般规律和特殊规律。这种时代的阶级的局限，是历史认识过程中，由形而上学的思维方式所决定的必然结果。

与史学科学认识功能相联系的，是唯物辩证的理论思维，即马克思

---

① 参见拙文《论历史思维》，载《当代西方历史学思想的困惑》，北京，中国社会科学出版社，1991。

② 《马克思恩格斯选集》，第3卷，360页。

主义哲学的唯物主义和辩证法相结合的一种崭新的科学思维方式。没有理论就没有科学。同样，也“不存在没有理论的专门的历史编纂学。这也就是说，每一种历史研究都是依据较为广阔的背景知识而进行的，没有这一类知识，甚至在史料中发掘出信息都是不可能的”。[①] 这里所说的“较为广阔的背景知识”，是指广义的知识，首先是理论，同样可以认为，没有理论思维（指唯物辩证的理论思维，下同）就无法进行历史认识活动，就等于摒弃了史学的科学认识功能，因为这一功能的实现，正是在大量历史文献的基础上，通过积极的理论思维，即对史料所反映出的各种历史信息进行分析、综合、比较、概括，进而使之系统化和具体化，从而达到对人类历史规律性的认识。

史学理论思维的运用和史学的科学认识功能的实现是同步的。它们之间的密切联系主要表现在以下三个方面：

其一，通过理论思维，揭示史料中潜在的信息，透过现象，认识史料中所蕴含的内在的内容。美国石油地质学家华莱士·普拉特在《找油的哲学》一书中写道：“真正找到石油的地方，还是在人们的脑海里”,[②] 其意是说通过大脑的科学思维，认识到了石油生成和储存的规律，从而在广袤的田野中找到油田。在科学研究中每前进一步，都是积极的理论思维的结果。历史研究亦如此，就接触到的大量史料而言，我们不是用眼睛去看，而是用大脑去看，即我们所看到的史料不是使之停留在直觉印象的阶段，而是通过理论思维，将其上升为理性认识，并纳入科学研究的体系中去。法国年鉴派史学家费尔南·布罗代尔在《菲利普二世时代的地中海和地中海世界》一书中，运用了地中海地区十个国家的大量史料，包括山川海岸、平原岛屿、气候、城市、交通，以及人口、劳动力、财政经济、商业流通和宗教、海盗、战争、社会文化发展等等。布罗代尔正是在年鉴派的理论和方法的指导下分析和运用这些史料的，透过史料的表象去认识人与自然环境的关系，历史与空间、时间的关系，进而去分析社会经济状况和土耳其、西班牙在地中海争霸的进程。如果没有理论思维，这些孤立的史料没有任何科学的

① ［波］托波尔斯基：《历史学方法论》，2页。

② 转引自朱长超：《思维：地球上最美丽的花朵》，13页，重庆，重庆出版社，1989。

价值，更不要说以这些史料为依据去认识菲利普二世时期全面的历史状况了。

其二，通过理论思维，建立历史现象之间的内在联系，认识历史运动的因果关系。马克思主义认为，当我们深思熟虑地考察自然界、人类历史或我们自己的精神活动的时候，首先呈现在我们眼前的是一幅由种种联系和相互作用无穷无尽交织起来的画面。这就是说，整个自然界和人类社会是普遍联系着的，任何一种自然现象或社会历史现象都处于普遍联系之中，没有孤立的、不受他事物影响的事物，社会历史现象更是这样，只有坚持历史发展的辩证法才能认清这一点。恩格斯曾指出："要精确地描绘宇宙、宇宙的发展和人类的发展，以及这种发展在人们头脑中的反映，就只有用辩证的方法，只有不断地注视生成和消逝之间、前进的变化和后退的变化之间的普遍相互作用才能做到"。他还说："辩证法在考察事物及其在观念上的反映时，本质上是从它们的联系、它们的联结、它们的运动、它们的产生和消逝方面去考察的"。[①] 恩格斯这里所说的"精确地描绘"和"考察"，只能是以理论思维的方式进行的理论上的描绘和理论上的考察，因为在他看来，没有理论思维，就连两件自然的事实也联系不起来，或者连二者之间所存在的联系都无法理解。1871 年 3 月 18 日巴黎公社革命爆发后，马克思立即开始从英、法、德国的报刊上收集剪报，摘录大量材料，在 4 月至 5 月间写成《法兰西内战》草稿。5 月 30 日，即巴黎公社最后一个街垒陷落两天之后，《法兰西内战》定稿，这部著作虽然是根据巴黎公社的事实写成，但决不是编纂巴黎公社大事记，而是在对一系列重要事实科学分析、科学认识的基础上，总结巴黎公社的历史经验，更重要的是将这一事件放在法国史、欧洲史的联系中去认识，而不局限于事件自身的范围内，使之成为一个孤立的特殊的事件。正是这样，马克思才揭示了巴黎公社的伟大历史意义，进而发展了马克思主义关于阶级斗争、国家、革命和无产阶级专政的学说的基本原理。

其三，通过理论思维，对历史研究的结论进行归纳、概括，认识历史发展的一般规律和特殊规律。规律是直接观察不到的，如果没有

① 《马克思恩格斯选集》，第 3 卷，736 页。

理论思维，规律就将永远隐藏在历史现象和历史过程中，而无法为人所认识。因此，对复杂的社会历史现象进行深入研究之后，必然要遵循一定的理论和方法，通过理论思维来对其进行归纳和概括。特别是科学发展到今天，早已不是处在经验材料的收集阶段，已进入了高度的理论概括和演绎的阶段。这样，通过理论思维进行归纳和概括在科学认识中的作用就更重要了。所谓归纳和概括，是指对经验事实的概括，从个别性的前提推出一般性的结论。历史研究如果缺少这个环节，那是不完整的研究。因为历史研究的目的不仅仅在于积累历史文献，而在于探求这些历史文献中所蕴含着的历史真理。通过归纳和概括，人们在某一程度上获得了对社会历史运动的规律性认识，相对地更加接近历史真理。然而，这种认识永远不会穷极，紧随其后的，是以理论思维为特征的新的历史认识过程又将开始。从这种意义上说，正是历史认识能力的不断增强，史学科学认识功能的不断实现推动历史学发展的。

四、没有理论思维就没有历史学的科学认识

理论思维不仅仅是一种思维方式或一种思维手段，同时也是在各门科学体系中，人的意识掌握客观事物的形式。各门学科的理论形态，是它赖以存在和发展的土壤。在历史科学中，实现史学科学认识功能的理论思维不能离开史学理论。前者不仅从后者吸取丰富的营养，同时随着自身在实践中的发展，也使后者不断完善。因此，在讨论通过理论思维发挥史学的科学认识功能时，不能不涉及到史学理论在这一过程中的作用，及史学理论在整个历史科学中的作用问题。

我国史学界对史学理论的范畴与内容有两种看法。一种看法认为只包括历史认识论和历史方法论，而对客观历史过程中的理论认识所提出的历史理论即本体论不包括在内；另一种看法认为历史认识论、历史方法论、历史本体论三部分有机地结合在一起，共同构成史学理论。这两种观点各有各的道理，但从推动史学研究中的科学认识功能的发挥这一意义来说，笔者更倾向于第一种看法。因为建国以来，我国的史学理论研究基本上是在本体论的范畴内进行的，对历史认识论

和历史方法论的研究由历史唯物主义的研究所代替。只是“文革”十年动乱结束后，历史认识论和历史方法论的研究才逐渐为人们所重视，在这方面的研究仅仅是起步，还有大量工作要做。如果继续维持现状或在低水平循环，那无法为理论思维源源不断地提供必要的营养。如果理论思维赖以生存的土壤是贫瘠的，那史学科学认识功能的实现便是一句空话了。

为了提高历史研究的理论思维能力，按照科学的本质去充分地发挥历史科学的科学认识功能，必须加强史学理论——历史认识论和历史方法论的研究。

关于历史认识论的研究，在我国史学界已引起越来越多的人的重视，这从80年代末90年代初出版的几部史学理论方面的著作中即可清楚地看到这一点。[①] 1987年9月，在四川温江举行的全国史学讨论会，也曾就这一问题进行了较深入的研讨。之所以如此，首先受益于国内外哲学界在认识论方面研究所取得的丰硕成果，使史学界可以从本学科的特点出发，广泛汲取这些成果，不断充实和完善历史认识论的研究；此外，这也是史学发展的客观要求。历史认识论是对“历史认识”的认识，是对历史认识反思的理论。史学实践中所提出的种种问题，迫切要求从历史认识论的高度给予哲学意义上的回答，从而推动更多史学工作者对这些问题的关注和研究。关于历史方法论的研究，已逐渐由对单纯方法（包括传统的方法）的研究扩及到方法论的研究，涉及的主要内容有历史事实的还原、定量分析与定性分析、整体研究与跨学科研究、比较研究和相互作用思想及历史主义原则等，这些研究与历史认识论研究共同为历史研究中的理论思维奠定了坚实的基础，为历史学科学认识功

① 见姜义华等著：《史学导论》，陕西人民教育出版社1989年11月出版，第一章是《历史认识的基本特征》，主要内容包括历史认识活动的结构与过程，历史思维的方式与范围，历史认识的真理性及其检验；李振宏著：《历史学的理论与方法》，河南大学出版社1989年11月出版，中篇是《历史认识论》，主要内容包括历史学家的主体意识，历史认识中的客体范畴，历史认识的一般形式，历史再认识及其推动因素，历史认识的检验；宁可、汪征鲁编著：《史学理论与方法》，中央广播电视大学出版社1991年12月出版，第二章是《历史认识论》，主要内容包括一般认识论与历史认识论，历史认识实践过程的考察，历史认识的规律等。

能的实现，持续不断地提供锐利的武器。

然而，同整个中国史学的状况相比，史学理论的研究却仍显得薄弱很多。造成这种状况的原因很多。一方面可从整个中国古代学术发展的传统与影响看，特别是从传统的思维方式上看。“中国五千年灿烂文明显示，中国传统思维方式在历史上发挥过伟大的积极作用，有着很强的生命力，但是，当人类掀开了近代史的帷幕之后，中国古代思维方式的局限性就逐渐暴露了。中国传统文化观念从根本上说未能跟上世界先进国家迅猛发展的潮流，中国科学技术的总体水平远远被西方甩到了后边。这一无情的事实，自鸦片战争之后，一直激荡着所有爱国人的心扉”。① 这种状况不能不影响到作为古代学术重要组成部分的史学的发展。前人遗留下来的浩如烟海的历史典籍所反映出的理论分析不足（不是没有史学理论或理论分析），在很大程度上与此有关。另一方面可从建国以来历史研究的实践来看，新中国成立后，我国史学研究在马克思主义指导下所取得的成就，是任何时代无法比拟的。但是，“由于极左思潮的影响，对历史认识论与历史方法论的研究一度曾划为禁区。这方面的研究只是在近十几年里才活跃起来”。② 这就使我国历史研究多就事论事，对中外历史进程缺乏理论性的描述，使我国的马克思主义史学不能更好地发挥它应该发挥的作用。在这种情况下，二战后国际史坛上涌现出的一些有益的理论和方法，长期被拒绝在外，史学的科学认识功能被冷漠，也是必然的了。

为了繁荣我国的历史研究，提高历史研究的理论水平，在今天强调充分认识史学的科学认识功能是必要的。当然，这只能在加强研究中的理论思维，全面提高史学理论研究水平的情况下才能办到。这是作为整个科学体系组成部分之一的历史学发展的客观要求，也是中国

① 张岱年等著：《中国思维偏向》，4 页，中国社会科学出版社，1991。该文作者认为中国民族的传统思维特点是重视事物的功能联系，轻视实体形质，对问题强于综合而弱于分析，重视时间因素超过空间因素，具有整体性、对待性、直觉性、模糊性、内向性、意象性等。“这些特点彼此渗透容纳，不是自各孤立的一端”。参见第 2 页。

② 宁可、汪征鲁编著：《史学理论与方法》，18 页，北京，中央广播电视大学出版社，1991。

史学走向现代化的必经途径。不过我们应清醒地认识到，这一切只能从中国史学的传统和现实做起，不能完全抛弃传统，也不能脱离实际去照搬照抄外国的东西。在马克思主义指引下，从实际出发引进和借鉴外国史学一切好的东西，特别是加强史学理论方法论的研究，并自觉应用于研究实践，我国史学在较短的时间内一定会取得更大的成就。

科学革命和历史思维

1883年恩格斯在马克思葬仪上的悼词中指出："在马克思看来，科学是一种在历史上起推动作用的、革命的力量。任何一门理论科学中的每一个新发展——它的实际应用也许还根本无法预见——都使马克思感到衷心喜悦。"他还强调：马克思"始终把科学首先看成是历史的有力的杠杆，看成是最高意义上的革命力量。"① 但是，长期以来，对科学发展在社会历史矛盾运动中的地位和作用的研究，以及对科学革命的社会功能的研究，都没有受到应有的重视。近年随着科学技术的蓬勃发展，这些问题已引起了国内外学术界的重视。"科技、教育与社会进步是目前国际上讲座的热门问题。第二次世界大战以后，科学技术发展突飞猛进，大量科技成果迅速转化为生产力，科学技术不仅推动着经济的大幅度增长，而且正在改变着社会的劳动结构和产业结构，影响着人们的生活和思维方式。"② 本文不可能对

① 《马克思恩格斯选集》，第3卷，777页。

② 钱三强：《科学与社会·序》，见王敏慧：《科学与社会》，1页，长春，吉林教育出版社，1991。

上述问题进行全面研究，仅就科学革命影响下，历史思维的某些问题作一初步探讨，抛砖引玉，以期引起大家对这个问题的关注和深入研究。

一、科学革命的社会意义和社会功能

关于科学革命问题，最早对其进行研究的是英国哲学家和历史学家威廉·休厄尔[①]。他在代表作《从远古到现代的归纳科学史》（1837）、《科学思想史》（1858）、《新编新工具》（1858）和《论发现的哲学》（1860）等著作中探讨了科学发展与社会政治发展及哲学发展的联系，强调科学发展是一个历史过程。马克思主义经典作家非常重视科学发展中的每一件新成就。马克思在谈到1848年欧洲革命时曾说："蒸汽、电力和自动纺织机甚至是比巴尔贝斯、拉斯拜尔和布朗基诸位公民更危险万分的革命家"，因为作为19世纪特征的伟大事实之一便是"产生了以往人类历史上任何一个时代都不能想象的工业和科学的力量。"[②] 他认为分工、蒸汽力和机器"是从18世纪中叶起工业用来摇撼旧世界基础的三个伟大的杠杆。"[③]

近年国外学者对科学革命的研究，首先涉及到的是对"科学革命"这一概念的理解。主要有两种不同的观点：美国科学哲学历史学派代表人物库恩认为，"革命是一种变化，包括对集团所遵循的规章作某种修改，但这不一定是大变化，不一定使那些孤立的封闭的社团（其成员可能不多于25人）之外的人感到是革命性的。"[④] 但库恩与英籍奥地利科学哲学家卡尔·波普尔并不相同。波普尔认为一个理论的解决或一种假说的证伪就是一种"科学革命"。库恩同时还认为，在一次科学革命之后，科学家们是对一个不同的世界在做出回答，即科学革命使科学的形

① 见［美］I.B. 科恩：《威廉·休厄尔与科学革命的观念》，载《波士顿科学哲学研究》（Cohen I.B.：William Whewell and Concept of Scientific revolution—In：*Boston stuties in the philophy of science*）1976年第39卷。

②《马克思恩格斯选集》，第1卷，774页。

③《马克思恩格斯全集》，第2卷，300页，北京，人民出版社，1957。

④［苏］库恩：《科学革命的结构》，227页，莫斯科，1975。

象和评价标准都发生了重大变化。原苏联的一些学者不同意库恩的观点，他们认为“在谈真正的科学革命之前，现实和‘库恩图式’之间一切都不吻合。”“科学革命是指自然科学或是在自然科学相当大的一部分中发生的深刻的变化。”① 科学革命是“科学史上事实材料和理论材料在量上和质上的渐近积累转变为急剧的、跃变形式的推进，转变为提出的观念和处理方法具有远景意义，导致基本科学观点发生重大变化，形成新的科学面貌和新的科学思维风格，并开辟了科学发展新方向的时期。”②

笔者认为，科学革命的实质，首先在于科学方法、科学方法的作用方式、科学认识的手段（物质的和精神的）的完善和提高，以至发生了根本的变化。而这一切的基础则是科学思维方式的发展。在任何一门科学中，提出新问题，研究新问题固然十分重要，但更重要的是找到解决新问题的有效的途径和方法，使科学理论和方法论建立在崭新的科学思维范畴基础上，使思维主体不仅具有新的理论知识结构，同时应具备新的思维心理结构和新的思维能力。因此，科学革命使科学技术发生根本变化，首先是科学观念的根本变革，是科学理论、科学方法和科学思维发生了深刻变革。正如科学家 J. D. 贝尔纳曾明确指出的那样，“许多科学观念的改变就总合成为一场科学革命。”③ 科学革命从某种意义上可以说，它首先是科学思维的飞跃和科学思维活动的革命，然后才是科学理论和科学事实的根本变革。科学革命是“在思维方面的伟大变革”，④ 对人类认识史上发生的一系列重大事件有直接的影响。明确这一点，对我们下面将要讨论的科学革命对历史思维的影响有重要的指导意义。

在科学革命的过程中，科学思维方式所以发生根本的变化，形成新

---

① ［苏］金兹布尔格：《对物理学和天体物理学的方法论及发展的意见》，见论文集《集证世界观和现代自然科学方法论》，89、94页，莫斯科，1983年。金兹布尔格在这里所说的“库恩图式”指库恩在《科学革命的结构》一书中多次使用的“规范科学”、“反规范”、“超常研究”、“规范更替”等概念的总和。

② ［苏］弗罗洛夫：《生命与认识》，55页，莫斯科，1981。

③ ［英］贝尔纳：《历史上的科学》，210页，北京，科学出版社，1981。

④ ［苏］米库林斯基：《历史科学思想发展纲要》，204页，莫斯科，1988。

的特有的思维方式，并作为某一时代科学思想精华的前提和基础，进一步推动科学的发展，主要是由于思维方式的要素，即思维客体、思维主体和思维工具发生了根本的改变的结果。作为科学发展的一种规律性的现象，论述这个问题对我们认识现代历史思维的某些特点同样是有意义的。因为现代历史学作为一门科学，它的思维方式的基础和当代一般科学思维方式的基础是相通的。

科学革命使思维客体发生重大变化，直接后果是出现了一系列新的科学领域和重大研究课题，特别是传统的思维客体相互交叉和融合，出现了一些崭新的横断学科，明显地表现出当代科学发展的整体性和综合性趋势，迫切要求人们以新的思维活动方式回答这些复杂的问题。在这种情况下，不少崭新的思维客体（无论是自然的还是社会的）所提出的问题，已不是某一门传统的学科所能单独研究和解决的。包括历史学在内，各科学学科更加重视把具有整体性和综合性的研究对象作为自己思维和研究的客体。

思维主体的变化，主要是在科学革命的影响下，人的实践方式的变化决定了思维主体的知识结构和思维心理结构发生变化，并在实践中培养新的思维能力和认识能力，进而形成新的思维方式。这里应特别提及的是思维主体的集体性和社会性问题。库恩在其科学革命学说中广泛使用着“科学共同体”或“科学家集团”这个概念。在他看来，科学虽然是由个人进行研究的，但其本质上却是集体的产物。不提及产生它的那些集体，它的特殊的效力和它怎样发展起来的方式都将不会被理解。库恩在其代表作《科学革命的结构》（1962 年芝加哥大学出版社出版）中，将影响颇广的“范式”这个概念同“科学共同体”这个概念往往是联系在一起使用的。在他看来，两者联系极其密切，“范式就是一个给定共同体的成员所共有的信念、价值标准、技术等等的整整一群……范式是一个科学共同体的成员们，而且仅仅他们所共有的东西。”[①] 当代科学的发展，已使个人闭门造车成为历史。学者个人艰苦的理论探索和辛勤劳动同与科学发展、社会发展保持密切联系并不矛盾。相反，这两

① 江天骥：《当代西方科学哲学》，120 页，北京，中国社会科学出版社，1984。

者的有机联系和统一，恰恰是思维客体在科学革命影响下所呈现出的整体化综合化趋势对思维主体提出的客观要求。自然科学如此，社会科学如此，历史科学当然也不例外。思维主体的集体性和社会性不断加强，同思维客体发生的重大变化是一致的。今天，社会发展和历史学自身发展向史学工作者提出的一系列崭新问题和重大课题，任何个人都很难单独完成，这就要求他们走出书斋，去和同行、和相关学科的广大学者结成同盟共同去探讨。

科学革命影响下思维工具的变化，包括两方面的内容。其一是提供了新理论思维工具。科学革命过程中出现的新理论新成就新学科新观念为理论思维工具的丰富和发展源源不断地提供着必需的营养，这些新工具为思维主体更全面更科学地认识日益复杂的思维客体提供了保证。其二是提供了新的观察工具和实验工具、计量工具，即现代化的技术手段。这些手段作为思维工具，是思维主体深入认识思维客体的前提之一。这种情况在现代历史科学中已很常见。某些专题研究或历史进程中某些重大理论问题的研究，已由史实的描述转向理论的描述。在马克思主义哲学的指导下，广泛采用有关的史学理论方法论和计量、比较和心理学、社会学、人类学、人口学的方法，极大地开拓了历史研究的视野。"具有理论性是社会科学的特征。假如历史学家要使他的著作有理论深度，他就必须采取非历史学的方法和原则"。自然，这里指的是"以经验为特征的历史学"。[①] 只有自觉接受科学革命提供的新的思维工具，才能提高历史研究的科学性，即使对一些传统的课题，也可利用新的工具从新的角度重新做出更加符合历史实际的结论。

综上所述可以看出，在科学革命过程中，思维客体、思维主体和思维工具不可避免地发生着变化，而这些变化又决定了人们的思维方式不可避免地发生根本变革。这是科学革命对人的思维方式发生作用的机制，也是科学革命的社会功能的主要表现之一。历史科学既具有该学科的特点，同时也具有科学的一般的质的规定性。历史思维的发展、演变和变革和其他科学学科具体的思维一样，同样会受到科学革命的影响。

① ［英］G. S. 琼斯：《从历史社会学到理论历史学》，见蔡少卿主编：《再现过去：社会史的理论视野》，227 页，杭州，浙江人民出版社，1988。

当人们将历史思维发展史同科学发展史联系起来看时，就可以发现两者之间的密切关系，以及这种密切关系所反映出的规律性现象，这也是本文下一节将要讨论的。

二、科学革命和历史思维同属一定的历史范畴

虽然国内外学术界对历史上已经发生的和正在发生的科学革命（或科学技术革命）的认识存有分歧，① 但有一点是共同的，即都不是把科学革命看成仅仅是科学领域内部的事，而重视其社会意义。在从多角度探讨科学革命的一般的社会功能，如对思维方式的影响时，一些学者还致力于探讨科学革命和社会革命的关系。

将思维——历史思维同科学发展——科学革命联系在一起进行讨论，这是因为它们作为一种广义的文化过程，都属于一定的历史范畴。“思维过程本身是在一定的条件中生长成的，它本身是一个自然过程”。② 在这个过程中，思维方式的形成、发展和演变，同某一时代的

① 德国学者于尔根·库钦斯基在探讨这个问题时，是从研究历史上生产力发展的革命进行的，将技术革命也包括在内。他认为生产力的发展有以下4次革命：1. 第一次革命（1540—1640），当时使用的动力由木柴改为煤，作为生产力的人从封建关系中解放出来。2. 工业大革命（1760—1860），蒸汽机等新的机器和工具使工场手工业变成大工业。3. 电工技术革命，电动机排挤了蒸汽机。4. 科学技术革命，自动化装置代替了手操纵工具。另一位德国学者沃尔夫冈·约纳斯对此提出异议。他认为除第二次革命外，其余三次提法均不妥。参见于尔根·库钦斯基著《生产力的四次革命——理论和对比》，商务印书馆，1984年版。原苏联学者凯德洛夫在1980年出版的《列宁与科学革命·自然科学、物理学》中提出，人类的科学革命从古到今有4种类型：1. 从外观到实质的哥白尼革命（16—18世纪）。2. 从不变性到发展的康德革命。3. 自然科学最新革命。4. 20世纪中期开始的科学技术革命，中国学者一般认为有4次科学革命：1. 从16世纪中期哥白尼天文学革命开始，主要标志是牛顿、伽利略等建立了经典力学体系，诞生了近代科学。2. 19世纪中叶，在纺织机、蒸汽机发明和应用的第一次技术革命的推动下，开始了以热力学、电磁学、化学、生物学为代表的科学革命，19世纪成为“科学的世纪”。3. 19世纪末20世纪初开始的现代科学革命。4. 20世纪中叶开始的现代技术革命。在当代，科学革命和技术革命相互影响，已融为一体，无法分开。

② 《马克思恩格斯选集》，第4卷，581页。

社会生产力、生产方式、科学技术水平、政治法律制度及人们的实践方式有着密切的关系，并受到制约。① 所以，思维是历史的产物，“它在不同的时代具有完全不同的形式，同时具有完全不同的内容。因此，关于思维的科学，也和其他各门科学一样，是一种历史的科学，是关于人的思维的历史发展的科学”。② 如果说人类历史各个经济时代的区别，不在于生产什么，而在于怎样生产，用什么劳动资料生产，那么，科学史各个主要发展阶段的重要标志则不在于研究些什么（自然，这个问题十分重要），而在于用什么方法研究，怎样研究。科学的力量首先在于科学方法和科学方法的作用方式，而方法同思维方式是不可分开的。在科学研究中，“思维方式改变实质上是科学方法改变，这种改变将涉及到基本的主导的知识表达形式。思维方式的改变就是我们关于科学理论理想形式认识的改变。”③ 这种情况适用于各门科学学科，历史学自然也不例外。思维方式和研究方法的这种有机联系及辩证关系，已为科学史上的无数事例所证实。

以 19 世纪——因科学得到迅猛发展而被称为“科学的世纪”为例：与能量守恒和转化定律相对应的是守恒—转化方法，即对称方法；与达尔文的进化论相对应的是起源—演化方法、考古方法；与细胞学说相对应的是结构分析法、基元法；与麦克斯韦的电磁理论相对应的是科学的假设方法和数学—物理方法；与门捷列夫元素周期律相对应的是量变—质变方法。上述的自然科学方法并非只适用于自然科学领域，因为“无论是哪一个专门领域产生的科学方法，一旦能从中抽引出普遍的哲学范畴，则所对应的科学方法对自然、社会和思维都是普遍适用的。”④ 史学史表明，正是在上述科学迅速发展——人类第二次科学革命的广阔历

---

① 关于这个问题，可参见［英］李约瑟著：《中国科技史》，第 2 卷。他从科技发展的角度详尽地探讨了中国文化传统的哲学思想和思维方式。

② 《马克思恩格斯选集》，第 4 卷，284 页。

③ ［苏］萨奇柯夫：《思维方式与研究方法》，见论文集《辩证世界观和现代自然科学方法论》，230 页，莫斯科，1983。关于这个问题，还可参见该论文集收入的［苏］萨罗辛的论文《论科学思维方式和方法的相互关系》，286～289 页。

④ 查有梁：《科学方法的结构》，见《中国社会科学》等编：《当代社会科学研究新工具》，37 页，北京，华夏出版社，1988。

史背景下，史学才出现了前所未有的变化，以至后人还把19世纪称为“历史学的世纪”。这种变化首先是历史思维的变化。达尔文的进化论从根本上动摇了以牛顿力学为基础的机械论世界观的绝对统治地位，包括历史学家在内的许多学者开始把人类历史看成是不断进化的有机体。与直觉的、模糊的和整体的思维方式不同，19世纪中叶实证主义史学的勃兴标志着一种崭新的历史思维，即以实证性、精确性和局部性为特征的历史思维的诞生，对整个西方史学的发展产生了重大的影响，这种影响在今天仍可看到。

实证主义史学起源于法国哲学家和社会学家奥古斯特·孔德创立的实证主义。实证主义（或实证哲学）的基本思想是把科学从形而上学和神话中划分出来。孔德把人类历史划为神学、形而上学和科学三个阶段，即神学的社会，形而上学的社会和实证的社会。孔德强调他所用的“实证的”（positiv）一词有以下5种意义：“（1）现实的而不是幻想的；（2）有用的而不是无用的；（3）可靠的而不是可疑的；（4）确切的而不是含糊的；（5）肯定的而不是否定的”。[①] 实证主义者认为，只有现象和事实才是实证的东西，它们是一切认识的根源，只有从经验而不是通过理性才可能把握感觉材料，科学知识应该是实证的。尽管如此，孔德的世界观中也含有辩证思维的内容，“他否认孤立地认识个别事实的可能性，主张要研究各种事实的相互联系，并要求把这些事实放在它们所组成的更大的整体范围中来考察它们的作用。例如，在探讨个别器官的活动时，必须看到整个有机体的结构和特性，而社会生活的每一个现象都同时代、文明、人类这些整体性有关”。[②] 这些认识，符合19世纪欧洲实验自然科学迅速发展所决定的思维方式。

在实证主义的影响下，法国的实证主义史学代替了浪漫主义史学；英国史学家托马斯·巴克尔致力史学科学化的艰苦理论探索，在《英国文明史》等著作中寻求人类活动的规律。德国史学家兰克主张“如实直

---

① ［法］孔德：《实证哲学精萃》，35页，圣彼得堡，1910。转引自［苏］H.C.科恩主编：《十九世纪至二十世纪初资产阶级社会学史》，16页，上海，上海译文出版社，1985。

② ［苏］H.C.科恩主编：《十九世纪至二十世纪初资产阶级社会学史》，18页。

说”的“客观主义”态度，集中反映了19世纪实证主义史学的精神。此外，他还在其代表作《教皇史》中首次指出集体撰写德国科学史的备忘录，并提出《德意志科学史提纲》。兰克的史学理论和实践影响甚广，形成了近代西方史学的兰克学派，实证主义史学成为西方19世纪史学的主流。

实证主义史学深受19世纪科学革命所导致的科学观念的变化的影响，史学家开始精细地研究史料和史实，同18世纪史学相比，大量史料和考古成果被发掘出来公布于世，历史知识开始急剧地增加和大量地积累，为近现代历史学的发展创造了有利的条件，但是，实证主义史学家在精确地重视细节问题，极力避免“把他们的题材涂上他们自己感情反应的色彩”，也产生了消极的后果。柯林武德认为，“实证主义在它那工作的这一方面所留给近代历史编纂学的遗产，就是空前的掌握小型问题和空前的无力处理大型问题这二者的一种结合。”同时，不对事实进行任何判断，反对判断事实，“就逐渐意味着，历史只能是外界事件的历史，而不是产生这些事件的思想的历史。”① 柯林武德的著名命题“一切历史都是思想史”自然还可讨论，但他对19世纪实证主义史学弊端的分析却是中肯的。在人类历史上，19世纪不仅是“科学的世纪”，而且还作为“英雄的时代”载入史册。

19世纪40年代马克思主义诞生是人类思想史上的划时代革命。马克思主义创始人在建立马克思主义哲学体系时，对19世纪自然科学的最新成就进行了总结。恩格斯在谈到作为19世纪科学革命主要标志的三大发现对马克思主义哲学的意义时说：“首先是三大发现使我们对自然过程的相互联系的认识大踏步地前进了”。②“由于这三大发现和自然科学的其他巨大进步，我们现在不仅能够指出自然界中各个领域内的过程之间的联系，而且总的说来也能说明各个领域之间的联系了，这样，我们就能够依靠经验自然科学本身所提供的事实，以近乎系统的形式描绘出一幅自然联系的清晰图画。”③ 正因为如此，马克思、恩格斯都把三大发现视为马克思主义哲学的直接自然科学基础。

---

①［英］柯林武德：《历史的观念》，149页。

②《马克思恩格斯选集》，第4卷，245页。

③《马克斯恩格斯选集》，第4卷，246页。

1867 年《资本论》第 1 卷出版，马克思把社会主义学说置于坚实的科学基础上。他在分析资本主义经济形态及发展规律，论证资本主义学说置于坚实的科学基础上。他在分析资本主义经济形态及发展规律，论证资本主义生产方式发生、发展和灭亡的客观规律时，使用了从抽象上升到具体的方法；价值分析方法；科学抽象方法；透过千变万化的现象揭示其本质，透过大量偶然的东西认识其必然性等方法。这一切具有普遍的科学方法论意义，特别是唯物辩证的思维方法和抽象思维能力，在分析社会历史现象时显示出任何其他思维方式所无法替代的作用。马克思主义哲学的唯物史观使人类历史的研究成为科学，为历史科学奠定了坚定的理论方法论基础，对人们科学地认识过去、现在和未来有巨大的指导意义，而这一切，则是实证主义史学所无法比拟的。

20 世纪科学发展的主要特点之一，是自然科学和社会科学都出现了从“搜集材料的科学”向“整理材料的科学”的转化，即科学认识的重点开始从积累变为整理。与此同时，表现为建立在实验基础上的归纳的方法的科学思维方式，逐渐为新的更加符合新时代科学发展要求的新的科学思维方式所代替。西方反归纳主义的浪潮就是在这种背景下发生的。作为科学发展的规律，历史学也不例外。一些史学家清楚地看到了这种规律性的变化，并强调包括历史学在内的各个学科在自身发展过程中“以反思为主的时期的意义的确是难以估量的。只有在科学能够从旁观的角度观察自己、观察自己的实践的时候，才能对其认识手段加以检验、磨练和充实，才能造成使它过渡到掌握它所研究的实际这一崭新阶段的前提。”① 战后历史研究理论化趋势不断加强，一系列历史学分支学科建立，并对历史过程重视进行理论描述而不是编年体式的叙述，便是这种转化在历史学中的具体表现。历史学等科学学科出现这种情况有许多直接和间接的原因，但最基本的或最深层的原因则归于 20 世纪的科学技术革命。因为“现代科学不是孤立地而是在科学体系中发展的，这就是说，体系之中的某个环节发生的认识大变动，在其余的所有环节

① ［苏］巴尔格：《历史学的范畴和方法》，3 页，北京，华夏出版社，1989。

上是不可能不留丝毫痕迹的。战后时期展开的科技革命，大大丰富了当代整个科学思维的范畴—概念体系。”[①] 特别是20世纪的自然科学的四大成就极大地丰富了辩证自然观，它们丰富并加深了世界的发展原则和统一原则，大大加深了自然界发展的动力是矛盾的观点，使一些更深刻的基本矛盾被揭示出来了，同时还加深了自然界有着无限层次的系统的观点，宇宙在无限的层次中无限地存在着和发展着。[②]

这些科学成就不仅具有重大的科学意义，同时还具有重大的社会意义，因为它们鲜明地表现出具有现代科学特征的开放的、多维的、系统综合的新的科学思维方式，直接产生了一系列具有深远意义的新的科学方法，如：与相对论相对应的是探索性演绎法、直觉方法、对称方法和对应方法；与原子结构、量子力学、粒子物理相对应的是互补方法、对应方法和结构分析方法，与控制论、信息论、系统论相对应的是反馈控制、功能模拟、运筹方法、信息方法、系统方法和状态变量分析方法；与电子计算机相对应的是程序语言和人工智能方法；与分子生物学相对应的是结构—功能分析方法和信息方法。这些新的科学方法“是这门或那门学科发展水平的最重要的标志之一”，是使科学日新月异的最主要的因素，推动其前进，同时在科学发展中有长远的意义，因为“任何科学认识的过程都是由三种成分组成的：即认识的客体、认识的主体和认识的方法。主体利用一定的方法去认识被研究的客体。显然，新的认识的深度和广度取决于被运用的方法的效力。”[③] 这些新的方法向历史学传统的方法提出挑战，要求历史思维在科学发展的新阶段有所更新。历史思维的更新不仅使史学工作者提高获得历史信息的数量和质量，更重要的是有助于开拓历史研究的视野，提高历史认识的能力，提高历史研究的效率。一位科学哲学家说：“在一切科学中，通过其外部表象深入

① [苏] 巴尔格：《历史学的范畴和方法》，3页。

② 20世纪自然科学的四大成就指相对论；原子结构和基本粒子的发现与量子力学；电子计算机的发明和控制论、信息论、系统论的建立；分子生物学，特别是核酸的分子结构和遗传密码的发现，参见查汝强《二十世纪自然科学四大成就丰富了辩证自然观》，《中国社会科学》1982年第4期。

③ [苏] 柯瓦利琴科：《历史研究的方法论》，4页。

到现象的内在原因才称得上是最重要的、最珍贵的与最诱人的。”[①] 这完全适用于现代历史科学。实践表明，现代历史思维的一些基本特征完全反映了现代科学发展的这一客观要求。

三、科学革命影响下的现代历史思维

关于现代历史思维的基本特征，笔者在一篇论文中曾从科学的辩证思维、创造性思维和系统性思维等方面进行了概括。[②] 这些特征同时还反映了现代历史思维的发展趋势，同在科学革命影响下，现代历史思维出现的一些新变化并不矛盾。这些新变化主要表现为在上述基本特征的范畴内强调宏观与微观的统一、定性与定量的统一、精确与模糊的统一。对这些新变化进行初步的探讨，有助于深入理解现代历史思维的基本特点。

人类的历史是许多世纪以来依次更迭的生产方式的发展史。随着生产力和生产关系的发展，历史愈益成为全人类全世界的历史。在欧洲，是在文艺复兴运动时期才出现了具有近代意义的世界历史著述。威尼斯人文主义史学家萨贝利科的《恩奈阿德》记述了自古以来到他所生活的那个时代的世界历史，被认为是世界史著述的开端。这同当时资本主义生产关系的迅速发展，海上交通的空前发达，以及近代自然科学划时代的发现所造成的社会政治、经济、文化思想出现了历史性的转折有密切的关系。但是，阶级和时代的局限使当时的学者认识不到“世界历史”是人类历史规律性的发展结果，而将其视为不同地区不同国别不同民族孤立的闭塞的历史的叠加，反映在历史研究中，多是历史过程的编年记载，而不去探究各种历史事件或过程之间的内在联系及相互影响。

近代一些学者已清楚地看到了这一点。黑格尔在《哲学全书》中论及整体与部分的关系时曾举例说：“不应当把动物的四肢和各种器官只看作动物的各个部分，因为四肢和各种器官只有在它们的统一体中才是

① [苏] 泽利多维奇：《基本粒子和夸克的分类》，见《物理科学成就》杂志，1965 年第 86 卷第 2 分册，313 页。

② 参见拙文《论历史思维》，见《当代西方史学思想的困惑》，176～182 页，北京，中国社会科学出版社，1991。

四肢和各种器官，它们绝不是和它们的统一体毫无关系的。四肢和各种器官只是在解剖学家的手下才变成单纯的部分，但这个解剖学家这时所处理的已不是活的躯体，而是尸体”。[①] 在历史研究中，这种割裂历史过程、历史现象之间普遍联系的研究法至今仍有影响。将人类历史矛盾运动人为地分解成毫不相干的若干事件或过程，然后再用这些孤立的过程或事件去解释生动复杂的人类历史，那是无法了解历史的本质联系的，因为这时的历史“已不是活的躯体，而是尸体”了。

强调历史研究中宏观与微观的统一，就是把人类的历史看作是有内在的联系有客观规律性的有机体，通过历史的偶然认识历史的必然，通过历史现象的一般联系认识历史现象的普遍联系，通过某一断代某一地区某一国别或某一民族的历史运动及其联系，认识人类历史发展的普遍规律和特殊规律。美籍奥地利生物学家贝塔朗菲用“要素”与“系统”这两个概念解释“部分”与“整体”的相互关系时曾指出：“一个要素在系统内部的行为不同于它在孤立状态中的行为。你不能从各个孤立的部分概括出整体的行为，为了理解各个部分的行为，你必须把各种从属系统和它们的上级系统之间的关系考虑进去。”[②] 这段话对历史研究颇有启示，事实证明，对人类历史仅强调宏观研究或仅强调微观研究的思维定式都带有其局限性。前者从宏观到宏观，无法获得准确的历史信息，无法形成理性的历史认识，这样，无论是历史过程的描述还是理论描述都失去了可靠的前提。后者从微观到微观，无法将研究客体放到人类历史发展的广阔背景中去进行全面的认识，往往只看到历史的表象，而忽略历史表象背后所蕴含的有重大社会意义的更深刻的内容。在历史研究中，将宏观与微观统一起来，特别是通过微观说明宏观，是科学的辩证思维的重要组成部分，近年已引起越来越多史学工作者的重视。

定量研究用于社会科学，可追溯到 17 世纪。当时英国统计学家、古典政治经济学创始人威廉·配第在《政治算术》一书中，已强调用“数字、重量和尺度”来解释社会经济现象。但在历史研究中运用定量

---

① 见《马克思恩格斯选集》，第 4 卷，793 页注释 249。

② [美] L.V. 贝塔朗菲：《一般系统论基础、发展和应用》，63 页，北京，清华大学出版社，1984。

分析，并取得一定的成效，产生了一定的影响，则是20世纪50年代末开始的，历史研究一向擅长定性描述和论证，而与定量研究似乎没有任何关系。这种情况主要是客观研究条件的限制造成的。历史研究运用计量方法不是不可能，而是不可为。在现代科学革命的影响下，情况已发生了根本的改变，特别是思维主体由人扩大到人—机系统，利用电子计算机，使人的思维发生了飞跃。拉法格在回忆马克思时，曾谈到马克思认为"一种科学只有在成功地运用数学方法时，才算达到了真正完善的地步。"① 不难看出，战后计量方法在国际史坛的影响日渐增长，至今方兴未艾，乃是历史学随着人类社会的发展，其研究方法在新的科学发展时期不断完善、成熟的结果。然而，历史学的定量研究决不仅仅是个抽象的方法问题，它首先是一种崭新的历史思维。这是思维主体对客体认识的一种新的观念，即任何事物都是质和量的统一，在认识历史过程的性质的同时，认识这一过程中一系列事物的空间形式和数量关系。只有将这两者结合起来，才能对客体有全面的深入认识。

长期以来，人们习惯于把数学同物理、化学等自然科学划在一起，而忽略了数学自身所独具的特点，即它的研究对象不是某一具体的物质或物质的运动形态，而是从客观世界所提取出来的量的关系。从这种意义上说，数学是思维工具，是认识自然和社会的工具。人们长期重视的是数学可以提供科学的计算方法和科学的语言，而忽略了它还向人们提供了科学的思想方法，是"思想工具"。

历史研究中的定量分析便是数学作为思想工具的具体应用。关于这个问题的一般阐释，近年国内外著述颇多，本文不再赘述。这里所要强调的，是在历史研究中，如何利用定量分析更充分地发挥数学的辩证思维力量，去认识和分析史料，如何从量的关系方面分析历史矛盾运动过程中的内在联系和本质性的内容。在这个科学抽象的过程中，既需要数学的理论和方法，更需要历史学的理论和方法。即当构筑一个有效的数学模型时，把历史过程或历史现象通过这个模型用数学语言表述出来仅仅是第一步，紧接下去的是对这种数学语言表述的内容进行历史的分析

① [法] 保尔·拉法格等：《回忆马克思恩格斯》，7页，北京，人民出版社，1973。

和判断，揭示量的关系中所反映的质的内容。只有这样，才能掌握科学的历史信息，才能使历史研究的定性分析建立在精确的可靠的基础上。对历史学来说，这种定量分析与定性分析的统一，不仅在很大程度上克服了历史研究结论的粗略和空泛，同时，定量分析卓有成效的运用，还为历史研究提供了新的视角。不仅在经济史，而且在文化史、思想史、军事史、社会史等专史研究中开拓了许多新领域。近年国内外历史研究的实践已充分证明了这一点。不过，这里应明确指出的是，在历史研究中，仅仅通过定量分析——将定量分析绝对化——往往会得出十分荒谬的结论，因为计量方法代替不了分析方法和综合方法，史料不仅有自然属性，同时还有社会属性。它的社会属性的社会意义必须通过定性分析方法才能认识到，这不仅需要史学的理论和方法，同时其前提首先应是在科学的世界观的指导下进行。

数学成为历史思维的工具不是偶然的，这是19世纪以来，数学科学在科学革命大潮的推动和影响下，自身迅速发展的必然结果。数学不仅可以反映自然界和自然科学中的某些本质内容，同时也可描述社会历史领域中的某些共同的内容。它不仅为认识自然史，同时也为认识人类史提供了有力的认识工具。数学化已成为当代社会科学发展引人注目的重要趋势之一。同逻辑科学形式化一样，正在不断发展的数学形式化同样是人类思维的重大成果。用数学语言代替自然语言去描述历史现象或历史过程，这是向传统的历史思维方式提出的挑战。在我国的历史研究中，定量分析自20世纪80年代起已引起不少学者的重视，但从研究实践看，并不尽人意，远没有发挥出这种研究方法应发挥的作用。造成这种情况的原因很多，但不可否认，其中主要原因之一，就是对科学研究中定性化与定量化相统一这一崭新的科学思维方式的研究不足，当人们对其没有透彻了解的情况下不可能去尝试，更谈不到自觉地有意识地去运用。在历史思维的具体实践中，它没有占有应有的地位，自然也就不可能发挥其应发挥的作用。

实际上，传统的定性研究也不可避免地存在着定量研究。只是没有自觉地意识到罢了。当人们分析某一历史现象或过程时，都可找到某种直接的或间接的量的规定性和质的规定性。离开一定量的质和离开一定质的量都是不存在的。在历史认识过程中，人们往往通过对历史现象量的内容和量的变化的研究，更准确地去认识质的内容，进而认识历史运动的规律。定量分析和定性分析并不相互排斥或对立，相反却互为前提、互相补充、互相规定和互相转化。数学方法作为一种思维工具，在科学研究中的作用，主要表现为提供准确的形式化的语言；提供数量分析和计量的方法；提供逻辑推理的工具。这些都适用于历史研究。随着历史思维方式的不断更新，在定量分析的基础上进行定性分析，并尽可能在更广泛的社会历史背景下从定量与定性的统一上去认识历史现象，必然会使历史研究的结论更符合历史实际，使其更有效地发挥其科学认识功能。

关于精确与模糊的统一，这个问题在现代历史思维中尤其重要，对提高历史研究的科学水平有重要意义。

19世纪以来，科学革命的重要成果之一，便是精确思维和精确科学得到迅速发展，特别是20世纪科学技术革命的重大成就，使精确性思维发生了新的飞跃。电子计算机不仅为人们提供了现代化的运算工具，同时为精确化思维向纵深发展奠定了必要的物质基础。所谓精确化思维，主要是指以精确的数理语言和形式化语言对思维客体进行精确的定量化或完全形式化的表述，通过对有关客体的精确信息进行定量分析来揭露客体的本质。正是由于精确性思维的上述特点和优点，决定了精确性成为近代以来自然科学的重要特征之一。与此同时，人们逐渐形成了这样一种根深蒂固的观念，即一切都应当精确化，似乎越精确越好，盲目地将“精确”与“科学”画了等号，对尚没有精确化的东西，所考虑的往往是如何去实现它的“精确化”，即所谓的“科学化”，而很少去考虑它是否能够精确化或是否有必要精确化。

当论及精确性思维时，一些人的重大失误之一便是没有分清思维客体是“清晰对象”还是“模糊对象”，这也是产生上述“一切都应当精确化”的观念的基本原因。实际上，“清晰对象”和“模糊对象”两者的逻辑基础完全相反。与前者相联系的精确性思维是建立在二值逻辑的基础上，即“非此即彼”，而后者的思维则建立在多值逻辑的基础上，即“亦此亦彼”或“非此非彼”。无论在自然界还是在人类世界，事实上存在着许多模糊事实。对这些事实往往无法作出精确的结论，即非此即彼的结论，而只能得出亦此亦彼或非此非彼的模糊性结论。模糊性思维是由思维客体的量的规定或质的规定模糊，即它的类属及性态的不清晰性或不确定性决定的。不难看出，模糊性是对客体质的不确定性的反映。它与精确性并不对立，作为精确性的另一种表现形式，它只对精确性的绝对化（即对客体的判断完全是非此即彼）予以否定。显然，“模糊”并无含混不清之意，模糊性思维并不是糊里糊涂，相反，在一定的为避免误解，一些学者主张将“fuzzy”按音译成“弗晰”，如“fuzzy logic”译作“弗晰逻辑”。①

正由于模糊性是思维的固有特征之一，自20世纪20年代起，模糊思维问题开始引起学者的注意。1965年，美籍伊朗学者L. A. 查德以连续统值逻辑为工具建立了模糊集合理论，由此推动了“模糊性”在理论和实践上都得到了迅速的发展。1982年，科学出版社出版了查德的代表作《模糊集合、语言变量及模糊逻辑》的中文版，在我国学术界受到高度重视。在人类历史进程中，存在着大量模糊现象，即“亦此亦彼”或“非此非彼”的模糊性现象。如一种社会经济形态向另一种社会经济形态过渡时所表现出的政治经济关系；再如发生在同一时代的两种历史现象，既无隶属关系又无继承关系，但彼此却相互影响相互制约。它们这种相互影响相互制约的关系没有准确的要领表述，也往往是一种模糊性的关系。此外，在对某些具体的历史事件或历史人物的评价，用非此即彼为二值逻辑评价往往会把复杂的历史现象简单化，导致科学研究中出现概念化公式化的现象。复杂的甚至是相互矛盾的历史现象或历史人物要求人们用多值逻辑判断，将其所表现出的各方面的内容联系起来进行评价，这种评价是模糊的，然而却能更准确更全面地反映出历史事实。

综上所述，可以看出历史研究同其他任何科学学科一样，并不否定精确性，相反，历史学作为一门科学，它首先要强调的便是精确性，使之成为一门“硬科学”，特别是历史科学发展到今天，一些新的理论方法论的提出，计量方法的运用和计量史学的建立，努力对历史过程中的某些重大问题进行数量分析，构拟数学模型描述历史矛盾运动的过程和

---

① 参见《中国大百科全书·哲学卷》，629页，北京，中国大百科全书出版社，1987。

规律，便是使历史研究力求精确化的不懈的努力。但是，历史过程中客观存在着模糊性现象，明显地表现出某一过程或某一现象两极对立的不充分性和交叉性或中介过渡性，使其表现出不确定性，这样就使模糊性思维有了用武之地。如果对此视而不见，将人类历史发展中的普遍存在的模糊性问题机械地以精确的形式表现出来，将精确性绝对化，对复杂的历史现象和人物硬要做出“非此即彼”的结论，那只能适得其反，将“精确性”绝对化的结果只能是不精确，相反，模糊性的思维却可得出更贴近历史真实状况的较为精确的结论。模糊性思维与精确性思维虽然思维的具体对象不同、逻辑基础不同、思维的语言和表现方式不同，但它们却又互相依存，互相包容，并在一定的条件下互相转化，有着密切的联系。在历史研究中，将这两种思维方式统一起来，对于准确地理解生动的复杂的历史真实性无疑是有益的。

四、现代历史思维和历史学的跨学科研究

在现代科学技术革命的影响下，现代历史思维表现出要求宏观与微观相统一、定性与定量相统一、精确与模糊相统一等变化。但是，不能将这些绝对化。完全忽略这些变化或将这些变化的作用和影响推向极端，都是不妥的。首先，历史思维把古今中外学者的历史研究实践以知识的形态固定下来，用以指导历史研究的实践，它具有相当的稳定性，不应该也不可能轻易否定；历史思维方式的改变实际上是史学方法的改变，对历代中外学者广泛运用的史学研究方法，同样也不能轻易否定。因此，现代历史思维在科学革命影响下出现的新变化，同传统的历史思维的关系，只能起进一步补充和充实的作用，使传统的历史思维更加完善，从而在科学研究中发挥更大的作用。

其次，任何一门学科的科学思维都是一个完整的体系，彼此之间有着密切的联系。各个部分在不同的条件下虽表现出各种不同的作用，但并无主次轻重之分。因为“每一个思维过程都不会是单纯的一种思维在

起作用，往往是两种，甚至三种先后交错在起作用。”[①] 以上述现代历史思维的三个新变化为例，在具体的历史研究中，不应割裂它们之间的有机联系。只有将其视为一个完整的科学体系的有机组成部分，从所研究的具体问题出发，充分发挥它们各自的作用，从而从整体上发挥历史思维的功能，提高历史研究的水平。

科学革命的具体成果不仅能直接作用于历史思维，特别是为之奠定必要的理论或物质前提，使之发生这样或那样的变化，同时在认识论方面还给史学工作者以深刻的启迪，使其历史观念更新，历史思维发生变化，进一步丰富现代历史思维。在这方面，比较突出的是多维型思维和与之相联系的历史学跨学科研究，它对历史学已经产生了并正在产生着重大的影响。

科学革命是技术革命的前提，19世纪60年代以后，平行发展的科学革命和技术革命逐渐合而为一。20世纪中期以来，科学发展的一系列重大成就导致技术和生产发生了革命性的变革。这些变革的成果又成为现代科学发展的强大工具，同时成为科学革命深入发展的动因。科学革命与技术革命在新的水平已融为统一的过程。在这个过程中，思维客体发生了重大变化。现代科学技术革命不仅仅是信息技术、新能源技术、新材料技术、生物技术、海洋技术、空间技术等具体内容，它同时还与生产力变革、经济发展、经济国际化、管理现代化有密切关系，还对当代资本主义和社会主义的发展以及人的现代化有直接影响，此外，它还关系到世界人口、粮食、自然资源和能源、生态环境、和平与战争等全球性问题。解决这些问题需要全球性的合作，改变不合理的国际政治、经济制度，推动社会进步，同时也离不开科学技术革命所奠定的必要物质前提。这些问题涉及到多学科的横向交叉，表现为一个复杂的知识网络系统。在解决这一系列变得越来越复杂的问题时，单维型思维已无能为力。与各学科分化和综合的同时，逐步实现由单维型思维向多维型思维的转变。

所谓多维型思维，是指多种思维指向，多种思维起点，多种逻辑规

---

① 钱学森主编：《关于思维科学》，129页，上海，上海人民出版社，1986。

则和多种判断手段，多种评价标准，多种思维结果。在历史研究中，多维型思维要求史学工作者有意识地改变传统的史学思维定式，对历史进程中和历史研究实践中提出的重大理论问题进行跨学科的综合研究，将这些问题作为科学网络中的有机的组成部分，对其进行多条逻辑线索的科学探讨。

倡导对历史过程进行跨学科研究，最早始于20世纪40年代初的美国。英国史学家巴勒克拉夫认为，“坚定不移地推动历史学与社会科学或行为科学的结合，是美国的显著特征。”这种结合“为政治科学家和社会科学家提供了极其广泛的新机会”，而且“社会科学的实际成果以及这些成果所证明的更为有效、更切中目标的方法论具有广阔的前景，是推动美国历史学家去重新检验他们继承下来的那些观点和方法的主要力量。”① 1954年，美国社会科学理事会历史学委员会提出专题报告《历史研究中的社会科学》全面推动了史学的跨学科研究，对美国史学的发展产生了强有力的影响。

这个过程所以首先发生在美国，首先应从当时美国科学技术迅速发展这一广阔的历史背景中去寻找答案。法国的年鉴学派和苏联60年代以后的史坛也表现出类似的现象。法、苏历史学家不仅直接受益于科学技术革命的某些成果，而且也受益于在科学技术革命影响下，社会学、人类学、民族学、人口学、心理学、政治学等相邻学科所发生的深刻变化，特别是理论方法论方面的变化，这一切使历史思维进一步丰富起来，多维型思维逐渐为广大史学家意识到，并逐渐接受。还是在这种情况下，年鉴——新史学派不仅成为战后法国史学的主流，而且其影响已波及到欧美和亚洲各国；苏联史学则在战后短短十余年间，建立了计量史学、人口史学、心理史学、比较史学和历史社会学等一系列历史学分支学科，特别是计量史学，其理论和实践曾在国际史坛占有举足轻重的地位。

在我国，历史学跨学科研究，特别是加强同自然科学的联系，在20世纪80年代中期受到普遍重视。1985年4月，在复旦大学召开了以“历史研究与现代自然科学方法论”为题的全国性史学理论学术会议，

① 钱学森主编：《关于思维科学》，129页。

并出版了论文集《系统论与历史科学》(中州古籍出版社 1987 年出版)。此后，不少学者为进行这方面的工作进行了持续不懈的努力。但是，无论从理论上或是从实践上看，发展情况都不尽人意。出现这种情况可找出许多原因，其中之一便是由于近代中国科学发展隔绝于世界科学发展大潮之外，造成了封闭的思维偏向，至今仍没有彻底肃清。

18 世纪中叶到 19 世纪末，欧洲因科学革命、技术革命的重大成果，使许多国家的社会面貌和文化发展发生了重大变化。这种变化可追溯到 16 世纪后欧洲资本主义关系产生和发展之时，“资产阶级在它的不到一百年的阶级统治中所创造的生产力，比过去一切时代创造的全部生产力还要多，还要大”。[①] 而中国自 16 世纪后却实行封建的闭关锁国政策。中国封建社会政治制度结构的僵化严重阻碍了近代中国科学技术的发展，始终没有建立系统的实验方法和完备的逻辑方法，在科学思想上则表现出明显的保守性和封闭性。特别是 19 世纪中叶西方列强大肆入侵后，半殖民地半封建的中国失去科技发展的动因，在古代曾居于世界领先地位的中国科学技术变得更加落后。这些无情的事实不可避免地会给传统的思维方式留下深深的痕迹，并对包括史学在内的中国文化发展带来消极的影响。在这种社会历史背景下，即使有少数有识之士振臂呐喊，呼唤历史学改革图新，也难有所作为。如梁启超 1902 年出版《新史学》早于美国历史学家詹姆斯·鲁滨孙的《新史学》9 年问世。两书不仅书名相同，内容也多相同，他们都对传统史学进行了严厉批判，提出革新主张；他们以进化论、进化史观为理论武器，要求拓宽研究视野，扩大研究领域，更充分地发挥史学的社会功能。

梁启超还明确提出历史研究要广泛吸收自然科学和近代新兴学科的理论和方法的问题。他认为地理学、地质学、考古学、人种学、人类学、语言学、社会学、政治学、宗教学、法律学、经济学、伦理学、心理学、逻辑学、文章学、天文学、物质学、化学、生理学等“皆与史学有直接之关系”或“间接之关系，何一而非主观所当凭借者。取诸学之公理公例，而参伍钩距之，虽未尽适用，而所得又必多矣。”[②] 然而，

---

①《马克思恩格斯选集》，第 1 卷，277 页。

② 梁启超：《新史学》，见《饮冰室合集·文集之九》，10～11 页。

两种“新史学”虽表现出类似的新的历史观和历史思维，但它们的历史命运都不大相同。鲁滨孙强调“不应该把历史学看作是一门停滞不前的学问，……历史学的理想和目的应该伴随着社会和社会科学的进步而变化，而且历史这门学问将来在我们学术生活里应该占有比以前更加重要的地位。”① 他的主张在大多数美国史学家取得共识的情况下，使新史学成为美国一个颇有影响的史学流派，而梁启超的新史学还没来得及为人们所认识和了解，便被湮没在传统史学的汪洋大海之中了。

当代中国同以往相比，已发生了天翻地覆的变化。但是，一个国家、一个民族不可能割断自己的历史。他们在创造自己的历史时，“并不是在他们自己选定的条件下创造，而是在直接碰到的、既定的、从过去承继下来的条件下创造。”② 同样，他们在新的历史条件下建立自己的新的思维方式时，也只能从过去承继下来的传统思维的条件下建立。就历史思维来说，它的任何变革和转换，也不可能脱离原有的传统的历史思维的基础。这样，我们就不难理解，为什么与多维型思维相联系的我国历史学跨学科研究，至今并没有取得令世人瞩目的重大成果。只有在历史观念——历史思维首先转换后，历史学跨学科研究的理论方法论前提才能建立。忽视它们之间内在的必然联系，不在更广泛的范围内研究科学革命—历史思维—历史研究的逻辑联系，借鉴和吸收当代科学发展的优秀成果，那历史学跨学科研究可能只会触及皮毛，而很难了解其真谛。在这方面，我们尚有很多艰苦的工作要做。

笔者去年夏季在一次学术座谈会上谈到，我国史学理论研究较为紧迫的任务之一，便是基础理论研究，③ 因为这是继承和发扬中国史学的优秀传统，汲取国际史坛有益的新理论新方法，在中国马克思主义史学的基础上进一步丰富和完善我国史学理论方法论的关键。我以为，探讨科学革命和现代历史思维的关系，便是这种基础理论研究的初步尝试。一百多年前，恩格斯曾强调：“现今的自然研究家，不论愿意与否，都不可抗拒地被迫关心理论上的一般结论，同样，每个从事理论研究的人

① ［美］鲁滨孙：《新史学》，20页，北京，商务印书馆，1989。

②《马克思恩格斯选集》，第1卷，585页。

③ 参见仲伟民：《史学理论研究的回顾和展望——史学理论研究座谈会综述》，《历史研究》，1993（1）。

也不可抗拒地被迫接受现代自然科学的成果。”① 在科学技术革命和历史科学都在迅速发展的今天，这个问题就更加突出了。让我们进一步“被迫研究”科学革命所揭示的科学发展的普遍规律和特征，并从中吸取科学思维的有益营养以丰富现代历史思维，那我国的历史科学一定会从中大有收益，从而使其在社会发展中更充分地发挥其功能。

① 《马克思恩格斯选集》，第4卷，282页。

文化、文化学和文化历史学

近年我国出现了文化热，文化学及其分支学科受到越来越多学者的重视，文化历史学作为历史学古老家庭的一个新成员，引起历史学家的浓厚兴趣。这种情况的出现不是偶然的。一方面。我国正在进行的经济体制改革和政治体制改革，使人们的思维方式，行为规范和文化观念同传统的文化观念不可避免的发生冲突，迫切要求深入研究与经济发展、政治改革相适应的文化问题；另一方面，这同世界性文化研究浪潮的兴起与发展也有关系。近20年来，对文化基本理论的研究在国外已有长足发展，其内容涉及文化概念、文化结构、文化群、文化载体、文化与其他学科及社会的联系等；此外，以某一民族或某一国家为主要内容的特定的文化史研究、东西方比较文化研究等也在深入发展。文化学横跨民族学、哲学、社会学、考古学、宗教学、历史学，反映了科学研究整体化的发展趋势和客观要求，毋庸置疑，对任何一种社会现象来说，如果不从历史角度进行探讨和研究，是无法得出科学结论的。文化历史学即是从理论与实践的结合上，研究人类文化现象的产生及发展的一般规律。历史科学发展到今天，面临着对文化现象进行专门研究的任务。

一、文化是一个多层次的复杂体系

文化的定义多不胜数，有人认为至少有100多种，美国的文化人类学家克卢伯和克拉克洪在1952年出版的《文化：概念和定义的批判性回顾》一书中，介绍了西方近现代160余位学者给文化下的不同定义。还有人认为，有多少人研究文化，就有多少种定义。这表明，文化是个极为复杂的概念。这种复杂性是因为文化在人类学、人种学、心理学、语言学、社会学、哲学、宗教学、历史学等学科中表现出不同的特点造成的，至于文化在日常生活中的涵义那就更多了，因而在实际研究中至今没有统一的定义。但是这并不排斥从一般含义上确定什么是文化。反对给文化下定义的理由有两条，其一是认为“文化”家喻户晓，人人皆知，没有必要将其复杂化；其二是认为“文化”是在各种专门学科中的特殊用语，如文化哲学、文化人类学、文化生态学、亚文化等，没有必要、也不可能有统一的概念。这种因“文化”概念太一般或太抽象反对给文化下定义，显然是不妥的，这实际上是否定了“文化”作为科学研究对象的可能性。

那么，什么是文化呢？为了回答这个问题，有必要从词源上对其做一简单探讨。英文中的“文化”一词来源于拉丁文Cultura，其意是耕种、教育、培养。拉丁文Cultura由拉丁文Cultus演变而来，其基本含义指为生活而耕作或为敬神而耕作，德文Kultur法文Culture俄文культура皆从英文Culture演变而来，其基本涵义均包括教养、陶冶、栽培、养育、培养、耕作等。由此可见，在西方原始的文化概念中，既包括人的物质活动，也包括人的精神活动。这一理解保存至今。以英文为例，除Culture有上述含义外，Cultured既指有教养的，也指“耕种了的”或“人工培养的”，如Cultured fields指耕地，Ctltured Pearls指人工养殖的珍珠；Culturist既指文化主义者，也指养育者、养殖者或栽培者。

我国汉语中的文化是“文”和“化”的复合词。在古汉语中，化，华也，华即古字“花”。在《说文》中，“文”又通“纹”，所以在古代汉语中，文有两种涵义，其一是指花纹、纹路、纹理，其二是指文字、文采、条文等。化最早出现在《礼记·乐记》中，“和，故百物皆化”，其意是指化生、变化、造化。我国最早的哲学著作《易经》将“文”、“化”联系在一起，“观乎天文，以察时变；观乎人文，以化成天下。”儒学强调“以文教化”，即以诗书礼乐、道德伦序教化世人。综上所述可看出，我国古代的文化概念属于精神范畴，主要指人的精神活动。现代汉语中的“文化”一词，是近代学者在译介西方著作时，将Culture借用了古代的“文化”一词的产物，但是并不包括Culture一词的全部含义，而往往特指人的精神活动。如1931年出版的《辞源续编》一书在“文化”条目下作如下解释：国家及民族文明进步曰文化。记述一国之政治民俗教育等之程序谓之文化史。

新中国成立后，我国受苏联学者的影响，将文化概念分成“物质”和“精神”两部分，或称广义的文化和狭义的文化。上海辞书出版社1980年版《辞海》认为，从广义来说，文化指人类社会历史实践过程中所创造的物质财富和精神财富的总和。从狭义来说，指社会的意识形态，以及与之相适应的制度和组织机构。吉林人民出版社1983年版《哲学辞典》认为，文化指人类在其社会历史实践中所创造的物质财富和精神财富的总和。它反映人类在一定历史阶段上控制自然界和社会自发力量所达到的程度。上海社会科学院出版社1987年版《中国文化辞典》认为，文化：①泛指一般知识，例如“学文化”，“文化水平”，②从广义上讲，为人类社会历史实践过程中所创造的精神和物质财富的总和。从狭义上讲，指导社会意识形态，以及与之相适应的制度。中国大百科出版社1987年版《中国大百科全书·哲学卷》对文化的解释，反映了我国学术界对“文化”这一概念有代表性的观点。该书写道：文化，指人类在社会实践过程中所获得的能力和创造的成果。广义的文化总括人类物质生产和精神生产的能力、物质的和精神的全部产品，狭义的文化指精神生产的能力和精神产品，包括一切社会意识形式，有时又专指教育、科学、文学、艺术、卫生、体育等方面的知识和设施，以与世界观、政治思想、道德等意识形态相区别。

近年随着研究的深入，一些学者是对把“文化”概念分成“物质的”和“精神的”或“广义的”、“狭义的”提出质疑。有人认为除广义、狭义的文化概念之外，还有“中义”文化，如饮食文化、服饰文化、建筑文化、卫生文化、体育文化、旅游娱乐文化等。有人将文化分成物质的、制度的、心理的三个层次或将文化规定人的实践能力、实践方式、实践结果三个方面，也有人提出，文化是包含多层次，多方面内容的复杂体系，其中最高的层次是哲学思想，中间层次有科学、文学、艺术、教育等，最低层次是社会心理，即大多数人所具有的通俗意识。[①]

苏联学术界近年对文化问题进行了广泛的研究，提出了不少值得重视的问题。十月革命前，俄语中的文化（кулътура）多是收入外来语辞典中，从英文，拉丁文本义的引申义进行解释，认为文化最初指人对自然界的有目的活动，也指人本身的教育和学习。具体地说，指对某一物体所施加影响，使其从沉睡中苏醒，在某种程度上发展该客体本身所具有的潜力——即对其加工、改善，使之完善。文化既可指外部世界客体，如对土地的开发，也可指对人们智力和才能的开发。

十月革命胜利后，苏联学者对文化概念的探讨不断深入。60 年代中期以前，苏联学者主要认为文化是人类已创造的财富和成果的总和。如《苏联百科全书》第 1 版（1953 年）认为：文化是“社会在教育、科学、艺术及其他精神生活领域所取得成就的总和。”《现代俄语标准辞典》（1956 年版）认为：文化是人类创造的物质和精神的有价值的珍品的总和。直至 1964 年版《哲学百科全书》仍强调，文化是社会在其物质和精神发展中所取得的成果的总和。

上述观点自 60 年代中期起，随着苏联国内政治生活发生的变化，遭到许多学者的批评。不少哲学家、史学家、社会学家、心理学家和自然科学家都参加了对“文化”概念的讨论。有代表性的意见认为，不应把文化看作是类似“博物馆”的静止物和固定态的物质。首先，文化是人们在社会活动中所体现出的一个历史过程。《苏联大百科全书》第 2 版（1973 年）指出，文化是社会和人在历史上一定的发展水平，它表

① 参见《光明日报》，1986－01－13；1986－01－17；《复旦大学学报》，1986（3）。

现为人们进行生活和活动的种种类型和形式，以及人们所创造的物质和精神财富。文化的概念可以说明一定的社会物质和精神生活发展水平的特征。其次，文化还是一种活动，而不是任何形式或任何意义的“贮藏库”。从这种意义上说，文化可视为社会活动一切方面的总和。苏联科学院“世界文化史”科学委员会文化史理论问题分会主席马尔卡良指出：文化是人类活动的手段，生存的手段。史学家克拉斯诺巴耶夫也持这一观点。他认为：这是一个准确的，证据充分的定义。因为人类的活动是通过一系列复杂的联合手段来实现的。参与实现人类活动的各种手段，它们是有本质区别的。其中一些是由人的机体生理性能决定的，其他则通过人世间非生理性的加工制作，是只有人才具备的专门的特征。人借助这种手段使生理性条件变成有社会意义的活动。如将这些超生产的手段从逻辑上加以抽象化，那么就可给人类活动的这种专门手段定义为文化。关于文化概念中“活动”的内容，一些学者指出：文化指人类在生产和生活范围内某种活动的类型。它并不包括人类所有的活动：只是在那种在物质生产和精神生产范围内的创造性活动。还有的学者强调活动的意义，认为与适应现实的单纯的体力活动相区别的人的活动的社会内容，就是人类文化的现实内容。

文化究竟是人类活动的结果，还是社会活动的总和呢？近年苏联学者又提出新的观点，认为文化既是人类活动的结果，又是人类的活动，或既是人类的活动，又是人类活动的结果，因为把文化仅仅看成是人类活动的结果或成就，便割断了历史。文化现象是不断发展变化的，它所蕴含的内容既包括过去的，也包括现在的，同时还预示着即将发生的现象，即“未来”先兆现象。如果仅将文化界定在“过去已经获得”的范围之内，那就无法看清过去与现在的联系，同时也无法看清这种联系和变化的连续性。同样，把文化定义为活动，则会使文化这一概念所涵盖的内容过泛，人类的历史实质上可用文化史取代。近年提出的新观点，实际上是文化是人类活动的结果和社会活动的总和这两种观点的综合。

1979 年，《简明哲学辞典》第 3 版出版，集中反映了这种新观点，该书强调：文化是人和社会的各种改造活动的总和，也是这种活动结果的总和。该书还指出：人们把文化区分为物质文化和精神文化。物质文化包括物质财富的总和，物质财富的生产资料，亦称第一种文化；第二种文化，即精神文化，包括所有知识的总和、思维的各种形式和世界观的整个领域：如哲学、科学、伦理学、法学，以及美学等，这些文化因素紧密地相互联系着。人的物质生产活动是人在其他生活领域中活动的基础。另外，人的思维活动成果可以物质化，转变成产物、技术手段或艺术作品。例如，电工学知识属精神文化，而依据这些知识造出来的电动机和电动列车属于物质文化。

如果说，自 60 年代中期起，苏联学者开始把与自然物相区别的、人所创造的一切都看成文化，逐渐形成广义的文化概念，那么在《简明哲学辞典》第 3 版中，这种观点则得到进一步明确的阐述。该书指出：文化的起源有很悠久的历史，并与人的起源联系着。文化的发展说明了人对自然控制的程度。人自身发展的水平，他的知识和才能发达成熟的程度等。人在改造自然环境使其符合自己需要和要求的同时，也在创造着文化环境，其中包括技术、住宅、居民点、交通工具（道路、运输）、交际工具（语言、文字、无线电、电视）等。现在，人们实质上生活在文化环境中，被自己的创造物所包围。

20 世纪 80 年代，关于什么是文化这一问题，苏联学者至今并没有取得一致的意见，但这并不影响对这一问题的科学探讨，相反却促使学者们以科学的态度加快解决摆在他们面前的这一迫切问题。1980 年版《苏联百科辞典》对于“文化”的阐释反映了这一趋向。该书首先对于“文化”的基本涵义做了概述：文化是社会发展、人类的创造力和才智在历史上达到的一定水平，体现在人类组织生活和活动的各种形态和形式中，也体现在人类创造的物质财富和精神财富中。之后，又对文化的主要内容做了如下规定：①表征一定的历史时代（如古希腊罗马文化）；②用来说明具体社会、部族和民族（如玛雅文化）；③说明人们活动或生活的独特范围（劳动技能、生活方式、艺术文化）的特征；④人们活动所创造的具体成果（如机器、建筑物、认识成果 、艺术作品、道德规范和法律准则）；⑤人们在活动中体现的创造力才智的成果（如知识、技能、智力、道德和美学发展水平，世界观和人们交际的方式和形式）；⑥比较狭义的理解，指人们的精神生活。书中还强调物质文化和精神文化的发展是一个统一的机体，其基础是物质生产的发展。每一种社会经济结构都是由一定类型的文化体现出来。

西方学者对于文化的研究更为活跃。英语 Culture 来源于拉丁文，原形为动词，本义耕种。到 16—17 世纪时，才引申为对林木禾苗的培养，以及对人类心灵、知识、情操、风尚的培养。“文化”（Culture）一词在现代的英语中有广泛的用途，如农业 agriculture，体育 physical culture。总之，文化既有物质生产又有精神创造的含义，这一特点对西方的文化理论和文化学研究产生了深刻的影响。

自 19 世纪下半叶起，文化和为人类生活中所独有的现象，受到西方学者的普遍重视，并进行了广泛深入的研究。关于文化的定义，同样是西方学者所困惑的问题，各学科的专家提出了许多内容不同的观点，如文化是人类行为的形式；文化是生活方式；文化由物质、社会、语言、精神四大成分组成；文化的普遍模式是语言、物质、艺术、神话、科学知识、宗教、行为、家庭与社会制度、财产、政府、战争等。18 世纪时，以法国启蒙思想家狄德罗、伏尔泰为代表的百科全书派对文化理论做出重大贡献，明确提出了文化是指导人们去开发和完善人类精神每一部分的一种特殊的艺术；而 19 世纪下半期对文化理论做出特殊贡献的当属法国文艺理论家、史学家泰纳。在当时迅速发展的人类学、民族学和社会学的推动下，泰纳在《人类早期史和文明发展的研究》（1865）和《原始文化》中，对文化曾有两个定义：其一，文化是一个复杂的总体，包括知识、艺术、宗教、神话、法律、风俗，以及其他社会现象。其二，文化是一个复杂的总体，包括知识、信仰、艺术、道德、法律、风俗，以及人类在社会里所获得的一切能力与习惯。泰纳的定义当时被奉为经典，至今在西方的学术思想中仍占有重要地位。

20 世纪，关于文化的研究在整个科学发展总趋势的影响下，出现了许多文化学的分支学科，如文化进化论、文化结构论、文化生态学、文化人类学、文化心理学等，使“文化”这一概念在空前广泛的范围内使用，由最初的学术领域进入社会思想领域，以至整个人类的社会生活。各学科的研究者都是在自己的范围内确定“文化”概念的内涵和外延。因此，在本世纪使“文化”这一概念变得更加模糊不清，更加多义。但是，无论如何定义，文化概念中总会包括思维方式、价值观念、审美意识、政治意识、道德观念、科学观念等众多成分。1952 年，美国人类学家克卢伯等通过对 160 余种文化概念的比较和归纳后提出：文化是包括各种外显或内隐的行为模式，它通过符号的运用使人们习得及传授，并构成人类群体的显著成就，包括体现于人工制品中的成就，文化的基本核心包括由历史衍生物及选择而成的传统观念，尤其是其价值观念；文化体系虽可被认为是人类活动之产物，但也可被视为限制人类作进一步活动的因素。美国人类学家克拉克洪还认为，文化一词意味着一个民族的生活方式的总体，和个人从其集团所得到的社会性遗产。[①]

1980年，美国学者斯普拉德利、麦克迪在《遵从与冲突：文化人类学读本》一书中写道：人们用后天习得的知识解释他们的世界，并形成社会行为，这种知识被称为文化。文化不是行为本身，是用来产生行为的知识，它是后天习得的和共同拥有的。文化是可适应的。人类应用传统的知识来应付自然和社会环境，文化能够迅速地适应，因为它是灵活可变的。文化是由相互联系的各部分组成的体系。文化满足个人的需要，人们通过文化寻求安全和控制自己的感受。斯普拉德利和麦克迪在这里强调的是，文化是人们后天所习得的知识。而另一位美国学者蒙德尔勃姆则在此基础上，更强调文化是人类所独有的行为特征。他在美国《社会科学国际百科全书》中撰写的“文化人类学”辞条中提出：人作为社会的一员，文化就是他所要学着去做的一切。文化包括某一群体中人们所共有的和他们的后代将要学习到的所有知识、相互理解和继承传统的愿望。蒙德尔勃姆继续写道：从最广泛的角度看，文化是指人类的主要行为特征。文化使人类得以从其他动物世界中分开来。只有人类有语言，使用其他种符号，自始至终地运用工具，这样，只有人类能够给他的同伴传递大量的信息和积累的经验，更重要的是，所有人，不管属于哪一种族，处于何种环境，都具有使用和发展文化的能力。蒙德尔勃姆还特别提出文化是人类进化的因素。他说：人和其他物种的生物进化的持续性早已是众所周知的了，只是到最近人类学才认识到文化一直是人类生物进化的因素之一。毋庸置疑，只有人类能够使用和传递文化这一概念所概括的那种能力。

蒙德尔勃姆的上述看法反映了美国学者相当一部分人的观点。如罗

---

① 参见郭齐勇、邓晓芒：《文化学内核刍议》，《哲学研究》，1988（5）。

杰·皮尔逊在《人类学导论》(1974 年)中曾就文化是人类特有的行为有过专门论述。他说:在人与动物之间存在着本质上的差别。从某种意义上说,人之不同于其他动物之处,在于人发展形成了一种高级的口头交流工具来传达复杂的思想和情感,这就是“说话”,这种交流工具能够传达“抽象”思想,因此,数量惊人的信息、高级的书写文字和符号均能为人类社会群体的成员共同享受,由于人是一种社会性动物,其信息传递方式上的任何改进都会推动信息交流的进一步发展,促进知识和错误知识的积聚物逐渐增大,这种知识的积聚物便是文化。

还有一些西方学者强调文化的群体性,这也是有代表性的观点之一。日本学者石川荣吉在《现代文化人类学》(1983 年)一书中指出:文化是社会集团成员所掌握、共有而又作为社会性遗产而代代相承的生活方式,它既不是人的生物学属性,也不是个人的东西。在这种意义上,人可以说是超有机的、超个人的东西。文化只能通过表现在外部的个人行为和他的产品才可得知,但其行为和产品并不是文化。文化是通过整个集团对人的行为及产品给予一样的规范性的东西,即文化是集团成员作为行为相通的依据的准则。克拉克洪讲得更明确:文化是集团成员所共有的某种想法、感觉方法、信仰方法。

综上所述可以看出,“什么是文化”可谓众说纷纭,莫衷一是,没有哪一个学者,学术团体对此能有明确的定义。但这并不是坏事,不同学科的研究者从历史与现实的多种角度来考察文化现象,必将推动对这一问题的深入研究。但是,也不能不看到,“文化”概念的多义也给科学研究带来了一定的困难。

二、文化学是关于文化现象或文化体系的科学

对于文化现象的广泛研究,使文化学应运而生。文化学(Culturology)是研究文化现象或文化体系的一门正在建立中的科学,但其理论渊源却可追溯到 18 世纪。当时意大利哲学美学家维科,德国文艺理论家、狂飙运动的理论奠基者赫尔德在其著述中对文化问题都有过阐释。19 世纪时,黑格尔首先提出了“文化科学”的概念。此后,德国学者克雷姆和英国民族学家泰勒继续沿用这一概念。特别是泰勒在其

《原始文化》《人类学：人类和文化研究导论》等专著对原始文化的研究中，进一步阐释了这一概念。20 世纪以来，德国历史哲学家施本格勒和英国历史学家汤因比以极大热情研究了历史文化的形态问题。施本格勒认为历史过程是各个独立的文化形态循环交替的过程，每种文化形态同生物有机体一样，都要经过青年期、壮年期以至衰老灭亡。汤因比师承施本格勒，其理论核心被称作“文化形态史观”，亦称“历史形态学”。汤因比认为，人类历史是由若干各不相同的“文明”组成，每一个“文明”都要经过“发生”、“成长”、“破坏”、“崩解”和“死亡”这五个阶段。但通过及时的决断和相应的明智的措施，某一“文明”是可以防止灭亡的。在他看来，历史研究不能将其局限在某一国家或某一时代。各个“文明”的整体应是历史研究中最小的可以说明其问题的单位。文明社会的结构主要由政治、经济、文化组成。其中文化是文明社会的精髓，而政治、经济则是次要的。

“文化”主要指某一文明社会所特有的精神活动，同时以宗教信仰为根基的价值体系又被认为是精神活动的标志，施本格勒和汤因比的上述理论对文化学和历史学影响颇大，其中一些有争议的问题至今吸引着不少研究者。1915 年，德国著名化学家奥斯特瓦尔德（诺贝尔奖金获得者）谈到建立现代科学体系的设想时，认为文化学应是这一体系的顶端，诸如人类学，包括体质人类学和社会人类学及其隶属的民族学、考古学、历史学、政治学以及社会学，包括社会心理学、社会经济学、社会语言学及其元语言学、自然语言学和哲学、美学、伦理学等等，都在文化学这一顶端之下。当然，这里所说的文化学是指文化系统或整合的文化学，整体的文化学。

二战后，文化学得到重视和发展，但因国际学术界对“文化”概念的阐释多义，故对文化学研究对象的理解也不一致，往往将艺术理论与文化学理论相混淆。我们认为，文化学应是广义的文化学，即它是研究人类所特有的文化现象和文化系统的一门综合性学科，这种研究不可避免会使哲学、历史学、社会学、人类学、考古学、民族学、民族志学、民俗学、宗教学、神话学、语言学、心理学等相互交叉、渗透。文化学不仅研究一定民族或社会集团在一定时空条件下的具体行为，而且研究这些民族或社会集团在一定历史条件下的行为准则等抽象体系。文化作为超有机的和超实质的现象，这样就使文化学有可能通过对文化殊相的研究探讨这些殊相背后所潜在的文化共相，通过对文化部分的把握去认识文化的总体，并在此基础上进行抽象概括，上升到理性和哲学的高度。

文化学研究的内容十分广泛，具体说主要包括以下四个方面；其一，研究文化在不同地区、民族、时代的特点以及文化的阶级属性；其二，研究文化自身存在与发展过程中的一系列辩证关系，诸如文化的积累与变迁、继承与创新的关系，特别是传统文化与现代文化、文化的统一性与多样性的关系等；其三，研究文化系统的各种类型和形态，文化由产生、发展、成熟到衰变的过程，以及各文化系统之间传播、接触、涵化、交融和转型、整合的现律；其四，通过对以上三点的研究，在更广泛的范围内对文化问题的趋势和特点的预测，也应列入文化学研究的范围之内。当然，以上四个方面只是对文化学研究内容的一般概括。实际上，这些研究是离不开具体内容的，即不能脱离各民族具体的生活方式，不能脱离体现出这些生活方式的具体的文化现象和文化环境。所谓环境，既包括自然环境，也包括社会环境。两种环境与文化的相互作用，对文化发展的过程，文化的革新和传播，以及文化的发展等，都有影响。

明确文化学研究的特点对于开展文化学研究有重要意义，一般说来，这一特点可从正确把握研究过程中的以下三对关系体现出来，即文化理论与文化实际的关系；文化历史与文化现实的关系；雅文化与俗文化的关系。在这三对关系中，尤以文化理论问题最为引人注目。因为就事论事，对一系列文化现象仅满足于一般的描述而缺乏理论分析，不可避免地会导致文化学研究的停滞和落后。以辩证唯物主义和历史唯物主义指导文化学研究是毫无疑问的，但这种指导并不排斥文化学具有自己的理论和方法论。因此，需进一步加强有关文化特征、文化功能、文化结构、文化类型、文化与社会发展的关系等问题的探讨。从这一认识出发，理论文化学，即文化哲学应作为文化学研究的重点。

文化哲学是关于文化现象和文化系统进行归纳和抽象概括的一门学科。其主要内容是人的本质，以及人与文化的关系。这首先是因为人是文化活动的主体，是人类历史的创造者，文化的发展是通过人自身在历史进程中的发展所体现出来的；其次因为人既是文化的创造者，又是文化的主要成果。文化是人在改造世界的各种具体形式中产生和发展的。在这过程中文化创造着人，文化的重要成果即是人本身，人与文化的关系首先表现为“人化”的过程。文化学虽同人类学和社会学有不少共通之处，但其特点却与人类学和社会学有明显的区别。文化学不是研究一般的社会现象，而是这些现象背后的文化联系、文化结构、文化功能和文化因革，通过探讨人与文化的关系去揭示人在价值体系中的地位，归纳文化系统的机制和其发生发展的规律。

在文化学研究的过程中，有些研究者提出，有没有马克思主义的文化学或马克思主义的文化学理论？诚然，马克思主义经典作家没有给我们留下关于文化的一般定义和专门的文化著作，没有系统论述文化史观和文化观。但从其大量著述中，可看出马克思主义的文化思想是十分丰富的。

20 世纪 70 年代，西方发表了五本马克思晚年的文化人类学笔记。1975 年，苏联在俄文版《马克思恩格斯全集》第 45 卷中发表了其中的四本。1985 年底，人民出版社根据俄文版出版了中文版《马克思恩格斯全集》第 45 卷。该卷收入的 4 本文化人类学笔记是：1.《马·柯瓦列夫斯基〈公社土地占有制，其解体的原因、进程和结果〉第 1 册，1879 年莫斯科版一书摘要》，2.《路易斯·亨·摩尔根〈古代社会〉一书摘要》，3.《亨利·萨姆纳·梅恩〈古代法制史讲演录〉1875 年伦敦版一书摘要》，4.《约·拉伯克〈文明的起源和人的原始状态〉1870 年伦敦版一书摘要》。除上述 4 本笔记外，下述著作也反映出马克思主义丰富的文化思想：《1844 年经济学哲学手稿》《〈黑格尔法哲学批判〉导言》《德意志意识形态》《政治经济学批判》《资本论》《家庭、私有制和国家的起源》《劳动在从猿到人转变过程中的作用》等。

马克思主义的文化思想对文化研究有重要的理论价值，主要表现为以下四点：

（一）马克思主义的文化思想与唯物史观。唯物史观是观察、认识、分析社会现象及其内在联系和本质的理论基础和基本方法。文化是社会现象，在人们对其认识和分析的过程中，也应自始至终贯穿着唯物史观。从唯物史观的基本理论出发，物质生活的生产方式制约着整个社会生活、政治生活和精神生活。因此，文化的发展必然受到物质生产方式的制约，不存在超然于物质生活之外的、抽象的“纯文化”。

（二）马克思主义的文化思想与辩证法。马克思主义体现了唯物论和辩证法的有机统一。同样，马克思主义的文化思想也体现了这一点，如马克思对于文化形式与社会发展的相互关系表现出的不平衡现象的原因的分析。他说：“关于艺术，大家知道，它的一定的繁盛时期决不是同社会的一般发展成比例的，因而也决不是同仿佛是社会组织的骨骼的物质基础的一般发展成比例的。”① 恩格斯以哲学为例也曾讲过：“经济上落后的国家在哲学上仍然能够演奏第一小提琴：18 世纪的法国对英国来说是如此（法国人是以英国哲学为依据的），后来的德国对英法两国来说也是如此。”②

（三）关于人的本质的观点。早在哲学形成之前就已出现了关于人的观念。在古老的神话传说和宗教形式中，在公元前 7 至前 6 世纪古希腊思想家的拟人观中都可看出。公元前 5 世纪希腊文化的繁荣时代，人成为哲学的中心。在这一时期，各种学说出现了向人本主义的特殊转变。现代资产阶级关于人的本质研究，提出“生命之流”、“意向性生命”、“活动的人”等主观主义和唯心主义客观主义理论。马克思主义认为，人与其他自然物有本质的区别，历史是人的真正的自然史，人是自然物和社会物的辩证统一，是一种在自身中把各种社会意义的特征结合为一个整体的存在物。与自然界现象不同，人不断掌握和发展着自己作为完整的人的本质。动物只生产它本身所直接需要的东西，而人则进行全面的生产。正是从这个意义上，可以认为人是从事劳动即自由自觉活动的动物，人通过其活动使自然界人化，也使其自身人化。人不仅是社会历史过程中的主要生产力，同时又作为文化历史过程的主体和自我意识的存在物。人作为他的社会表现和个人表现的统一体，是一种为文化“所创造”和“创造着”文化的生物。人在创造文化的活动中成为真正意义的人，同时获得真正的自由。

（四）关于人类社会和人类文化的普遍道路与东方社会和东方文化

---

①《马克思恩格斯选集》，第 2 卷，28 页。

②《马克思恩格斯选集》，第 4 卷，704 页。

的特殊道路的探讨。马克思晚年通过对大量民族学、农村公社，区分了这两个地区文化历史的类型，同时提出在特殊的历史环境中，通过革命等特定的历史条件下，东方社会在农村公社制度的基础上超越资本主义制度的“卡夫丁峡谷”，而直接进入社会主义的设想。

综上所述，可以看出，马克思主义的文化思想强调文化的发展是一个有规律的过程。文化学是研究文化现象，探讨其发展规律的科学。这就很容易使人们认识到文化学和历史学的某种联系。历史学是研究和阐述人类社会发展的整体过程及其规律性的科学。其主要任务是按着时代和年代的顺序，通过具体历史事实去阐明并揭示人类历史发展的规律。马克思主义创始人运用辩证唯物主义和历史唯物主义原理，阐明了生产力和生产关系、经济基础和上层建筑的辩证关系，从而揭示了社会经济形态循序发展的一般过程。文化不是抽象的，它是社会总体创造力的体现，是人类历史进程各种活动的集中体现。这种活动虽然首先表现为是现实的活动，但现实的活动不可能脱离过去的活动，不能割裂现在与过去的历史联系。事实是，历史上形成的，并作为人类宝贵的历史经验所传递下来的价值、传递和规范等一直在影响着现实以至未来。

一般说来，数千年积淀下来的文化现象大体可分成物质态文化，社会关系态文化和观念态文化（亦称理论态文化）三类。其一指人类所创造的物质文明；其二指人类精神的外化所形成的各种组织形式，包括家庭组织和政党、经济体制；其三指有某种相对意义的凝固化、系统化的精神文化，并以诸如文字等观念符号系统表现出来，如哲学、科学、艺术、宗教等。除上述三类可显见的文化现象之外，还有一种无形的，内蕴在人的思维中的心理态文化，即一种深深的心理凝聚。它主要表现为人的思维模式、行为模式、价值判断和情感方式等。

如果说观念态文化以典籍的形式保留和流传，同人的关系有某种相对的独立性，那么心理态文化则不能离开人而独立存在。从文化现象的这四类表现形式可看出文化学同历史学作为科学整体的两个学科有许多共同之处。如它们都承认各自所研究的对象都有规律，并都以探讨和揭示这些规律为其基本研究内容；两个学科的研究都以“人”为中心，强调文化现象或历史现象的物质基础，它们都是一定社会政治和经济的反映，同时又作用和影响其政治和经济；无论是文化现象还是历史现象都有历史的连续性，它是由社会物质生产发展的连续性决定的，在传递机制方面亦如此。

文化是一种历史现象，人类历代创造的文化是由包括象征符号在内的文化环境一代一代相传的，而不是通过人的体内遗传代代传递的。所谓“文化环境”，既包括相对稳定的象征符号系统，如可被人们广泛接收和保存的书籍、音像文献等，也包括各种形式的文化设制，从各种类型的学校教育、家庭教育到一系列社会仪式等。历史发展的进步趋势，社会经济形态的更迭也是一种有序的社会矛盾运动，生产力的发展更是有不可分割的连续性。总之，文化的根源和历史运动的根源同生产力都有密切的关系。因为作为文化和历史运动的主体的人的活动是在一定的物质条件下进行的，并直接同人的衣食住行的物质需要相联系，研究文化或历史都应从这一文化现象或历史现象所处的时代的生产力水平出发。

文化学同历史学虽然在研究内容和基本理论方面有不少相通之处，但二者毕竟是不同的两个独立的学科，为了建立它们之间的科学联系，有必要明确地区分其各自的特点。如果说文化学以研究文化现象和文化系统为主要内容，而文化又指人类社会历史实践过程中所创造的精神和物质财富的总和，即包括有史以来生产力生产关系的全部内容。那么，历史学则通过具体的史实去探讨人类文化各方面的内容及人类文化的演进和发展。但是，无论是文化学还是历史学，在揭示人类历史进程中一系列复杂的规律性问题时，总会表现出自己在理论和方法上的某种不足。这样，科学的发展便会将文化学同历史学相互渗透融合的可能性变成现实。

三、建立在广义文化概念上的文化历史学

由于对“文化”概念的理解众说纷纭，所以对文化史学的内容和范围有不同看法。我国有不少学者认为，文化史学应该仅以观念形态的文化作为研究的对象，不能将其研究对象与范围放得太宽，这样会使文化史与通史难以区别。这种看法有一定的代表性，这实际上仍是在狭义地理解“文化”，而将更为丰富和广泛的文化内容拒之于史学研究范围之

外。在这种情况下，文化史虽与通史界限分明，但却与“艺术史”在很大程度上相混淆。

那种认为文化史学仅把观念形态的文化作为研究的对象的看法，早在18世纪的欧洲史学中已出现了。欧洲传统史学从古希腊时代的修昔底德起，即认为历史学的范围只限于政治和军事方面。思想、艺术、文化、科学等在史学中没有丝毫地位。14—16世纪的文艺复兴运动使欧洲的文化从观念到内容迅速发展，科学、文学和艺术普遍繁荣；鲜明地反映出新兴资产阶级的利益和要求。此外，人文主义史学家在反对宗教神学方面取得很大成绩，他们否认《圣经》是正史，批判以犹太史和教会史为中心的编年史体系，强调现世的人的活动，重视探求社会历史运动的因果联系，但是，他们的研究范围仍限于政治史、军事史。18世纪中叶，法国启蒙运动代表人物伏尔泰在《论通史及各国习俗和精神》(1756年）一书中，从理论与实践的结合上提出了撰写文化史的必要性。这部著作虽主要叙述欧洲各国的文化概况，但对东方国家的文化及礼俗等也多有涉及，其中对中国文化特别推崇，称其为“理性主义”文化。伏尔泰在这部书中把文艺复兴作为一个新文化运动来考察，内容从古至今十分丰富，且文字酣畅，被人们认为是一部简明的世界文化史，对此后的文化史研究产生了久远的影响。

该书出版100年间，欧洲学术界对美术史、文学史、雕塑、音乐、建筑史等进行了不少研究，但大多数史学家仍把主要精力放在军事史和政治史方面。1860年，瑞士学者雅各布·布克哈特的《意大利文艺复兴时期的文化》出版，标志着欧洲学术界的文化史研究进入了一个新的发展阶段。该书所提出的观点获得了西方史学对文艺复兴研究的正统理论地位，至今仍没有任何其他人的理论所能代替。这部专著的问世同19世纪中期欧洲的文化史运动，有着密切的联系。该运动旨在反对以德国历史学家兰克为代表的所谓正统史学，即把历史归结为帝王将相的活动，历史不过是一幕幕不相连续的伟人的活动。除布克哈特外，英国史学家巴克尔、德国史学家兰普雷希特、美国史学家鲁滨孙等，都主张打破传统史学的狭窄范围，将历史研究的领域扩大到人类活动的其他方面，首先是文化方面。当然，这里所指的仅是观念形态的文化。

我国的文化史研究主要是在这一影响下逐渐发展起来的，但因我国史学传统和我国具体历史进程的影响，所以它具有区别欧洲史学的明显特点，即重视史料的严谨完整，内容涉及较广，多重于事实描述，而理论描述较少。梁启超著《中国文化史·社会组织篇》（1936年中华书局版）被一些人视为我国近代资产阶级学者研究中国文化史的奠基性著作。全书八篇，内容包括母系与父系、婚姻、宗族与宗法、姓氏、蓄奴制度、乡治、城市等。除梁氏这部著作外，我国文化史研究的代表性著作还有陈安仁的多种作品：《中国上古中古文化史》（1938年商务版）、《中国文化史》（1947年商务版）、《中国近世文化史》（1936年商务版）、《中国文化演进史观》（1942年交通书局版）；常乃德著《中国文化小史》（1928年中华书局版）、顾康伯著《中国文化史》（1924年上海泰东书局版）、柳诒徵著《中国文化史》（1932年南京钟山书局版）、陈登原著《中国文化史》（上下二册分别由世界书局1935年、1937年出版）、王德华著《中国文化史略》（1936年正中书局版）、陈竺同著《中国文化史略》（1948年文光书店版）、丁留余著《中国文化史问答》（1933年大东书局版）、李建文著《中国文化史讲话》（1941年世界书局版）、钱穆著《中国文化史导论》（1948年正中书局版）、王治心编著《中国文化史类编》（1943年作者书店版）、雷海宗著《中国文化与中国的兵》（1940年商务版）、蒋星煜著《中国隐士与中国文化》（1943年中华书局版）、杨东蓴编《本国文化史大纲》（1931年北新书局版）、孟世杰著《先秦文化史》（1929年文化书社版）、陈国强著《物观中国文化史》（1931年神州国光社版）、罗香林著《唐代文化史研究》（1944年商务版）、王云五编《编纂中国文化史之研究》（1937年商务版）等。这些著作所涉及的主要内容是政治、经济、税制、币制、官制、兵制、法制、教育、宗教、学术、文学、美术、交通、理学、家族、生活状况、社会习俗等，内容虽然不少，但仍属于狭义的文化史研究范畴，这一影响一直至今。

作为一门正在形成中的文化历史学同传统的文化史研究既有联系又有区别。其最大的区别，就在于文化历史学是建立在广义的文化概念上，并以此为前提去分析和认识一系列文化现象和历史现象。这不单纯是研究视野的扩大，而且是观念的变化。始于18世纪的文化史发展到今天，已具备了这一变化的客观条件。长期历史研究的理论和实践都表明，文化和历史是有机的统一体，不能割裂二者之间的内在联系。文化是历史的产物和体现，必须用历史的观点去考察和探讨文化的本质，以及探讨文化和历史的关系。只有能够科学地分析和认识历史上的种种文化现象，才能对历史做出完整的解释。我们不能因为施本格勒和汤因比用对文明和文化的唯心主义分析代替对历史过程的社会的分析，而放弃文化历史学的研究。当然，这也并不是说，只有用文化历史学的方法才能认清历史过程的本质和规律。同样，单独运用计量方法、心理学方法，比较方法、社会学方法也不可能完全认清历史过程的规律。只有综合地运用这些方法，从不同的视角和层次去认识、分析复杂的社会历史现象，才能使历史研究建立在科学的基础之上。

由于文化历史学（准确地说应称“广义的文化历史学”）同传统的文化史研究有重大差别，因此我们有必要对目前所能认识到的、文化史学所具有的内容作一归纳。文化历史学是以人类文化发展过程作为研究对象的一门历史学分支学科或交叉学科，其内容涉及到考古学、语言学、心理学、民俗学、宗教学、民族学、人类学、文学、古文献学等，其研究范围包括社会史、思想史、科学史、学术史、教育史、文学史、宗教史、民俗史、民族文化、民间文化和文化事业史等方面的内容。但是，文化历史学并不是上述专史的机械组合或生拼硬凑，更不是对上述专史研究内容的简单重复，而是将上述各专史的内容作为一个统一的文化整体，探讨其间内在的有机联系，从各个方面揭示人类文化发展的一般规律和特殊性，在理论与实践结合的基础上具体地描绘人类文化历史发展的具体过程。

文化历史学研究的内容很多，这是由文化概念宽泛的涵盖内容及这一概念的多义性决定的。一般说来，可将主要内容归纳为以下三点：

（一）研究各个民族和国家在不同历史时代的文化特征，以及这些特征对历史运动的影响。对于这一问题的研究既是从整体上揭示人类历史文化进程的前提，也是对不同地区、国家和民族的文化进行比较研究的需要；即使是同一地区的国家和民族，在不同的历史时代所表现出的文化特征也不同。因此，上述内容的研究对于阐释这些问题也是有益的。

例如，西方文化表现出明显的激进性、个体性、开放性和吸收性等特征。这些特征在西方社会的各个方面都可反映出来，不仅融合在社会生活、伦理道德中，也大量通过风俗习惯，对外交往而体现出来，如崇尚骑士风格和冒险精神，赞美英雄史诗；强调以个人为本位，推崇个人的价值和尊严，提倡个体独立性，反对整一性；对外来学说和外来思想采取宽容态度，兼容并蓄，在文化交流中通过吸收有益营养不断更新自己原有的东西。这些文化特征同西方民族的性格、心理素质、地理环境有密切的关系，更重要的是同西方经济的发展有直接的联系。

新兴资产阶级登上政治舞台后，生产力的发展出现了突飞猛进的局面。马克思主义经典作家指出，资产阶级在其不到100年的阶级统治中所造成的生产力比过去一切时代创造的全部生产力还要多。这种急剧发展的生产力不可能不在人们的观念形态、文化心理和与之有关的一切方面产生深刻的影响，使文化发展不断面临新的抉择。从文艺复兴起，西方的文化观念随着资产阶级和资本主义的发展不断更新。资产阶级在欧美确立了自己的统治后，文化观念更新的周期更加缩短，新学说、新思潮、新流派日新月异，不断变换。

西欧诸国的地理环境对西欧文化发展的影响也可以看得很清楚。文化的形成和发展是社会存在的反映。这一社会存在首先是物质资料的生产方式，但同时也包括地理环境，因为它是人们在其中进行物质活动和精神活动的那些直接的自然条件与历史潮流的统一体。地理环境通常是社会物质生活必要的自然条件。西欧各国的面积都比较小，而且是在漫长的历史中经过长期的战争和对峙逐渐形成的。各族人民在长期的战争环境中生存，在其文化发展中印下了深深的激进的烙印。再如西欧的地理环境同其文化中的开放性也有关系。在频繁的战争中，西欧各国的国界时有变化，民族迁徙也司空见惯。经常的文化交流为一个民族对其他民族文化的接受和吸收创造了条件。法国、德国、意大利在历史上原属一个国家，即日耳曼人法兰克族建立的早期封建国家（法兰克王国）。公元843年《凡尔登条约》签订后，在这块土地上分为东法兰克王国、西法兰克王国和中法兰克王国，此后陆续形成德、法、意三国。因此，各国的风俗习惯神话传说和各族人民之间的心理素质都有许多相同相似之处，这种文化的共同渊源为其广泛的文化交流和相互吸收奠定了坚实的基础。西欧一些国家在历史上曾建有封建帝国，但任何一个封建帝国都不曾建立起长期稳定的自给自足的自然经济的坚实基础，因为狭小的国土不具备客观的自然条件和物质条件。因此，一旦战火燃起，封闭的封建专制统治很快为新的统治所代替。这种封闭是有限的，在频频发生的侵扰、争夺和战争中，文化的流通和融合是不可避免的。

只有深入研究不同国家和民族的文化特征，才能在此基础上进行不同国家或民族的文化比较研究，从而更深刻地理解某一国家或民族的历史以至整个人类的历史。例如，中西文化有很大的不同。如果说，西欧文化以激进性、个体性、开放性、吸收性为特征，那么，中国的传统文化更多地表现出平衡性、整一性、稳定性和守常性的特点。这两种不同的特征表现为两种截然不同的文化结构和这两种不同的文化结构赖以生存的两种不同的经济基础，即商品交换资本输出的资本主义经济和自给自足的自然经济、封建主义经济。毋庸讳言，中国传统文化有其自己应有的历史地位，我们不是民族虚无主义者，不崇洋媚外，但这并不妨碍我们对中国传统文化进行科学分析，以便更好地取其精华，去其糟粕。

通过对中国传统文化的特点的研究，可以使我们对中国历史发展的特点有更深刻的认识。例如，关于中国封建社会长期延续问题，自20世纪30年代前期起至今，学术界进行了热烈的讨论。30年代前期关于中国社会性质问题的论战中，一些人提出“中国社会长期停滞论，用孤立、静止和片面的观点来看待中国社会历史的过程。抗日战争爆发后到新中国成立前，吕振羽、李达、王亚南、华岗等继续就这一问题进行了讨论，其特点是对日本帝国主义御用文人秋泽修二鼓吹的“中国社会之‘亚细亚’的停滞性”的批判。历史唯物主义的研究方法虽进一步受到重视，但对中国封建社会为什么会长期延续的原因并没能得出为多数人所能接受的结论。

20世纪五六十年代初，我国学者在马克思主义指导下对此问题进行了再探讨。同以往相比，探讨的深度和广度都有所提高，把问题归结到封建生产方式本身的性质中去认识，同时在方法论上也有很大变化。随着马克思主义在我国的广泛传播，研究者有意识地克服形而上学的方法，普遍采用历史的方法、辩证的方法和逻辑的方法阐释自己的观点。但是，由于“文化大革命”的发生，使这场讨论实际上并没有得出阶段性的科学结论。1978年党的十一届三中全会之后，对于这一问题的讨论又出现新的高潮，一些学者开始研究中国封建经济结构的特殊性，一些学者还运用了中外对比研究和系统论、控制论方法。已经讨论过的重大理论问题又重新提出来进行再认识，目前这一讨论正方兴未艾。关于中国封建社会为什么长期延续问题的研究和讨论一直不能得出较为一致的结论，除因这是一重大的理论问题和实践问题外，笔者认为还有一点很重要，即研究者多忽视了对中国文化结构的特殊性进行探讨，所以使这一问题的探讨不能进一步深入下去。

潘建雄在《中国文化的双重结构及其对近代中国社会的影响》论文中①，提出中国文化独特的历史边疆性和中国文化体系内部的独特的稳定机制，是从文化历史学角度对中国封建社会长期延续问题的尝试。作者认为，中国文化独特的历史连续性的形成，除特定的地理、环境、经济、军事等因素外，同文化体系内部的独特的稳定机制也有密切的关系。从文化历史的初始形态看，中国文化在其形成之初，就有明显的早熟性，主要标志是在几千年前就奠定了中国文化鲜明的入世性的特点，形成了独一无二的以人伦为中心的世俗文化。这一过程在欧洲晚了至少2000年，15世纪文艺复兴时期，人们才开始从神的枷锁下逐渐解脱出来。

文化早熟性表现在它较早地摆脱了鬼神意识对人的绝对统治，形成了文化高度世俗化的特点。在这种世俗文化中，人伦意识占有特殊重要的地位。这种人伦中心主义在其长期的发展过程中分别向朴素的“人文主义”与封建专制主义两个方向延伸，从而形成了一种特殊的文化双重结构。在这样一种双重性的文化结构中，人文主义与专制主义、理性主义与信仰主义、个人主义与群体至上主义互相牵制、互相渗透，形成了它特有的稳定性。在西方文化发展史上，作为前资本主义时期与资本主义时期两大阶段中相互对立的两种文化形态的核心，在中国文化中却通过一种特殊的纽带联结起来，成为同一文化结构中的两个因子，人文主义和专制主义在中国文化中相互结合，互相依存，互相证明又互相制约，共同组合成中国传统文化的正统。因此，它在自己的发展过程中不具备形成像欧洲文艺复兴那样的通过整体转换而实现文化跃进的条件，

① 见《社会学研究》，1987（3）。

从而造成了它独特的连续性的发展历史，并在向现代文化转化的时期造成了特殊的困难。正是因为中国文化这种独特的历史连续性造成文化体系内部的稳定机制，成为中国封建社会长期延续的重要原因之一。从中国文化结构的角度分析我国学术界半个世纪以来争论的重大理论问题，虽然在理论和方法上尚失成熟，但深入到文化历史表层背后，去揭示文化发展特征中所蕴含的政治、经济内容，这对于科学地研究问题无疑是有益的。

（二）研究人类各种文化传播、交流、融合的过程及其原因。文化作为一种历史现象，历史的产物，它的传递、继承和发展总是同各种文化的相互交流融合联系在一起的。任何一个国家、一个民族，只有不断地与外界文化交流，广泛吸收其他文化系统和结构中的有益营养，不断地充实和丰富自己，才能使自己的文化得到发展，并促使经济生命全面繁荣。人从本质上说“不是单个人所固有抽象物，在其现实性上，它是一切社会关系的总合”。[①] 人不仅是自然存在物，更重要的也是社会存在物。社会性既体现在人的世界观和一系列社会行为上，同时人的纯生理的机能也受社会的影响和改造，这种影响在人类文化（物质文化和精神文化）中尤其突出。因此，对于一个人来说，出世后就需积极地吸收人类文化，掌握人类生活活动的方式和技能，否则便无法生存，对于任何一个国家或民族来说更是如此。世界上各个民族和国家的活动总是有直接、间接的影响或直接、间接的联系，那种自我封闭，自我孤立，拒绝同世界其他各国人民进行联系和交流的做法，显然无法适应人类历史发展的进步趋势。

西方文化的发展与中国、印度、埃及等东方文明古国相比，起步要晚得多，但却后来居上，其原因之一即是同西方文化发展中的吸收性有密切的关系。西方文化起源于古代的希腊、罗马文化。古希腊、罗马时期以至此后很长的一段时间，西方文化以吸收为主，主要表现为对印度和阿拉伯地区大批移民的接受和对古代东方文化的虔诚崇拜，例如在基督教的经文中就有耶稣降生东方，智者来朝的记载。之后随着贸易往来，国家联系，宗教传播和连年的战争等大肆对外进行领土扩张和文化

① 《马克思恩格斯选集》，第1卷，56页。

扩张，同时在新的基点上广泛吸收外来文化，同自己固有的文化融合贯通。融合在西方文化发展中的作用和意义尤其重要。西方文化的发展主要表现为不同地区不同民族的文化不断为其所融合，同时又不断流动分化。那种既不融合也不分化的文化是已失去生命力、已经死亡或正在走向死亡的文化，这不仅适用于西方，世界上任何一个地区和国家都是如此。

中国文化的形成和发展，同中国历史上所经历的文化融合有直接的联系，若忽略这一客观存在事实，则会对中国历史上许多重要问题做出错误的结论。我国历史上至少经历了四次大的文化融合。融合的过程是容摄、消化、吸收和改造外来思潮，外来文化使之成为自身有机构成部分的过程，而不是简单的机械的吸收过程。

第一次在殷周时期。武王伐纣时，据说有800余名诸侯为其盟军，纣用兵平定东夷后，其辖区也有不少属国。周武王在牧野之战获胜后，这些属国同殷民在长期的共同生活中，逐渐消除了种族之间的隔阂，中原文化进一步传播，中原地区各族之间通婚，文字、风俗、学术思想由接近进而融合。如荀子的哲学广泛吸取了邹鲁以外地区的文化精华。他是赵国（今山西南部）人，曾游学于齐，约公元前285年去楚国。齐襄王时回到齐国。公元前266年应秦昭王聘入秦，讲论三王之道。后回赵，在赵王面前与临武君议兵，后再至楚，被春申君任为兰陵令。荀子作为先秦诸子集大成者，继承了各派学说的内容，《荀子》一书概括和发展了先秦的哲学思想，可被认为是当时文化融合的产物。

第二次在秦汉时期。秦王朝是我国历史上第一个专制主义中央集权的封建王朝。汉承秦制，进一步巩固了中央集权的多民族国家。秦汉利用国家政权的力量进一步推动了疆域内众多文化的融合，建立起规模更大的民族共同体。

第三次在南北朝时期。主要是北方汉族地主阶级与当地的土著贵族融合，兼有民族融合和文化融合的两重性质。至唐王朝时，已建立起多民族地主阶级专政的封建政权，在对外关系方面较为发达，政治、经济、军事、宗教和文化方面的空前联系和交流，使唐王朝成为当时世界文化中心之一。

第四次是宋元明清时期，特别是元、清两朝。值得提出的是，明朝末年，西方文化通过耶稣会士开始介绍到中国来，一些有识之士提出“欲求超胜，必须会通”的思想，主张研究并吸收西方文化的精华为我所用，但这一真知灼见没能被当时的统治阶级所接受，而此后闭关锁国盲目排外成为主导思想。但是，这并不能否认中国历史上四次大的文化融合，建立和不断发展起中华民族这一民族共同体，以儒学文化传统为核心，建立了统一的版图这一事实。

我国历史上的文化交融不仅表现在文学、艺术、音乐、舞蹈、宗教、哲学各方面，同时也包括工艺、兵法、医学、天文、数学、教育、政治、经济等方面。20 世纪五四运动之后，马克思主义传入中国，使中国思想界焕然一新，为缔造新型的无产阶级政党奠定了理论基础。五四前后的新文化运动同日本、苏维埃俄国和西方诸国的文化影响也有密切的联系。由此可见，一部中国历史如离开了上述内容，那将是不完整的历史。

各种文化的交流和融合都离不开一定的物质基础和一定的历史条件。这是研究这个问题的关键。因为我们不能把文化的概念仅局限于精神文化。物质文化的产物和精神文化的产物作为人类活动的结果，有不可分割的联系。

例如，拜占庭帝国融合了古希腊和罗马、基督教和古代东方文化的文化，形成了高度发达的拜占庭文化，成为欧洲中世纪初期文化的精华。它作为古典文化和近代西欧文化的桥梁，对文艺复兴运动产生了深刻的影响。文化历史学研究的主要任务，不在于拜占庭文化的内容和对文艺复兴运动影响的具体形式，而在于探讨其原因。这一原因既指文化的内在因素，更重要的是文化发展的外在环境。如从经济上看，拜占庭帝国发达的工商业为其文化交流和融合提供了必要的物质基础。从政治上看，帝国内部始终保持着有权威的中央集权统治，这是拜占庭文化存在和传播的政治前提；从宗教方面看，教会的势力因帝国中央集权势力大而相对弱小，不存在像西欧那样超越世俗的无限权力；从地理位置看，拜占庭帝国位于欧、亚、非三洲交汇处。其版图内包括埃及、希腊等古代文化中心，可在继承、发展古代优秀文化的基础上密切同南部斯拉夫人、俄罗斯人等民族的联系。综上所述不难看出，在文化历史学范畴内对文化交流和文化融合的研究，有着丰富的内容。这种交流和融合同文化进步的大趋势是一致的，同人类社会进步的历史趋势是一致的。文化无论是纵向流传还是横向交融，在当代世界都是以前所未有的深度和广度进行着。当代中国政治经济体制改革和对外开放政策加速了中外文化的交流，这是中国现代化进程不可缺少的一步。加强对中外交流的历史和现状的研究，将使我国历史学的社会功能得到进一步发挥。

（三）研究文化在人类历史进程中的地位和作用。一些研究者认为文化的社会功能主要表现在记录功能、认知功能、传播功能、教化功能、凝聚功能 、变革功能、融合功能这七个方面，这毫无疑问是正确的。但在文化历史学中，对这一问题的研究则是从人类历史这一宏观的角度在更广泛的范围内进行的。文化在整个社会历史过程中，涉及到社会生活的各个领域。文化总是在一定的社会经济条件和一定的政治思想环境中存在、发展和发挥作用。文化的发展是由社会的物质条件和社会经济决定的。但这并不是说，文化的内容和发展水平完全由物质生产决定的。对文化发展有决定作用的，首先是生产的社会形式和社会结构的性质。一定类型的文化就是在它们的基础上并依据它们而形成和发展的。人是文化和社会的主体，物质发展的基本目的是使人获得全面解放，使人获得全面发展。只有在此前提下，文化的发展和社会的发展才能和谐统一，使历史不断前进，研究文化在历史发展中的作用，特别应注意到文化潜力问题。因为经济发展不仅要具备一定的文化前提，同时在经济发展的过程中，要求文化同步迅速发展以适应，这就需要开掘文化潜力，没有这一步，经济不可能持久得到发展。在当代科技和经济迅速发展的情况下，社会文化潜力的作用越来越突出。

从文化历史学角度考察文化在历史过程中的地位和作用，可从人类文化发展方面划出三个本质不同的阶段，即阶级出现前的文化、阶级对抗的文化和共产主义文化。但是，并不是说这三个阶段之间互不相干，没有任何联系。实际上，这三个阶段所体现出的过去、现在、未来的文化特征及内容有不可分割的逻辑联系。同时，每一个阶段内的各个时期的文化的联系和渗透也是客观存在的。例如，在当代中国仍存有封建主义的影响，它既来自小农经济，也来自中国几千年来的文化传统。文化不可能脱离一定的物质环境和一定的社会结构。例如，同经济活动密切联系在一起的是生产文化、企业文化、农业文化、手工业文化、工业文化和建筑文化等。文化在社会历史过程中有重要的作用。不过，这些不能用一个公式来概括，因为在不同的地区、不同国家和不同民族中，文化的社会功能及发展特点不可能是完全一致的。只有把握住这些特点，才能够准确地认识和描述历史的真实面貌。尽管如此，文化是历史发展的强大推动力这一基本功能应该是肯定的。欧洲摆脱中世纪的愚昧野蛮同文艺复兴运动及作为这一运动前提的 11 世纪、14 世纪的文化输入有密切关系。如果说，中国封建社会长期延续的原因之一是由于缺乏先进文化的冲击使其因自身的结构无法实现向现代化转化的文化跃进，那么在当代中国改革、开放、实现现代化的过程中，高度重视研究外来先进文化已成为当务之急。能否科学地对待这个问题，将对中国未来的发展产生深远的影响。

文化历史学作为一门成长中的学科，在理论和实践上有许多问题有待在其自身发展的过程中解决。国内外学者对这个学科日趋增长的热情为这些问题的解决创造了良好的条件。相信我国学者在当前改革开放的形势下，会更加重视这门学科，使历史科学的社会功能在中国现代化进程中得到更大的发挥。

反“文化全球化”

——经济全球化背景下对文化多样性的思考

经济全球化作为一种事实和趋势，正在向我们走来；同时它又是一种价值判断，人们从不同的视角和立场关注着全球化这股巨大的历史浪潮，如何渗透到人类生活的各个领域，如何改变着或将要改变着人们的价值观念、生产方式和生活方式。按照国际货币基金组织的定义，全球化既包括资金、劳动力和资本的全球流动，也包括文化、意识形态领域中国际交流与合作的深化发展。不难看出，全球化的影响是多方面的，不仅仅限于经济生活领域，也涉及到文化生活领域，但是，文化领域与经济领域不同，并不形成文化上的全球化或趋同化。相反，文化作为人类社会生存的方式，是一种创造性的活动，是组织和发展人类生命活动的一种特殊方法，却因各民族相异这一特征所决定，在全球化的背景下将进一步形成各民族文化的多样性。

一、“文化全球化”是谎言和陷阱

文化是人类特有的现象，是人类文明进步的

结晶，渗透于社会生活的各领域，它对于人们树立正确的世界观、人生观、历史观、价值观，追求真善美，抵制假恶丑，具有不可替代的作用。民族文化是一个民族的灵魂和精神象征，是文化的核心，钟敬文先生说："民族文化，是一面明亮的镜子，它能照出民族生活的面貌，它还是一种爱克斯光，能照透民族生活的内在'肺腑'。它又是一种历史留下的足迹，能显示民族走过的道路。它更是一种推土机，能推动民族文化的向前发展"。[①] 总之，任何一个民族的文化，包括生产方式、社会结构、思想意识、宗教信仰、伦理观念和风俗习惯等等，都是这个民族存在的标志和继续发展的前提。

然而，20 世纪末以来，随着国际垄断资本主义在全球扩张加剧，西方一些学者鼓吹在经济全球化的背景下，"文化的全球化"也必将随之而来，预言未来将实现"全球文化的同质化"，以美国文化为代表的单一的西方文化将取代世界多样性的文化。美国杜克大学教授弗雷德里克·詹姆逊认为，文化的全球化是真正意义的全球化，是"界定全球化的真正核心：世界文化的标准化；美国的电视，美国的音乐，好莱坞的电影，正在取代世界上其他一切东西"。他还预言"文化全球化的后果，是美国的大众文化模式取代世界上各个民族的传统文化"。在这个过程中，各民族文化将遭到破坏。[②] 在经济全球化的背景下，单一的西方主流文化——"文化全球化"的形成，必将以牺牲多元的民族文化为代价。

马克思主义经典作家曾指出："资产阶级，由于开拓了世界市场，使一切国家的生产和消费都成为世界性的了……过去那种地方的和民族的自给自足和闭关自守状态，被各个民族的各方面的相互来往和各方面的相互依赖所代替。物质的生产是如此，精神的生产也是如此。各个民族的精神产品成了公共的财产。民族的片面性和局限性日益成为不可能，于是由许多种民族的和地方的文学形成了一种世界的文学"。[③] 马

---

① 钟敬文：《民俗文化学：梗概与兴起》，194 页，北京，中华书局，1996。

② [美] 弗雷德里克·詹姆逊：《论全球化和文化》，见王宁编：《全球化与文化 西方与中国》，108 页，北京，北京大学出版社，2002。

③《马克思恩格斯选集》，第 1 卷，276 页。

克思恩格斯在这里所说的“世界文学”是指“世界文化”。但能否就此就可以理解为这是马克思恩格斯对“文化全球化”将成为可能的“预见”，以及“文化全球化是各民族文化交融的一种必然结果，是人类共同体验、创造的结晶，是人类生存和发展的需要”，[1] 这还是一个有待于进一步商榷的问题。包括笔者在内的一些论者不同意上述观点。如有的论者认为，“世界文化是一个色彩斑斓的画卷，而不是清一色的设计图纸。没有文化的民族化，就没有真正意义上的世界文化。失去了文化的民族个性，世界性的文化共性也就失去了存在的基础。而且，在文化领域内，没有了差异，没有了竞争，也就没有了生机活力，自然也就没有了文化进步”。[2] 总之，民族文化和世界文化不是对立的，世界文化也不等于文化的“全球化”，以美国文化为代表的西方文化竭力要成为世界文化的主流文化，进而要成为全球的“文化”，这里所推行的实际上是体现西方价值观的一种新的意识形态。

正确理解马克思、恩格斯所说的“世界文学——世界文化”的涵义，首先应该将其放在广阔的世界历史背景中去理解。随着近代资本主义世界市场的形成，被隔绝的世界开始连成一体，使所有国家的生产和消费，不同程度地愈来愈具有世界性的意义。“世界文化”是相对于封闭的、孤立的“民族”或“地域”的文化而言，首先是相对于那个封闭的、孤立的历史时代而言。正是由于近代世界和中古世界相比发生了剧变，所以各个民族的文化开始有了“世界”的内容，而这种“世界性”的内容，并不是一开始就有的，而是世界历史发展的结果。此外，马克思主义经典作家并不是用“世界文化”来否定或代替“民族文化”。世界文化的形成只是在新的历史条件下，赋予了民族文化新的内容，主要表现为民族文化在保持民族性的同时，而更加突出民族文化的时代感和时代精神，传统文化适应时代发展的客观要求，不断发生新的转换。在这里，并不存在着与民族文化相悖的单一的“世界文化”。

---

① 罗成琰：《全球化背景下中国文化的创新》，见《全球化背景下中国文化竞争力研究》，79～80 页，北京，中国时代经济出版社，2004。

② 丰子义等：《马克思‘世界历史’理论与全球化》，151～152 页，北京，人民出版社，2002。

因此，我们可以有理由说所谓“文化全球化”，是一个美丽的谎言，或者说是一个陷阱。对这种观点，一些西方学者也持异议，例如英国学者费舍斯通认为：不断增长的国际间货币、商品、影像以及信息等，已经产生了“第三种文化”，它是超国界的，它调和着不同国家之间的文化。总之，在他看来，不存在“同一的全球文化”。又如法国学者魏明德认为：“在文化方面，全球化既可以产生最好的结果，也可以产生最坏的结果。……我们可以重新发现我们的根源，通过与外部的接触经感应而再度发现，不是靠重复过去的文化形式，人类可以藉由这些文化形式的相互作用踏上追寻自然天性的种种潜能之旅，从而进行创造。我们必须挖掘个性才能达到普遍，但是，只有在我们学会尊重和欣赏他人的个性时，才能够表达出自我个性的精华”。魏明德从以上认识出发，认为在全球化的背景下文化方面的“最坏结果”，就是加速每个文化对自身源头的忘却，“而只有一大盆共同的‘汤’”。这似乎可以理解为文化的全球化了，但这只“是一种建立在最平庸的参照和产品上的普遍的伪文化”。[①] 法国另一位学者尚－皮耶·瓦尼耶则更明确地指出，所谓“文化全球化”，“事实上，它只是美、欧、亚洲三角地区，受到其所属国家鼓励的私人产业霸权式支配下的一种大型的文化交融现象”。[②] 全球化对民族文化发展提出了挑战，但是，挑战的结果决不是要建立起“一大盆共同的‘汤’”的伪文化，也不是、也不可能实现归于一统的“文化全球化”，而是使各民族文化在特定的历史环境中通过交流和交融，而变得更加灿烂辉煌，这是世界各民族人民的共同愿望。

在全球化的背景下，依然能够保持文化的多样性，因为这是和保持民族的独立性紧紧联系在一起的。文化的基本特征之一是民族性，这是这一民族立足于世界民族之林的基石。如果一个民族全盘否定自己的文化传统，失去了民族的自信心，心甘情愿地接受异族来“同化”，那就是这个民族走向衰亡的开始。民族文化是民族存在的标志，当任何一种文化失去其“民族性”时，它作为一个独立的文化也就不存在了。建立

---

① [法] 魏明德：《全球化与中国》，7页，北京，商务印书馆，2002。

② [法] 尚—皮耶·瓦尼耶：《文化全球化》，92页，台北，台湾麦田出版社，2003。

以美国文化为主导的所谓文化的“全球化”，其实质是推行文化霸权，是典型的“文化帝国主义”。

文化帝国主义，文化侵略或文化扩张，历来是帝国主义的重要内容之一，而非始自20世纪末全球化时代的到来。美籍学者爱德华·W·萨义德在其代表作《文化与帝国主义》中，有详尽阐释。19世纪末20世纪初，主要资本主义国家进入帝国主义发展阶段，帝国主义的统治与扩张，包括有意识形态和文化方面的内容。从“西方中心主义”出发，认为西方与世界其他地方之间，有本质的差别。“人们对于西方与非西方的边缘地带间的地理和文化的界限的感觉与认识非常强烈”，而且认为“这些边界是绝对的”。“西方对非西方世界的大规模统治现在已经是为人们所接受的历史研究的一个分支了。现在，就其研究范围而论，已是全球性的了。……帝国的巨大地理疆域，特别是英帝国的，与正在普遍化的文化语境已经结合在一起。当然，是权力使这种结合成为可能。与此同时，还有能够留在遥远的地方，得以了解别人，整理与传播知识，发现特征、描绘、传播、展示和表现其他文化（通过展览、远征、照片、绘画、调查、开办学校）的可能。而最主要的是统治他们的能力。这一切又产生了所谓对土著的‘职责’，在非洲或其他地方为了土著的利益或者为了祖国的‘声誉’而建立殖民地，这是文明人的使命措辞”。总之，帝国主义的“统治不是静止不动的，而是以许多方式传播宗主国的文化。……一系列较新的研究描述了帝国的主题是如何编进了大众文化和小说结构中或历史、哲学和地理的语境中去”。如果说，老牌帝国主义的霸权主要是通过两种力量，一种“存在于直接的统治”，另一种“存在于文化领域”，那么在当代美国，“它的不同之处在于文化扩张的范围的突飞猛进。这主要是由于传播与控制信息的工具空前发展”。[1] 在不同的历史时期和不同的国家或地区，文化帝国主义的内容及表现形式会有所变化，但是，它和现实世界的紧密联系，以及在政治、经济、军事和外交等领域的利益关系，却是不会改变的。

“冷战”结束后，各国文化的外部环境都发生了深刻的变化，提出

① ［美］爱德华·W·萨义德：《文化与帝国主义》，150～151、415页，北京，三联书店，2003。

了不少值得人们深思的新问题。在当前“经济全球化”的背景下，文化帝国主义严重地威胁着他国的文化安全。我国的文化安全，首先是意识形态安全和价值观安全，面临着以美国为代表的西方文化帝国主义的严重挑战。在“全球化”的背景下，美国国家政策的一个明显特点是将“文化”和“新经济”、“高科技”并列，极力使以美国文化为中心的“西方文化”，成为当今世界的“主流文化”，用西方的价值观支配世界。托夫勒教授等认为，军事力量和经济力量不再作为衡量国家实力的主要目标，知识的控制是明日世界争夺的焦点。谁的文化成为主流文化，谁将成为国际权力斗争的赢家，谁将掌握未来。① 从这一基本战略目标出发，一些美国学者在全球化的背景下极力鼓吹“文化全球化”。

“冷战”结束后，美国耶鲁大学教授保罗·肯尼迪说：“今后的世界不是资本主义和社会主义的对峙，而是美国式的放任主义的文化和反美国文化之间的对峙”。美国凭借强大的经济实力和高科技手段，通过电影、电视、广播、书籍、报刊、广告、流行音乐及国际互联网，对包括中国在内的世界各国进行文化渗透。目前，美国控制了世界75%电视节目和60%以上广播节目的生产和制作，每年向国外发行的电视节目总量达30万小时，许多国家的电视节目中美国节目往往占到60%～70%，有的占到80%以上，文化产品是美国最大的出口产品，每年的出口额达600多亿美元，甚至超过航天航空和电子产品的出口额。美国文化所蕴涵的深层内容是西方资产阶级的社会政治理念、价值观念、意识形态和生活方式。当以美国文化为中心的西方文化的比重超过一定的“度”，甚至高于本国文化时，将会使人们的生活方式、思维方式、行为方式、价值观念倾向“西化”，极大削弱了对民族文化的认同。这种情况在我国社会生活的一些方面已有所反映，这是十分危险的。任何文化的形式都是丰富多采的，但深层次内容都是价值观问题，如果不能积极有效地应对文化帝国主义的严重挑战，我国的社会发展就会失去了共同的、稳定的基本价值观念，或者分裂为许多不同的相互冲突的价值观念，这样，我国稳定、和谐的社会环境将不复存在，国家的文化安全以

① 参见中国社会科学院“世界文明”课题组编：《国际文化思潮评论》，6页，北京，中国社会科学出版社，1999。

至国家的整体安全都将受到严重威胁。

西方的理论家从他们的世界观、价值观出发，同样也不否认文化发展和社会发展之间的内在联系，不否认文化所蕴涵的现实的价值观。亨廷顿为了维护美国国家的基本利益，强调必须战胜“美国存在的崇尚多样性及多文化主义的思想”，并毫不掩饰地指出：“如果多文化盛行，如果对开明的民主制度的共识发生分歧，那么，美国就可能同苏联一道落进历史的垃圾堆!”为了维系这种“共识”，“增强人民之间的凝聚力”，就必须制造一个“假想敌”，[①]并可随心所欲地通过“假想敌”突出体现美国国家利益的文化“中心论”的必要性，以此否定任何形式的多元文化——多元的文化价值观的发展。他还认为，冷战后北约组织的主要任务是“保护和维护西方文明”，西方大国领导人的责任是“保护和促进他们共同拥有珍贵而又独特的文明中的利益、价值观和文化等”。[②]

任何一个有独立文化传统的国家，在经济全球化的背景下，都要为维护本国的文化传统、文化利益和文化安全采取积极的措施。如许多国家以“多极文化论”与美国的“单边文化战略”相抗衡，甚至包括一些西方发达国家。1989年，欧洲议会通过“无国界电视”指令，确保播放欧洲影视作品的时间额度。1992年，欧盟认同法国的“文化例外”概念，并确定了界定“文化例外”的六条标准。1993年，法国和加拿大等国在乌拉圭回合谈判中，提出“文化例外”主张，认为文化产品有特殊性，不能与其他商品一样流通。

二、世界历史是多元文化的历史

漫长的世界历史告诉人们，人类文化的起源是多元的，在世界历史上，从来不存在单一的“全球”文化模式，人类文化的多元文化源头，至今仍可以看得清清楚楚。一部人类文明的历史，从某种意义可以说，就是各个民族多元文化发展的历史。几千年来，希腊文化、希伯来文

---

① [美] 亨廷顿：《美国国家利益受到忽视》，美国《外交》杂志1997年10月号。

② 参见朱马杰：《当代国际关系中的文化博弈》，《国际问题研究》，2001 (2)。

化、印度文化、中国文化、非洲文化，以及阿拉伯伊斯兰等文化，共同创造了光辉灿烂的人类文化，为人类文化的发展做出了自己独特的贡献，对人类社会的历史和现实产生了深刻的影响。正是各个民族文化的存在和发展，以及不同文化之间的交流和交融，才使文化在各个历史时期呈现出色彩缤纷的多样性，这是整个人类文明存在和发展的基础。

20 世纪初，德国历史哲学家斯宾格勒在他所创立的文化形态史观中，为人们描绘了一幅多元的世界文化图景。他认为人类世界有 8 种独立的高级的文化系统，这就是埃及文化、巴比伦文化、印度文化、中国文化、古典文化（古代希腊罗马文化）、阿拉伯文化、墨西哥文化和西方文化。他否定了“欧洲文化中心”的理论，明确地提出除了西方文化之外，还有其他各种独立的文化。在他看来，“西欧的土地被当作一个坚实的‘极’，当作地面上独一无二的选定地区，理由似乎只是因为我们住在这里；而千万年来的伟大历史和遥远的强大文化则都被迫极其谦逊地绕着这个‘极’在旋转。这是一种太阳行星式的怪想体系”！他认为，这是西欧人自欺欺人制造出来的“‘世界历史’幻景”。他把西欧文化中心的历史体系称作“历史的托勒密体系”，而他把他的理论称为“历史领域中的哥白尼发现”，因为从这一理论出发，并“不承认古典文化或西方文化比印度文化、巴比伦文化、中国文化、埃及文化、阿拉伯文化、墨西哥文化等占有任何优越地位——它们都是动态存在的个别世界，从分量看来，它们在历史的一般图景中的地位和古典文化是一样的，从精神上的伟大和上升的力量看来，它们常常超过古典文化”。[①] 继斯宾格勒之后，英国历史学家汤因比继承并发展了斯宾格勒的多元文化理论，在 1934—1961 年撰有 12 卷巨著《历史研究》，他认为 6000 年来的人类历史发展中，曾有 26 种文明形态，其中 21 种得到了发展。虽然他研究世界历史的单位不是“文化”，而是“文明”，但同样对西欧文化中心的偏见持否定态度。

总之，世界历史是多元文化的历史，在今天的世界上，大约 200 个

① ［德］斯宾格勒：《西方的没落》上册，33～34 页，北京，商务印书馆，1963。

国家中，生活着5000多个不同的民族。1915年，一个由人类学家组成的小组曾计算出人类历史上继续存在和已经消亡的文化有650余种。①1992年，法国学者埃内贝尔对世界上160个国家的种族情况进行了考察后写道："全球完全属于同质性的国家屈指可数；反之，在文化、宗教、语言、族群呈现异质的情形在各地皆属常态"。② 在人们看来，这是完全正常的，因为今天的世界仍然有6000余种通行的语言，而主权国家和自治地区的数目也不过220多个，这样，平均每个国家就有近30种语言或民族。自远古以来的世界历史进程表明，一些民族之间虽然有冲突，甚至是激烈的暴力冲突，但是从整体上看，各个民族主要还是和平共处，共同创造着、丰富着和发展着世界文化，推动着历史的进步和发展。

中国文化是多元一体的文化，它的起源也是多元的。犹如在世界的历史上不存在"西方中心论"一样，在中国的历史上也不存在所谓的"华夏中心论"。③ 中国是一个统一的、多民族的大家庭，它的每一个成员都为中国文化的形成做出了自己的贡献。如果仅仅认为黄河流域或黄河、长江流域是中国文化的发源地显然欠妥，因为这只是描述了"农耕文化"的萌生和发展，而忽略了与其并存的"游牧文化"。游牧文化并非是产生于中原的农耕文化的蔓延或辐射，因此可以说，东北辽河流域的红山文化、天山山脉等也是中国文化的发源地之一。在天山南北的辽

① [美] 威廉·麦戈伊：《文明的五个纪元》，34页，济南，山东画报出版社。

② [法] 埃内贝尔：《全球部落意识——环球160个国家的种族处境》，转引自尚—皮耶·瓦尼耶：《文化全球化》，143页，台北，台湾麦田出版社，2003。

③ 目前，国内学术界关于中国文明起源地的观点主要有五种说法：其一，"满天星斗说"：认为我国数以千计的新石器遗址，可以分为六大板块；其二，"两大集团说"：一以半坡文化为代表，另一以青莲岗文化为代表；其三，"接触地带说"：以阴山、秦岭、南岭三条山脉为标志划分出接触地带，找出各种文化之间的区别和联系；其四，"大小中心说"：黄河文化是一个大的文化中心，在该中心之外存在若干小中心；其五，"辽河流域文化中心说"：认为赤峰的红山文化，并非受黄河仰韶文化的影响形成，在远古时期，该文化并非落后于中原文化。关于中国文化的起源，则表述为"满天星斗"、"八大中心"、"七大系统"、"六大区系"等等，说法虽然不一，但有一点是共同的，即中国文化初曙之时，就已经表现出多样性的特点。

阔地域，几千年来是塞种、乌孙、康居、大月氏、匈奴、鲜卑、突厥、契丹、蒙古、柔然、铁勒和高车等古代民族生衍繁息的地方，他们共同创造了光辉的“游牧文化”。而红山文化则是农耕和游牧并举的文化，在经济上表现出农耕文化和游牧文化开始融为一体的特点。

早在春秋时期，华夏族许多部落，如神农和黄帝等，已经与东夷、南蛮、西戎、北狄族有了密切接触，因有了“诸夏之族”的融合高潮，到汉代时融合成为汉族。正是有了秦汉盛世，汉文化通过与周边民族的文化，如匈奴、鲜卑、契丹、女真等少数民族文化进行了内容广泛的交流和融合，汲取了各个民族的文化成果，才形成了绵延数千年经久不衰的中国文化。① 例如，胡琴就是汉族与新疆各民族，首先是维吾尔族相互影响下的产物。中华民族是多元的统一，中国文化也是多元的统一。在保持各民族、各地域文化多样性的同时，也鲜明地表现出中国文化的整体性和统一性，中国文化所以成为世界上唯一延续发展不曾中断的文化体系，重要的原因之一就在于此。

中国“文化的发展要借鉴外邦文化、吸收外邦文化，但同时要保持民族的主体性、独立性。必须资外以宏内，不能徇外而蔑内。如果失去了民族文化的独立性，那就沦为外邦文化的附庸！如果丧失了民族的自尊心和自信心，文化的正常发展也将是不可能的”。② 例如两汉时，佛教——当时和中国人的信仰完全不同的宗教，从印度传入中国，并逐渐产生了重要的影响，“独尊儒术”的情况开始发生了变化。但历经两汉、魏晋、隋唐，以至宋元明清，可以清楚地看到印度佛教有一个明显的“中国化”的过程，其结果是印度佛教成了中国化的佛教。和最初传入的印度佛教相比，“中国化的佛教”已经深深植根于中国大地上，成为独立的学说体系。这足以表明中国文化接纳外来文化的能力和自信力。

① 我国学界一般认为，中国历史上民族融合的高潮，有以下四次：1. 春秋战国至秦，约 500 年。楚人、吴人、越人东夷、西戎、南蛮、北狄与“诸夏之族”融合为汉族；2. 南北朝到唐初，约 400 年。其间匈奴、鲜卑、羯、氐、羌等少数民族入主中原建立前赵、后越、前燕、前秦等十六国，逐渐汉化并融入到汉民族中；3. 从五代十国到明初，约 500 多年。女真、契丹、西夏、沙陀等民族，进入西北和北部地区后，经过“五代十国”与汉族同化；4. 清入关后。

② 张岱年：《中国文化的改造与复兴》，见《文化与价值》，253 页，北京，新华出版社，2004。

除佛学来自印度外，“景教来自西欧，回教来自阿拉伯，音韵受到《西域胡书》（《隋书·经籍志》）的影响，云冈石佛的作风直接受到印度、间接受到希腊的影响，壁画亦受到印度的影响……这一一都在中国社会内在的根基上生根、开花、结实，成了中国民族自己的东西”。又如，“‘论衡’是汉民族过去的用语，今日已为‘批评’或‘批判’所代替；苜蓿、葡萄、胡麻、胡桃、豌豆、菠菜、胡萝卜、黄瓜、西瓜、无花果、皂荚、凤仙花、米突、铁道、轮船、摩登……都不是汉民族原有用语，或随同其实物的传入而传入，或随同新事物的发生而发生，今日都成了汉民族自己的用语了”。[①] 明清之际，西学东渐给中国带来了内容广泛的西方文化，特别是科学技术文化，中国以鲜明的文化自信心和宽广的胸怀吸纳着域外文化，以丰富和充实自己。中国文化发展的历史和现实表明，无论是过去、现在还是未来，中国文化与外来文化各种形式的交流和交融，永远都不会停止。

中国文化与外来文化交流和交融的过程，也是中国文化在继承、弘扬自己优秀文化传统的同时，不断进行文化创新的过程。中国文化和世界上各个民族优秀的文化一样，是发展的文化。文化不仅有民族性，而且也有时代性。而时代性的获得，离不开与时俱进、推陈出新，进行积极的文化创新。半个多世纪前，闻一多先生在《女神之地方色彩》文章中就“新诗”写道：新诗应该是“中西艺术结婚后产生的宁馨儿”，“一切的艺术应该是时代的经线，同地方纬线所编织成的一匹锦”。季羡林先生对此比喻十分赞赏，认为“这说法实在是形象生动，比喻确切”。他说：“任何国家任何时代的文学（文化的一个重要组成部分）都包含着两方面的因素：民族性和时代性。代表民族性的民族文学传统是历时形成的，这是锦上的南北方向的直线，可以算是经，代表时代性的是民族文学随时代而异的现代化，这是共时形成的，这是锦上的东西方向的纬。经与纬，民族性与时代性相结合就产生了每一时代的新文学。从广义的文化交流方面来看，这种想象更为突出”。[②] 只有自觉地将文化中

① 吕振羽：《中国社会史诸问题》，175～176页，上海，华东人民出版社，1954。

② 季羡林：《中西比较文学教程·序一》，见乐黛云主编：《中西比较文学教程》，4页，北京，高等教育出版社，1987。

的继承与创新、民族性时代性结合起来，才能适应时代的需要，并在面向时代的创新中不断获得新的生命力。文化创新不是一个孤立的过程，它又是和理论创新、制度创新和科技创新密切联系在一起的。只强调继承，不讲创新，将会导致“文化保守主义”，这同全盘否定民族文化的“民族虚无主义”一样，同样是不可取的。

经济全球化是全球范围内交流与互动的一个自然历史进程。由于人类社会的空间障碍正在消失，不仅使世界经济的发展，而且人类文化的发展也不可避免地会受到深刻影响，但这种影响并不是产生“单一文化模式”的所谓的“文化的全球化”，也不是建立以美国文化为中心的“世界文化的标准化”；恰恰相反，经济全球化使世界不同国家和民族的文化联系空前增强，各文化之间相互交流与融合的机会不断加大，各民族在继承、发扬自己优秀文化传统的同时，以更广阔的胸怀和更开放的心态汲取其他民族的优秀文化成果，从而使全球化时代世界文化的发展，进一步表现出相互融合和多元发展同时并存的明显特征。2004 年 5 月，“世界历史文化名城市长对话会”在中国南京召开，如何构建多元文化的城市，城市如何突出多元文化，以及市民在生活中如何感受到文化的力量，成为会议的主要议题。与会的市长们认为，城市文化的积淀与传承是世界各国重要的精神力量，多元的民族应该保持多元的文化特色，如巴塞罗那市前市长特鲁诺所言：“自然界因为生物多样性而美丽，人类也因为文化多元化而丰富，如果全世界都吃麦当劳，喝可口可乐，世界该是多么单调”。[①] 在全球化的背景下，各民族的文化需要进行广泛交流和沟通，形成相互尊重、互相促进的和谐发展态势，保护人类的多元文化生态是世界各国的共同目标。

全球化时代的到来，为不同文化之间的交流和交融提供了新的历史机遇，经济全球化是加快文化交融的强大动力。在“地球村”中，各个国家和民族之间的交往更加广泛、更加频繁，使自己的文化在不同文化的交流和交融中不断获得新的动因，从而使各民族的文化丰富多彩，充满生机，表现出更加鲜明的文化的多样性。由此人们完全可以有理由

① 郑晋鸣等：《城市应突出多元文化》，《光明日报》，2004－05－17。

说，正是在经济全球化这一新的历史条件下，才使文化进一步表现出具有各自民族特征的多样性，而不是相反。

1922年，英国哲学家罗素在《中西文明比较》中写道："不同文化之间的交流过去已经多次证明是人类文明发展的里程碑。希腊学习埃及，罗马借鉴希腊，阿拉伯参照罗马帝国，中世纪的欧洲又模仿阿拉伯，而文艺复兴时期的欧洲则仿效拜占庭帝国……"[①] 正是由于不同文化之间的碰撞、交流和交融，才使得这些文化在自身的发展中不断地互相汲取营养，在不同的历史时期都焕发出新的生命力，世世代代延续下去。这种文化的交融，不是一个民族的文化融化到另一个民族的文化之中，导致这个或那个民族文化的消失，或使本民族的文化受到削弱；相反却是在这种交融中，使本民族的文化因汲取外来文化的有益内容而更加健壮，更加生气勃勃。中国文化的发展历程充分证明了这一点。在不断吸纳异质文化精华的过程中，中国文化不仅没有被外来文化所取代，相反却变得根深叶茂，创造出新的、更有活力的中国文化。

不同民族之间的文化、各异质文化所以能够交流，交融，表明文化具有同质性，而且文化的同质性又是和文化的多样性联系在一起的。所谓"文化的同质性"，是强调将人类文化发展作为一个有机的整体进行研究，或者说，人类文化发展有一个共同的层面。任何一种文化，都是世界性和民族性的辩证统一。文化的世界性不是一个抽象的概念，这种世界性存在于民族性之中，并通过文化的民族性体现出来。如果文化的民族性失去了，世界性也就不复存在。世界文化由具有各自鲜明特点的民族文化组成，世界上不存在超然于民族文化之上的所谓独立的"世界文化"，伴随着经济全球化已经或正在形成金融的全球化、传媒的全球化等，并没有出现什么体现出单一价值体系的"文化的全球化"。

2004年《联合国人文发展年度报告》指出，文化多样性对社会发展至关重要。促进文化多样性是发展的关键。保持文化多样性和保护少数民族的权利对于发展和社会稳定至关重要。政府采取有利于少数民族的赞助性行动或多语教学政策，可以促进国民的团结，降低民族之间爆

---

① 参见中华孔子学会等编：《经济全球化与民族文化多元发展》，76页，北京，社会科学文献出版社，2003。

发冲突的危险。各民族都面临这样的选择：要么接受并促进文化多样性，要么遭遇暴力冲突，发展滞后等问题。在这些文化认同方面的斗争，如果撒手不管或处理不当，就会很快演变为国内或国际局势动荡的根源之一，引发冲突，从而导致发展倒退。报告的主笔福田—帕尔说："我认为，今天的现实是，我们认识到国家没有必要建立在单一的文化认同之上。

三、文化霸权和文化帝国主义

世界各民族和国家在各自历史发展进程中所形成的文化，均具有自己的特色。文化作为一种价值体系，它的核心内容是道德风范和社会理想，包括世界观、人生观和价值观等等，它渗透在人们的精神生活和物质生活之中，集中反映了各个民族的民族精神。在漫长的人类历史发展过程中形成的文化的多样性，这本来是一个不争的事实，经济全球化并没有使这一事实丝毫改变，那为什么一些西方的理论家却视而不见，极力宣扬以单一的西方文化为目标的"文化的全球化"呢？因为文化的多样性，以及不断增强的文化多样性的趋势，使各民族的文化不断彰显的同时，"西方文化中心"的理论日趋走向衰落。美国等西方国家为了用自己的"强势文化"反对所谓"多元文化的盛行"，极力推行文化霸权主义，企图依仗自己经济上的优势，将自己的文化模式强加于人，建立自己意识形态的一统天下。他们通过各种形式的文化渗透宣扬其政治理念、价值观念和生活方式，使发展中国家的某些人，特别是年轻人的价值观念、生活方式、思维方式、行为方式受到侵蚀，民族文化受到消极影响，极大地削弱了人们对民族文化的认同。因此，对西方文化的文化霸权、文化渗透，以及单一文化的威胁，我们应有清醒的认识。

目前国内学术界有一种观点认为，文化霸权中的"霸权"，在英语中的对应词汇是"hegemony"，而"hegemony"的希腊文和拉丁文分别是"egemon"和"egemonia"，他们的本义是指一个国家的领导人或统治者。因此，"文化霸权或文化领导权作为概念是同义的，即都是指以同意或服从为基础的文化形态的控制或影响。这对于受过儒家传统文化濡染，知道'王'与'霸'区别的国人，似乎有点难以接受。然而仔细想想，西方的理解自有其道理，它所关注的重点在于各种文化相互作用中的主导者或主导权。这是一种客观的实际或客观的状态，它可以向不同方向演化，表现为我们理解的'王道'或'霸道'，即确切意义上的领导权或霸权。无论文化领导权抑或文化霸权，其实质就是文化主导权，这是每一个文化主体都无法回避的文化现实"。[①] 19世纪末、20世纪初以来的世界史表明，任何一种文化霸权下的"同意或服从"，都是被迫的文化接受，而不是主动的文化选择；同样，任何一种文化霸权下的"文化形态的控制或影响"，都是和帝国主义政策联系在一起的文化侵略或文化扩张。从这一基本认识出发，或者从事实出发，文化霸权和文化帝国主义在概念上是同义的。这种文化霸权往往以文化的形态表现出来，而其背后所蕴涵的是在政治上、经济上获取更多、更大的利益。今日世界上文化霸权和文化帝国主义的存在，是现存国际政治、国际经济秩序不平等的客观反映。

"文化帝国主义"这一术语，产生在20世纪60年代。但一般认为，美国加州大学圣地亚哥分校传播学教授赫伯特·许勒1976年在《传播与文化支配》一书中，首先对该概念进行了较详尽的阐释，以后他又在《大众传播与美国帝国》中，继续探讨了这个问题。在他看来，文化帝国主义是若干过程的总和，是一个历史性的现象。就传播媒介领域来看，国际文化的"交流"愈来愈加失衡，年轻的发展中国家的文化发展空间，受到严重的"挤压"。英国诺丁汉特伦特大学国际传播与文化研究中心主任约翰·汤林森教授1991年著有《文化帝国主义》，他通过对60年代产生、90年代又重新被人提起的"文化帝国主义"的分析，探讨了"冷战"后文化发展的特点和趋势。他认为在西方国家和发展中国家的文化"交流"中，明显地表现出不平等的文化霸权；"文化帝国主义"就是一个国家有那样一种权力，可以把他们的文化转置到别的国家，致力于"文化的全球化"。然而，无论是"文化帝国主义"还是"文化全球化"，都不仅仅是一个抽象的理论问题，同时也是一个现实的问题。从社会生活实际出发，以后他进一步分析道：文化帝国主义理论

① 孙晶：《文化霸权理论研究》，2页，北京，社会科学文献出版社，2004。

“其中心前提相当简单，即某些主流优势文化会威胁到其他文化，但其中还包含更多复杂、相互矛盾、模糊不清的理念。事实上所谓的‘文化帝国主义’也有不同的界定范围：从美国对欧洲的主宰、‘西方世界’对其他区域的主导、核心国家对边陲国家的控制、现代世界对加速消失的传统世界，以及资本主义对几乎是每个人、每项事物的掌控，都可列入其范畴”。[①] 英国学者弗里德曼明确指出，文化帝国主义是“帝国主义本质内容的一部分，使特定的以美国文化为中心的西方文化，不断通过文化霸权增加其影响力，使美国的价值观、消费产品，及其生活方式广为流传到世界其他地方”，[②] 显然，他清楚地意识到了文化方面的霸权主义政策，是全球化的背景下整个帝国主义政策的重要组成部分。

文化渗透和文化扩张，是美国称霸全球战略的重要组成部分；文化帝国主义是美国谋求世界霸权的重要内容之一。“世界霸权”，既包括政治、经济、军事、外交上的霸权，也包括文化方面的霸权。在西方的一些理论家看来，通过“暴力”建立起来的霸权，是对权力的一种简单的体现，是“是低质量的权力形式”，而通过“知识”或“文化”建立起来的权力——一种“有目的的支配他人的力量”，则是“高质量的权力”，具有高度的“灵活性”和“权威性”。前美国总统国家安全事务顾问布热津斯基在《大失控和大混乱》中说：“削弱民族国家的主权，增强美国文化作为世界各国‘榜样’的文化和意识形态力量，是美国维持其霸权地位所必须实施的战略”。以美国为代表的西方文化和价值观念，极力要渗透到世界其他国家和民族之中，建立起以美国文化为主导的文化，把自己的意识形态强加给其他国家和人民，甚至以此来干涉别国内政，其实质是典型的“文化帝国主义”。

英国诺丁汉大学汤林森教授不久前访华时表示，40 年来世界虽然已经发生了深刻的变化，但今天的世界仍然面临着单一文化的威胁。全球化加快了不同国家和民族之间文化的交流和交融，但并没有改变多元文化并存这一世界文化发展的客观趋势。不平等的文化交流，实际上是

① ［英］约翰·汤林森：《文化全球化》，90 页，台北，韦伯文化国际出版有限公司，2003。

② Friedman，J：*Cultural Identity and Global Process*. London：Sage，1994，p. 195.

弱势文化对强势文化的一种被迫接受，只能进一步加强文化帝国主义和文化霸权主义在政治文化、消费文化和大众传播文化等方面的扩张和渗透。美国等西方国家以“文化全球化”为名推行文化帝国主义，宣扬未来世界各个国家、各个民族的文化都将消失在单一的“全球化”的文化中，比直接鼓吹“全盘西化”具有更大的欺骗性。然而，“文化全球化”是不可能实现的，这不仅在理论上荒谬，而且在实际生活中也行不通。在西方大国的文化扩张面前，广大发展中国家，以及一些发达国家并非如西方大国一厢情愿那样，只是被动地接受，而是在西方文化的剧烈冲击下，选择保护本民族文化健康发展的现实道路，通过积极地进行自身文化的反思，以及传统文化的现代的转化和重构，不断创造着本民族的新文化，以增强本民族赖以生存的民族文化的力量。

四、中国传统文化的现代价值

在经济全球化的背景下，中国文化正在以综合和创新的时代精神走向世界。中国传统文化曾经创造出无比灿烂的辉煌成果，但是近代以来，随着资本主义世界体系的建立和扩张，中国却落后了，甚至在19世纪末面临着亡国灭种的危险。显然，历史悠久的中国传统文化在新时代的剧烈冲击下，也表现出明显的缺失。为了加深我国各族人民对中国文化的血脉认同，我们必须对包括中国传统文化的中国文化从整体上有一正确的认识。

张岱年先生对中国传统文化的积极因素和消极因素进行了归纳，认为它有“四长四弊”。四长是：“(1) 摆脱神学独断的生活信念；(2) 重视相反相成的思维方式；(3) 肯定道德自觉的人格观念；(4) 爱国爱族的牺牲精神”。四弊是：“(1) 尚通忽别的致思心习；(2) 不重实际探求的学术方向；(3) 忽视个性自由的人际观念；(4) 尊尊亲亲的传统陋习”。[①] 如果说，对中国传统文化有长有弊的分析，反映了中国传统文化的个性和内涵，或者说在一定程度上描述了中国传统文化的精神，那

① 张岱年：《中国文化发展的道路》，见《文化与价值》，272页，北京，新华出版社，2004。

么，一些人对所谓“计划文化”的认识，却使人感到茫然。有论者认为，新中国初期起过积极作用的“计划经济”，虽然已经完成历史使命，基本退出了经济舞台，“但是计划经济时代生成的‘计划文化’、‘计划心态’、‘计划思维’将长期存在，这是由意识形态的发展特征决定的”。至于“计划文化”的特征，则作了如下的描述：“除了计划经济带给它的封闭性、统一性、集体性、被动性等特点之外，还带有那个时代政治、社会、思想的烙印，从而含有盲目、迷信、僵化、屈从、专制、虚伪等成分。它的出现使传统文化中的消极因素得到加强，从而令整个文化土壤更利于创新之树、发明之苗生长。由此而论，计划经济，以及相应的上层建筑，对文化竞争力的培育具有某种腐蚀甚至破坏作用”。[①]这样，我们看不到如论者所言计划经济有丝毫的“积极作用”，至于“计划文化”（姑且先使用这样的称谓）就更是如此。这种脱离历史与现实的简单化的认识，不仅不能正确评价所谓“计划文化”，而且对科学认识中国文化的价值和前途也是无益的。

对整体上的中国文化，或每一历史时代的中国文化，都不应采取虚无主义的态度，即承认中国文化是充满生机的独立的文化，要看到复杂多变历史条件下的中国文化的“根”和“魂”。在经济全球化的背景下，怎样才能维护民族文化的独立性呢？首先要自觉汲取世界优秀文化成果，使本民族文化发展通过不断汲取异质文化的有益营养，焕发出新的青春活力。积极主动地汲取外来文化的有益内容，和积极抵御、防范外来文化霸权的侵蚀应有机地统一在一起。在当代，中华民族传统文化需要在与外部环境、外来文化的不断撞击中得到锤炼和发展。保护传统文化，并不是像对待古文物那样把它与周围世界隔绝开来，相反，一种文化只有与时代相适应，跟上时代前进的步伐，既不断地更新和发展，又不失却自身传统的特色，才是一种有生命力的文化、一种根深叶茂的文化。总之，既不是把自己与世界隔绝开来，实行文化孤立主义或文化封闭主义，盲目地把其他民族文化的优秀成果排斥在外；也不是故步自封，妄自尊大，将自己的文化凌驾于其他文化之上；更不能鼓吹文化的

---

① 黎海波：《全球化背景下中国文化的地位与前途》，见《全球化背景下中国文化竞争力研究》，45页，北京，中国时代经济出版社，2004。

极端民族主义，狂热地宣扬某一种文化，而把其他文化视做异端。1999年，在新的千年到来之际，意大利著名思想家恩贝托·埃柯在纪念波洛尼亚大学成立900周年的主题演讲中强调：欧洲大陆第三个千年的目标就是“差别共存与相互尊重”。这就是说，人们发现的差别越多，能够承认和尊重的差别越多，就越能更好地相聚在一种互相理解的氛围之中。[①] 反对文化帝国主义，维护民族文化的独立性，同积极汲取异质文化的优秀成果，承认文化的多元性是一致的，或者说接受文化的多元性，是维护民族文化独立性的前提。因为这种“承认”和“接受”，是对各民族文化多样性、差异性的承认和接受，是对各民族文化特征的充分尊重和理解。

早在公元1世纪，中华民族文化便开始了与各民族的文化交流，并鲜明地表现为主动的吸取。文化的交流和交融，有力地促进了中国文化的创造和发展，使当时中华民族的文化在世界各民族的文化中居先进地位。维护民族文化的独立性离不开文化的交融，而文化交融又与文化多样性并存，因为文化交融的结果，并不是所有的文化都“融合”或“融化”到某一种单一的文化中。只有正确地理解维护民族文化独立性与文化的多样性之间的辩证关系，中国文化才能主动地进行不同文化之间的交往、交流和交融，在全球化的背景下维护民族文化的独立性的同时，大步地走向世界，汇入世界进步文化的大潮之中。在当代中国社会历史进程中，中国文化首先表现为一种坚实厚重，同时又充满生机的文化实力。中国文化所以能自立于世界民族文化之林，这是中华民族不断发展世界文化的多样性的具体实践的结果，因而也是对世界文化发展的伟大贡献。

现代中国文化是世界文化的重要组成部分。在经济全球化的今天，在广泛的中外文化交流、交融的背景下，保持和发扬中华民族优秀的传统文化，进一步培育中国文化的特色，是摆在我们面前的一项重要的任务。全球化虽然使不同文化之间会通的内容会变得越来越多，但中国文化并不会因此而失去自己的个性。中国古代思想家孔子说：“君子和而

---

① 参见乐黛云：《跨文化之桥》，3页，北京，北京大学出版社，2002。

不同，小人同而不和”（《论语·子路》）。这就是说，在承认“不同”，即承认文化多样性的前提下，努力寻求中外文化之间的“交汇点”，并使之和谐发展。这里所说的“和”，既表达了中华民族崇尚“和谐”，一种“和”的民族思维方式，一种“和”的民族心态。同时也表明，中国文化是不同文化融合而成的“和”的文化。过去是这样，现在和未来也是如此。在多样性的世界文化格局中，中国文化只能在与外来文化的碰撞、交流和交融中，才能显示出它区别于其他文化的独特魅力，朝气蓬勃地融入世界，走向未来。但无论是交流还是交融，都不是简单的“移植”或“同化”，而是满怀信心的中国人民在创造着与时代相适应的更加辉煌的中国新文化。

全球化和“全球历史观”

世纪之交，新千年到来之际，人们在谈论当代国际政治、经济和文化问题时，都不可避免地谈到“全球化”，全球化作为现时代的重要特征之一，成为各国人民关注的一个焦点。尽管何谓“全球化”至今也没有一个统一的定义，今后也很难会有，而且人们对全球化众说纷纭，或承认，或否认；或欢迎，或反对；或赞美，或担忧，但全球化是一个客观事实和必然的趋势，已成为大多数人的共识。全球化对人类社会发展的影响是多方面的，历史学是社会意识形态的重要组成部分，自然也包括其中，它为历史学家提供了一个认识人类历史进程的全球视野和宏观历史思维的基础。在全球化的背景下探讨全球历史观，对于深入理解社会发展与史学发展的关系；全球历史观的主要内容和特点，以及当代史学理论的发展趋势，都是有益的。

一、全球化是时代的产物

英国史学家 E. H. 卡尔说：“我们一生下来，

这个世界就开始在我们身上起作用，把我们从纯粹的生物单位转变成社会单位”。因此，“在研究历史之前，应该先研究历史学家。……在研究一个历史学家之前，应该先研究他的历史环境和社会环境。历史学家是单独的个人，同时又是历史和社会的产物”。[①] 这样，为了认识和研究全球历史观，就首先有必要对其产生的时代作一必要的回顾和分析。全球历史观的产生和发展，和人类社会的全球化进程有着密切的关系。这个问题虽然在最近一二十年因全球化进程的加快才凸现出来，但并不等于在此之前就不存在了，只不过它作为一个过程逐渐表现出来，最初并没有引起人们的广泛关注。

全球化始于何时，与其说这是一个史实问题，不如说是一个理论问题。正因为如此，才日益引起人们广泛的关注。有人认为“全球化”这个概念虽然在20世纪80年代中期以后才广泛使用，但全球化进程可追溯到遥远的古代希腊，因为正是从那时开始，希腊古典文明开始产生了全球性的影响。还有人认为全球化的开端是和基督教的产生联系在一起的，因为《圣经》关于世界和人类的起源的论述中，阐释了整体性世界的思想。但是，更多的人们认为，将15世纪末作为全球化的进程的开端似乎更合理。15—17世纪欧洲资本原始积累时期的“地理大发现”，它不仅为世界市场的形成开辟了道路，而且结束了世界各地区的割裂和孤立状态，世界各国的政治、经济和文化开始密切地联系在一起，这样才在世界开始连成一体的基础上有了“世界的”历史，正如马克思主义经典作家所指出那样：“各个相互影响的活动范围在这个发展进程中越是扩大，各民族的原始封闭状态由于日益完善的生产方式、交往以及因交往而自然形成的不同民族之间的分工消灭得越是彻底，历史也就越是成为世界历史”。马克思曾强调指出：“世界历史不是过去一直存在的；作为世界史的历史是结果。”[②]

人类的历史首先是生产力发展的历史，“地理大发现”，特别是始于18世纪中叶的欧洲工业革命，使社会生产力和社会生产关系都发生了深刻的变革，欧洲工业化进程彻底结束了各地区和民族自给自足的封闭

---

① ［英］E.H.卡尔：《历史是什么》，29、44页。

② 《马克思恩格斯选集》，第1卷，88页，第2卷，28页。

状态，资本主义的世界市场最终形成，极大地加快了经济生活国际化的趋势。1848年，马克思、恩格斯在《共产党宣言》中曾指出："资产阶级，由于开拓了世界市场，使一切国家的生产和消费都成为世界性的了"。"过去那种地方的和民族的自给自足和闭关自守状态，被各民族的各方面的互相往来和各方面的互相依赖所代替了。物质的生产是如此，精神的生产也是如此"。[①] 人类在20世纪虽然经历了两次世界性的战争，但世界经济和贸易的总体规模仍在不断扩大，各国之间的经济联系也不断加强和深化，特别是在第二次世界大战之后更是如此。这一切表明，"作为一个概念，全球化既指世界的压缩（compression），又指认为世界是一个整体的意识的增强。全球化概念现在所指的那些过程和行动在多个世纪里一直在发生着，尽管存在某些间断"。[②] 但是，上述所言及的内容只是与全球化问题有关，还不是本文所讨论的"全球化"。"全球化"是在20世纪中期以后才成为一个重要的概念，但它也不是无本之木，空中楼阁，我们从历史的角度审视以往的一切就不难看出，我们今天所说的"全球化"，不过是上述在历史上一直存在的社会生活国际化的继续和发展；如果我们对自远古以来人类社会历史进程进行哲学的思考，同样不难得出这样的结论。

一般认为，全球化阶段自20世纪80年代开始。特别是进入90年代以来，以信息技术为中心的新技术革命，进一步加快了经济全球化的进程。但是多年来，"全球化"始终是一个有歧义的概念。"有人认为，全球化是一种超越民族——国家的发展；还有人认为，全球化表明了由于金融资本的增加而带来的资本与劳动之间的新型对立关系，或者说熟练劳动与非熟练劳动之间的重新分离。一些人把全球化看作是世界贸易的扩张，包括南方的新兴国家（伴随跨国公司的全球化策略），而另一些人则强调信息革命所引起的交流的扩大。"[③] 此外，还有人强调全球化是一种新的社会现象或制度，它反映了世界交流和世界市场的巨大扩

---

①《马克思恩格斯选集》，第1卷，276页。

②［美］罗兰·罗伯森著：《全球化：社会理论和全球文化》，11页，上海，上海人民出版社，2000。

③［美］阿兰·伯努瓦：《面向全球化》，转引自王列等编译：《全球化与世界》，1页，北京，中央编译出版社，1998。

展，但不像早期现代阶段那样容易直接感知。

2001 年 1 月中旬，由人民日报社、香港全球化合作基金会、信息产业部联合主办的第二届全球化论坛在海南三亚开幕。来自中国、美国、日本、英国等十几个国家和地区的近 400 名专家学者，对全球化问题进行了热烈的讨论。中国社会科学院副院长李慎明认为，所谓全球化，应当是指由于高新科技特别是信息技术及其产业的迅猛发展，直接推动国际贸易、跨国投资和国际金融的迅速发展和高新科技的广泛扩散和辐射，使整个世界经济空前紧密地联系在一起。美国马里兰大学的厄内斯特·威尔逊教授则指出，对世界经济发展来说，全球化是一种状态，也是一个趋势、一个过程。[①] 联合国秘书长安南给论坛的贺词说：纵观当今世界，经济全球化加快了经济增长、生活水平的改善、技术和管理能力的传播与提高，为个人和国家提供了新的经济机会。……全球化除了创造更大的市场外，必须被赋予更多的含义。在去年九月举行的联合国千年首脑会议上，各国领导人达成共识，今天人类所面临的主要挑战是确保全球化成为服务于所有人民的积极力量，这是世界各国共同的责任。我们必须兑现我们的承诺，只有这样，所有国家才能完全参与到新的全球经济中。跨越“数码鸿沟”需要不同成员共同努力。[②] 从上述诸多观点中不难看出 种共同的认识，即现代电子信息技术的发展对全球化已经产生了并继续产生革命性的影响。如果说 19 世纪末出现的经济生活国际化趋势是与欧洲工业革命的完成联系在一起的，那么，全球化则同当代以信息技术为中心的新科技革命有着密切的关系。正是在这个意义上，人们才把互联网称作是“加速全球化进程的兴奋剂”。

科技革命使大量科学成果迅速转化成生产力，强有力地推动着社会的发展，对社会历史进程所产生的深刻影响，是难以估量的。马克思“把科学首先看成是历史的有力的杠杆，看成是最高意义上的革命力量”。[③] 不仅如此，科技革命还深刻地影响着人们的生活方式和思维方

---

① 吕志勋：《全球化到底是什么?》，《解放军报》，2001—01—15。

②《第二届全球化论坛开幕》（特派记者李丹报道）：《人民日报·人民网》，2001—01—12。

③《马克思恩格斯全集》，第 19 卷，372 页，北京，人民出版社，1963。

式，历史思维也不例外。[①] 正因为如此，人们有理由说“全球历史观”的出现不是偶然的，它是历史科学自身发展过程中的产物，但它首先是时代的产物，即15世纪“地理大发现”所开始的全球化进程延续至今，在20世纪下半期这一特定的历史时代的产物。只有真切地了解全球化是现时代的重要特征之一，并对其给予高度的关注，才有可能深入理解全球历史观，并借鉴其有益的内容为中国历史科学建设服务。

二、全球性是当代史学的基本特征

全球历史观所以要强调“全球”，是针对西欧为中心或欧美中心历史观的“中心”而言的。这种历史观大肆宣扬西欧白色人种的优越，认为西欧的历史是整个人类普遍的历史，始终是人类历史矛盾运动的中心。因此，整个世界的历史都应以西欧的历史来认识和剪裁。欧美以外诸地区、国家和民族的历史没有独立存在的价值，都是“西欧中心”或“欧美中心”的陪衬，这些地区和国家的人民，都是欧美“白种人的负担”。应该指出，西欧中心理论并不是西方史学古已有之的，早在14世纪初，意大利诗人但丁·阿利吉耶里在其名作《帝制论》中，就提出了世界历史是世界各个国家和民族的历史。人们还可以追溯到古希腊历史学家波利比阿，他认为他所撰写的历史不是“罗马”的历史，而是“世界”的历史。他在《通史》中写道：“我所叙述的历史，始自第140‘奥林匹亚德’。……从这时候起，各国的历史开始成为一个有联系的整体：意大利、利比亚、希腊以及亚洲，各地所发生的史事都是互相影响的。而所有那些史事的发展倾向，最后是要归于统一……”[②] 只是到了18世纪中期，德国哥丁根学派的一些史学家最早提出了西欧中心理论。以后经德国哲学家黑格尔、史学家兰克，法国社会学家孔德，美国历史学家海斯、穆恩、韦兰等人的发展，使其系统化。“白种人是世界历史的主角”成为西方史学中一种根深蒂固的偏见。

---

① 参见拙文《科学革命和历史思维》，《史学理论研究》，1993(2)。

② 转引自郭圣铭编著：《西方史学史概要》，53页，上海，上海人民出版社，1983。

20世纪初，西欧中心论开始受到挑战，1918年，德国历史哲学家斯宾格勒在其代表作《西方的没落》中，提出“文化形态史观”（或称“历史形态学”），他认为历史研究的单位是“文化”，并将生物学概念引入历史研究中，为人们描绘出一幅多中心、而不是以西欧为中心的世界文化图景。他认为曾出现8种独立的文化系统，即埃及、巴比伦、印度、中国、古典（希腊罗马文化）、阿拉伯、墨西哥和西方文化，西方文化只是其中之一。他还以此体系来代替以西欧为中心的“古代——中古——近代”世界历史体系。此后，英国历史学家汤因比继承、发展了斯宾格勒的“文化形态史观”。1934—1961年，其多卷本《历史研究》陆续问世。汤因比强调把人类历史看作一个整体进行研究，因此他同样不是以民族国家，而是从世界性的角度出发，以“文明”（或社会）作为历史研究的单位。他认为近6000年的人类历史发展中，有26种文明（或社会）得到了发展，西方基督教文明只是其中之一，此外还有5种停滞的文明，以及一些流产的文明等等。

第二次世界大战后，国际战略力量的深刻变化导致了雅尔塔体系的建立，其核心内容是苏美两极格局代替了以欧洲为中心的多极均衡格局。另一方面，战后分裂的欧洲经历了重建和繁荣时期，克服了70年代中期至80年代中期的危机，逐渐出现了一体化的趋势；亚洲非洲民族解放运动蓬勃发展，使帝国主义殖民体系瓦解，诞生了一系列民族民主国家，并在世界上日益发挥着重要的作用；联合国不再限制接受新会员国，国际政治经济的联系空前密切。1989年东欧发生剧变，1991年苏联解体，两极格局瓦解，使雅尔塔体系不复存在。正是在雅尔塔体系建立并在建立后又逐渐告别这个体系这样复杂的社会背景下，“全球历史观”在50年代西方各种重构世界史的潮流中为人们所关注，而80年代以来全球化趋势的加快，则使其进一步产生了重要的影响。

英国史学家G. 巴勒克拉夫在其论文集《处于变动世界中的史学》（1955年）中，最先明确提出这个问题，以后又在《当代史导论》（1967年）、《当代史学主要趋势》（1978年）、《泰晤士世界历史地图集》（1978年）等著述中对其作了进一步阐释。他认为：主要从西欧观点来解释历史已经不够了，因此西方史学需要“重新定向”，史学家应该

"从欧洲和西方跳出，将视线投射到所有的地区和时代"。[①] 他认为"今天历史学著作的本质特征就在于他的全球性"，世界史研究的重要任务之一是"建立全球的历史观——即超越民族和地区的界限，理解整个世界的历史观"。[②] 这样才能抛弃西欧中心论的偏见，"公正地评价各个时代和世界各地区一切民族的建树"[③]。他特别强调考察世界历史进程时，应该有"全球性眼光"，因为世界史不仅仅是世界各地区史的总和，若将其分割再分割，就会改变其性质，正如水一旦分解成它的化学成分，便不再成其为水，而成了氢和氧。在《当代史导论》中，他首先从"结构的变化和本质的区别"入手阐释了当代史的本质，他说："当代史的一个显著的事实是，即它是世界史，而不是某些地区的历史。因此，如果我们不采用全球性的眼光，就不能够理解塑造世界史的诸种力量。这意味着，采用全球性的眼光并不仅仅是通过增强论述欧洲以外地区事物的章节来补救我们关于当代史的传统观点，而是对有关整个世界格局的各种传统看法和论断予以重新审视与修正"。面对美洲、非洲、中国、印度和其他欧洲之外地区的历史已经发生的重大变化，"再用传统的历史发展模式来解释显然已不合时宜，因此有必要提出新的整体历史格局来取而代之"。[④] 在他看来，对以西欧中心论为核心内容的传统史学修修补补是无济于事的，因此他在《当代史导论》中，对"现代"和"当代"进行了全新的解释，将19世纪最后10年作为"现代"向"当代"过渡的重要年份，并明确反对突出"西欧中心"的"上古——中古——近代"或"地中海时代——欧洲时代——大西洋时代"的历史叙述方法。《当代史导论》充分体现了他的"全球眼光"，以及与之相联系的新的历史视野和新的历史评价标准。他从科学和技术进步的冲击，作为新世界催化剂的工业制度和帝国主义；相形见绌的欧洲，人口因素的重要意义；从欧洲均势到全球政治时代，朝向全球联系的局势的演变；从个人主义到大

① [英] 巴勒克拉夫：《处于变动世界中的历史学》(Geoffery Barraclough, *History in a Changing World*, Oxford, 1955)，27页。

② [英] 巴勒克拉夫：《当代史学主要趋势》，242页。

③ [英] 巴勒克拉夫主编：《泰晤士世界历史地图集》，13页，北京，三联书店，1985。

④ [英] 巴勒克拉夫：《当代史导论》，2页，上海，上海社会科学院出版社，1996。

众民主，技术社会中的政治组织；对西方的反抗，亚非对欧洲霸权主义的反应；观念的挑战，共产主义理论和苏联的范例的影响，以及当代世界的文学和艺术等方面，论述了当代世界的历史，全球的历史。

20世纪50年代末、60年代以后，西方有多种在不同程度上体现了全球历史观的著作问世，G. 巴勒克拉夫认为，其中以美国历史学家L. S. 斯塔夫里阿诺斯和 W. H. 麦克尼尔的著作最为著名。因为他们的世界史著作所体现的全球观点，特别是 L. S. 斯塔夫里阿诺斯与 G. 巴勒克拉夫的观点相近或不谋而合。实际上，他们的学术思想相互渗透、相互影响，共同丰富和完善了全球历史观的思想。

美国历史学家 L. S. 斯塔夫里阿诺斯的两卷本《全球通史》(1970—1982年)，一改西欧和北美为中心的传统取向，从“全球历史观”出发，描述了1500年以前和1500年以后的全球文明，就建立一种崭新的世界史体系进行了有益的尝试。作者在第一章首先强调“本书是一部世界史，其主要特点就在于：研究的是全球而不是某一国家或地区的历史；关注的是整个人类，而不是局限于西方人或非西方人。本书的观点，就如一位栖身月球的观察者从整体上对我们所在的球体进行考察时形成的观点，因而，与居住在伦敦或巴黎、北京或德里的观察者的观点判然不同”。[①] 作者所以强调1500年是一个重要的年代，意在说明“1500年以前的各人类社会均处于不同程度的彼此隔离的状态之中。”而“1500年以后，由于人类的通讯联系日渐加强、交通工具不断发达，整个地球以加速度日渐缩小，现在，竟被人们称为‘宇宙飞船式的地球’或‘地球村’”。[②] 因此，“1500年是人类历史上第一个重要转折点。我们可以拿哥伦布和宇航员进行比较：前者抵达圣萨尔瓦多，打破了地区间彼此隔绝的束缚；后者登上月球，打破了行星间彼此隔绝的束缚”，[③] 这样，由于地区的历史开始成为全球的历史，便导致了新的全球性视野的出现，进而出现了人类、动物和植物的全球性扩散，以及全

① [美] L. S. 斯塔夫里阿诺斯：《全球通史——1500年以前的世界》，54页，上海，上海社会科学院出版社，1988。

② [美] L. S. 斯塔夫里阿诺斯：《全球通史——1500年以前的世界》，55页，上海，上海社会科学院出版社，1988。

③ [美] L. S. 斯塔夫里阿诺斯：《全球通史——1500年以后的世界》，3页，上海，上海社会科学院出版社，1992。

球性的经济关系、政治关系和文化关系。

研究历史的目的是更清醒地认识现实、展望未来。如果说 L.S. 斯塔夫里阿诺斯是以全球性的眼光探讨自史前到 20 世纪末的“全球通史”，那么在认识现实和未来时，同样表现出他的那种全球性的眼光。L.S. 斯塔夫里阿诺斯高度评价了科学的发展和科学技术革命在人类历史上的重大作用，同时也看到了“科学的潘多拉盒子”所造成的一些新问题，这些问题也是全球性的，如自然界失去平衡，环境污染；人口爆炸；城市化问题，大规模的人口迁徙而产生的混乱和紧张局势，以及“科学家开始创造人造生命，期望最终能人为地培育出有才智的动物”等等。他认为，“早先的人类必须面对自然环境，但主要是作为个人——农夫、猎人或渔民——来对付大自然。今天，新环境和新问题使个人的行动和解决办法无济于事；他们需要人类采取有组织的集体行动。与较早的几个时期大不相同，现在需要的是社会调节和社会控制”。[①] 他特别强调这是“全球的责任”，为了解决人类面临的共同问题，必须要有全球的意识和全球的责任感。

美国史学家 W.H. 麦克尼尔在《世界史》(1967) 中强调了“一种观察人类历史的整体观念”[②]，在此之前，他的另一部代表作《西方的兴起——人类共同体的历史》(1963)，也表现出一定的全球性的历史思维特点。他通过对《中东统治的时代（至公元前 500 年)》、《欧亚文化的均势（公元前 500 年——公元 1500 年)》、《西方统治的时代（公元 1500 年至今)》三篇的论述，分析了自原始社会以来人类各种文明的兴起、发展及相互联系，强调文明的历史就是文化扩散的历史。也有学者认为，《世界史》和《西方的兴起——人类共同体的历史》不是以全世界为中心，“完全是以西方为中心的史著”，而 70—80 年代，“他写《疫疠与人类》时，它已把重点放在整个人类上面，没有西方中心的约束。等到他写《力量的追求》时，他就拿人类在宇宙里面的问题来作为他观察的对象。……到这时候，他已完全脱开西方中心的历史观念。他的思

① [美] L.S. 斯塔夫里阿诺斯：《全球通史——1500 年以后的世界》，894～895 页，上海，上海社会科学院出版社，1992。

② [美] W.H. 麦克尼尔：《世界史》(William Hardy McNeill, *A World History*, Oxfort, 1967)，1 页。

想发展正反映了现代世界的扩张所带来的反省”。① 尽管如此，当美国《世界史杂志》1990年创刊时，W. H. 麦克尼尔撰有《25年后再评〈西方的兴起〉》作为发刊词。他在总结该书的优劣得失时，对其所体现的“整体观念”进行了充分的肯定，并对全球历史观的发展前景充满了信心。

近年，美国历史学家I. 沃勒斯坦的多卷本著作《现代世界体系》在学术界引起人们的广泛关注。其中的第1、2卷已译成法、德、意、西和日文、中文等10余种文字出版。I. 沃勒斯坦在西方学术界被称为“新马克思主义”者，他计划此专著写作4卷，从15世纪中叶直至当代。他认为“世界体系是一个社会体系，它具有范围、结构、成员集团、合理规则和凝聚力。世界体系的生命力由冲突的各种力量构成。这些冲突的力量由于压力的作用把世界体系结合在一起，而当每个集团不断地试图把它改造得有利于己时，又使这个世界体系分裂了。世界体系具有有机体的特征，因为它具有生命期。在它的生命期中，它的特征在某些方面发展变化，而在另一些方面则保持稳定。人们可以依据该世界体系运行的内在逻辑来判定处于不同时期的世界体系的结构的强弱”。② I. 沃勒斯坦还就“世界体系分析”进行了说明，认为它不是传统的历史学、经济学或政治学，而是一种在呼吁一种“统一学科的历史社会科学”，并将这看作是“超越社会科学中的欧洲中心论倾向，建立一种面向21世纪的社会科学”的实际努力。

基于上述认识，I. 沃勒斯坦从全球出发，将资本主义的历史放在世界性的体系中去认识，认为资本主义从其萌生之时起，就不是某个国家的孤立的现象，而是作为一个世界性的体系出现的。他不是研究具体的国家或民族，而是将“世界体系”作为研究的单位，而世界体系可分为作为基础的世界经济体系和作为上层建筑的国际体系两部分。他还使用了“核心”、“边缘”、“半边缘”等概念，资本主义发展的历史，就是

① 许倬云：《中国文化与世界文化》，218页，贵阳，贵州人民出版社，1991。《力量的追求》一书的副标题是《公元1000年以来的技术、武装力量与社会》，原书名是“*The Pursuit of Power: Technology, Armed Force and Society since A. D. 1000*”。

② [美] 沃勒斯坦：《现代世界体系》，第1卷，460页。

把世界逐渐卷入核心、边缘的历史。作者以新的历史视角研究了资本主义产生、发展、兴盛和衰落的历史，论证了资本主义世界体系形成之后即处在剧烈的斗争和变动之中，现已进入“混乱和告终”时期，21世纪中叶，它必然被一个或多个后继的体系所取代。“我们不能预测它会是一个什么样的体系，但能通过我们目前政治的和道德的活动来影响其结果”。而“占人类四分之一的中国人民，将会在决定人类共同命运中起重大作用”。[①] 不仅如此，论及建立面向21世纪新的社会科学时，他也对中国寄予厚望，他认为，“中国，一个拥有5000年文明传统以及世界上1/4人口的国家，在建构21世纪新的社会科学中肯定起核心作用”。[②] 但这并不是要搞“中国中心论”，因为无论是“统一学科的历史社会科学”，还是“新的社会科学”，都应该是植根于世界所有主要地区，应是全世界学术界的共同成果。

论及全球历史观时，还应提到德国学者A.G.弗兰克。他在其代表作《白银资本：重视经济全球化中的东方》的《导论》中，详尽分析了“真实的世界历史与欧洲中心论的社会理论”，他通过研究1500年到1800年的世界历史，认为欧洲中心论“不过是一种胜利者的神话和十足的种族主义神话”，而“亚洲，尤其是中国一直在世界经济中居于支配地位”。他说，这部专著的价值在于“它摧毁了那些所谓‘西方天然优越’的说法的历史依据，……论证了中国在历史上的世界经济中的‘中心’地位和角色。并且认为中国因此在未来也许还会具有这种地位和角色。但是，我绝不是像西方某些人所指责的那样简单地用中国中心论来取代欧洲中心论”。A.G.弗兰克所致力追求的是一种更充分的“整体主义全球‘树林’框架”。[③] 他认为几乎所有的历史学只喜欢看具体的历史树木，而忽视、甚至否认树林的存在，尤其是全球树林的存在。他认为这是错误的，因为树木是在树林里生长的，必须在树林里才

---

① ［美］沃勒斯坦：《现代世界体系·中文版序言》，《现代世界体系》，第1卷，2页。

② ［美］沃勒斯坦：《世界体系论与中国·序言》，见王正毅著：《世界体系与中国》，2页，北京，商务印书馆，2000。

③ ［德］A.G.弗兰克：《白银资本：重视经济全球化中的东方》，4、19、26页，北京，中央编译出版社，2000。该书原名是：*ReOrient：The Global Economy in the Asian Age*。

能存活和繁殖。A. G. 弗兰克的观点被认为是“极具挑战性”的观点，尽管有不少争议，但却给人们以深刻的启迪，促使人们从“整体主义全球‘树林’框架”出发去认识历史。

2000年8月，第19届国际历史科学大会在挪威奥斯陆举行时，“全球史的前景：概念和方法论”被列为会议的三大主题之一。来自70多个国家的1800余名史学家对这个问题给予了充分的关注，因为这个问题的研究反映了现实世界中可以看得见的变化，全球化趋势有力地促进了全球史研究的发展。英国历史学家P. K. 奥布赖恩在会上作了主题报告，回顾了自古代希腊起历代史学家为撰写全球史所做的种种努力，以及所存在的问题。澳大利亚学者G. R. 斯努克斯、新西兰学者N. D. 科斯莫、加拿大学者N. Z. 戴维斯、美国学者J. H. 本特利、M. P. 阿达斯和J. R. 麦克尼尔等，都有令人感兴趣的发言，他们分别就历史规律性问题、文化冲突与交融、国别史与全球史的关系、全球史学的方法论等问题进行了探讨。由此我们可以清楚地感受到全球历史观的深刻影响。事实正是如此，在新的历史条件下，全球历史观的研究和全球史的构建已经进入到了一个新的发展时期。

三、全球历史观的“地方化”或“本土化”

全球化已经向我们走来，全球历史观以及与之相联系的世界史体系的重构和创新，作为一种经久不衰的新的史学思潮，已经、并将继续对包括中国在内的当代国际史坛产生深刻的影响，而且它是时代的产物，必将随着时代的发展而发展。近年一些西方学者经常谈到全球地方化（glocalization）的问题，是指所有全球范围的思想和产品都必须适应当地环境的方式。实际上，全球历史观也有一个“地方化”或“本土化”的问题。在我国，一些学者为宣传和建立有中国特点的全球历史观做出了积极的贡献。所谓“中国特点”，主要是指自觉地以唯物史观为理论基础；更加彻底地摒弃“西欧中心论”或“欧美中心论”；研究、借鉴，或在历史研究实践中倡导全球历史观时，既不脱离世界史坛的主潮，更不脱离中国史学的历史与现实，而是将其纳入当代中国社会发展的广阔背景中去认识和思考。

周谷城教授在1949年出版3卷本《世界通史》，他一改以国别史为世界史基础的传统框架，不是以西欧为中心，而是从整体出发研究全球的历史。第1册论述世界诸古代文化区，如尼罗河流域文化区、西亚文化区、爱琴文化区、中国文化区、印度文化区、中美文化区互相交叉，互相渗透的必然趋势。第2册主要论述了15世纪之前亚洲、欧洲和非洲之间的历史。第3册则以15世纪以后的欧洲的历史为主。他认为，"反对欧洲中心论，并不抹煞世界史上某一时期某一区域成为突出的重点，把贯通全部历史的中心与一时突出的重点混为一谈"。① 1961年，他在《光明日报》、《文汇报》先后发表《评没有世界性的世界史》、《迷惑人们的欧洲中心论》，对欧洲中心论进行批评。他强调指出，"世界史，顾名思义，应该是关于世界整体的历史，应该具有世界性"。但欧美资产阶级史学的世界史，却是以欧洲为中心。现在客观的历史正在改变之中；主观的历史亦必力求改变。"否定以欧洲为中心的世界史，建立具有新观点新体系的世界史的时候已经到了"。② 但是，由于极左思潮的影响和"文革"的破坏，这个任务只是在"文革"结束后，才真正引起人们的重视，并随着中国历史科学的复兴，不断取得重要的成果。

吴于廑教授在《世界历史上的游牧世界与游牧民族》(《云南社会科学》1983年第1期)、《世界历史上的农本与重商》(《历史研究》1984年第1期)、《历史上的农耕世界对工业世界的孕育》(《世界历史》1987年第2期)、《亚欧大陆传统农耕世界不同国家在新兴工业世界冲击下的反应》(《世界历史》1993年第1期) 相互关联的四篇论文，以及《中国大百科全书·外国历史》卷的"世界历史"总述中，精辟地阐释了有丰富的全球历史观思想的新的世界史体系。他说："世界历史学科的主要任务是以世界全局的观点，综合考察各地区、各国、各民族的历史"。他认为，人类历史发展为世界历史，经历了纵向发展和横向发展漫长的过程。纵向发展，"是指人类物质生产史上不同生产方式的演变和由此引起的不同社会形态的更迭。"而横向发展，"是指历史由各地区

① 周谷城：《我是怎样研究世界史的》，《周谷城史学论文选集》，115页，北京，人民出版社，1983。

② 周谷城：《我是怎样研究世界史的》，《周谷城史学论文选集》，144、151页，北京，人民出版社，1983。

间的相互闭塞到逐步开放，由彼此分散到逐步联系密切，终于发展成为整体的世界历史这一客观过程而言的”。历史正是在不断的纵向、横向发展中，“已经在越来越大的程度上成为世界历史”，因此，“研究世界历史就必须以世界为一个全局，考察它怎样由相互闭塞发展为密切联系，由分散演变为整体的全部历程，这个全部历程就是世界历史”。①

2000年末，《光明日报》记者对中国社会科学院世界史所和北京大学历史系的世界史专家学者进行了采访，就“人类即将迈入21世纪，世界全球化趋势日益加速的今天，……如何构思和编写出符合时代要求并具有学术价值的世界史，如何评判和借鉴国内外史学界已编写和出版的世界通史和文明史成果”，进行了较深入的探讨。记者强调，“将全世界作为一个整体，从宏观角度审视和研讨历史，已成为史学界的重大课题”。② 事实正是如此，正分别主持两部《世界文明史》和《世界历史》的三位教授，分别就自己所主编的3部著作的主要特点进行分析时，从不同角度论述了当代中国历史学家的全球历史观思想。

北京大学历史系教授马克垚说：本课题组所要做的只是对世界通史的教学内容试探着进行改革，编写一本新的世界历史教材。所以把它称为《世界文明史》，是本文明史所研究、论述的单位是文明，而不是国家、民族等。各文明的发展变化，接触与交流，冲突与融合，构成了世界文明史的主要内容。文明是多元的，各个文明都有自己的特殊性，都对人类文明的发展做出过贡献。多元文明的世界的发展既有各文明的发展历程，也有各文明之间的相互接触、交流和冲突、融合，我们的文明史将尽力从纵向发展和横向联系上表现世界文明的这一脉络。北京大学历史系教授张芝联强调，以新的视角和方法，另辟蹊径，编写一部通史性的文明史是我主编的这部《世界文明史》的出发点。本书力图以马克思主义为指导，尽可能利用国内外史学研究的最新成果和资料，较全面总结世界范围内各地区、各国、各民族在继承自己固有传统文明的同时，相互吸收和借鉴对方的文明成果，在此基础上创造本地、本国、本

①《中国大百科全书·外国历史》卷，吴于廑：《世界历史》，1、5、15页。

② 薄洁萍：《文明史、世界史与中国世界史研究》，《光明日报》，2000—12—14。

民族新的、独特的文明，进而推动整个世界文明向更高层次发展；努力深入探讨不同地区、国家和民族发生冲突，乃至引起世界历史倒退的复杂的主客观原因，揭示人类文明进步的曲折性和复杂性。中国社会科学院世界历史研究所教授武寅指出，多卷本《世界历史》作为中国社会科学院的重大项目，其主要内容包括理论与方法、物质文明、制度模式、民族、宗教、战争、世界格局、思想文化、中国与世界等，它以唯物史观为理论基础，通过对复杂的世界历史进程的研究，特别是通过对影响人类历史进程的若干重大问题的深入研究，再现人类生动的丰富多彩的历史图景，揭示人类历史前进的不可逆转的进步趋势，并在此基础上概括人类历史发展的一般规律和特殊规律，而要做到这一点，没有全球视野是难以想象的。

在西方学术发展史上，19 世纪被称为“历史学的世纪”，历史研究出现了前所未有的繁荣景象。进入 20 世纪后，西方史学在“新史学”的旗帜下，迅速开始了新的行程。特别是第二次世界大战后，西方史学学派林立，新的理论与方法层出不穷，名家名著令人眼花缭乱，目不暇接。所有这一切原因很多，但究其根本原因则是同 19 世纪相比，20 世纪的世界发生了更加深刻的历史巨变。历史的脉搏跳动得愈来愈快了，时代不断向历史学家提出新的挑战。在全球化的背景下探究全球历史观即是如此。同样，这也是摆在中国广大史学工作者面前的重要任务之一。

人类已经进入了 21 世纪，当前我们首先需要搞清“全球化”和“全球历史观”这些概念的基本内涵及外延，追踪国外研究的最新进展，及时了解和研究各种不同的观点，并对其中重大的理论问题做出马克思主义的回答。这一切不仅具有重要的理论意义和学术价值，而且还有一定的现实意义。全球化进程，以及全球化和我国社会发展的互动过程中，使中国的世界史研究面临着诸多的机遇和挑战。历史研究要自觉地回答时代提出的问题，使其体现出鲜明的时代精神，这样，我国的世界史研究必将会有更多的优秀成果问世。

全球史：民族历史记忆中的全球史

早在18世纪，德国浪漫主义诗人诺瓦利斯(Novalis)曾说："历史总是世界史。只有在总的历史关系中才可领会个别史"。[1] 但世界史并不简单地等于全球史。全球史因全球化时代的到来而凸现。虽然不同的国家和民族都从全球的角度考察世界的历史，但是对全球历史的认识，既不会得出全球同一的答案，也不会因"全球史"而代替各个民族和国家自己的历史。任何一个民族的生存和发展，都离不开自己的历史记忆，因为它是民族文化血脉传承的具体内容之一。一个民族丧失了自己的历史记忆，就是丧失了独立的民族文化，也就失去了自立于世界民族之林的基础。

一、全球史和世界史：历史研究单位的转变

在国际史坛上，全球史（global history），

---

① 转引自［德］汉娜·西斯勒：《世界史：理解现在》，《学术研究》，2005 (3)。

强调把整个世界看作一个不可分割的有机的统一体，从全球的角度而不是从某一国家或某一地区的角度来考察世界各地区人类文明的产生和发展，把研究重点放在对人类历史进程有重大影响的诸历史运动、诸历史事件和它们之间的相互关联、相互影响和相互作用上。在“全球史”的视野下，历史研究客体从“民族”或“国家”，正在改为“全球”，明显地表现出历史研究单位的转变。

20 世纪 50—60 年代，苏联科学院主编有 10 卷本《世界通史》。编者认为：“在上个世纪末和本世纪之初，‘世界通史’的性质起了显著的变化。这种变化，一部分是由历史知识的增长本身所引起的。许多重大的发现，尤其是考古学领域中的发现，开拓了历史科学的眼界，使历史科学能够洞察多少世纪的深处，恢复了许多久已消失的文明的面貌。历史科学的问题范围扩大了。历史研究的技术已更加复杂了。先前由著者单人执笔的‘世界通史’已由多卷集的集体出版物取而代之了”。例如，《剑桥古代史》、《剑桥中世史》、《剑桥近代史》，分别为 12 卷、8 卷、14 卷，1902－1939 年先后出版。苏联科学院《世界通史》各卷，虽然努力“就复杂万端的大批历史事实中，阐述一些最重要的史实，借以对各个时代范围以内的世界史过程给予一个完整的图景，同时也照顾到这个过程在各国各地所表现的特征”，[①] 但基本上仍然是以国别或民族为历史研究的单位加以描述。在 20 世纪 60 年代以前，无论是哪个国家的多卷本《世界通史》，都没有改变历史研究的单位，这一事实表明，以“民族”或“国家”为历史研究的单位，是国际史坛世界通史研究居统治地位的主流观点。

1902—1912 年《剑桥世界近代史》14 卷问世后，经过几十年后，剑桥大学出版社在 50 年代开始陆续出版《新编剑桥世界近代史》，同样是 14 卷，由克拉克爵士主编。新编本反映了西方学者在世界通史（主要是近代部分，1493—1945 年）方面的最新研究成果。克拉克在该著作的《总导言》中写道：“《新编剑桥世界近代史》并不按所有的国家分别进行连续的叙述。它既不是各民族历史的汇编，也不是在同一本书中

---

① 苏联科学院主编：《世界通史》，第 1 卷，2、25 页，北京，三联书店，1959。

包括这样一种汇编。它不打算成为每种民族语言的文学或每种地区性艺术流派的历史手册。如果是国际性事件，我们就从国际的观点予以叙述……"[①] 但是，克拉克在这部著作中，接受并发展了《剑桥世界近代史》主编阿克顿爵士的所谓"主流"国家的观点，即欧洲中心主义观点。克拉克说："他（阿克顿）的指导思想依然是这部新编《剑桥近代史》的准绳"。尽管这部著作强调"要把已经肯定的研究成果表述在'文明'的历史之中"，但是，它仍然是国别或民族为历史研究的单位。因为只有这样，才能突出"主流国家"在人类历史进程中的作用。"如果一些国家或民族都经过一个共同的历史过程，我们就把它们安排在一章里。如果一些民族或民族集团的事务同其他民族或民族集团的事务有显著的差异而不能一同叙述，我们就有必要用专章或专节来加以叙述"。[②] 事实正是这样，我们在这部著作中主要看到的是国家和民族的历史。尽管这些国家和民族共同创造着人类的文明，推动着人类历史的前进。但是在克拉克等西方史家的叙述中，他们在世界历史进程中的地位和作用并不是平等的，明显地表现出根深蒂固的欧洲中心主义的影响。在"欧洲中心主义"的影响下，"世界通史"研究的单位只能是民族或国家；当然这并不是说，所有以国家或民族为研究单位的世界通史，其主旨都是在宣扬欧洲中心主义。

20 世纪初，西欧中心论开始受到挑战，1918 年，德国历史哲学家斯宾格勒在其代表作《西方的没落》中，提出"文化形态史观"（或称"历史形态学"），他认为历史研究的单位是"文化"，并将生物学概念引入历史研究中，为人们描绘出一幅多中心、而不是以西欧为中心的世界文化图景。他认为曾出现 8 种独立的文化系统，即埃及、巴比伦、印度、中国、古典（希腊罗马文化）、阿拉伯、墨西哥和西方文化，西方文化只是其中之一。

"文化形态史观"的提出，和 19 世纪中叶之后"文化史"、"文明史"研究在欧洲受到普遍重视有关。英国历史学家古奇在总结 19 世纪

---

① ［英］克拉克主编：《新编剑桥世界近代史》，第 1 卷，33 页，北京，中国社会科学出版社，1999。

② ［英］克拉克主编：《新编剑桥世界近代史》，第 1 卷，32～33 页，北京，中国社会科学出版社，1999。

的西方史学时说：那时，“历史的范围一直在逐渐扩大，直到它包括了人类生活的每一个方面。现在没有人敢再同意西利和弗里曼的主张：前者说，历史是列国的传记，后者说，历史是过去的政治。……自然界的影响，经济因素的压力，思想和理想的起源和转化、科学和艺术、宗教和哲学、文学和法律的贡献、物质生活条件以及群众的命运，这一切现在也同样要求历史家的注意。历史家必须不断地观察生活，也必须全面地观察生活”。[①] 德国历史学家里尔的代表作《德意志人民的自然史》各卷的主要内容分别是“土地与人民”、“社会的规律”、“家庭”等。里尔在对法尔茨州进行研究时，内容涉及这个地区的自然特征、居民的历史、罗马帝国和中世纪时代的名胜古迹、村庄和城市、服装和食物、政治和社会特点、宗教和方言等。

英国史学家G. 巴勒克拉夫在其论文集《处于变动世界中的史学》(1955年）中，最先明确提出这个问题，以后又在《当代史导论》等著述中对其作了进一步阐释。他关于全球史观的阐释并不仅仅停留在理论的层面上，同时也在西方历史学家的多种历史著作中鲜明地体现出来。不难看出，他的观点在西方史学界有较为广泛的影响。G·巴勒克拉夫清楚地看到第二次世界大战后人类社会历史已经发生和正在发生的变化，主要是民族解放运动的蓬勃发展，殖民体系的瓦解，科技革命对人类社会的广泛影响；同时还看到这种深刻变化不可避免地在历史学上的折射，所以他明确地提出，“今天历史学著作的本质特征就在于他的全球性”，世界史研究的重要任务之一，是“建立全球的历史观——即超越民族和地区的界限，理解整个世界的历史观”。[②] 只有这样才能抛弃西欧中心论的偏见，“公正地评价各个时代和世界各地区一切民族的建树”[③]。G. 巴勒克拉夫强调的历史研究的这种“全球性”，平心而论，只不过是恢复了社会历史进程的本来面目，以及在此基础上强调历史研究从事实出发应有的研究思路和价值取向。然而，在“欧洲中心论”占绝对统治地位的欧美史学界，“欧美中心”的影响根深蒂固，说它已经深入到西方资产阶级史学的每一个细胞也不为过。G. 巴勒克拉夫不仅

① ［英］古奇：《十九世纪历史学与历史学家》下，859页。

② ［英］巴勒克拉夫：《当代史学主要趋势》，1、242页。

③ ［英］巴勒克拉夫主编：《泰晤士世界历史地图集》，13页。

在理论上提出与“欧洲中心”相悖的“全球性”，而且还将这一理论具体体现在研究实践中，在“全球史观”的影响和推动下，多部体现这一史学思想的著作相继问世，成为20世纪60年代以后西方史学发展中引人注目的现象。

20世纪70年代初，美国历史学家L.S.斯塔夫里阿诺斯的两卷本《全球通史》，是“全球史”的代表性作品。作者以“全球”的视角，描述了1500年以前和1500年以后的全球文明。作者强调“本书是一部世界史，其主要特点就在于：研究的是全球而不是某一国家或地区的历史；关注的是整个人类，而不是局限于西方人或非西方人。”① 从这样的基本认识出发，作者研究的主要内容是“文明之前的人类”、“欧亚大陆的古代文明”、“欧亚大陆的古典文明”、“欧亚大陆的中世纪文明”、“1500年以前的非欧亚大陆世界”、“1500年以前诸孤立地区的世界”、“新兴西方世界，1500—1763年”、“西方居优势地位时的世界，1763—1914年”、“1914年以来西方衰落和成功的世界”等。这样，以“人类”、“文明”和“世界”为作者进行世界历史研究的基本单位，便成了这部著作的主要特点，也是“全球史”或“全球史观”的基本特点。

历史研究单位的转变，既是一种历史观念的变化，也是一种历史方法的转变。但是，这种转变只是一定限度内的转变，而不应脱离其本意而将其无限扩充或随意附加。就“全球史”来说，并没有彻底结束“西方中心论”在西方史学的影响。例如，L.S.斯塔夫里阿诺斯强调他这部著作的书的基本观点时说，“就如一位栖身月球的观察者从整体上对我们所在的球体进行考察时形成的观点，因而，与居住在伦敦或巴黎、北京或德里的观察者的观点判然不同”。② 然而，这在实际中是很难办到的。如果将“一位”理解成一个“民族”、一个“国家”，那么他即使是从整体上去观察“我们所在的球体”，也只能形成这个民族或国家自己的观点，而非“全球“的，不可能将自己的观点强加于人。如果将“一位”广义地理解成不同民族或国家的集合，那同样也不会得出“全

① ［美］斯塔夫里阿诺斯：《全球通史——1500年以前的世界》，54页。

② ［美］斯塔夫里阿诺斯：《全球通史——1500年以前的世界》，54页。

球”同一的共识，因为即使是“栖身月球”从整体上去观察“我们所在的球体”，也不会只用一个民族或一个国家的“一对眼睛”去观察，恰恰相反，因民族文化背景不同，历史思维和认知的方式不同，以及历史观和价值观的不同，而得出各种不同的答案。民族的多样性，决定了历史判断的多样性，即使在全球史的架构中，也不会改变这一基本事实。

中国历史学家对“西方中心论”的批判由来已久。这种批判的过程，从某种意义上说，也是构建中国学者心目中的“全球史”的过程，虽然他们没有直接使用“全球史”和“全球史观”这样的概念加以表述。中国人学习或研究世界历史，不是对西方史学思想的简单接受，而是通过自觉的文化选择，有助于形成中华民族的历史记忆。

1928 年 3 月，雷海宗在《评汉译韦尔斯著〈世界史纲〉》中指出，韦尔斯是“西洋著作界一个富有普通常识而缺乏任何高深专门知识的人，所以在他的脑海中‘历史’这个名词就代表‘西洋史’，而他的历史观也就是他以西洋史为根据所推演出来的一个历史观”。雷海宗认为：“我们中国人学习世界历史，则必须要从中国的角度来看世界，这样就能够在很大程度上纠正过去把‘世界史’看成是‘西洋史’的错误看法”。① 周谷城教授在 1949 年出版 3 卷本《世界通史》，也是从世界历史的整体出发研究全球的历史。第 1 册论述世界诸古代文化区。第 2 册主要论述了 15 世纪之前亚洲、欧洲和非洲之间的历史。第 3 册则以 15 世纪以后的欧洲的历史为主。他认为“世界史，顾名思义，应该是关于世界整体的历史，应该具有世界性”。②1990 年，吴于廑教授在《中国大百科全书·外国历史》卷的“世界历史”总述中，精辟地阐释了有丰富的全球历史观思想的新的世界史体系。他认为世界历史的主要内容是“对人类历史自原始、孤立、分散的人群发展为全世界成一密切联系整体的过程进行系统探讨和阐述。世界历史学科的主要任务是以世界全局的观点，综合考察各地区、各国、各民族的历史”。历史正是在不断的纵向、横向发展中，“已经在越来越大的程度上成为世界历史”，因此，“研究世界历史就必须以世界为一全局，考察它怎样由相互闭塞发展为

① 雷海宗：《伯伦史学集》，578 页。
②《周谷城史学论文选集》，144 页。

密切联系，由分散演变为整体的全部历程，这个全部历程就是世界历史”。[①] 这种认识，为大多数中国历史学家所接受，至今仍是中国历史学的主流观点。

雷海宗、周谷城、吴于廑诸教授关于“全球史”的理论和研究实践，是中国史学的宝贵遗产，有待我们去认识和开发，特别是在全球化的历史背景下，“世界史（world history）”或“普世史（universal history）”正逐渐为“全球史（global history）”所取代的时候。究竟什么是“全球史”？为什么“世界史”或“普世史”在今天会发生向“全球史”的转变？后者和前者相比较，有哪些地方不同，又有哪些地方相同？以及为什么相同，又为什么不同？等等，当我们认真研究雷海宗等先辈的史学思想时，我们会从中受到有益的教益。

二、全球化、全球化意识形态和全球史

“全球史”是有具体社会内容的全球史，属于一定的历史范畴，并表现出鲜明社会意义的全球史，而非真空中的全球史。因此，它不可避免地会打上时代的——全球化和全球化意识形态的烙印。“全球化意识形态有”多种具体的表现，对其分析，有助于人们深入探究“全球史”或“全球史观”的本质内容。

一种在西方有影响的观点认为，在“后冷战时代”，资本主义失去了其原有制度的对手和意识形态的敌人，随着全球的发展，西方与非西方的界限逐渐模糊，如福山所言，“意识形态的发展是以西方的自由民主作为最终的政体在世界上普及而结束”。[②] 然而，事实并非如此，首先“西方的自由民主”也是一种意识形态，且不说“西方与非西方的界限”，仍清清楚楚地存在。如果一定要说有什么变化，那只是在冷战时代意识形态的内容及表现形式，有了新的特点。

英国学者安东尼·吉登斯是西方最早关注和阐释全球化的学者之

---

①《中国大百科全书·外国历史》卷，吴于廑：《世界历史》，1、15页。

② Francis Fukuyama ：The End History? *The National Interests*，NO. 16（Summer），1989，p. 18.

一，早在1990年，他在《现代性的后果》一书中即指出：全球化是一个必定在社会科学的辞典中占据关键位置的术语。他的理论被称为“激进现代性的全球化理论”，不仅在学术界，而且在西方政府决策和社会生活中有着广泛的影响。他说：所谓全球化，是“世界范围内的社会关系的强化，这种关系以这样一种方式将彼此相距遥远的地域连接起来，即此地所发生的事件可能是由许多英里以外的异地事件而引起的，反之亦然”。[①] 在吉登斯看来，这种巨大的“时—空”变化，并非仅仅局限在经济生活中，所以他强调全球化“在建立国际间新秩序和力量对比的同时，也在改变着人们的日常生活”。[②] “全球化不只是在一个‘外在’(out there) 的现象。它不仅指大规模全球体系的产生，而且指日常生活每一环节的变革。因此它是一个‘内在’(in here) 的现象，甚至影响着个人认同的亲密行为 (intimacies)”。[③] 吉登斯提出“乌托邦现实主义”(utopian realism)，即“超越左与右”的“第三条道路”。“第三条道路”在西方颇有影响，它是形式上的资本主义与社会主义的“混合”，而实质上是资本主义 。

今天，人们在讨论全球化的后果时，不再局限于经济全球化，开始关注思想政治、意识形态和文化的全球化，即哈佛大学肯尼迪学院院长、美国国防部前助理部长约瑟夫·奈称之为的“软力量”。在奈看来，硬力量指的是军事、经济等物质杠杆，软力量指的是意识形态、文化和道德诉求。冷战的胜利和美国文化和价值观念的全球化是通过“软力量”实现的。

10余年前，一些西方国家的学者曾指出要警惕“全球化”正在变成一种新的“意识形态”。那么，在历史研究领域中该如何警惕呢？事实证明，明确全球史观是认识全球历史的一种新的“方法”，而不是以西方主流文化为核心内容的历史观念，是完全必要的，因为明确“全球史观”只是历史认识中的一种新的方法，从这样一种方法出发，不同的

① [英] 安东尼·吉登斯：《现代性的后果》，56～57页，南京，译林出版社，2000。

② [英] 安东尼·吉登斯：《第三条道路：社会民族党的复兴》，36页，北京，北京大学出版社、三联书店，2000。

③ [英] 安东尼·吉登斯：《失控的世界》，108页，南昌，江西人民出版社，2001。

国家和民族，不同的历史思维和历史认识，会做出不同的历史价值判断；相反，若把“全球史观”当作一种“全球化”的历史观念，那就难免陷入西方意识形态——全球化意识形态的陷阱中去。

全球化使国家利益开始突破本土地理疆界向全球拓展。20 世纪 80 年代中期，美国等西方大国从维护自身利益的需要出发，确定战略控制范围，首先提出了“利益边疆”（或“战略边疆”）概念，全球化则进一步催生了利益边疆。利益边疆相对于传统意义的领土边疆而言。领土边疆是国际法公认的主权国家行使对内最高管辖权的地域界限。这条地域界限往往以边界线的形式表现出来。边界线内外有着绝对的、原则的区别。而利益边疆则没有明确的地域指向性，它突出的表现形态之一是地域的不确定性。西方理论家有代表性的观点认为，要保证国家的“安全”，必须使自身的“利益边疆”远远大于“地理边疆”。

德国哲学家哈贝马斯有《超越民族国家》、《在全球化压力下的欧洲的民族国家》等著述。他的“主权终结理论”的立论基础，是全球化对国家主权的挑战。在他看来，全球化已使“民族国家”这一陈旧的概念过时；因全球化的到来，民族国家的主权不断萎缩，并被架空；全球化使社会福利国家妥协面临着终结；全球化使主权国家行使自己权力的能力日益丧失和削弱。为了应对全球化对民族国家主权的挑战，必须“超越民族国家”，建立“世界公民社会”，今天，这个社会已经处于萌芽之中。在西方，与哈贝马斯“超越民族国家”大同小异的理论还有“非领土化的国家”、“非民族国家化”、“虚体国家”，和“超越民族国家的治理”和“没有政府的治理”等等。在一些西方理论家看来，随着民族国家主权的衰落，一个体现了新的“全球规则”和“全球结构”的全球化的“帝国”正在形成。德国慕尼黑大学乌尔里希·贝克教授说：“一个已经形成疆界和基础的世界是没有任何前途的，右翼民众主义在欧洲（和世界其他地方）的兴起，可以说就是对此做出的反应”。他在《全球化时代的权力与反权力》所要强调的是：“民族国家是未完成的国家……谁在世界性的超级游戏中只打民族国家的牌，谁就输”。“世界主义国家——我们已经作了各种不同的论证——是通过与全球公民社会的融合而形成的国家”。[①] 在这里，乌尔里希·贝克所说的“全球化”，已经“不再是民族国家的社会空间之间的日益紧密的相互交织，而是民族国家的社会空间的内在的全球化本身”。[②] 乌尔里希·贝克对“全球化”的这种新定义，继吉登斯之后在西方有广泛的影响，引起人们越来越多的关注。

在西方，无论是对安东尼·吉登斯、哈贝马斯，还是对乌尔里希·贝克的理论，都有一些人提出质疑或进行批判。例如，英国学者贾斯廷·罗森伯格在《质疑全球化理论》一书中，对吉登斯的代表作《现代性的后果》进行研究后，得出“全球化理论庙宇的坍塌”[③] 的结论，虽然这部著作被认为是西方全球化理论的奠基性的作品之一。

世纪之交，法国学者布迪厄的《遏止野火》问世，在作者看来，“全球化”是西方新自由主义宣传的产物，正像“野火”一样在世界蔓延，势不可挡地成为西方的“主流”意识形态。布迪厄对“全球化”进行了尖锐的批判：“全球化”口号本是西方新自由主义的人为宣传，而新自由主义是跨国公司的意识形态。“全球化”是跨国公司摧毁各民族国家经济主权乃至政治主权，在经济上控制全球的战略口号。作者反复强调：“全球化”不是一个“自然的过程”，而是一种有预谋、有组织实施的“政治行为”，是一场“旷日持久”的“思想灌输工作”在人们心目中强加的信仰。[④] 德国雷根斯堡独立讲师格拉德·博克斯贝格等在《全球化的十大谎言》中，同布迪厄一样，对“全球化意识形态”进行了批判。他认为全球化的十大谎言中，第一个谎言就是所谓“全球化是不可阻挡的”。“到处都在像念经似地重复着：全球化不可避免地向我们走来。考虑全球化的利弊毫无必要，因为全球化已不可阻挡。没有什么能够阻止这一趋势，人们只能从中争取最好的东西。而所谓最好的结果实

① [德] 乌尔里希·贝克：《全球化时代的权力与反权力》，1页、扉页，桂林，广西师范大学出版社，2004。

② 蒋仁祥等：《全球化时代的权力与反权力·译后记》，见乌尔里希·贝克：《全球化时代的权力与反权力》，319页。

③ [英] 贾斯廷·罗森伯格：《质疑全球化理论》，158页，南京，江苏人民出版社，2002。

④ 参见河清：《全球化与国家意识的衰微》，3页，北京，中国人民大学出版社，2003。

际上就是投资者和企业家享受的最好的结果，……这是一种由政治意愿而决不是命运所决定的发展”①，这里所说的“政治意愿”有具体的内容，显然是在全球化意识形态的范畴之内的“政治意愿”。

伦敦经济学院政治学教授戴维·赫尔德等认为：全球化是“我们这个时代最基本的争论之一”。他不是一般性地表示拥护或者反对全球化，而是强调如何实现“被驯服的全球化”。他在《全球化和反全球化》的中文版序言中说：“在关键的问题上，‘全球化终结’观点错误地把全球化简单地视为一种经济现象、从世界经济的循环运动的停滞（installing）中看到所谓的‘衰退’。这种观点忽视了全球化的文化、技术和军事的维度，而这些维度却显示了更加复杂的画面。如斯坦利·霍夫曼（Stanley Hoffman）所主张，后‘9·11’世界秩序更多地应该从‘全球化的冲突’来解释，而不能认为去全球化（de-globalization）是一个不可避免的进程。总之，全球化继续塑造着我们的世界，但却是以前所未有的自相矛盾的方式塑造着我们的世界……”② 作者认为，现在宣布“全球化终结”未免太早，但同时也不盲目地、乐观地认为全球化是一个不可逆转的自然过程，而是要着力回答“我们所生活的世界到底在何种程度上、在什么意义上被全球力量与进程即通常所说的‘全球化’所重构了”，特别是全球化的政治所引发的问题。

在西方，关于“全球化和反全球化”，并不仅仅停留在学者的争论中，而且也表现在具体的政治社会中，在纽约、热那亚等地，多次发生大规模的反全球化的示威活动。以上说明，在探讨“全球史”时，对客观存在“全球化意识形态”，诸如“国家的角色”、“民族文化的命运”、“世界经济的本质”、“全球治理的角色”、“全球不平等的程度”、“全球治理的伦理基础”、“对全球化的各种政治反应”等给予必要的关注是必要的。

上述全球化意识形态的各种问题，不可能不对“全球史”的认识产生直接或间接的影响。首先，正是在全球化的背景下，有力地推动了全球史的研究。2000 年第 19 届国际历史科学大会在挪威奥斯陆举行时，

---

① ［德］格拉德·博克斯贝格等：《全球化的十大谎言》，45～46 页，北京，新华出版社，2000。

② ［英］戴维·赫尔德等：《全球化与反全球化》，2 页，北京，社会科学文献出版社，2004。

“全球史的前景：概念和方法论”被列为会议的三大主题之一。来自70多个国家的1800余名史学家对这个问题给予了充分的关注，因为这个问题的研究反映了现实世界中可以看得见的变化，全球化趋势有力地促进了全球史研究的发展。英国历史学家P.K.奥布赖恩在会上作了主题报告，回顾了自古代希腊起历代史学家为撰写全球史所做的种种努力，以及所存在的问题。一些学者分别就历史规律性问题、文化冲突与交融、国别史与全球史的关系、全球史学的方法论等问题进行了探讨。2005年7月，刚刚在悉尼结束不久的第20届国际历史科学大会，全球化以及全球史、历史学和跨文化交流等问题，引起越来越多的历史学家的关注。

20世纪60年代以后，西方有多种在不同程度上体现了全球史观的著作问世，G.巴勒克拉夫认为，其中以美国历史学家L.S.斯塔夫里阿诺斯和W.H.麦克尼尔的著作最为优秀。L.S.斯塔夫里阿诺斯的两卷本《全球通史》出版后约30年，《全球通史》第7版在1999年问世。两种版本相比较，可以看出第7版的内容已经有了较大的改变。L.S.斯塔夫里阿诺斯在题为《为什么需要一部21世纪的全球通史》的“致读者”中说，“每个时代都要书写它自己的历史。不是因为早先的历史书写得不对，而是因为每个时代都会面对新的问题，产生新的疑问，探求新的答案。这在变化节奏成指数级增长的今天是不言自明的，因此我们需要一部提出新的疑问并给出新的答案的新历史”。他在具体回答为什么在世纪之交要撰写新版本的《全球通史》时说：“答案与出版第1版的理由是相同的，还是那句话：新世界需要新史学。20世纪60年代的后殖民世界使一种新的全球历史观成为必需，今天，20世纪90年代以及21世纪的世界同样要求我们有新的史学方法。60年代的新世界在很大程度上是殖民地革命的产物，而90年代的新世界则正如教皇保罗六世所言，是‘科技的神奇影响力’的结果。科技渗透到了我们生活的方方面面，这种难以抗拒的影响令人信服地证明着它的存在”。① 科技革命，特别是计算机文化的普及是全球化的基础、前提和动力。从某种

① ［美］L.S.斯塔夫里阿诺斯：《全球通史》（第7版）上，17～18页，北京，北京大学出版社，2005。

意义上说，它也是全球史的基础、前提和动力。

L. S. 斯塔夫里阿诺斯在第7版《全球通史》中，提出并回答了这样一些令人感兴趣的问题："全球统一性的开始"，"从世界历史看地区与全球的统一"；"全球统一性的巩固"、"马克思的预期与世界历史的发展"；"第一次世界大战，全球性的影响"；"第二次世界大战，全球性的影响"；"第二次工业革命，全球性的影响"等。上述这些内容，在30年前初版时是不曾有的，所以增加了这些内容，则是L. S. 斯塔夫里阿诺斯对30年来人类社会现实发展的回应，是一位严肃的历史学家从"新世界需要新史学"这一命题出发，对全球化进程的一种积极的历史思考。

2004年3月23日，L. S. 斯塔夫里阿诺斯在美国加州拉荷亚谢世，享年91岁。我们在研读《全球通史》这部在全球史方面具有奠基意义的史学名著时，也不能不看到这部作品的局限，继吴于廑教授之后，刘德斌和高毅两位教授也分别在《全球通史》第7版中文本的序言中，正确地指出了"西方中心论"在L. S. 斯塔夫里阿诺斯史学思想和在这部著作中的表现。[①] 之所以如此并非偶然，英国史学家E. H. 卡尔说："我们一生下来，这个世界就开始在我们身上起作用，把我们从纯粹的生物单位转变成社会单位"。因此，"在研究历史之前，应该先研究历史学家。……在研究一个历史学家之前，应该先研究他的历史环境和社会环境。历史学家是单独的个人，同时又是历史和社会的产物"。[②] 总之，任何人都是历史的产物，不可能超越历史，社会存在决定社会意识，L. S. 斯塔夫里阿诺斯也不例外，他和同时代的任何一位历史学家一样，在他们身上不可避免地会有全球化意识形态这样或那样的痕迹。

事实表明，30余年来的全球化进程，并非是"全球"的全球化过

---

① 例如，吴于廑在《中国大百科全书·外国历史》的导言中指出：包括L. S. 斯塔夫里阿诺斯的《全球通史》在内，"近代西方史学的缺陷并没有因此得到根本克服"。刘德斌说："尽管他一直在努力突破西方中心论的窠臼，但由于他特别强调西方是1500年以来世界的动力之源，所以人们就对他是否真正地突破了西方中心论产生了怀疑"。高毅认为，L. S. 斯塔夫里阿诺斯在书的基本结构和某些基本概念的使用上，之所以出现了一些差异，其原因"很可能还是'西方中心论'的余毒所致"。

② [英] E. H. 卡尔：《历史是什么》，29、44页。

程，而是以美国为中心的由西方主导的全球化过程；“全球史”也不是“全球”的全球史，而是仍直接或隐含保留有“西方中心论”的全球史。全球化的过程，是资本主义不断调整其生产关系，以适应生产力的发展，不断扩大资本主义生产关系对生产力的容量的过程，而且事实上在一些方面也见到成效，但是，这并没有从根本上解决资本主义历史进程中固有矛盾。这一切不能不影响到全球史。

德国格奥尔格·埃克特国际教科书研究所汉娜·西斯勒教授说：“虽然全球史本身不是一个新的历史现象，但又有很多是史无前例的。……以下的东西是新的：计算机、因特网、传播技术革命以及随之而来的交往方式变革；挑战男性地位及两性关系的社会运动；从事通讯技术劳动大军形象的改变；从业人口模式的改变，其中妇女、少数民族人数的增加，结果代际间关系发生了变化，文化革命发生了。它不仅仅使长久以来被认为是理所当然的‘等级制’被相对化了，而且促进了新的获取知识的方式产生。对教育的需求发生了相对的改变；世界范围的跨国界移民，世界人口向都市的汇集；国际贸易关系错综复杂的世界经济使世界上没有地区不受牵连；全球金融市场，世界范围资本主义畅行无阻；全球及地区性新的不平等现象。这些都有待我们去认识”。[①] 在认识全球史或全球化的历史时，确实是有许多东西等待着我们去认识，但是这些认识不是脱离具体社会内容的抽象的所谓“学术”的认识。而必须要有社会学的关注。全球化意识形态是不以人的主观愿望为转移的客观存在，这在L. S. 斯塔夫里阿诺斯新版本的《全球通史》中也可以清楚地看出。他在《历史对今天的启示——马克思的预期与世界历史的发展》一节中写道：事实恰好与马克思的预言相反，“革命首先发生的地方不是在西方，……可以说历史颠覆了马克思主义。……而在20世纪90年代则发生了一件更加令人惊奇的事件，它再次颠覆了马克思主义——由于计划经济的失败，1917年以来在第三世界建立的社会主义政权相继倒台。苏联、东欧及其他地区的社会主义政权解体后，正在狂

① [德] 汉娜·西斯勒：《世界史：理解现在》，《学术研究》，2005 (3)。

热地寻求能够代替社会主义的体制”。[①] 我们不难从这段话中看到意识形态——全球化意识形态的渗透和影响。自然，这是完全可以理解的，是很正常的事情。这只是说明，古今中外，史学不可避免地受到意识形态的影响，这是事实。

三、民族历史记忆中的全球史

关于历史记忆问题，是近年西方学者在历史哲学或历史认识理论中讨论较多的问题之一。例如，美国弗吉尼亚大学历史系教授阿兰·梅吉尔在2005年初完成的新作《历史认识论》中，即有专节讨论“历史记忆”问题，涉及到“有记忆的历史”和“无记忆的历史”等等。法国历史学家雅克·勒高夫也有专著《历史与记忆》。这些著作更多地是理论上的阐释，也包括不同观点的讨论。例如，雅克·勒高夫认为，记忆有历史的“原材料”的特点，无论是思维中的、口头的还是书面的，它是历史学家汲取的活素材。而阿兰·梅吉尔则对此持有异议，他认为把记忆作为史实的唯一来源是有很大潜在危险的。“记忆是历史的必不可缺的条件（conditio sine qua non ）并不意味着记忆是历史的一个基础，更谈不上它是历史唯一的基础”。[②] 本义限于篇幅和内容，不去讨论雅克·勒高夫和阿兰·梅吉尔不同的观点，但是由此却可以看出，无论在美国还是在欧洲，历史记忆问题已经成为历史认识中的一个重要理论问题，却是不争的事实。

历史是一种记忆的形式，历史著作的基本任务或最重要的任务，就是保存记忆和传承记忆。古代希腊史学脱胎于散文记事。那些古老的散文作家有闻必录，将散于民间的系谱、神话、传说记载下来，传承下去。所以西方史学自萌生时期起，就将史学和记忆密切地联系在一起。希罗多德在《希波战争史》（《历史》）中写道：“在这里发表出来的，乃是哈利卡纳苏斯人希罗多德的研究成果。他之所以要把这些成果发表出

① ［美］L. S. 斯塔夫里阿诺斯：《全球通史》（第7版）下，636页。

② ［美］阿兰·梅吉尔：《记忆与历史》，《学术研究》，2005(8)。

来，是为了保存人类所达成的那些伟大成就，使之不致因为年代久远而湮没不彰，为了使希腊人和异邦人的那些可歌可泣的丰功伟绩不致失去其应有的光彩，特别是为了要把他们之间发生战争的原因记载下来，以永垂后世”。[①] 中国古典史学也是如此。中国最早的编年体史学著作《春秋》问世，首先得益于商周以来的各种史料文献的积累。孔子正是大量使用了《鲁春秋》的文献资料，所以有《春秋》问世。这部著作“以事系日，以日系月，以月系时，以时系年”，具体体现了中国远古以来通过历史记忆的传递而形成的历史意识。始于中国史学童年时期的中华民族的历史记忆始终不曾中断，这也是中华文明五千年绵延不绝，表现出坚韧顽强的生存能力和融会更新的发展能力的重要原因之一。

我们这里所谈的“历史记忆”，既不是进行有关这个问题的理论探讨，也不是进行相关的中外学术史的总结，而是从理论与实践、历史与现实的结合上回答摆在我们面前的一个现实问题，即如何从中华民族的历史记忆的视角出发，去认识日益引起人们越来越多关注的全球史问题。在这里，我们与西方学者所谈的“历史记忆”有着重要的差别，即我们所说的“历史记忆”，更多地是说民族的历史记忆，是社会主体，而非仅仅是历史认识主体的历史记忆。

中国史学是中华文明的重要组成部分。无论是中国传统史学，还是当代中国史学，都以其拥有名扬中外的史家、史著，以及完备的修史制度、丰富的史学体裁和史学思想，以及进步的、科学的历史观念而令世人瞩目。自先秦以来，中国史学十分重视史实的记录、搜集、整理，这是形成中华民族历史记忆的宝贵的资源。中国史学的重要特点和优点之一是经世致用，司马迁谈及他撰写《史记》的旨趣和目的时，明确提出是“述往事，思来者”，以及“欲以究天人之际，通古今之变，成一家之言”。[②] 在探讨全球史的问题时，我们尤其应该发扬这一优良传统。因为探讨中华民族历史记忆中的全球史，不能封闭在历史学家的书斋中，而是将这个问题放在广泛的社会历史背景中去思考。

强调历史研究的现实感，并不是中国史学所独有。近代以来，特别

① [古希腊] 希罗多德：《历史》，167页，北京，商务印书馆，1959。

② 《史记·自序》、《史记·报任安书》。

是20世纪西方史学发展的重要特征之一，就是对现实问题的关注。那种认为西方史学所以“高明”于中国史学，主要表现为西方史学从来不关注现实问题，而是什么“科学化”、“国际化”和“多学科化”，这显然与实际情况不符。这要么是武断、无知，要么是在误导天真的青年。因为“科学化”、“国际化”和“多学科化”，只是一种现象或手段，而这种现象或手段的实质，还是如何更好地回应现实，回答现实生活提出来的一系列问题。

1999年，斯特恩斯等著有《世界文明史》，这是在美国广泛流行的一本世界史教科书，作者在回答为什么要学习世界史时说：“原因显而易见，美国的人口构成在不断地改变，这增加了对国际状况理解的需求。……第二，美国对国际事务的参与不断增长，它在太平洋沿岸、加勒比海岸和大西洋长久以来就是一大势力，但是美国将它的利益划定在欧洲。在20世纪后半叶，参与了三场亚洲战争后，再加上全球范围大规模的经济文化往来，美国及其公民已经拥有了全球观念。这一观点强调当前国际事务和所有文明的重要性”。[①] 这样，就不难理解我们为什么要强调中华民族历史记忆中的“全球史”。这种强调并非是多余，因为这是和在全球化的背景下，强调中华文化的独立性紧紧联系在一起的。

在西方，历史研究的目的是为了更好地理解现实和未来，并不是在20世纪才开始的。述及19世纪的西方史学，德国“兰克学派”的客观主义史学的影响最大。人们一般只看到兰克和兰克学派所主张超然的、不偏不倚的“客观主义”，以及撰写历史时应做到“如其实在所发生的情形一样”，而忽略了德国近代史学所表现出强烈的民族主义色彩，正是经过兰克及其弟子们的系统阐发和传播的结果。兰克所代表的近代德国史学中的民族主义倾向，和德国等欧洲民族国家的建构有着直接的联系，不可能脱离政治环境、社会氛围和宗教观念的影响，不存在所谓的“客观”。不仅是兰克，同时代德国其他的历史学家也是如此，特别是“普鲁士学派”成员的表现就更为突出。正如美国历史学家G.G.伊格

① 参见［德］汉娜·西斯勒：《世界史：理解现在》，《学术研究》，2005（3）。个别处译文有修正。

尔斯所言："在 1830 到 1871 年德国走向统一的过程中，历史学家在这些关键时期所扮演的重要角色是前所未见的。如果我们对历史学家们的角色不加重视，我们就无法写出德国的历史和德国自由主义的历史"。[①]从这一事实出发，我们不难了解西方史学关注现实传统的历史渊源。这一传统并没有因为"全球化时代"的到来而改变，相反，在新的历史条件下不可避免地表现出新的特点。

马克思主义经典作家曾指出："资产阶级，由于开拓了世界市场，使一切国家的生产和消费都成为世界性的了……过去那种地方的和民族的自给自足和闭关自守状态，被各个民族的各方面的相互来往和各方面的相互依赖所代替。物质的生产是如此，精神的生产也是如此。各个民族的精神产品成了公共的财产。民族的片面性和局限性日益成为不可能，于是由许多种民族的和地方的文学形成了一种世界的文学"。[②] 马克思恩格斯在这里所说的"世界文学"是指"世界文化"。"世界文化"是相对于封闭的、孤立的"民族"或"地域"的文化而言，首先是相对于那个封闭的、孤立的历史时代而言。正是由于近代世界和中古世界相比发生了剧变，所以各个民族的文化开始有了"世界"的内容，而这种"世界性"的内容，并不是一开始就有的，而是世界历史发展的结果。此外，马克思主义经典作家并不是用"世界文化"来否定或代替"民族文化"。世界文化的形成只是在新的历史条件下，赋予了民族文化新的内容，主要表现为民族文化在保持民族性的同时，而更加突出民族文化的时代感和时代精神，传统文化适应时代发展的客观要求，不断发生新的转换。在这里，并不存在着与民族文化相悖的单一的"世界文化"。

如果说经济全球化是当今世界不可阻挡的潮流，那么，文化——民族文化的多样性同样是当今世界不可阻挡的另一股潮流。史学被称为"文化中的文化"，具体到"全球史"，也不可能只有一个模式的全球史。如果说只有一种"全球史"，那只能是按照西方中心的史学观念和西方意识形态塑造的全球史。我们所说的全球史，是中国史学中的全球史。全球史的内容毫无疑义以全球性为基本内容，但对这些内容，却不存在

---

① 转引自王晴佳：《论民族主义史学的兴起与缺失》（上），《河北学刊》，2004（4）。

②《马克思恩格斯选集》，第 1 卷，276 页。

全球统一或唯一的认识。中华民族有自己民族历史记忆中的全球史，其他民族也是如此。

民族的历史记忆是发展着的历史记忆，也是开放的历史记忆。在不同的历史时期，民族的历史记忆会有不同的内容，会不断地发展变化。这不仅仅是自身社会历史发展的折射，是历史与现实的呼唤，同时也是在汲取其他民族优秀文化的结果。那种担心强调民族的历史记忆，会导致文化保守主义或狭隘民族主义的认识，是完全多余的。中国“文化的发展要借鉴外邦文化、吸收外邦文化，但同时要保持民族的主体性、独立性。必须资外以宏内，不能徇外而蔑内。如果失去了民族文化的独立性，那就沦为外邦文化的附庸！如果丧失了民族的自尊心和自信心，文化的正常发展也将是不可能的”。[①] 这在历史研究中也是如此，如果我们的历史研究只是一味地复制西方史学的理论和方法，对发展我们自己的历史记忆没有任何意义，相反是一种削弱，甚至是破坏的作用，那么这种研究的价值又在哪里呢？在新的历史条件下，我们要有属于自己民族历史记忆中的全球史，只有这样，我们才能通过全球史的研究，不断充实和发展自己的历史记忆，使我们历史记忆的宝库中有更加丰富的资源，从而在实现中华民族伟大复兴的事业中做出更加积极有益的贡献。

① 张岱年：《中国文化的改造与复兴》，见《文化与价值》，253页，新华出版社，2004。

后 记

本书是在近十余年来撰写的史学理论论文的基础上编写出来的。在校改完本书清样，书稿即将付印之际，自己的心情并没有像以往每完成一件工作后的那种轻松，相反却百感交集，在愉悦之中心里颇有些沉重。

鲁迅先生在《呐喊·自序》中说："凡有一人的主张，得了赞和，是促其前进的，得了反对，是促其奋斗的"。[①] 应该说，这部文集所收的论文，是在大家的"赞和"下完成的，亲人、友人、同学、同事、领导，还有老师和自己的学生等等，都是令人无法忘记的"赞和者"，特别是如果没有北京师范大学出版社领导的重视和责任编辑的辛勤工作，本书很难问世。然而，文集中的文章也是因"得了反对"，而"促其奋斗"的产物。表面上看，这似乎矛盾，其实则不然。因为实事求是地说，完成本书每篇文章的动力来自"赞和"和"反对"两个方面。

① 《鲁迅全集》，第 1 卷，439 页，北京，人民文学出版社，2005。

应该指出的是，这里所说的“反对”，并不是对我个人的反对，而是近年一些人因对“史学理论”这一学科的偏见，而生出的对史学理论研究的反对。他们认为史学理论研究是“不务正业”、“劳民伤财”，即使是马克思主义史学理论研究，只消“应付一下”也就足够了，“不必当真”。在他们看来，“史料自己会说话”，历史研究不需要任何理论，要搞所谓的“实证研究”。在当代中国历史学的科学体系中，史学理论根本就没有资格占一席之地。然而让人感到奇怪的是，他们一方面反对我们自己的史学理论研究，一方面却又不加分析地把西方史学理论奉若神明，作为学术是非和历史价值判断的标准。倘若是西方史学的“新”理论、“新方法”，则更是盲目崇拜，认为这是引导中国史学走向未来的“科学”，更要全盘照抄照搬。

对于这些，我以为最好的回答，不是就事论事，不在某些具体的问题上去纠缠、去辩论，而是坚持马克思主义的理论指导，在史学理论研究领域尽可能地多做一些实事，如组织各种类型、包括全国性的史学理论学术会议，编辑出版史学理论研究刊物和丛书，培养史学理论研究方面的硕士、博士和博士后等高级专业人才等等，而潜心研究，撰写学术文章则是最重要的内容之一。日积月累，让事实来回答这一切，似乎会有更大的说服力。

20世纪50年代和80年代，即新中国刚刚成立，和“文革”结束时，我国史学界曾出现过史学理论研究的热潮，当时那些研究成果，不仅对中国史学的发展，而且对中国社会主流意识形态的形成，都做出了有意义的贡献。与20世纪50年代和80年代的中国相比较，今天中国处在更深刻的历史变化中。欲知大道，必先为史；而欲为史，则必先为作为史的灵魂的史学理论。愿这部文集能引起更多的人们，特别是青年学者对史学理论研究的关注，愿此书为推动我国史学理论研究能贡献出绵薄之力。

于　沛

2007年1月21日